21世纪经济学系列教材

高鸿业《西方经济学》
（微观部分·第八版）学习指导书

主　编　王海滨

MICROECONOMICS

中国人民大学出版社
·北京·

内容简介

本书是配套于高鸿业版《西方经济学》（微观部分·第八版）的学习指导书，每章均包括学习精要、习题解析和补充训练三个部分。学习精要部分对每章知识点进行精要提炼；习题解析部分针对每章的课后习题提供答案及详细解释；补充训练部分针对课后习题未能覆盖或者覆盖密度不足的重难点提供一些补充习题。

本书适合经济学本科生及考研人士复习使用。

作者简介

王海滨，2006年至今一直从事微观经济学、宏观经济学考研培训，培养了大量优秀学员，编有《高鸿业版〈西方经济学〉（微观部分·第七版）学习手册》《高鸿业版〈西方经济学〉（宏观部分·第七版）学习手册》《西方经济学·微观部分习题册（第2版）》《西方经济学·宏观部分习题册（第2版）》等书籍，曾主译《曼昆版〈宏观经济学〉习题集》。

总　序

改革开放以来，经济社会的发展对中国经济学教育、教学产生了重要的影响，提出了新的要求。为了使经济学教育、教学根植于我国改革开放和现代化建设的肥沃土壤，服务于时代和实践的需求，中国人民大学出版社从本世纪初就开始组织国内知名经济学者编写适应新时期经济学教学的“21世纪经济学系列教材”。

十多年来，21世纪经济学系列教材已经逐步推出了许多适合中国特点的经济学教科书，影响了一批又一批的青年学子。这其中，我国经济学界杰出教育家、西方经济学学科主要奠基人之一高鸿业先生主编的《西方经济学》，已成为我国高校经济学专业的权威性教材，读者早已超过千万！中国马克思主义政治经济学的奠基人宋涛先生的《政治经济学教程》，对马克思主义政治经济学在中国的传播、普及和发展发挥了重要作用。该系列已经出版的其他教材，如孙久文教授的《区域经济学教程》、彭刚教授的《发展经济学教程》、王则柯教授的《博弈论教程》、黄卫平教授的《国际经济学教程》等等，都产生了广泛的影响，为中国的经济学教育作出了贡献。

近几年来，中国的经济学教育、教学面临新的形势，取得了长足的进步：一是我国经济学界教育思想、教育观念已经发生了重大转变，更加重视素质教育；二是教学内容有了重大改革，在学科专业调整建设、课程体系、教学内容改革方面取得了进展；三是教育、教学方法有了重大进步，更加重视理论联系实际，实验、实践、案例教学逐步加强，现代化教学手段被广泛应用。

有鉴于此，为了应对新的形势与变化，中国人民大学出版社在认真调查研究高等学校经济学专业本科培养方案和课程教学大纲的基础上，组织专家学者，经过反复研究论证、合理定位、精心写作、吐故纳新，进一步整合优化了“21世纪经济学系列教材”。这套教材将涵盖经济学专业所有的基础课、主干课、核心课，使学生通过《政治经济学》《微观经济学》《宏观经济学》等基础理论教材的学习，掌握经济学的基础理论，培养厚实的经济学理论功底；通过《产业经济学》《区域经济学》《国际经济学》等应用类主干课程教材的学习，掌握现实经济部门的运行和发展；通过《经济学说史》《经济思想史》《世界经济史》等经济史学类教材的学习，理解经济学的发展和演变规律；通过《计量经济学》《统计学》等经济学方法类教材的学习，掌握经济学的思考方法和具体的研究方法；通过《博弈论》《行为经济学》等专业教材的学习，了解经济学理论的前沿进展；通过《西方经济学典型题题解》《政治经济学学习与教学手册》等基础课程的配套教辅书的学习，牢固掌握所学经济学理论。

这套教材的编写特色主要体现在以下几个方面：

第一，作者阵容强大，教学经验丰富。作者大都是来自中国人民大学、北京大学、清华大学、南开大学、复旦大学、浙江大学、武汉大学等国内重点大学的学科带头人，有很高的科研水平和丰富的教学经验。

第二，在教材编写和内容安排上，强调基础知识、基本理论、基本技能。同时充分吸收国内外优秀教材的优点，定位明确，体系科学，概念准确，深入浅出。

第三，融合本学科现有的研究成果，反映本学科研究的最新进展，反映中国改革开放和现代化建设实践中的新成果，反映当今世界发生的深刻变革对经济学理论和实践产生的影响。

第四，教材重视加入现实经济生活中的案例、新闻素材等内容，使教材的可读性更强，更能够与当前中国经济现实结合起来，使学生能够学以致用。

中国人民大学出版社希望通过这套教材的出版，与广大教师、学生一起研究和探讨，进一步提高中国经济学教材的编写水平，提高经济学教学质量，为经济学的发展，为培养具有创新能力与实践能力、具有国际视野又了解中国国情的高层次经济学人才作出新的贡献。

前 言

01

本书每章均分为三大部分：

学习精要：这部分提炼出各章内容的要点，便于读者快速地了解各章的知识框架以及重难点，协助读者做到提纲挈领，以便提高复习效率。

习题解析：这部分针对教材的课后习题，提供答案和解析，有助于读者自学。本书的答案和解析力求精练，尽量用简明扼要的语句，让读者清晰地把握问题的关键点所在，以求节省读者宝贵的时间。

补充训练：这部分针对课后习题未能覆盖或者覆盖密度不足的重难点提供一些补充习题，便于读者在使用本书后，能对所有重难点进行一轮较为完整的训练。本书补充习题一律取材于各大名校历年考研真题。

有必要提一下的是，本书所选考题并非全部来自经济学专业的考研试卷，部分相关专业例如金融学、管理学等以及部分专业硕士例如金融硕士、保险硕士、资产评估硕士等的考研试卷里也可能会有经济学题目，但本书没有详细指出所选真题来自什么试卷，否则略嫌啰唆。

在本书的最后，编者用表格的形式列出了全部知识点，把知识点与两部分习题的编号一一对应起来，便于读者查阅。

02

我们每做一道题，都等于给自己的经济学知识体系添了一块砖，每道题都可以让我们的知识体系完善一分。这种做题方法是比较科学的。要达到这样的效果，编者提出两个意见，与读者共勉。

（1）**做完每道题后都要花费一点时间思考、总结**。思考、总结做完每道题后自己获得了什么，是完善了知识体系，熟悉了解题技巧，还是有了其他收获。编者在部分题目的答案后附有“提示”或“总结”，只是一种示范，读者可以按照这样的方法自己总结出更多的东西。

（2）**不建议只做考试会考的题型**。例如，如果考试只考主观题，就跳过所有客观题，认为客观题没用。在基础复习阶段，这种做法是有害的。主观题和客观题只是“长相”不同，本质并没有区别，所有客观题都可以改编为主观题。选习题就如选人，要看内涵，而不是“长相”。

更多经济学学习方法的建议，可关注编者的微信公众号。

03

限于篇幅，本书不能把所有内容都写进来，一些补充文字、配套的视频讲解、勘误等，编者在自建的微信公众号“王海滨老师”中提供（可微信扫描右侧二维码关注）。

读者若有意见反馈或者寻求关于本书学习方面的帮助，可联系编者。**凡本书范围内，编者不限量免费答疑。**个人微信：whb3533153213；读者交流QQ群：432166853。

本书参编者包括王海滨、刘莉莉、王华柏、蒋爱荣、王海珍等，全书由王海滨统稿，并且由王海滨对内容上的任何质量问题承担全部责任。

王海滨所主编的西方经济学教辅书见下表，图书已在或即将在中国人民大学出版社出版发行。

书名	定位	特色
《高鸿业〈西方经济学〉（微观部分·第八版）学习指导书》	教材同步辅导书，适合本科在读生期末考试复习以及考研学生前期复习	题目不超出教材范围
《高鸿业〈西方经济学〉（宏观部分·第八版）学习指导书》		
《高鸿业〈西方经济学〉（微观部分·第八版）习题册》	综合型习题册，适合所有学生	题目覆盖初、中级经济学范围，难题和中级题有标注，含财经时事题
《高鸿业〈西方经济学〉（宏观部分·第八版）习题册》		

2021 年 9 月

21世纪经济学系列教材

目　录

第一章

引　论

学习精要

一、 学习重点

1. 西方经济学的研究对象
2. 经济模型以及静态分析、比较静态分析和动态分析
3. 理性人假定

二、 理论精要

知识点一　西方经济学的研究对象

西方经济学的研究对象通常被认为是经济资源的配置、利用和产品的开发。主要是解决四个问题：(1) 生产什么物品和劳务以及生产多少？(2) 如何生产？(3) 为谁生产？(4) 何时生产？

以经济资源的配置、利用和产品的开发为对象来划分，西方经济学可分为微观经济学和宏观经济学。微观经济学以单个经济单位为考察对象，运用个量分析方法，研究单个经济单位的经济行为以及相应的经济变量如何决定，研究的是资源配置问题；宏观经济学以整个国民经济为考察对象，运用总量分析方法，研究社会总体经济问题、相应的经济变量如何决定以及这些总的经济变量间的相互关系。

知识点二　经济模型以及静态分析、比较静态分析和动态分析

经济模型的变量分为内生变量、外生变量和参数。内生变量指经济模型所要决定的变量。外生变量是经济模型以外的因素所决定的已知变量。参数指数值通常不变的变量，往往被看成是外生变量。

静态分析指根据既定的外生变量数值求解内生变量数值的分析方法。比较静态分析指研究外生变量变化对内生变量的影响方式及分析比较不同数值的外生变量下的内生变量的不同数值。动态分析指在引进时间变化序列的基础上，研究不同时点上变量的相互作用在均衡的形成和变化过程中所起的作用，考察在时间变化过程中均衡状态的实际变化过程。

【提示】一般来说，静态分析只有一个均衡；比较静态分析有两个或更多均衡，这些均衡之间可横向对比；动态分析有很多个均衡，并且这些均衡一直在变化（所以叫动态）。

这三个概念比较难以理解，更详细的解读可关注微信公众号“王海滨老师”，点击菜单栏“精品文章/精品文章合集/静态分析、比较静态分析、动态分析——图解·举例·比较”，或微信扫描二维码查看。

知识点三　理性人假定

理性人又称经济人，是经济学的一个基本假设，它假定参与经济活动的人都是理性的，他们一直在自己目标和资源稀缺性的约束下，使自己的效用达到最大。

习题解析

无

补充训练

1. 根据资源的稀缺性来划分，我们周边的物品可分为（　　）。（重庆大学2017）

A. 自由品、经济品和贵重品　　B. 有用品、废弃品和经济品

C. 自由品、经济品和废弃品　　D. 废弃品、有用品和自由品

2. 一般来讲，经济学研究的基本问题不包括（　　）。（电子科大 2015）

A. 生产什么　　B. 如何生产

C. 为谁生产　　D. 技术进步

3. 宏观经济学与微观经济学的关系是（　　）。（上海财大 2001）

A. 相互独立的　　B. 两者建立在共同的理论基础上

C. 两者既有联系又有矛盾　　D. 毫无联系

4.（名词解释）经济人假设（财政科学研究所 2019）

5.（名词解释）内生变量（华中师范大学 2018）

6. 什么是经济学中的静态分析和比较静态分析？各举一个微观经济学的例子说明这两种分析。（10 分）（中国人民大学 2012）

参考答案

1. **【难度】**① 2　　**【考点】**② 西方经济学的研究对象

【答案】C。从稀缺性角度，物品可分为：(1) 自由品（free goods)，指完全免费获取且取之不尽、用之不竭的物品，例如阳光；(2) 经济品（economic goods)，指有用但数量有限的物品，绝大多数物品都是此类，例如食物、衣服、住房、车辆等等；(3) 有害品（harmful goods）或废弃品（waste goods)：指给人们带来负效用的物品，例如噪声、垃圾。

2. **【难度】**1　　**【考点】**西方经济学的研究对象

【答案】D。基本问题主要是这四个：生产什么物品和劳务以及生产多少？如何生产？为谁生产？何时生产？

3. **【难度】**2　　**【考点】**西方经济学的研究对象

【答案】B。微观经济学和宏观经济学都建立在最基本的几个假设前提之上，例如经济人假设，资源稀缺假设，但两者着眼研究经济社会的角度不同，因此会产生不同的“结论”，这种结论本身也都是在无数假设前提之下才能成立的。有的时候，微观经济学和宏观经济学对同样一个经济现象得出的结论不一样。例如，从微观上看，降低工资可以降低厂商的生产成本，增加利润，从而增加产量并且增加劳动雇用量，但从宏观上看，如果所有厂商都降低工资，则整个社会的工人的消费支出会下降并导致总需求减少，从而导致整个社会的生产和就业减少。但这两个不同的结论，只是源于看问题的不同视角，并非矛盾，因为微观经济学并未否认所有厂商都降低工资会导致整个社会的就业率下降，而宏观经济学也不否认如果社会中只有一个厂商的工人工资下降会导致这个厂商的利润增加从而这个厂商的产量和劳动雇用量增加。

4. **【难度】**1　　**【考点】**理性人假定

---

① 难度主要用以下方法界定：1 表示基础题，考查读者对课本基础内容的识记与理解；2 表示提高题，考查读者运用课本基础知识进行简单思考的能力；3 表示难题或综合题，考查读者对课本知识进行较深入或较复杂思考的能力，或结合社会问题理论联系实际的分析能力，或融会贯通前后知识点进行分析的能力。

② 这里的考点是指前文理论精要中的知识点。分号“;”隔开的是两个一级知识点，斜杠“/”隔开的是一级知识点和二级知识点，顿号“、”隔开的是两个二级知识点。

【答案】经济人是西方经济学在进行经济分析时的一个基本假设，也称理性人。经济人是经济生活中一般人的抽象，其本性被假设为是利己的，总是力图以最小的经济代价去追逐最大的经济利益。经济人假设包括以下内容：(1) 在经济活动中，个人所追求的唯一目标是自身经济利益的最大化。(2) 个人所有的经济行为都是有意识的和理性的，不存在经验型和随机型的决策。(3) 经济人拥有充分的经济信息，每个人都清楚地了解其所有经济活动的条件与后果。

5.**【难度】**1　　**【考点】**经济模型以及静态分析、比较静态分析和动态分析

【答案】内生变量指经济模型所要决定的变量。例如短期生产函数可表示为 $Q=f(L,\overline{K})$。其中，资本数量 K 是模型以外的因素所决定的，在这个模型内部 K 是固定不变的，用 $\overline{K}$ 表示，不属于内生变量。但 L 和 Q 在这个模型中是可能发生变化的，例如 $Q_1=f(L_1,\overline{K})$ 和 $Q_2=f(L_2,\overline{K})$，这表示当 $L=L_1$ 时模型中的 $Q=Q_1$，当 $L=L_2$ 时模型中的 $Q=Q_2$，所以 L 和 Q 都是模型内部会发生变化的变量，也就是模型所要决定的变量，称为内生变量。

6.**【难度】**2　　**【考点】**经济模型以及静态分析、比较静态分析和动态分析

【答案】静态分析、比较静态分析和动态分析是经济学的三种分析方法。

(1) 静态分析是指考察在既定的条件下某一经济事物在经济变量的相互作用下所实现的均衡状态。在均衡价格决定模型中，当需求函数和供给函数中的外生变量被赋予确定的值后，即在需求曲线和供给曲线给定的情况下，二者的交点即为均衡点，此时的价格为均衡价格，此时的数量为均衡数量，在没有外力的情况下均衡点不再发生变化。这就是静态分析方法。

如图 1-1 所示，需求曲线 D 与供给曲线 S 相交于 E 点，E 点表示该商品达到的供求均衡点，E 点对应的均衡价格为 P_0，均衡产量为 Q_0。此时经济状态是稳定的，是均衡的，也就是静态的。这就是静态分析。

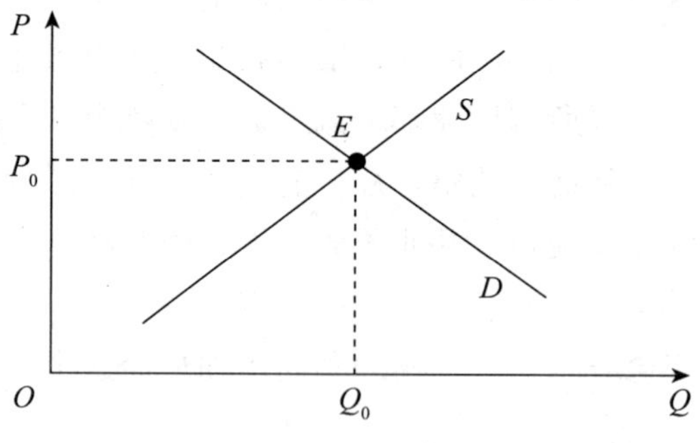

图 1-1　静态分析

(2) 比较静态分析是指考察当原有的条件或外生变量发生变化时，原有的均衡状态会发生什么变化，并分析比较新旧均衡状态。例如，在上述均衡价格决定模型中，当外生变量被赋予不同的值后，由此得出的均衡价格和均衡数量是不同的，即当外生变量的变化使得需求曲线或供给曲线的位置发生移动时，均衡点的位置也会

随之发生变化，对新旧均衡点的分析比较就是比较静态分析。

简单的说法就是，比较静态分析就是拿出两种或者多种静态进行比较，并且通过比较来得出一些结论。

图 1－2 在图 1－1 的基础上发生了一些变化。为了表示的方便，现在把原需求曲线称为 D_0，把原均衡点称为 E_0。在图 1－2 中，原需求曲线 D_0 向左移动到 D_1，这导致均衡点由 E_0 移动到 E_1。于是产生了两个“静态”，E_0 和 E_1 各对应一个静态。对这两种静态进行比较，就能得出一个结论：在供给曲线不变的情况下，需求曲线向左移动，会导致均衡价格下降且均衡数量减少。这就是比较静态分析。

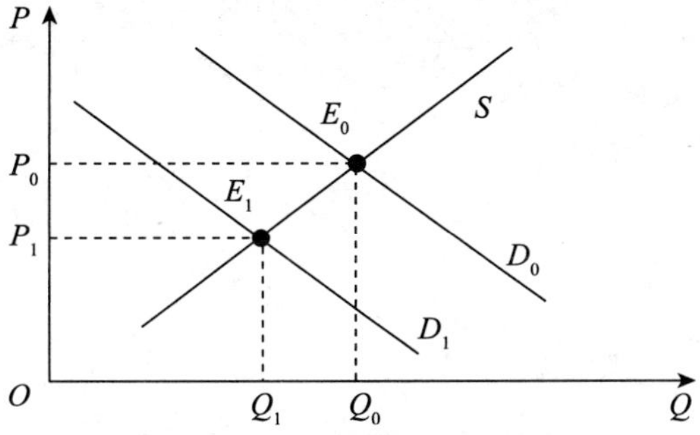

图 1－2　比较静态分析

第二章

需求、供给和均衡价格

学习精要

一、 学习重点

1. 供求均衡分析
2. 需求的价格弹性与收益的关系
3. 需求的价格弹性的影响因素
4. 弹性概念的扩大
5. 政府干预

二、 知识脉络图

- 需求、供给和均衡价格
  - 供求分析
    - 需求曲线
    - 供给曲线
    - 供求均衡
      - 均衡的含义
      - 均衡价格的决定
      - 均衡价格的变动
  - 需求的价格弹性
    - 弧弹性与点弹性
    - 五种类型
    - 需求的价格弹性与销售收入的关系
    - 影响因素
  - 弹性概念的扩大
    - 供给的价格弹性
    - 需求的交叉价格弹性
      - 替代品
      - 互补品
      - 无相关关系
    - 需求的收入弹性
      - 劣等品
      - 正常品
        - 必需品
        - 奢侈品

三、 理论精要

知识点一　微观经济学概述

稀缺性是指一个经济社会拥有的资源是有限的，因此不能生产人们所希望拥有的所有产品和劳务。稀缺性是相对于人类无穷的欲望而言的。

经济学假定从事经济活动的个体都是理性人，他们既不感情用事，也不轻信盲从，基本动力是追求自身利益最大化。

理性人在做权衡取舍时，需要使用成本—收益分析法，其成本是指机会成本。

在市场经济中，每个个体都只追求自身的利益最大化，但人们在追求自身利益的时候，被一只“看不见的手”引导着，结果却经常促成了社会的利益。这只“看不见的手”即市场价格机制的自发调节，引导着买者和卖者的行为，并在竞争性市场条件下实现了社会福利最大化。

不过，“看不见的手”并非万能的，市场经济还需要政府的参与。政府的参与至少在三个方面是不可或缺的：(1) 保护产权，维护市场经济秩序和规则；(2) 解决市场失灵问题；(3) 促进效率和公平的平衡。

微观经济学对个体经济单位的考察包括三个层次：第一层是分析单个消费者和

单个生产者的经济行为，第二层是分析单个市场的均衡价格的决定，第三层是分析所有单个市场均衡价格的同时决定。

知识点二　需求

需求指消费者在一定时期内在各种可能的价格水平上愿意而且能够购买的某商品的数量。它表示的是价格和需求量之间的函数关系，可以用需求函数或者需求曲线等方式表示。

需求定理：在其他因素不变的条件下，一种商品的价格和需求量呈反方向变动关系。这表现在需求曲线上，即向右下方倾斜，曲线的斜率为负值。

一种商品的需求量指消费者在一定时期内在某种价格水平上愿意而且能够购买的该商品的数量。

需求的变动是在某商品价格不变的条件下，由其他因素变动引起的该商品的需求量的变动。需求量的变动是指在其他条件不变时，由某商品的价格变动引起的该商品的需求数量的变动。

【提示】需求本质上是价格和需求量之间一一对应的函数关系，需求量则是与其中某一个价格对应的需求的量。

关于需求（供给）与需求（供给）量的区别，以及它们变动的区别，微信扫描二维码可阅读详细动态图文解读。

知识点三　供给

供给指生产者在一定时期内在各种可能的价格水平上愿意而且能够提供出售的某商品的数量。它表示的是价格和供给量之间的函数关系，可以用供给函数或者供给曲线等方式表示。

供给定理：在其他因素不变的条件下，一种商品的价格和供给量呈正方向变动关系。这表现在供给曲线上，即向右上方倾斜，曲线的斜率为正值。

一种商品的供给量指生产者在一定时期内在某种价格水平上愿意而且能够提供出售的该商品的数量。

供给的变动是在某商品价格不变的条件下，由其他因素变动引起的该商品的供给量的变动。供给量的变动是指在其他条件不变时，由某商品的价格变动引起的该商品的供给数量的变动。

【提示】供给的理解很简单，对照需求的概念全部反过来理解就可以了。

知识点四　供求均衡

商品的均衡价格是指该种商品的市场需求量和市场供给量相等时的价格。在均衡价格水平下的相等的供求数量被称为均衡数量。市场上需求量和供给量相等的状态被称为市场出清状态。

供求定理：在其他条件不变的情况下，需求变动分别引起均衡价格和均衡数量的同方向变动；供给变动引起均衡价格的反方向变动，引起均衡数量的同方向变动。

如果需求和供给同时发生变动，则商品的均衡价格和均衡数量的变动难以确定。

知识点五　需求的价格弹性

（1）点弹性与弧弹性。

需求的价格弹性 e_d 表示在一定时期内一种商品的需求量变动对于该商品价格变动的反应程度。或者说，它表示在一定时期内一种商品的价格变化百分之一时所引起的该商品需求量变化的百分比。

点弹性公式为：$e_d=-\dfrac{\mathrm{d}Q}{\mathrm{d}P}\cdot\dfrac{P}{Q}$。

弧弹性公式为：$e_d=-\dfrac{\Delta Q}{\Delta P}\cdot\dfrac{\frac{P_1+P_2}{2}}{\frac{Q_1+Q_2}{2}}$。

需求的价格弹性有五种类型：①$e_d=0$ 表示完全无弹性；②$0<e_d<1$ 表示缺乏弹性；③$e_d=1$ 表示单位弹性；④$e_d>1$ 表示富有弹性；⑤$e_d=\infty$表示完全弹性（即具有无穷大弹性）。

（2）价格点弹性的几何意义。

如图 2-1 所示，在 C 点上有：

$$e_d=-\frac{\mathrm{d}Q}{\mathrm{d}P}\cdot\frac{P}{Q}=\frac{GB}{CG}\cdot\frac{CG}{OG}=\frac{GB}{OG}=\frac{CB}{AC}=\frac{FO}{AF}$$

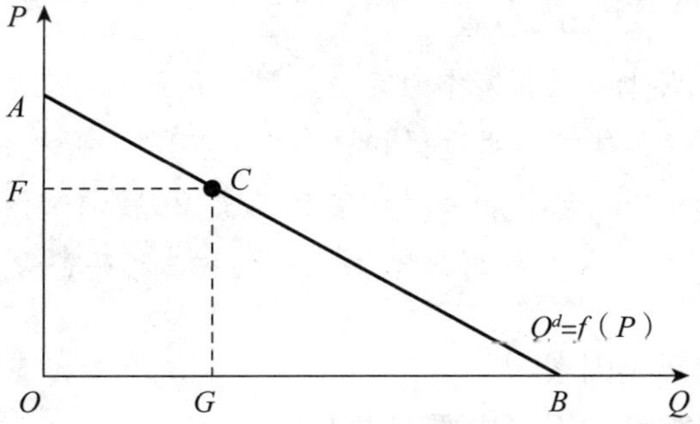

图 2-1　需求价格弹性的几何意义

（3）线性需求曲线的价格弹性。

假设线性需求曲线的一般公式为 $Q=A-BP$，则它的弹性为：

$$e_d = B \cdot \frac{P}{Q}$$

从价格点弹性的表达式或者几何意义我们可以知道，在需求曲线上随着价格的上升，需求曲线的弹性是增大的，如图 2-2 所示。

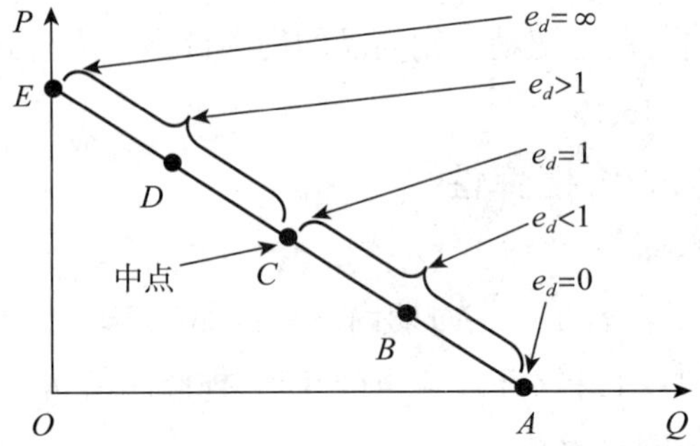

图 2-2　线性需求曲线上不同点的需求价格弹性

(4) 弹性不变的需求曲线的价格弹性。

弹性不变的需求曲线的一般公式为 $Q=AP^{-N}$，该需求曲线上每一点的价格弹性均为 $e_d=N$。

【提示】如果商品的需求函数为 $Q=AP^{-N}$，则该商品的需求价格弹性 $e_d=N$。

并且，反过来也可以：

如果某商品的价格弹性为 $e_d=N$，则其需求函数为 $Q=AP^{-N}$。

这一结论可以再一般化为：

如果 $y=Ax^N$，则 y 关于 x 的弹性 $\frac{\mathrm{d}y}{\mathrm{d}x} \cdot \frac{x}{y}=N$。

如果 y 关于 x 的弹性 $\frac{\mathrm{d}y}{\mathrm{d}x} \cdot \frac{x}{y}=N$，则 y 与 x 的函数关系为 $y=Ax^N$。

这一结论在考试时也可以直接作为定理使用，并且，对应的考题经常出现在试卷上。具体的证明过程和更多应用实例，可关注微信公众号“王海滨老师”，点击菜单栏中“精品文章/精品文章合集/1 个简单公式秒杀 90%指数函数题”，或微信扫描二维码查看。

(5) 价格弹性的影响因素。

影响需求的价格弹性的因素主要有以下几个。

商品的可替代品越多，相近程度越高，则该商品的需求的价格弹性就越大；反之，则需求的价格弹性就越小。

商品的用途越广泛，它的需求价格弹性就可能越大；反之，则它的需求价格弹性就越小。

生活必需品的需求的价格弹性较小，非必需品的需求的价格弹性较大。

消费者在某商品上的消费支出在预算支出中所占的比重越大，该商品的需求的价格弹性就可能越大；反之，则越小。

所考察的消费者调节需求量的时间越长，则需求的价格弹性就可能越大；反之，则越小。

知识点六　需求的价格弹性与收益的关系

$$\frac{\mathrm{d}TR}{\mathrm{d}P}=\frac{\mathrm{d}(PQ)}{\mathrm{d}P}=Q+P\frac{\mathrm{d}Q}{\mathrm{d}P}=Q\left(1+\frac{\mathrm{d}Q}{\mathrm{d}P}\frac{P}{Q}\right)=Q(1-e_d)$$

可见：

当 $e_d>1$，$\frac{\mathrm{d}TR}{\mathrm{d}P}<0$，即需求富有价格弹性时，价格上升会导致收益减少，厂商的销售收入与商品的价格反方向变动。

当 $e_d=1$，$\frac{\mathrm{d}TR}{\mathrm{d}P}=0$，收益达到极值时，降低价格或提高价格对厂商的销售收入没有影响。

当 $e_d<1$，$\frac{\mathrm{d}TR}{\mathrm{d}P}>0$，即需求缺乏价格弹性时，价格上升会导致收益增加，厂商的销售收入与商品的价格同方向变动。

与之异曲同工的分析是：

$$\frac{\mathrm{d}TR}{\mathrm{d}Q}=\frac{\mathrm{d}(PQ)}{\mathrm{d}Q}=P+Q\frac{\mathrm{d}P}{\mathrm{d}Q}=P\left(1+\frac{\mathrm{d}P}{\mathrm{d}Q}\frac{Q}{P}\right)=P\left(1-\frac{1}{e_d}\right)$$

可见：

当 $e_d>1$，$\frac{\mathrm{d}TR}{\mathrm{d}Q}>0$，即需求富有价格弹性时，厂商的销售收入与商品的销量同方向变动。

当 $e_d=1$，$\frac{\mathrm{d}TR}{\mathrm{d}Q}=0$，收益达到极值时，增加或减少销量对厂商的销售收入没有影响。

当 $e_d<1$，$\frac{\mathrm{d}TR}{\mathrm{d}Q}<0$，即需求缺乏价格弹性时，厂商的销售收入与商品的销量反方向变动。

这一理论可用来分析经典考题“谷贱伤农”。由于农产品的需求价格弹性小，即$e_d<1$，所以$\frac{\mathrm{d}TR}{\mathrm{d}Q}<0$。如果农产品丰收，则农民的总收入不增反降，因为农产品丰收时，价格会因供给增加而下降，并且下降的幅度超过了产量增加的幅度，导致价格下降所带来的收入减少的效果比产量增加所带来的收入增加的效果更大。

【提示】这一理论还能用来解释为什么垄断厂商的均衡点都位于 $e_d>1$ 的地方，因为当 $e_d<1$ 时，增加销量（会导致成本增加）不仅不能增加收入，反而会减少收入。

知识点七　供给的价格弹性

供给的价格弹性 e_s 表示在一定时期内一种商品的供给量变动对于该商品的价格变动的反应程度。或者说，它表示在一定时期内一种商品的价格变化百分之一时所引起的该商品的供给量变化的百分比。

点弹性公式为：$e_s=\frac{\mathrm{d}Q}{\mathrm{d}P}\cdot\frac{P}{Q}$。

弧弹性公式为：$e_s=\frac{\Delta Q}{\Delta P}\cdot\frac{\frac{P_1+P_2}{2}}{\frac{Q_1+Q_2}{2}}$。

供给的价格弹性也有五种类型：①$e_s=0$ 表示完全无弹性；②$0<e_s<1$ 表示缺乏弹性；③$e_s=1$ 表示单位弹性；④$e_s>1$ 表示富有弹性；⑤$e_s=\infty$表示完全弹性。

在影响供给的价格弹性的众多因素中，时间是一个很重要的因素。

知识点八　需求的交叉价格弹性

需求的交叉价格弹性 e_{XY}简称需求的交叉弹性，表示在一定时期内商品 X 的需求量 Q_X 的变动对于相关商品 Y 的价格 P_Y 变动的反应程度。用数学公式表示为：$e_{XY}=\frac{\mathrm{d}Q_X}{\mathrm{d}P_Y}\cdot\frac{P_Y}{Q_X}$。

$e_{XY}>0$ 表示商品 X 与 Y 互为替代品；$e_{XY}<0$ 表示商品 X 与 Y 互为互补品；$e_{XY}=0$ 表示商品 X 与 Y 互相独立。

知识点九　需求的收入弹性

需求的收入弹性 e_M 表示在一定时期内消费者对某种商品的需求量的变动对于消费者收入量变动的反应程度。用数学公式表示就是：$e_M=\frac{\mathrm{d}Q}{\mathrm{d}M}\cdot\frac{M}{Q}$。

从需求的收入弹性 e_M 的数值可以判断商品的类型。$e_M<0$ 的商品为劣等品，$e_M>0$ 的商品为正常品；在正常品中，$e_M<1$ 的商品为必需品，$e_M>1$ 的商品为奢侈品。如图 2－3 所示。

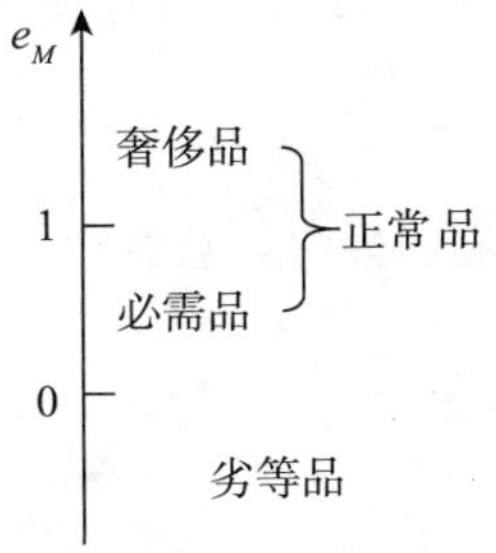

图 2-3　需求的收入弹性与商品类型

【提示】 假设消费者只消费两种商品，则其需求收入弹性的加权平均数等于1。这一点理解起来略有难度，但考试却可能会考到。

具体证明过程和考研真题示例，可关注微信公众号“王海滨老师”，点击菜单栏中的“精品文章/精品文章合集/你知道么，全体商品的收入弹性加权平均数=1?”，或微信扫描二维码查看。

恩格尔定律：在一个家庭或一个国家中，食物支出在收入中所占的比例随着收入的增加而减小。用弹性概念来表述恩格尔定律可以是：对于一个家庭或一个国家来说，富裕程度越高，则食物支出的需求收入弹性就越小；反之，则越大。

【补充】 在考研试卷里，还可能会考到各种从未听过的“奇葩”的弹性计算，这种“奇葩”的弹性尤其常见于考研数学三的试卷里（由于数学老师不熟悉经济学，这些考点基本都无法在数学书籍里学习，只能在经济学书籍里学习），但只要掌握弹性的基本定义，这些题目就不难解答。关于这些弹性的计算，可关注微信公众号“王海滨老师”，点击菜单栏中的“视频课/经济学强化班/第2-8讲　替代弹性与其他弹性”，或微信扫描二维码观看。

知识点十　供求原理的运用

对于供给的价格弹性大于零的原限价商品来说，随着政府限价的取消，商品的供给量会提高；对于供给的价格弹性等于零的原限价商品来说，政府限价的取消不会改变商品的供给量，只能使商品价格上涨。

最高限价也称为限制价格，是政府所规定的某种产品的最高价格。最高价格总是低于市场均衡价格。政府实行最高限价的目的是抑制某些商品的价格上涨。

最低限价也称为支持价格，是政府所规定的某种产品的最低价格。最低价格总是高于市场均衡价格。政府实行最低限价的目的一般是扶植某些产业的发展。农产品的支持价格是一些西方国家普遍实施的政策，在实行这一政策时，政府通常收购市场上过剩的农产品。

【提示】政府干预对社会福利的影响，放在“第六章　完全竞争市场”里讲解。

习题解析

一、简答题

1. 下列各事件对 x 商品的需求有何影响?

(1) x 商品的生产厂商投入大量资金做广告宣传。

(2) 生产 x 商品的工人的工资增加了。

(3) y 商品是 x 商品的替代品，y 商品的价格下降了。

(4) 消费者的收入增加了。

【难度】1　　**【考点】**需求

【答案】(1) 广告宣传会增加消费者对 x 的偏好，使得对 x 的需求增加，需求曲线右移。

(2) 生产 x 商品的工人工资增加提高了 x 的生产成本，使得 x 的供给减少，但需求不会变。

(3) 替代品 y 的价格下降，使得消费者更多地购买 y，使得对 x 的需求减少，需求曲线左移。

(4) 消费者收入增加后，对所有正常品的需求都增加，如果 x 是正常品，则会增加对 x 的需求，需求曲线右移；但如果 x 是劣等品，则会减少对 x 的需求，需求曲线左移。

2. 下列各事件对棉花供给有何影响?

(1) 气候恶劣导致棉花歉收。

(2) 种植棉花所需的化肥的价格上升。

(3) 政府对种植棉花的农户实施优惠政策。

(4) 棉花价格上升。

【难度】1　　**【考点】**供给

【答案】(1) 棉花歉收导致供给减少，供给曲线左移。

(2) 化肥涨价导致生产成本上升，使得棉花供给减少，供给曲线左移。

(3) 政府的优惠政策导致生产成本下降，使得棉花供给增加，供给曲线右移。

(4) 棉花价格上升使得棉花本期供给量增加，但供给不变，即供给曲线不移动。如果生产者据此认为棉花上升的价格能持续，则下一期会增加棉花种植，导致下一期棉花供给增加，供给曲线右移；但如果生产者不认为棉花上升的价格能持续，则下一期不会增加棉花种植，下一期棉花供给也不变。

【补充】关于需求（供给）与需求（供给）量的区别，以及它们变动的区别，微信扫描二维码可阅读详细动态图文解读。

3. 已知某一时期内某商品的需求函数为 $Q^d=50-5P$，供给函数为 $Q^s=-10+5P$。

(1) 求均衡价格 P_e 和均衡数量 Q_e，并作出几何图形。

(2) 假定供给函数不变，由于消费者的收入水平提高，需求函数变为 $Q^d=60-5P$。求出相应的均衡价格 P_e 和均衡数量 Q_e，并作出几何图形。

(3) 假定需求函数不变，由于生产技术水平提高，使供给函数变为 $Q^s=-5+5P$。求出相应的均衡价格 P_e 和均衡数量 Q_e，并作出几何图形。

(4) 利用 (1)、(2) 和 (3)，说明静态分析和比较静态分析的联系与区别。

(5) 利用 (1)、(2) 和 (3)，说明需求变动和供给变动对均衡价格与均衡数量的影响。

【难度】2　　**【考点】**需求

【答案】(1) 根据需求函数 $Q^d=50-5P$、供给函数 $Q^s=-10+5P$ 及 $Q^d=Q^s$ 可得，$50-5P=-10+5P$，求解可得 $P_e=6$，$Q_e=20$。如图 2-4 所示。

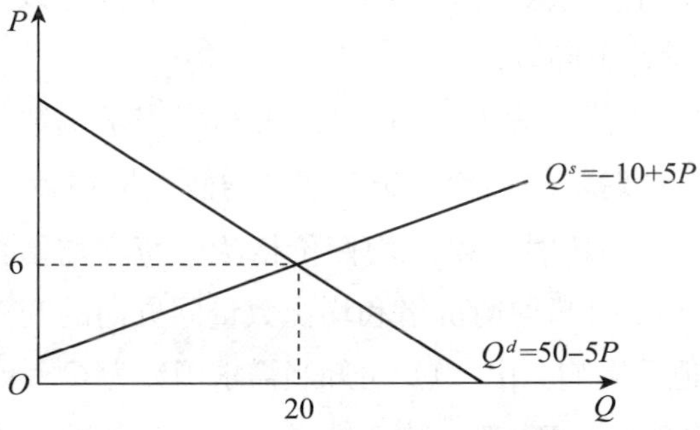

图 2-4　均衡价格和均衡数量

(2) 根据需求函数 $Q^d=60-5P$、供给函数 $Q^s=-10+5P$ 及 $Q^d=Q^s$ 可得，$60-5P=-10+5P$，求解可得 $P_e=7$，$Q_e=25$。如图 2-5 所示。

(3) 根据需求函数 $Q^d-50-5P$、供给函数 $Q^s=-5+5P$ 及 $Q^d=Q^s$ 可得，$50-5P=-5+5P$，求解可得 $P_e=5.5$，$Q_e=22.5$。如图 2-6 所示。

(4) 静态分析与比较静态分析的联系：变量的调整时间被假设为零。在 (1)、(2) 和 (3) 中，所有外生变量或内生变量都属于同一个时期。而且，在分析由外生变量变化所引起的内生变量变化的过程中，也假定这种调整时间为零。

两者的区别：静态分析是根据既定的外生变量数值求内生变量值的分析方法。

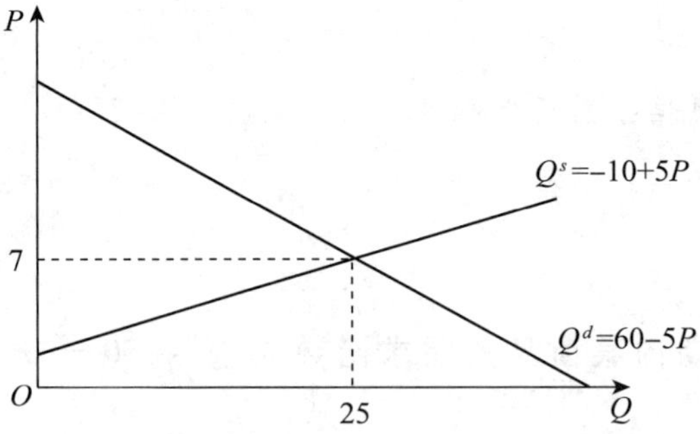

图 2-5　需求变动的均衡价格和均衡数量

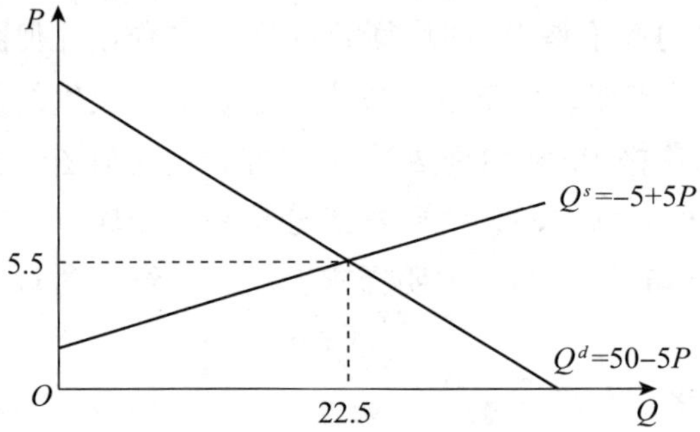

图 2-6　供给变动的均衡价格和均衡数量

比较静态分析是研究外生变量变化对内生变量的影响方式，以及分析比较不同数值的外生变量下内生变量的不同数值。

（5）需求变动对均衡值的影响。由（1）可知当需求函数为 $Q^d=50-5P$、供给函数为$Q^s=-10+5P$ 时，均衡价格 $P_e=6$、均衡数量 $Q_e=20$；当需求增加，如变为（2）中的 $Q^d=60-5P$ 时，得出均衡价格 $P_e=7$、均衡数量 $Q_e=25$。因此，在供给不变时，需求变动引起均衡价格和均衡数量同方向的变动。

供给变动对均衡值的影响。由（1）可知当需求函数为 $Q^d=50-5P$、供给函数为 $Q^s=-10+5P$ 时，均衡价格 $P_e=6$、均衡数量 $Q_e=20$；当供给增加，如变为（3）中的$Q^s=-5+5P$ 时，得出均衡价格 $P_e=5.5$、均衡数量 $Q_e=22.5$。因此，在需求不变时，供给变动引起均衡价格反方向的变动、引起均衡数量同方向的变动。

4. 假定某社区的音乐会门票价格是由市场力量决定的，其需求与供给情况如表 2-1 所示。

表 2-1　需求与供给表

价格（元）	需求量（张）	供给量（张）
20	1 400	800
40	1 100	800
60	800	800

续表

价格（元）	需求量（张）	供给量（张）
80	500	800
100	200	800

（1）画出相应的需求曲线和供给曲线。你发现供给曲线有什么特点？为什么？

（2）音乐会门票的均衡价格和均衡数量各是多少？

（3）该社区明年将增加一批新居民，这批新居民对社区音乐会门票的需求情况如表 2－2 所示。

表 2－2 新增居民的需求表

价格（元）	需求量（张）
20	840
40	660
60	480
80	300
100	120

绘制将新老居民合在一起计算出的社区音乐会门票需求表。新的均衡价格和均衡数量各是多少？

（4）为了更好地满足新老居民对文化生活的需求，社区决定扩建音乐厅，由此将音乐会门票的供给增加到 1 280 张。届时，音乐会门票的均衡价格和均衡数量又将各是多少？

【难度】1 **【考点】**需求；供给；供求均衡

【答案】（1）需求曲线和供给曲线如图 2－7 所示。

供给曲线是一条垂直线，完全无弹性，意味着供给量不受价格的影响。其原因主要是音乐厅的座位是固定的 800 个，并且这些座位没有其他用途，也就是机会成本为零，所以，无论票价是多少，音乐厅的座位都只能用于欣赏音乐，无法转作其他用途，从而可以提供的座位总是 800 个。

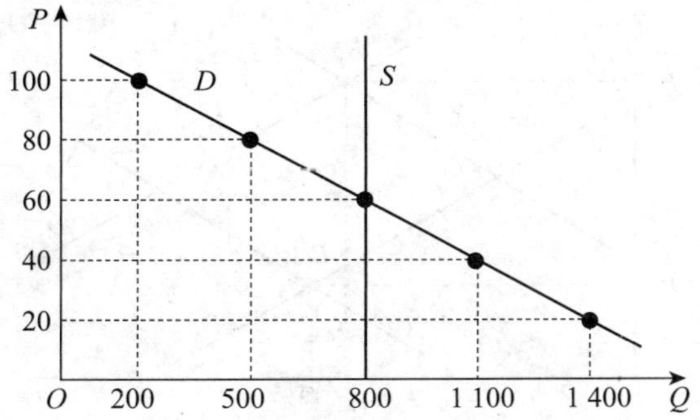

图 2－7 音乐会门票的供求曲线

（2）由图 2－7 可知，均衡价格为 $P=60$，均衡数量为 $Q=800$。

（3）新老居民合在一起计算出的社区音乐会门票的需求表如表 2－3 所示。

表 2－3

价格（元）	老居民需求量（张）	新居民需求量（张）	合计需求量（张）
20	1 400	840	2 240
40	1 100	660	1 760
60	800	480	1 280
80	500	300	800
100	200	120	320

由于供给量固定在 $Q_s=800$ 上，所以均衡价格为 $P=80$，此时供求相等，$Q_s=Q_d=800$。

（4）当供给量为 $Q_s=1\ 280$ 时，均衡价格为 $P=60$，此时供求相等，$Q_s=Q_d=1\ 280$。

5. 每逢春节来临，一些新鲜蔬菜的价格就会有所上升，譬如蒜苗、西红柿、黄瓜、豆角等。试利用供求曲线图说明其原因。

【难度】2　　**【考点】**供求均衡

【答案】按照供求定理，在其他条件不变的情况下，需求变动分别引起均衡数量和均衡价格的同方向变动；供给变动则引起均衡价格的反方向变动，引起均衡数量的同方向变动。

新鲜蔬菜的自然成熟季节为夏季和秋季，在冬季新鲜蔬菜则需要通过人工干预的方式生产，例如大棚内种植，这种非自然的种植方式成本较高。生产成本上升使得冬季——包括春节期间——的蔬菜供给减少，供给曲线左移。

春节是中国的传统节日，人们对蔬菜的需求量会在短期内大幅增加，即需求曲线大幅右移。

如图 2－8 所示，假设在夏季，新鲜蔬菜的供求曲线分别为 S_1、D_1，市场均衡位于 E_1 点。到春节期间，供给曲线左移到 S_2，引起均衡价格上升，均衡数量减少；需求曲线右移到 D_2，引起均衡价格上升，均衡数量增加。两条曲线的共同作用，

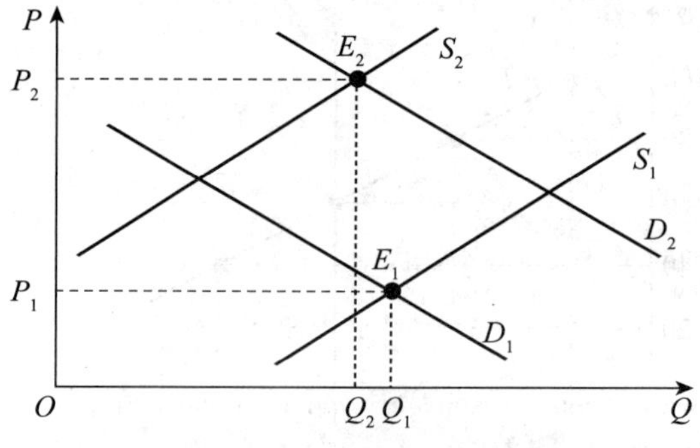

图 2－8　春节期间新鲜蔬菜的供求

使得均衡价格大幅上升，但均衡数量的变化不定。

这就是每逢春节来临，一些新鲜蔬菜的价格就会有所上升的原因。

6. 图 2-9 中有三条线性的需求曲线 *AB*、*AC* 和 *AD*。

(1) 比较 *a*、*b*、*c* 三点的需求的价格点弹性的大小。

(2) 比较 *a*、*e*、*f* 三点的需求的价格点弹性的大小。

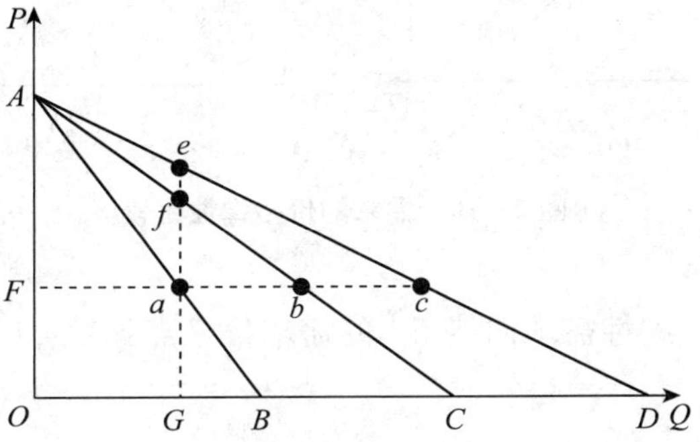

图 2-9　线性需求曲线的需求价格弹性比较

【难度】2　　【考点】需求的价格弹性

【答案】(1) 由图 2-9 可知 a、b、c 三点在一条直线上，且直线 ab 与直线 OQ 平行，直线 ab 与直线 OP 垂直于 F 点。

在 a 点，$e_{da}=-\frac{dQ}{dP}\cdot\frac{P}{Q}=\frac{GB}{OF}\cdot\frac{OF}{OG}=\frac{GB}{OG}=\frac{OF}{AF}$；在 b 点，$e_{db}=-\frac{dQ}{dP}\cdot\frac{P}{Q}=\frac{OF}{AF}$；在 c 点，$e_{dc}=-\frac{dQ}{dP}\cdot\frac{P}{Q}=\frac{OF}{AF}$。所以，$a$、$b$、$c$ 三点的需求的价格点弹性相同。

(2) 由图 2-9 可知 a、e、f 三点在一条直线上，且直线 ae 与直线 OP 平行，直线 ae 与直线 OQ 垂直于 G 点。

在 a 点，$e_{da}=-\frac{dQ}{dP}\cdot\frac{P}{Q}=\frac{GB}{OF}\cdot\frac{OF}{OG}=\frac{GB}{OG}$；在 f 点，$e_{df}=-\frac{dQ}{dP}\cdot\frac{P}{Q}=\frac{GC}{OG}$；在 e 点，$e_{de}=-\frac{dQ}{dP}\cdot\frac{P}{Q}=\frac{GD}{OG}$。由于 $GB<GC<GD$，所以 $e_{da}<e_{df}<e_{de}$。

7. 利用图 2-10 比较需求的价格点弹性的大小。

(1) 在图 2-10 (a) 中，两条线性需求曲线 D_1 和 D_2 相交于 *a* 点。试问：在交点 *a*，这两条直线型需求曲线的需求的价格点弹性相等吗？

(2) 在图 2-10 (b) 中，两条曲线型需求曲线 D_1 和 D_2 相交于 *a* 点。试问：在交点 *a*，这两条曲线型需求曲线的需求的价格点弹性相等吗？

【难度】2　　【考点】需求的价格弹性

【答案】(1) 在交点 a，这两条直线型需求曲线的需求的价格点弹性不相等。

假设需求曲线 D_1 与 Q 轴相交于 N 点，需求曲线 D_2 与 Q 轴相交于 L 点，过 a 点且垂直于 Q 轴的直线与 Q 轴相交于 M 点。在交点 a，线性需求曲线 D_1 的需求价

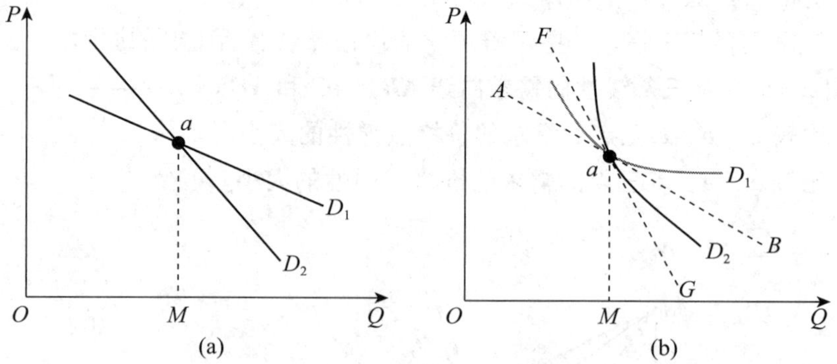

图 2-10　需求的价格弹性比较

格点弹性$e_{d1a}=\frac{MN}{OM}$，线性需求曲线 D_2 的需求价格点弹性 $e_{d2a}=\frac{ML}{OM}$，由于 $ML<MN$，所以$e_{d2a}<e_{d1a}$。

（2）在交点 a，这两条曲线型需求曲线的需求的价格点弹性不相等。

假设需求曲线 D_1 在 a 点的切线 AB 与 Q 轴相交于 N 点，需求曲线 D_2 在 a 点的切线 FG 与 Q 轴相交于 L 点，过 a 点且垂直于 Q 轴的直线与 Q 轴相交于 M 点。在交点 a，曲线型需求曲线 D_1 的需求价格点弹性 $e_{d1a}=\frac{MN}{OM}$，曲线型需求曲线 D_2 的需求价格点弹性 $e_{d2a}=\frac{ML}{OM}$，由于 $ML<MN$，所以$e_{d2a}<e_{d1a}$。

二、计算题

8[①]. 假定表 2-4 是需求函数 $Q^d=500-100P$ 在一定价格范围内的需求表。

表 2-4　某商品的需求表

价格（元）	1	2	3	4	5
需求量	400	300	200	100	0

（1）求出价格 2 元和 4 元之间的需求的价格弧弹性。

（2）根据给出的需求函数，求 $P=2$ 元时的需求的价格点弹性。

（3）根据该需求函数或需求表作出几何图形，利用几何方法求出 $P=2$ 元时的需求的价格点弹性。它与（2）的结果相同吗？

【难度】2　　**【考点】**需求的价格弹性

【答案】（1）根据需求的价格弧弹性的定义公式可以得到：

$$e_d=-\frac{\Delta Q}{\Delta P}\cdot\frac{\frac{P_1+P_2}{2}}{\frac{Q_1+Q_2}{2}}=\frac{200}{2}\cdot\frac{\frac{2+4}{2}}{\frac{300+100}{2}}=1.5$$

① 从第二大题开始，本书的习题序号和高鸿业教授《西方经济学》（微观部分·第八版）有些出入，教材中计算题、论述题的序号都是重新从 1 开始，本书则是顺接第一大题。这么做的原因是本书最后有一个知识点列表，如果有多个“第 1 题”“第 2 题”，知识点列表中的题目序号就会显得很混乱。

（2）由需求的价格点弹性的定义，得 $e_d=-\frac{\mathrm{d}Q}{\mathrm{d}P}\cdot\frac{P}{Q}=-(-100)\cdot\frac{2}{300}=\frac{2}{3}$。

（3）需求函数的几何图形如图 2－11 所示。

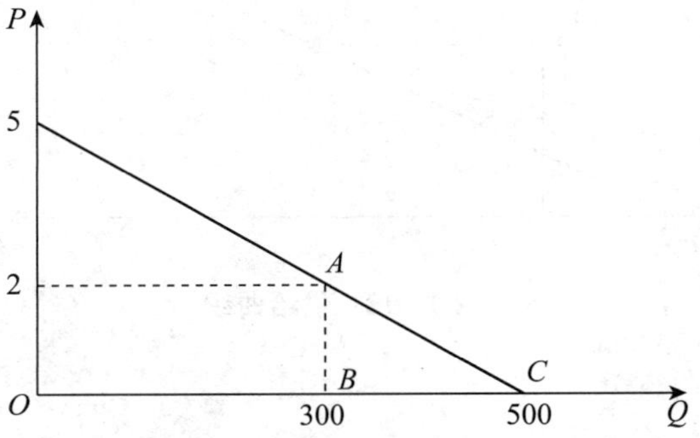

图 2－11　需求曲线

利用几何方法可得需求的价格点弹性，$e_d=-\frac{\mathrm{d}Q}{\mathrm{d}P}\cdot\frac{P}{Q}=\frac{BC}{AB}\cdot\frac{AB}{OB}=\frac{BC}{OB}=\frac{200}{300}=\frac{2}{3}$，与（2）的结果相同。

9. 假定表 2－5 是供给函数 $Q^s=-2+2P$ 在一定价格范围内的供给表。

表 2－5　某商品的供给表

价格（元）	2	3	4	5	6
供给量	2	4	6	8	10

（1）求出价格 3 元和 5 元之间的供给的价格弧弹性。

（2）根据给出的供给函数，求 $P=3$ 元时的供给的价格点弹性。

（3）根据该供给函数或供给表作出几何图形，利用几何方法求出 $P=3$ 元时的供给的价格点弹性。它与（2）的结果相同吗？

【难度】2　　**【考点】**供给的价格弹性

【答案】（1）由供给的价格弧弹性的定义，得

$$e_s=\frac{\Delta Q}{\Delta P}\cdot\frac{\frac{P_1+P_2}{2}}{\frac{Q_1+Q_2}{2}}=\frac{4}{2}\cdot\frac{\frac{3+5}{2}}{\frac{4+8}{2}}=\frac{4}{3}$$

（2）由供给的价格点弹性的定义，得

$$e_s=\frac{\mathrm{d}Q}{\mathrm{d}P}\cdot\frac{P}{Q}=2\cdot\frac{3}{4}=1.5$$

（3）供给函数的几何图形如图 2－12 所示。

利用几何方法可得供给的价格点弹性 $e_s=\frac{\mathrm{d}Q}{\mathrm{d}P}\cdot\frac{P}{Q}=\frac{CB}{AB}\cdot\frac{AB}{OB}=\frac{CB}{OB}=\frac{6}{4}=1.5$，

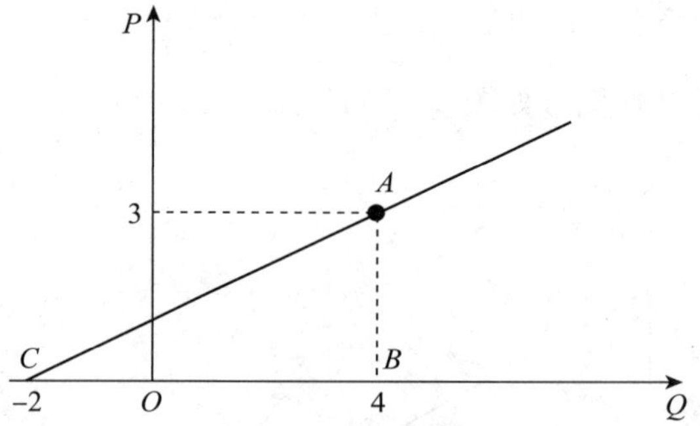

图 2-12 供给曲线

与（2）的结果相同。

10. 假定某消费者关于某种商品的消费数量 Q 与收入 M 之间的函数关系为 $M=100Q^2$。

求：当收入 $M=6\ 400$ 时的需求的收入点弹性。

【难度】 1　　**【考点】** 需求的收入弹性

【答案】 解法一：

因为 $M=100Q^2$，所以 $Q=\frac{1}{10}M^{1/2}$。

当 $M=6\ 400$ 时，$Q=\frac{1}{10}\times 6\ 400^{1/2}=8$。

需求的收入点弹性 $e_M=\frac{\mathrm{d}Q}{\mathrm{d}M}\cdot\frac{M}{Q}=\frac{1}{20}M^{-1/2}\times\frac{M}{Q}=\frac{1}{20}\times 6\ 400^{-1/2}\times\frac{6\ 400}{8}=\frac{1}{2}$。

解法二：

因为 $M=100Q^2$，所以 $Q=\frac{1}{10}M^{1/2}$。

由指数函数的弹性性质可知，$e_M=\frac{1}{2}$。

【提示】 指数函数的弹性性质，参见理论精要中“知识点五　需求的价格弹性/(4) 弹性不变的需求曲线的价格弹性”所附的提示。这一解题技巧很重要。

11. 假定需求函数为 $Q=MP^{-N}$，其中 M 表示收入，P 表示商品价格，N（$N>0$）为常数。

求：需求的价格点弹性和需求的收入点弹性。

【难度】 1　　**【考点】** 需求的价格弹性；需求的收入弹性

【答案】 解法一：

依题意可知，$\frac{\mathrm{d}Q}{\mathrm{d}P}=M\cdot(-N)\cdot P^{-N-1}$，$\frac{\mathrm{d}Q}{\mathrm{d}M}=P^{-N}$，所以有：

$$e_d=-\frac{\mathrm{d}Q}{\mathrm{d}P}\cdot\frac{P}{Q}=MNP^{-N-1}\frac{P}{MP^{-N}}=N$$

$$e_M=\frac{\mathrm{d}Q}{\mathrm{d}M}\cdot\frac{M}{Q}=P^{-N}\frac{M}{MP^{-N}}=1$$

解法二：

因 $Q=MP^{-N}$，由指数函数的弹性性质可知 $e_d=N$。

因 $Q=P^{-N}M$，由指数函数的弹性性质可知 $e_M=1$。

【提示】解法二的理论依据同第10题解法二。指数函数的弹性性质，参见理论精要中“知识点五　需求的价格弹性/(4) 弹性不变的需求曲线的价格弹性”所附的提示。

12. 假定某商品市场上有100个消费者。其中：60个消费者购买该市场1/3的商品，且每个消费者的需求的价格弹性均为3；另外40个消费者购买该市场2/3的商品，且每个消费者的需求的价格弹性均为6。

问：按100个消费者合计的需求的价格弹性系数是多少？

【难度】 3　　**【考点】** 需求的价格弹性

【答案】 设这100个消费者购得的该商品总量为 Q，其市场价格为 P。由题意知：$Q_1=\frac{1}{3}Q$，$Q_2=\frac{2}{3}Q$。$e_{d1}=-\frac{\mathrm{d}Q_1}{\mathrm{d}P}\cdot\frac{P}{Q_1}=-Q'_1\cdot\frac{P}{Q_1}=3$，所以 $Q'_1=-\frac{3Q_1}{P}=-\frac{Q}{P}$；$e_{d2}=-\frac{\mathrm{d}Q_2}{\mathrm{d}P}\cdot\frac{P}{Q_2}=-Q'_2\cdot\frac{P}{Q_2}=6$，所以 $Q'_2=-\frac{6Q_2}{P}=-\frac{4Q}{P}$。因为 $Q'=Q'_1+Q'_2$，因此根据需求的价格弹性的定义，得 $e_d=-\frac{\mathrm{d}Q}{\mathrm{d}P}\cdot\frac{P}{Q}=-Q'\cdot\frac{P}{Q}=-(Q'_1+Q'_2)\frac{P}{Q}=\left(\frac{Q}{P}+\frac{4Q}{P}\right)\cdot\frac{P}{Q}=5$。

13. 假定某消费者的需求的价格弹性 $e_d=1.3$，需求的收入弹性 $e_M=2.2$。求：

(1) 在其他条件不变的情况下，商品价格下降2%对需求数量的影响。

(2) 在其他条件不变的情况下，消费者的收入提高5%对需求数量的影响。

【难度】 2　　**【考点】** 需求的价格弹性；需求的收入弹性

【答案】 (1) 由题意知 $e_d=1.3$，所以当价格下降2%时，商品的需求量会上升2.6%。

(2) 由于 $e_M=2.2$，所以当消费者收入提高5%时，消费者对该商品的需求量会上升11%。

14. 假定在某市场上A、B两厂商是生产同种有差异的产品的竞争者；该市场对A厂商的需求曲线为 $P_A=200-Q_A$，对B厂商的需求曲线为 $P_B=300-0.5Q_B$；两厂商目前的销售量分别为 $Q_A=50$，$Q_B=100$。求：

(1) 目前A、B两厂商的需求的价格点弹性 e_{dA} 和 e_{dB} 各是多少？

(2) 如果B厂商降价使得B厂商的需求量增加为 $Q'_B=160$，同时使竞争对手A厂商的需求量减少为 $Q'_A=40$，那么，A厂商的需求的交叉价格弹性 e_{AB} 是多少？

(3) 如果B厂商追求销售收入最大化，那么，你认为B厂商的降价是一个正确的行为选择吗?

【难度】 3 **【考点】** 需求的价格弹性；需求的交叉价格弹性；需求的价格弹性与收益的关系

【答案】 (1) 当 $Q_A=50$ 时，$P_A=200-50=150$；当 $Q_B=100$ 时，$P_B=300-0.5\times100=250$。

根据需求的价格弹性的定义，得

$$e_{dA}=-\frac{\mathrm{d}Q_A}{\mathrm{d}P_A}\cdot\frac{P_A}{Q_A}=-(-1)\cdot\frac{150}{50}=3$$

$$e_{dB}=-\frac{\mathrm{d}Q_B}{\mathrm{d}P_B}\cdot\frac{P_B}{Q_B}=-(-2)\cdot\frac{250}{100}=5$$

(2) B厂商降价后，$Q'_B=160$，$P'_B=300-0.5\times160=220$，且 $\Delta P_B=-30$；当$Q'_A=40$ 时，$P'_A=200-40=160$，且 $\Delta Q_A=-10$。

根据需求的交叉价格弹性的定义，$e_{AB}=\frac{\Delta Q_A}{\Delta P_B}\cdot\frac{P_B}{Q_A}=\frac{-10}{-30}\cdot\frac{250}{50}=\frac{5}{3}$。

(3) 降价前，B厂商的销售收入 $R=100\times250=25\ 000$；降价后，B厂商的销售收入 $R'=160\times220=35\ 200$。由上可知 $R<R'$，即降价增加了销售收入，所以B厂商的降价是一个正确的行为选择。

15. 假定某商品的需求的价格弹性为1.6，现售价格为 $P=4$。

问：该商品的价格下降多少，才能使得销售量增加10%?

【难度】 1 **【考点】** 需求的价格弹性

【答案】 已知该商品的需求的价格弹性为1.6，要使得销售量增加10%，那么该商品的价格要下降10%/1.6=6.25%，即价格下降量为4×6.25%=0.25。

16. 假定小李的两个消费场景如下:

(1) 当话剧票价为120元时，小李打算买两张话剧门票。但事实上话剧门票价格上涨为180元，于是小李决定放弃看话剧。求小李关于话剧门票需求的价格弹性。

(2) 小李在某公司上班，公司附近只有一家可供用餐的快餐店。当每份套餐的价格为8元时，小李每天中午都在该快餐店用餐；当每份套餐的价格上涨为12元时，他仍然每天中午都在该快餐店用餐。求小李关于快餐需求的价格弹性。

(3) 对小李的两个消费场景而言，为什么 (1) 和 (2) 的结果相差甚远?

【难度】 2 **【考点】** 需求的价格弹性

【答案】 (1) 依题意可知，$P_1=120$，$Q_1=2$，$P_2=180$，$Q_2=0$，所以需求的价格弹性为：

$$e_d=-\frac{\Delta Q}{\Delta P}\cdot\frac{\frac{P_1+P_2}{2}}{\frac{Q_1+Q_2}{2}}=-\frac{Q_2-Q_1}{P_2-P_1}\cdot\frac{P_1+P_2}{Q_1+Q_2}=-\frac{0-2}{180-120}\cdot\frac{120+180}{2+0}=5$$

（2）由于价格上升后，小李的消费量没有变化，即 $\Delta Q=0$，所以：

$$e_d=-\frac{\Delta Q}{\Delta P}\cdot\frac{\frac{P_1+P_2}{2}}{\frac{Q_1+Q_2}{2}}=\frac{0}{\Delta P}\cdot\frac{\frac{P_1+P_2}{2}}{\frac{Q_1+Q_2}{2}}=0$$

（3）由于食物是维持生命不可或缺的东西，属于必需品，因此，无论价格如何上升，消费者都难以减少食物的消费；同时，由于食物的边际效用递减的速度很快，消费者在增加消费量时，其边际效用在迅速递减，因此，即使价格下降，消费者也无法增加很多食物的消费，否则食物的边际效用会低于货币的边际效用，甚至出现负效用。所以，食物的消费是比较稳定的，对价格不敏感，也就是缺乏弹性，$e_d<1$。又由于该快餐店是小李公司附近唯一的快餐店，没有竞争者，所以对小李而言，“该快餐店的食物”的需求价格弹性与“食物”的需求价格弹性是一样的，都是 $e_d<1$。

但话剧不是生活必需品，属于奢侈品，消费者不看话剧对生活没有很大的影响，如果价格上升，消费者会大幅减少话剧的消费；同时，话剧的边际效用递减的速度很慢，如果价格下降，消费者要观看很多话剧，其边际效用才会下降到和货币的边际效用相等，即如果价格下降，则消费量会大幅增加。所以，话剧的消费对价格很敏感，也就是富有弹性，$e_d>1$。

食物与话剧的产品特性决定了（1）和（2）的结果相差甚远。

【提示】在第（3）小题中分析原因时，如果只是说因为食物是必需品，必需品的弹性小，话剧是奢侈品，奢侈品的弹性大，是不太妥的。我们要解释的就是为什么必需品弹性小、奢侈品弹性大，必须从产品对生活的重要程度、边际效用等层次来分析其弹性大小的原理。

三、论述题

17. 利用图阐述需求的价格弹性的大小与厂商的销售收入之间的关系，并举例说明。

【难度】1　　**【考点】**需求的价格弹性与收益的关系

【答案】（1）当 $e_d>1$ 时，如图 2-13 所示，在 D 点的销售收入 $P\cdot Q$ 相当于矩形 OP_1DQ_1 的面积，在 C 点的销售收入 $P\cdot Q$ 相当于矩形 OP_2CQ_2 的面积，显然，面积Ⅰ<面积Ⅱ，得矩形 OP_1DQ_1 的面积<矩形 OP_2CQ_2 的面积。

所以当 $e_d>1$ 时，降价会增加厂商的销售收入，提价会减少厂商的销售收入，即商品的价格与厂商的销售收入呈反方向变动关系。

例：假设某商品 $e_d=2$，当商品的价格为 2 时，需求量为 20。厂商的销售收入为 $2\times20=40$。当商品的价格为 2.2，即价格上升 10%时，由于 $e_d=2$，所以需求量相应下降 20%，即下降到 16。同时，厂商的销售收入$=2.2\times16=35.2$。显然，提价后厂商的销售收入反而下降了。

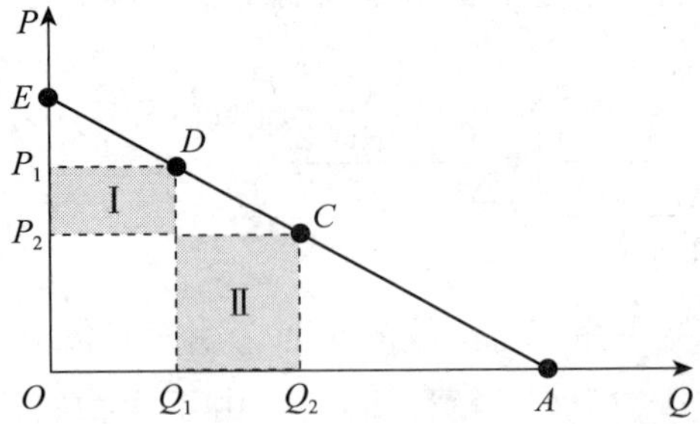

图 2-13　需求富有弹性时降价会增加销售收入

（2）当 $e_d<1$ 时，如图 2-14 所示，在 D 点的销售收入 $P\cdot Q$ 相当于矩形 OP_1DQ_1 的面积，在 C 点的销售收入 $P\cdot Q$ 相当于矩形 OP_2CQ_2 的面积。显然，面积Ⅰ>面积Ⅱ，得矩形 OP_1DQ_1 的面积>矩形 OP_2CQ_2 的面积。

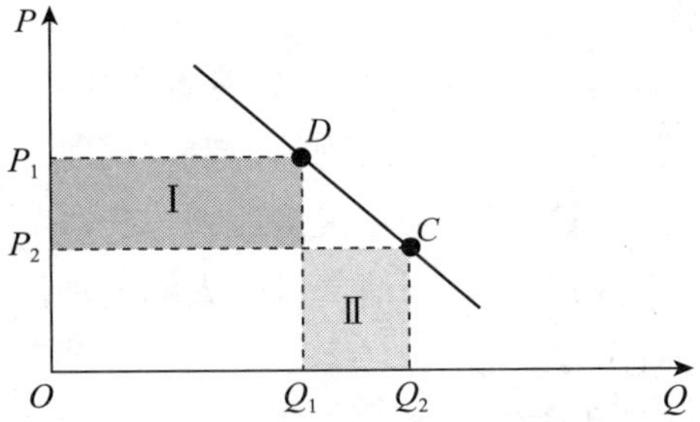

图 2-14　需求缺乏弹性时提价会增加销售收入

所以当 $e_d<1$ 时，降价会减少厂商的销售收入，提价会增加厂商的销售收入，即商品的价格与厂商的销售收入呈正方向变动关系。

例：假设某商品 $e_d=0.5$，当商品的价格为 2 时，需求量为 20。厂商的销售收入为 $2\times20=40$。当商品的价格为 2.2，即价格上升 10%时，由于 $e_d=0.5$，所以需求量相应下降 5%，即下降到 19。同时，厂商的销售收入 $=2.2\times19=41.8$。显然，提价后厂商的销售收入上升了。

（3）当 $e_d=1$ 时，如图 2-15 所示，在 D 点的销售收入 $P\cdot Q$ 相当于矩形 OP_1DQ_1 的面积，在 C 点的销售收入 $P\cdot Q$ 相当于矩形 OP_2CQ_2 的面积。显然，

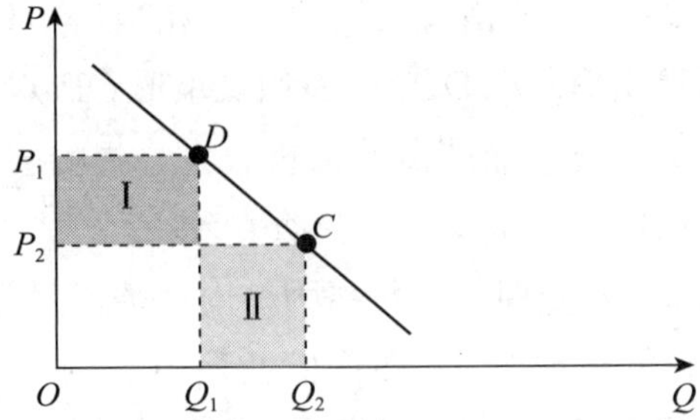

图 2-15　需求具有单位弹性时价格变化对销售收入无影响

面积Ⅰ＝面积Ⅱ，得矩形 OP_1DQ_1 的面积＝矩形 OP_2CQ_2 的面积。

所以，当 $e_d=1$ 时，降价或提价对厂商的销售收入没有影响。

例：假设某商品 $e_d=1$，当商品的价格为 2 时，需求量为 20。厂商的销售收入为 2×20＝40。当商品的价格为 2.2，即价格上升 10％时，由于 $e_d=1$，所以需求量相应下降 10％，即下降到 18。同时，厂商的销售收入＝2.2×18＝39.6≈40。显然，提价后厂商的销售收入并没有变化。

18. 利用图 2－16 简要说明微观经济学的理论体系框架。

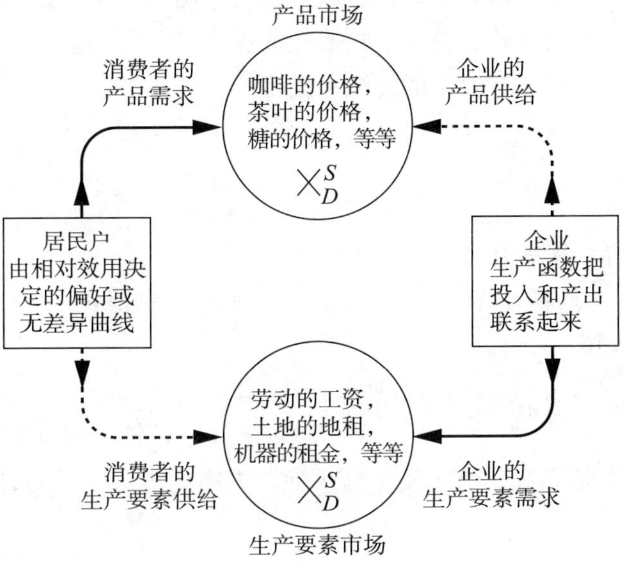

图 2－16　产品市场和生产要素市场的循环流动图

【难度】1　　**【考点】**微观经济学概述

【答案】（1）消费者和企业是两类个体经济单位，产品市场和生产要素市场是两个市场，消费者和企业的经济活动通过产品市场和生产要素市场的供求关系的相互作用联系起来。

（2）消费者的经济行为首先表现为在生产要素市场上提供生产要素，然后在产品市场上购买所需的产品，进而在消费中得到最大的效用满足。企业的经济行为首先表现为在生产要素市场上购买生产所需的生产要素，然后进入生产过程进行生产，进而通过产品的出售获得最大的利润。

消费者对产品的需求和企业对产品的供给相遇于产品市场，由此决定了每一种产品市场的均衡价格和均衡数量。消费者对生产要素的供给和企业对生产要素的引致需求相遇于生产要素市场，由此决定了每一种生产要素市场的均衡价格和均衡数量。

（3）在完全竞争条件下，无论是在产品市场，还是在生产要素市场，单个消费者和单个企业的经济活动都表现为在市场机制的作用下各自追求自身经济利益最大化的过程。在这一过程中，每个产品市场和每个生产要素市场，进而所有的市场，都实现了供求相等的均衡状态。在这样的完全竞争的均衡状态中，每一种产品都以最低的成本被生产出来，每一种产品也都以最低的价格在市场上出售，消费者获得最大的满足，企业获得最大的利润，生产要素的提供者根据各自对生产的贡献得到了相应的报酬。

（4）微观经济政策。西方经济学家认为，现实的资本主义经济在某些方面与完全竞争经济的最优状态是有偏离的，需要执行一定的微观经济政策来加以矫正，以克服市场失灵。

（5）微观经济学要论证的核心思想。一般均衡论进一步证明在完全竞争条件下所有单个市场同时达到均衡的状态是可以存在的。福利经济学则以一般均衡论为出发点，进而论述一般均衡状态符合“帕累托最优状态”。因此，西方经济学家认为，整个资本主义经济实现了有效率的资源配置。

补充训练

1.（名词解释）稀缺性（广东财大 2016）

2. 消费者预期某物品未来价格要上升，则对该物品的当前需求会（　　）。（上海海事大学 2015）

A. 减少　　B. 增加

C. 不变　　D. 上述三种情况都可能

3. 当一个经济学家说“由于发生疯牛症，鸡肉的需求上升”，这意味着（　　）。（中山大学 2013）

A. 鸡肉的需求曲线向左移动　　B. 鸡肉的价格下降

C. 鸡肉的价格上升　　D. 鸡肉的需求曲线向右移动

4. 假设消费者的收入增加了 20%，此时他对商品 X 的需求只增加了 10%，商品 X 是（　　）。（上海财大 2007）

A. 正常品　　B. 低档品

C. 吉芬品　　D. 边际产品

5. 考虑由两个拥有线性个人需求曲线的消费者构成的市场。对任意给定的价格水平 P（使得个人需求量严格大于 0），在该价格水平下，市场的需求价格弹性（　　）消费者个人的需求价格弹性。（电子科大 2016）

A. 小于　　B. 等于

C. 大于　　D. 无法确定

6. 针对春节火车票“一票难求”的现象，请你用供求理论分析其中的原理，并据此提出解决的办法。（西南财大 2013）

7. 论述需求的收入弹性和需求的交叉价格弹性的决定及其经济意义。（山东大学 2007）

8. 分别画图并简要解释政府支农的两大政策即农业税减免以及对部分农产品实施价格支持的效果和影响。（上海大学 2007）

9. 假设城市和农村各有一个互不流动的劳动力市场，农村的竞争均衡工资为每月 200 元，城市的竞争均衡工资则为每月 400 元。如图 2－17 和图 2－18 所示。给定城市和农村的劳动力需求不变，回答下列四个问题：

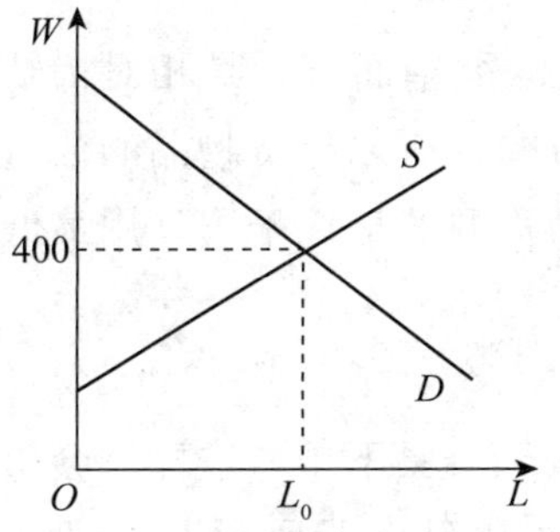

图 2－17　城市劳动力市场的供给和需求曲线

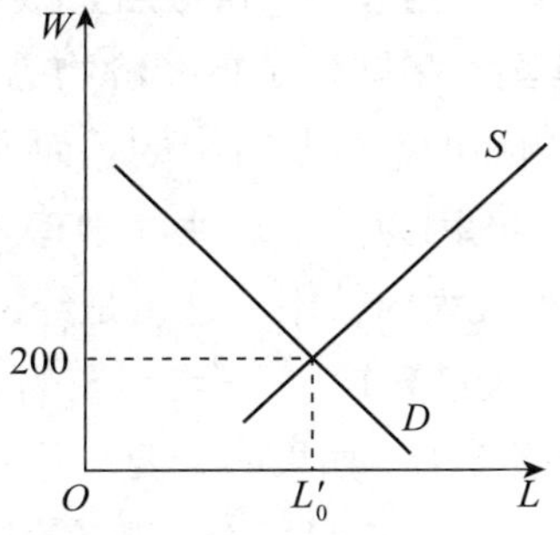

图 2－18　农村劳动力市场的供给和需求曲线

(1) 如果政府规定城市劳动力市场的最低工资为每月 500 元，对两个市场会有什么影响？画图说明。

(2) 如果城市和农村的劳动力可以流动，将出现什么现象？不考虑政府干预，两个市场都达到均衡时，均衡工资、均衡城市就业量、均衡农村就业量如何？画图说明。

(3) 如果城市和农村的劳动力市场可以流动，政府仍规定城市的最低工资为每月 500 元，将会出现什么问题？

(4) 你觉得可以采取哪些政策措施在稳定市场、减少失业的同时，改善城里人和农民工的福利？(复旦大学 2011)

10. 假设某市场由消费者 1 和消费者 2 组成，其个人需求函数分别是：$Q_1 = 60 - 2P$ 和 $Q_2 = 75 - 3P$。

(1) 描绘个人需求曲线和市场需求曲线，导出市场需求函数。

(2) 求价格 $P = 20$ 时的需求价格弹性和市场销售量。(浙江大学 2010)

11. 简述影响供给的因素。(南京财大 2015)

12. 何为需求的价格弹性？影响需求价格弹性的因素有哪些？(西南大学 2012，山东大学 2017)

13. “需求的价格弹性等于需求曲线的斜率”这种陈述是否正确？请简述理由。(华南理工 2012)

14. 用弹性理论解释“丰收悖论”。(山东大学 2017，东北财大 2015)

15. 公共交通公司、自来水公司等通常都会一再要求涨价，请运用需求价格弹性理论加以说明。(厦门大学 2010)

16. “一个利润最大化、没有受到管制的垄断企业不会在需求曲线缺乏弹性的部分定价”这一说法对吗？请根据你的答案给出解释。(中山大学 2017)

17. 结合图形，分析政府实行最高限价的动机和后果。(南京财大 2013)

参考答案

1.【难度】1　　【考点】微观经济学概述

【答案】稀缺性是指经济物品的数量相对于人的欲望而言，是相对稀缺的，因为经济物品的数量是有限的，而人类的欲望是无穷的，所以经济物品的数量是相对稀缺的。正因为其稀缺性，才有必要对经济物品做资源的最优配置，用最低的机会成本获得最大的效用。这正是经济学研究的问题。

2.【难度】1　　【考点】需求

【答案】B。如果明天要涨价，消费者就会在今天赶紧下单，这样就会增加今天（当期）的需求。另一个典型案例就是股票市场。如果某个股民预期 A 股票的价格未来会上涨，他就会立即购买 A 股票，等着将来出售以赚取差价。

3.【难度】1　　【考点】供求均衡

【答案】D。发生疯牛症会减少消费者对牛肉的消费，转而增加对其替代品鸡肉的需求，因此鸡肉的需求曲线右移。但是，题目里没有指出鸡肉的供给是否变动，因此无法判断鸡肉的价格是否一定会上升。

4.【难度】2　　【考点】需求的收入弹性

【答案】A。从题设可以知道，消费者的收入增加了 20%，此时他对商品 X 的需求只增加了 10%，即 $e_M=0.5$。根据正常品的定义可以知道，商品 X 是正常品。随着收入的增加，商品 X 的需求量也增加。

5.【难度】2　　【考点】需求的价格弹性

【答案】D。如图 2-19 所示，个人需求曲线 d_1 和 d_2 叠加成市场需求曲线 D。对于任意价格水平 P，假设 $P=P_1$（由于 P_1 使得个人需求量严格大于 0，所以 $P_1<P_0$），按需求价格弹性的几何意义，消费者 1 的需求价格弹性为 $e_{d1}=OP_1/P_1A$，消费者 2 的需求价格弹性为 $e_{d2}=OP_1/P_1P_0$，市场的需求价格弹性 $e_d=OP_1/P_1B$，可知，$e_{d2}>e_d>e_{d1}$，所以无法对市场的需求价格弹性和消费者个人的需求价格弹性简单地确定大小关系。

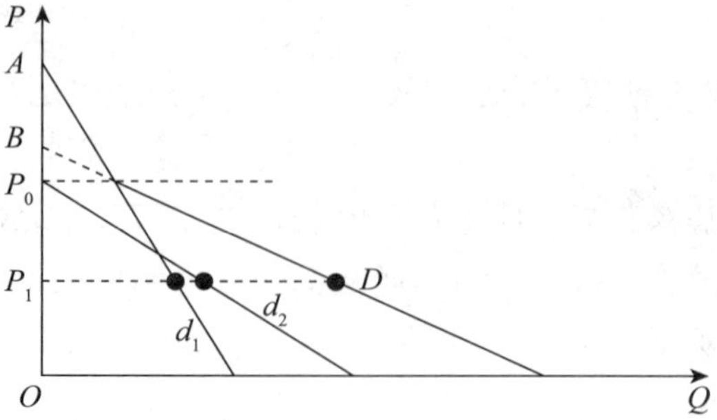

图 2-19　弹性的比较

6.【难度】3　　　【考点】供求均衡

【答案】春节是中国的传统节日，春节期间几乎所有外出务工人员都要回家团圆，而且，改革开放以来，中国的工业和服务业得到迅猛发展，越来越多的农民到城市里寻找工作，这一庞大的人群给春节前后的运输带来了极大的压力。

然而，铁路运输所需要的火车、铁轨等资源是有限的，无法在短期内大量增加，因此，铁路运输的供给曲线基本是垂直线，如图 2－20 所示。在平时，铁路运输的供给足以满足市场的运输需求，表现为图中的均衡点 E 点，此时均衡价格和均衡产量分别为 P^* 和 Q^*。

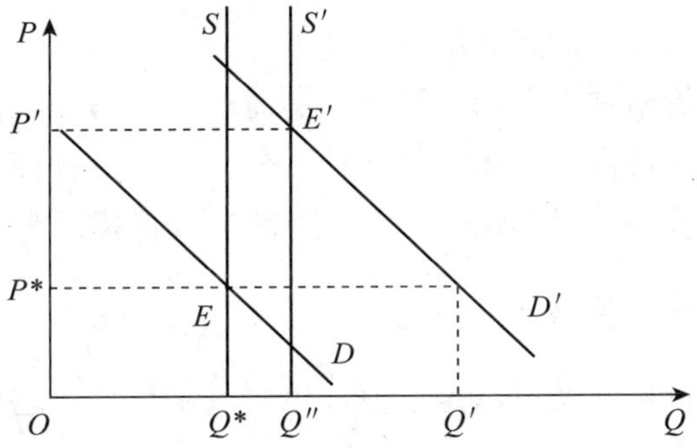

图 2－20　火车票的供求

但在春节前后，由于市场需求短时间内增长数倍，需求曲线向右大幅度平移，表现为从 D 右移到 D'，虽然铁路部门会采用增加临时列车等方法来提高运输能力，表现为从 S 右移到 S'，但这一供给增加量太过有限，远远不能满足剧增的市场需求。如果按照市场供求调整，则此时供给量为 Q''，而价格上升到 P'，即在 E'点达到均衡。但由于铁路运输属于政府实施价格管制的行业，在政府管制下，市场价格不得高于 P^*，因此，市场需求量为 Q'而供给量依然为 Q''，市场出现供给短缺即“一票难求”的现象，缺口为 $Q'-Q''$。

解决春节期间的供求矛盾，需要从多个领域着手，例如：

（1）增加火车票的供给。主要包括：提高火车运行速度，增铺铁轨，进而提高供给能力。

（2）增加铁路运输替代品的供给。主要包括：增加公路、飞机等铁路运输替代品的供给，缓解铁路运输的压力。

（3）减少火车票的需求。主要包括：①均衡发展国内经济，使得外出务工人员均匀分布在全国各地，缓解目前春节前的运输方向一律是从东往西、从南往北的问题，从而缓解铁路运输的压力；②发展二、三线城市及村镇经济，使农民可以就近工作，减少春节期间对铁路运输的需求；③鼓励外出务工人员在工作地过春节，从而缓解铁路运输的压力。

7.【难度】2　　　【考点】需求的收入弹性；需求的交叉价格弹性

【答案】（1）需求的收入弹性是指：在一定时期内，一种商品的需求量对消费者收入变动的反应程度，是需求量变动百分比与收入变动百分比之比。如果用 e_M 表示需求的收入弹性系数，用 I 和 ΔI 分别表示收入和收入的变动量，用 Q 和 ΔQ 分别表示需求量和需求量的变动量，则需求的收入弹性公式为：$e_M=\frac{\Delta Q}{\Delta I}\cdot\frac{I}{Q}$。

（2）在影响需求的其他因素既定的前提下，通过需求的收入弹性可以判断某商品是正常品还是劣等品。如果某种商品的需求收入弹性是正值，即 $e_M>0$，表示随着收入水平的提高，消费者对此种商品的需求量增加，则该商品是正常品。如果某种商品的需求收入弹性是负值，即 $e_M<0$，表示随着收入水平的提高，消费者对此种商品的需求反而下降，则该商品是劣等品。需求的收入弹性并不唯一取决于商品本身的属性，同时还取决于消费者的收入水平。

（3）需求的交叉价格弹性是指一种商品的需求量对另一种商品价格变动的反应程度，其弹性系数是一种商品的需求量变动百分比与另一种商品的价格变动百分比之比。如果用 X、Y 代表两种商品，用 e_{XY} 代表 X 商品需求量对 Y 商品价格变动的反应程度，则需求的交叉价格弹性公式为：$e_{XY}=\frac{\Delta Q_X}{\Delta P_Y}\cdot\frac{P_Y}{Q_X}$。

（4）需求的交叉价格弹性可以是正值，也可以是负值，它取决于商品之间的关系。如果需求的交叉价格弹性是正值，即 $e_{XY}>0$，表示随着 Y 商品价格的提高（降低），X 商品的需求量增加（减少），则 X、Y 商品之间存在替代关系，互为替代品。其弹性系数越大，替代性就越强。如果需求的交叉价格弹性是负值，即 $e_{XY}<0$，表示随着 Y 商品价格的提高（降低），X 商品的需求量减少（增加），则 X、Y 商品之间存在互补关系，互为互补品。其弹性系数的绝对值越大，互补性就越强。如果商品 X、Y 的需求交叉价格弹性为零，即 $e_{XY}=0$，则说明 X 与 Y 之间没有相关性，两者是相互独立的两种商品。

8.**【难度】**1　　**【考点】**供求原理的运用

【答案】（1）农业税减免和农产品支持价格是政府支持农业的两个主要政策，可以促进农业的稳定生产，扶持农业的发展。

（2）农业税减免使农产品实际生产成本下降，农产品供给增加，即农产品的供给曲线右移，从而使农产品均衡价格下降、均衡产量增加，由此使消费者剩余和生产者剩余都有所增加。如图 2－21(a) 所示，均衡价格从 P_0 下降到 P_1 后，生产者剩余和消费者剩余的增加量扣除政府损失，社会产生图中阴影部分面积的福利损失。

（3）政府对农业实施最低限价的支持价格措施，有效地促进了农民生产的积极性。政府收购市面上供过于求的那部分农产品作为储备，又可以保证农业歉收时的农产品供应，维护社会的稳定。如图 2－21(b) 所示，在没有政府干预的情况下，均衡价格为 P_0，均衡产量为 Q_0。现在政府对农产品进行价格支持，支持价格设在 P_1，这时市场的需求量为 Q_1，而供给量为 Q_2。政府在实施支持价格时，会对 Q_2-Q_1 这一过剩的产量按照 P_1 的价格收购。支持价格的实施会加重纳税人的负担，但可以在一定程度上保护生产者的利益，稳定生产。

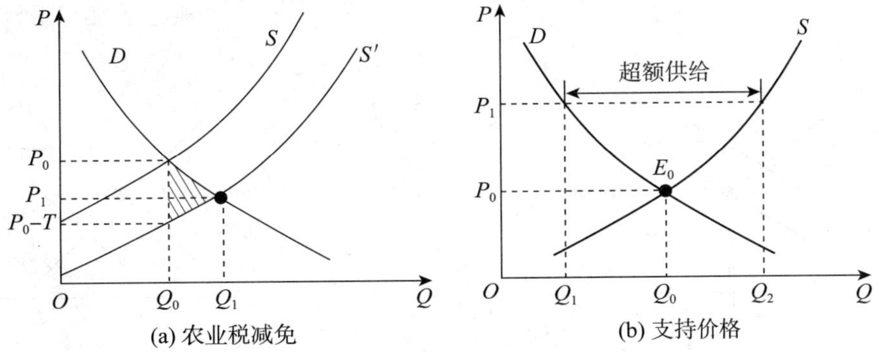

图 2-21　农业税减免及支持价格

9.**【难度】**2　　**【考点】**供求均衡；供求原理的运用

【答案】(1) 如果政府规定城市最低工资为每月 500 元，由于两个市场是互不流动的，因此农村劳动力市场不受影响；而城市劳动力市场会出现供过于求的情况，产生非自愿失业，如图 2-22 所示。

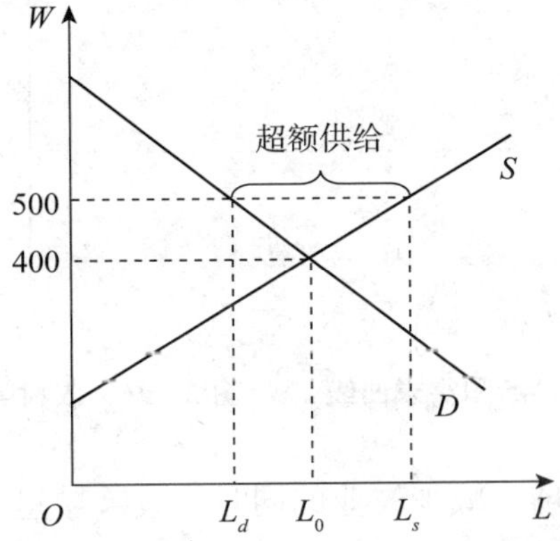

图 2-22　城市劳动力市场的供给和需求曲线

(2) 如果城市与农村的劳动力可以自由流动，由于城市的均衡工资 400 元高于农村的均衡工资 200 元，为了寻找高工资，农村人口将流向城市。这会导致农村的劳动力供给曲线向左平行移动，进而导致农村劳动力市场均衡工资上升，均衡就业量减少；同时也会导致城市的劳动力供给曲线向右平移，进而导致城市劳动力市场均衡工资下降，均衡就业量增加。如果政府不干预，两个地区的劳动力流动将持续到农村与城市的均衡工资相同为止，此时两个地区的劳动力均衡工资会高于 200 元低于 400 元。如图 2-23 和图 2-24 所示，最后劳动力均衡工资为 W'，城市和农村的均衡就业量分别为 L_1 和 L'_1。

(3) 如果政府仍规定城市最低工资为 500 元，高于城市的均衡工资，此时城市对劳动力的需求量减少（均衡点沿着需求曲线向左上移动），城市中存在失业。由于劳动力人口可以自由流动，城市的失业人口流向农村寻找工作，导致农村的劳动力供给增多（供给曲线平移至 S''），在劳动力需求不变的前提下，供给增多引起农

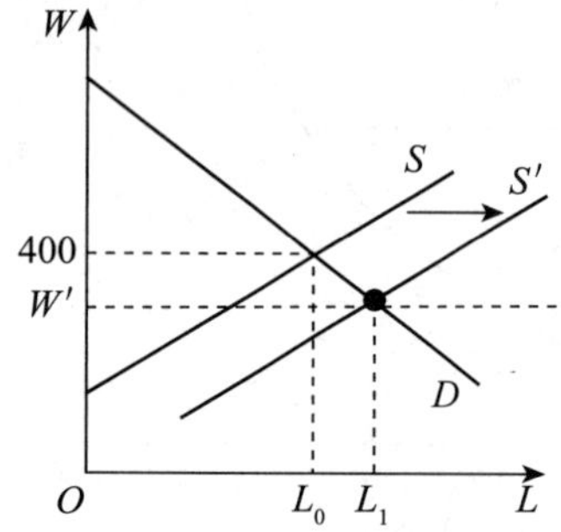

图 2－23　城市劳动力市场的供给和需求曲线

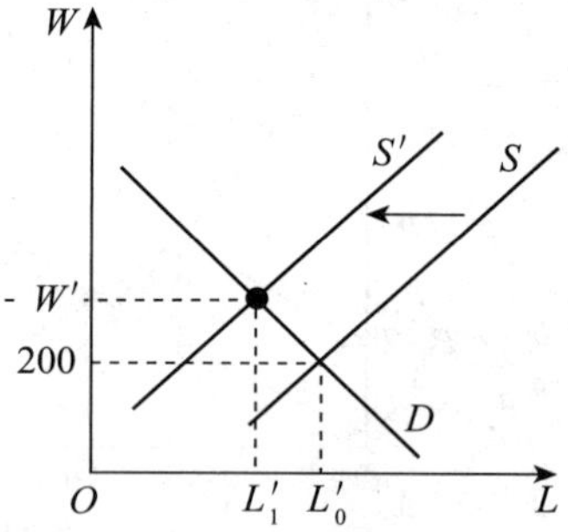

图 2－24　农村劳动力市场的供给和需求曲线

村工资率下降。如图 2－25 所示，城市劳动力在 E 点实现均衡，劳动力均衡工资为 500 元，均衡就业量为 L_2；如图 2－26 所示，农村劳动力市场在 E 点实现均衡，劳动力均衡工资低于 200 元，均衡就业量为 L'_2。

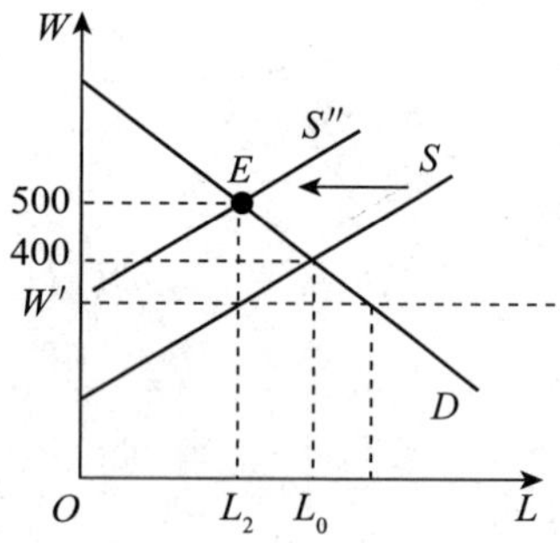

图 2－25　城市劳动力市场的供给和需求曲线

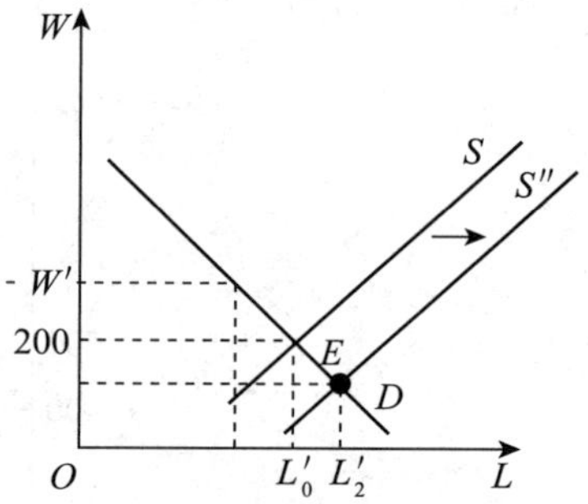

图 2－26　农村劳动力市场的供给和需求曲线

（4）如果要在稳定市场、减少失业的同时，改善城里人和农民工的福利，则首要措施是发展农村经济，包括对乡镇企业加以扶持、对农民工进行劳动技能的培训、引导农村消费市场的建设等，表现在图中为农村劳动力市场需求曲线右移，导致农村均衡工资和均衡就业量都上升，进而减少对城市劳动力市场的冲击，保证城里人的福利。

其次，不限制城市与农村劳动力的流动，自由的流动会调整劳动力的结构，使得农村与城市的劳动力更符合当地市场的需求。

大量农村人口流向城市，除了与农村均衡工资低有关外，还有很多深层次的原因，如农村人口福利不高、子女受教育条件差等。政府应采取措施，缩小农村居民与城市居民在获取相应社会福利资源方面的差距，从根本上杜绝人口流动超过市场负荷的现象。

10.**【难度】**2　　**【考点】**需求；供求均衡；需求的价格弹性

【答案】（1）一种商品的市场需求是指在一定时期内在各种不同的价格下市场中所有消费者对某种商品的需求数量，它是每一个价格水平上该商品的所有个人需求量的水平加总。

消费者 1 的反需求函数为 $P=30-\frac{1}{2}Q_1$，可知对于消费者 1 而言，价格范围为 $0\leqslant P\leqslant 30$。

消费者 2 的反需求函数为 $P=25-\frac{1}{3}Q_2$，可知对于消费者 2 而言，价格范围为 $0\leqslant P\leqslant 25$。

消费者 1 和 2 的总需求曲线为：

当 $0\leqslant P\leqslant 25$ 时，$Q=Q_1+Q_2=60-2P+75-3P=135-5P$。

当 $25<P\leqslant 30$ 时，$Q=Q_1=60-2P$。

个人需求曲线 D_1、D_2 和市场需求曲线 D 如图 2-27 所示。

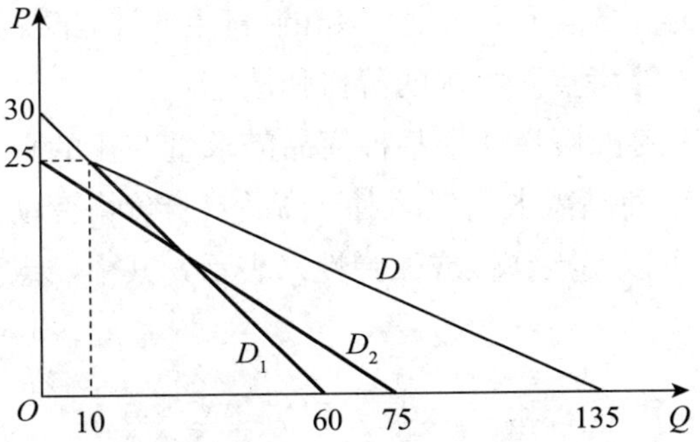

图 2-27　个人和市场需求曲线

对应地，市场需求函数为：

$$Q=\begin{cases}135-5P & 0\leqslant P\leqslant 25\\ 60-2P & 25<P\leqslant 30\end{cases}$$

【提示】 对两个需求函数进行加总时，务必要注意是否为分段函数。考试命题人经常设这样的"陷阱"。

(2) 当 $P=20$ 时，市场需求函数为 $Q=135-5P$，此时销售量为 $Q=135-5\times 20=35$。

需求的价格弹性 $e_d=-\frac{\mathrm{d}Q}{\mathrm{d}P}\cdot\frac{P}{Q}=5\times\frac{20}{35}=\frac{20}{7}$。

11. **【难度】** 1　　**【考点】** 供给

【答案】 一种商品的供给是指生产者在一定时期内在各种可能的价格下愿意而且能够提供出售的该种商品的数量。它有两个基本条件：一是厂商要有生产和供给的欲望，没有生产和供给的欲望就形成不了供给；二是厂商要有供给能力，没有供给能力也形成不了供给。

一种商品的供给数量受到多种因素的影响，其中主要的因素有：

(1) 商品自身的价格。一般来说，一种商品的价格越高，生产者提供的产量就越大；相反，商品的价格越低，生产者提供的产量就越小。

（2）生产的成本。在商品自身的价格不变的条件下，生产成本上升会减少利润，从而使得商品的供给量减少。相反，生产成本下降会增加利润，从而使得商品的供给量增加。

（3）生产的技术水平。在一般情况下，生产技术水平的提高可以降低生产成本，增加生产者的利润，生产者会提供更多的产量。

（4）相关商品的价格。在一种商品的价格不变，而其他相关商品的价格发生变化时，该商品的供给量会发生变化。

（5）生产者对未来的预期。如果生产者对未来的预期是乐观的，如预期商品的价格会上涨，生产者在制订生产计划时就会增加产量供给。如果生产者对未来的预期是悲观的，如预期商品的价格会下降，生产者在制订生产计划时就会减少产量供给。

12.**【难度】**1　　**【考点】**需求的价格弹性

【答案】（1）需求的价格弹性指某种商品需求量变化的百分比与价格变化的百分比之比，它用来测度商品需求量变动对于商品自身价格变动的反应程度。

需求的价格弹性可以用点弹性或弧弹性来表示，其中，点弹性的计算公式为：

$$e_d=-\frac{\mathrm{d}Q}{\mathrm{d}P}\cdot\frac{P}{Q}$$

弧弹性的计算公式为：

$$e_d=-\frac{\Delta Q}{\Delta P}\cdot\frac{\frac{P_1+P_2}{2}}{\frac{Q_1+Q_2}{2}}$$

（2）影响需求价格弹性的因素有很多，其中主要有以下几个：

①商品的可替代性。一种商品的替代品越多，其需求价格弹性就越大。例如，樟脑过去没有替代品，其需求价格弹性较小。现在有了替代品（即人造樟脑），则天然樟脑的需求价格弹性增大，其价格上涨时，人们可以用人造樟脑代替天然樟脑，因而其需求量大幅减少。

②商品用途的广泛性。一般来说，一种商品的用途越是广泛，它的需求价格弹性就可能越大；相反，用途越是狭窄，它的需求价格弹性就可能越小。这是因为，如果一种商品具有多种用途，当它的价格较高时，消费者只购买较少的数量用于最重要的用途。当它的价格逐步下降时，消费者的购买量就会逐渐增加，将商品越来越多地用于其他各种用途。

③商品对消费者生活的重要程度。一种商品对人们的生活来说必需的程度越高，则其需求价格弹性就越小。例如作为生活必需品的粮食，在现实中，价格虽有变化，消费量一般不会有太大的变化，因此，其需求价格弹性很小。而电影对一般消费者来说是可有可无的，其需求价格弹性就较大。

④商品的消费支出在消费者全部支出中所占的比重。一种商品的消费支出在消费者全部支出中所占的比重越大，其需求价格弹性就越大。对于支出很小的商品，消费者往往不太重视其价格的变化。

⑤所考察的消费者调节需求量的时间。一般来说，所考察的调节时间越长，则需求的价格弹性就可能越大。这是因为，在消费者决定减少或停止对价格上升的某种商品的购买之前，他一般需要花费时间去寻找和了解该商品的替代品。例如，当石油价格上升时，消费者在短期内不会较大幅度地减少石油需求量。但设想在长期内，消费者可能找到替代品，则石油价格上升会导致石油的需求量较大幅度地下降。

13.**【难度】**2　　**【考点】**需求的价格弹性

【答案】这种陈述是不正确的。

需求的价格弹性是指需求量变动对价格变动的反应程度，即商品价格变化百分之一时所引起的该商品需求量变化的百分比。需求的价格弹性用公式表示为 $e_d=-\frac{dQ}{dP}\cdot\frac{P}{Q}$。

需求曲线的斜率是指价格和需求量的实际变化量之比。设斜率为 k，则 $k=-\frac{dP}{dQ}$。

联立需求的价格弹性和斜率的公式，二者的关系可写为：$e_d=\frac{1}{k}\cdot\frac{P}{Q}$。

由以上可知：

（1）斜率与弹性是两个彼此有关联但又不同的概念，斜率的大小和弹性的大小没有必然的关联，斜率相同的两个点有可能弹性差异很大，斜率差异很大的两个点也有可能弹性相同。

（2）如果所考察的点上的价格和需求量都相同，斜率越大（需求曲线越陡峭）则弹性越小，反之，斜率越小（需求曲线越平坦）则弹性越大。

> **【提示】**供给曲线的供给价格弹性为 $e_s=\frac{dQ_s}{dP}\cdot\frac{P}{Q_s}=\frac{1}{k_s}\cdot\frac{P}{Q_s}$，需求价格弹性可写为 $e_d=-\frac{dQ_d}{dP}\cdot\frac{P}{Q_d}=\frac{1}{k_d}\cdot\frac{P}{Q_d}$，在供求曲线的交点上，有 $Q_d=Q_s$，所以有 $e_s\times k_s=e_d\times k_d$。这是供求曲线交点上供求弹性相对大小的比较方法，曲线越陡峭，其弹性就越小。这个结论是赋税分摊结论的基础，赋税分摊结论很重要，在“第六章　完全竞争市场”中会讲到。

14.**【难度】**2　　**【考点】**需求的价格弹性与收益的关系

【答案】“丰收悖论”指风调雨顺时，农民粮食增产，却因粮价下降而造成卖粮收入比往年少的怪现象。

“丰收悖论”的根本原因在于农产品缺乏需求的价格弹性。需求的价格弹性是指在一定时期内一种商品的需求量变动对于该商品的价格变动的反应程度。对于缺乏弹性的商品，价格下降后，需求量的增幅小于价格的降幅，所以生产者的销售收入减少；相反，如果价格上涨，则需求量的降幅也小于价格的涨幅，所以生产者的销售收入增加。

如图 2－28 所示，由于农产品的需求曲线 D 缺乏弹性，当供给曲线为 S_1 时，需求量为 Q_1，均衡价格为 P_1；当农产品丰收时，供给曲线向右平移至 S_2，需求量略增到 Q_2，但均衡价格大幅度下降到 P_2。由于需求增加带来的收入增加不足以弥补价格下降造成的收入减少，因此农民的总收入在丰年反而减少，减少额为Ⅰ的面积减去Ⅱ的面积。

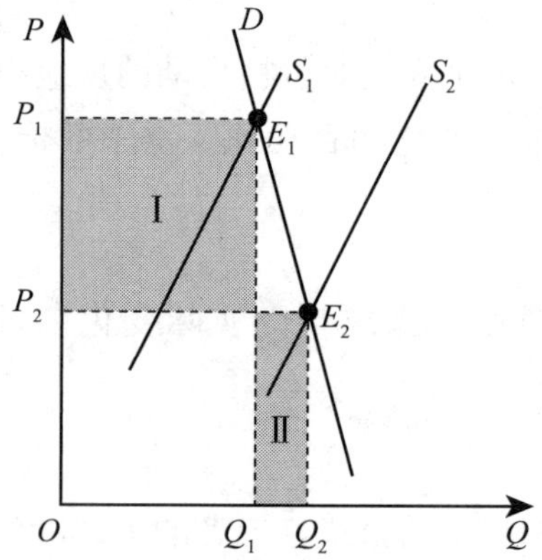

图 2－28　“丰收悖论”

【提示】垄断厂商处于短期均衡时，需求价格弹性大于 1。如果按照这一理论，需求价格弹性大于 1 即富有弹性，此时降价可以扩大总收入，似乎与垄断厂商均衡的实际情况相悖。事实是，厂商在短期均衡时追寻的并非总收入最大化，而是“总收入减总成本的差额”最大化。垄断厂商处于短期均衡时，需求的价格弹性大于 1，此时降价的确可以扩大总收入，但降价导致的销售量增加也意味着成本上涨，所以降价未必会导致“总收入减总成本的差额”增加。

15.**【难度】**2　　**【考点】**需求的价格弹性与收益的关系

【答案】由 $\frac{dTR}{dP}=Q(1-e_d)$ 可知，当需求缺乏弹性即 $e_d<1$ 时，$\frac{dTR}{dP}>0$，即总收益与价格呈同方向变动关系。因此，厂商提高价格，厂商的销售收入会增加。

公交以及自来水都属于生活必需品，其需求价格弹性都较小，价格水平较大幅度的变化只会导致需求量较小幅度的变化。公共交通公司、自来水公司等提高价格后，需求量不会减少很多，因此公共交通公司、自来水公司通过涨价可以增加总收益，这样它们就乐于提高价格来增加自己的收益。如图 2－29 所示，公共交通以及自来水的需求价格弹性小，对应的需求曲线较为陡峭。原有均衡点为（P_0，Q_0），当厂商提高价格时，达到新的均衡点（P_1，Q_1），此时厂商的收益会大于原有状态下的收益，收益增加。

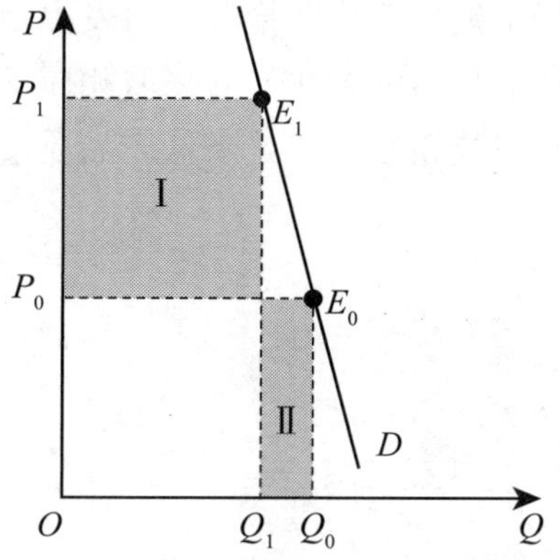

图 2-29　需求价格弹性与厂商的收益

又由于公共交通公司、自来水公司的成本主要是固定成本，增加生产量的边际成本很低，甚至可以忽略不计，所以总收益增加的时候，总成本基本没有增加或者增加幅度很小。这样，公司的总利润就会大幅增加。所以它们都会一再要求涨价。

16.**【难度】**2　　**【考点】**需求的价格弹性与收益的关系

【答案】这一说法是对的。

由于 $TR=PQ$，所以 $MR=\frac{\mathrm{d}TR}{\mathrm{d}Q}=\frac{\mathrm{d}PQ}{\mathrm{d}Q}=P+Q\ \frac{\mathrm{d}P}{\mathrm{d}Q}=P\left(1+\frac{\mathrm{d}P}{\mathrm{d}Q}\cdot\frac{Q}{P}\right)=P\left(1-\frac{1}{e_d}\right)$。在需求曲线缺乏弹性的部分有 $e_d<1$，此时 $MR<0$，由于 $MC\geqslant 0$，所以此时必有 $MR\neq MC$，也就是没有实现利润最大化。

由实现利润最大化的条件 $MR=MC$ 可知，此时 $MR\geqslant 0$，因此有 $e_d\geqslant 1$，即企业会在需求富有弹性至少具有单位弹性的部分定价。

17.**【难度】**2　　**【考点】**供求原理的运用

【答案】最高限价也称为限制价格。它是政府所规定的某种产品的最高价格。最高价格总是低于市场的均衡价格。

如图 2-30 所示，原先产品市场的均衡点为 E，即均衡价格为 P_e，均衡数量为

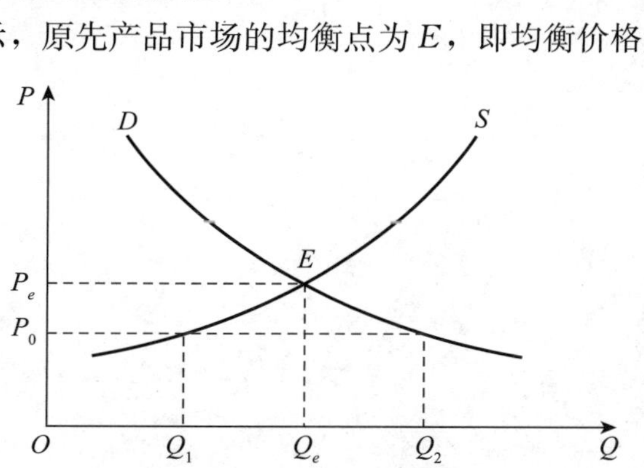

图 2-30　最高限价

Q_e。P_0为限制价格（$P_0<P_e$），当价格为P_0时，需求量为Q_2，供给量为Q_1，Q_2-Q_1为实行最高限价后产品短缺的数量。

产品的短缺会导致市场上消费者排队抢购和引发黑市交易。为了维持产品的限制价格，政府通常会采取产品配给的方法，并采取相应的措施打击黑市交易。在产品短缺的情况下，生产者也可能粗制滥造，降低产品质量，变相涨价。

第三章

消费者选择

学习精要

一、 学习重点

1. 边际效用递减规律
2. 消费者均衡（基数效用论观点）
3. 需求曲线的推导
4. 消费者剩余
5. 偏好及其假定
6. 无差异曲线
7. 边际替代率
8. 消费者均衡（序数效用论观点）
9. 价格—消费曲线和收入—消费曲线
10. 替代效应和收入效应
11. 不确定性

二、 知识脉络图

- 消费者选择
  - 基数效用论
    - 边际效用递减规律
    - 消费者均衡
    - 需求曲线的推导
    - 消费者剩余
  - 序数效用论
    - 偏好的基本假定
      - 完全性
      - 可传递性
      - 非饱和性
    - 无差异曲线
    - 边际替代率递减规律
    - 无差异曲线的特殊形状
    - 消费者均衡
  - 消费者均衡的移动
    - 价格—消费曲线
    - 收入—消费曲线
    - 替代效应和收入效应
      - 正常品
      - 劣等品
      - 吉芬品
  - 不确定性（风险回避者、风险中立者、风险爱好者）

三、 理论精要

知识点一　边际效用递减规律

效用指商品满足人的欲望的能力评价，或者说，效用是消费者在消费商品时所感受到的满足程度。

基数效用论认为，效用如同长度、质量等概念一样，可以具体衡量并加总求和，具体的效用量之间的比较是有意义的。

序数效用论认为，效用是一个有点类似于香、臭、美、丑那样的概念，效用的大小是无法具体衡量的，效用之间的比较只能通过顺序或等级来表示。

总效用指消费者在一定时期内从一定数量的商品的消费中得到的效用量的总和，用 TU 表示。边际效用指消费者在一定时期内增加一单位商品的消费所得到的效用量的增量，用 MU 表示。

边际效用递减规律指在一定时期内，在其他商品的消费数量保持不变的条件下，随着消费者对某种商品消费量的增加，消费者从该商品连续增加的每一消费单位中所得到的效用增量即边际效用是递减的。用数学表示为：$U'(X)>0$，$U''(X)<0$。

边际效用递减的原因是从人的生理和心理的角度讲，从每一单位消费品中所感受到的满足程度和对重复刺激的反应程度是递减的；在一种商品具有几种用途时，消费者总是将第一单位的消费品用在最重要的用途上，将第二单位的消费品用在次重要的用途上，如此等等。

基数效用论认为，货币如同商品一样，也具有效用。对于消费者来说，随着货币收入的不断增加，货币的边际效用是递减的，但是，在分析消费者行为时，假定货币的边际效用不变。

知识点二 需求曲线

商品的需求价格指消费者在一定时期内对一定量的某种商品所愿意支付的最高价格。

商品的需求价格取决于商品的边际效用，建立在边际效用递减规律上的需求曲线是向右下方倾斜的。

消费者效用最大化的均衡条件为 $MU=\lambda P$，因此，某一单位的某种商品的边际效用越大，则消费者为购买这一单位的该种商品所愿意支付的最高价格就越高；反之，某一单位的某种商品的边际效用越小，则消费者为购买这一单位的该种商品所愿意支付的最高价格就越低。商品的需求价格必然同比例于边际效用递减而递减。

一种商品的市场需求量是每一个价格水平下该商品的所有个人需求量的加总。

市场需求曲线是单个消费者的需求曲线的水平加总。如同单个消费者的需求曲线一样，市场需求曲线一般也是向右下方倾斜的。

市场需求曲线上的每个点都表示在相应的价格水平下可以给全体消费者带来最大的效用水平或满足程度的市场需求量。

知识点三 消费者剩余

商品的市场成交价格并不等于商品的需求价格，商品的市场成交价格与商品的需求价格之间的差额就构成了消费者剩余的基础。

消费者剩余是消费者在购买一定数量的某种商品时需求总价格（愿意支付的最高总价格）和实际支付的总价格（成交总价格）之间的差额。

消费者剩余是消费者的主观心理评价，反映消费者通过购买和消费商品所感受到的状态的改善。

知识点四 偏好的假定

偏好就是爱好或喜欢的意思，序数效用论者认为偏好程度反映了消费者对这些不同的商品组合的效用水平的评价。

（1）三种偏好关系。

强偏好：$(x_1, x_2)>(y_1, y_2)$，表示消费者对前者的偏好严格甚于后者。

弱偏好：$(x_1, x_2)\geqslant(y_1, y_2)$，表示消费者认为前者至少和后者一样好。

无差异：$(x_1, x_2) \sim (y_1, y_2)$，表示消费者认为前者和后者没有差别。

(2) 偏好的三个基本假定。

完全性假定：消费者总是可以比较和排列所给出的不同商品组合（该假定保证消费者对于偏好的表达方式是完备的，总是可以把自己的偏好评价准确地表达出来）。

可传递性假定：如果 $x \geqslant y$，同时 $y \geqslant z$，则有 $x \geqslant z$（该假定保证消费者偏好的一致性）。

非饱和性假定：对于任何一种商品，消费者总是认为数量多比数量少好。

知识点五　无差异曲线

无差异曲线表示消费者偏好相同的两种商品的所有组合，或者说表示能够给消费者带来相同的效用水平或满足程度的两种商品的所有组合。

无差异曲线上的所有消费束对消费者而言都是无差异的。

效用函数表示某一商品组合给消费者所带来的效用水平。假定消费者只消费两种商品，则效用函数为：$U=f(X_1, X_2)$。

无差异曲线的三个基本特征

第一个特征：在同一坐标平面上的任何两条无差异曲线之间，可以有无数条无差异曲线。离原点越远的无差异曲线代表的效用水平越高，离原点越近的无差异曲线代表的效用水平越低。

第二个特征：在同一坐标平面上的任何两条无差异曲线不相交（由偏好的完全性、可传递性及非饱和性可以证明）。

第三个特征：无差异曲线是凸向原点的。这就是说，无差异曲线是以凸向原点的形状向右下方倾斜的，即无差异曲线的斜率的绝对值是递减的。

无差异曲线的形状表明在维持效用水平不变的前提下，一种商品对另一种商品的替代程度。

(1) 完全替代品指两种商品之间的替代比例是固定不变的情况，两种商品之间的边际替代率为一个常数，其无差异曲线为向右下方倾斜的直线。

假定消费者只消费两种商品，而且这两种商品之间是完全替代的关系，则相应的效用函数的通常形式是：$u(x_1, x_2)=ax_1+bx_2$，被称为线性效用函数。

(2) 完全互补品指两种商品必须按固定不变的比例同时被使用的情况，其无差异曲线呈L形。

假定消费者只消费两种商品，而且这两种商品之间是完全互补的关系，则相应的效用函数的通常形式是：$u(x_1, x_2)=\min\{ax_1, bx_2\}$。

知识点六　边际替代率

商品的边际替代率（*MRS*）指在维持效用水平不变的前提下，消费者增加一单位某种商品的消费数量时所需要放弃的另一种商品的消费数量。商品1对商品2

的边际替代率的定义公式为：$MRS_{12}=-\mathrm{d}X_2/\mathrm{d}X_1$，其中 $\mathrm{d}X_1$ 和 $\mathrm{d}X_2$ 分别为商品 1 和商品 2 的变化量。

无差异曲线上某一点的边际替代率就是无差异曲线在该点的斜率的绝对值。

【提示】 商品的边际替代率表示的是消费者愿意以某种比率用一种商品替代另一种商品的意愿。它仅仅是一种意愿，而不是市场上实际的交换比率，市场上实际的替代比率取决于相对价格。只有在消费者均衡点上边际替代率才和市场上实际的替代比率相等。

商品的边际替代率递减规律是指在维持效用水平不变的前提下，随着一种商品消费数量的连续增加，消费者为得到每一单位的这种商品所需要放弃的另一种商品的消费数量是递减的。

商品的边际替代率递减的原因在于，随着一种商品的消费数量的逐步增加，消费者想要获得更多的这种商品的愿望就会递减，从而他为多获得一单位的这种商品而愿意放弃的另一种商品的数量就会越来越少。

边际替代率递减意味着无差异曲线凸向原点，即为了多得到一单位的商品 1，消费者愿意放弃的商品 2 的数量是递减的。

知识点七　消费者均衡

基数效用论观点

消费者均衡是指消费者既不想再增加，也不想再减少任何商品消费数量的一种相对静止的状态。

消费者均衡的条件是，消费者购买的各种商品的边际效用与价格之比相等。或者说，在既定的收入与商品价格下，追求效用最大化的消费者花费在所购买的每一种商品上的最后一元钱所得到的边际效用相等，并且等于货币的边际效用。这一均衡条件可以表示为：$\frac{MU_1}{P_1}=\frac{MU_2}{P_2}=\cdots=\frac{MU_n}{P_n}$。

序数效用论观点

预算线表示在消费者的收入和商品价格给定的条件下，消费者的全部收入所能购买到的两种商品的各种组合。

预算线以外的区域是消费者利用全部收入都不可能实现的商品购买的组合点；预算线以内的区域表示消费者的全部收入在购买该点的商品组合以后还有剩余；唯有预算线上的任何一点都表示消费者的全部收入刚好花完所能购买到的商品组合点。

预算线的变动

第一种情况，两种商品的价格不变，消费者的收入发生变化，预算线的位置发生平移。

第二种情况，消费者的收入不变，两种商品的价格同比例同方向变化，预算线的位置发生平移。

第三种情况，消费者的收入不变，商品 1 的价格变化而商品 2 的价格不变，预算线绕纵轴（代表商品 2 的数量）交点旋转，或商品 2 的价格变化而商品 1 的价格不变，预算线绕横轴（代表商品 1 的数量）交点旋转。

第四种情况，消费者的收入、两种商品的价格都同比例同方向变化，预算线不变。

消费者效用最大化的均衡条件是指在一定的预算约束下，为了实现最大的效用，消费者应该选择最优的商品组合，使得两种商品的边际替代率等于两种商品的价格之比。

或者说，在消费者均衡点上，消费者愿意用一单位的某种商品去交换的另一种商品的数量（MRS_{12}），应该等于该消费者能够在市场上用一单位的这种商品去交换得到的另一种商品的数量$\left(\frac{P_1}{P_2}\right)$。

效用最大化条件的几何意义是，当无差异曲线和预算线相切时，消费者效用最大化。

知识点八　价格和收入变化对消费者均衡的影响

（1）价格—消费曲线。

价格—消费曲线又称价格提供曲线，指在消费者的偏好、收入及其他商品的价格不变的条件下，与某种商品的不同价格水平相联系的消费者效用最大化的均衡点的轨迹。

由价格—消费曲线可以推导出消费者的需求曲线。序数效用论所推导的需求曲线一般是向右下方倾斜的，它表示商品的价格和需求量呈反方向变化。

（2）收入—消费曲线。

收入—消费曲线又称收入提供曲线，指在消费者的偏好和商品的价格不变的条件下，与消费者的不同收入水平相联系的消费者效用最大化的均衡点的轨迹。

如果收入—消费曲线是向右上方倾斜的，那么两种商品都是正常品。

由收入—消费曲线可以推导出恩格尔曲线，恩格尔曲线表示消费者在每一收入水平对某商品的需求量。

知识点九　替代效应和收入效应

（1）替代效应和收入效应的基本概念。

一种商品的价格发生变化时，会对消费者产生两种影响：一是使消费者的实际收入水平发生变化（这里的实际收入水平的变化被定义为效用水平的变化）；二是使商品的相对价格发生变化。

一种商品的价格变动所引起的该商品需求量变动的总效应可以被分解为替代效应和收入效应，即总效应＝替代效应＋收入效应。

替代效应指由商品的价格变动所引起的商品相对价格的变动，进而由商品的相对价格变动所引起的商品需求量的变动。

收入效应指由商品的价格变动所引起的实际收入水平的变动，进而由实际收入水平变动所引起的商品需求量的变动。

（2）正常品、劣等品的替代效应和收入效应。

补偿预算线表示以假设的货币收入的增减来维持消费者的实际收入水平不变的一种分析工具。

对于正常品来说，替代效应与价格呈反方向的变动，收入效应也与价格呈反方向的变动，在它们的共同作用下，总效应必定与价格呈反方向的变动。因此，正常品的需求曲线是向右下方倾斜的。

正常品的需求量与消费者的收入水平呈同方向的变动；劣等品（即低档品）的需求量与消费者的收入水平呈反方向的变动。

对于所有商品来说，替代效应与价格都是反方向变动的。

对于劣等品来说，替代效应与价格呈反方向的变动，收入效应与价格呈同方向的变动，而且，在大多数场合，收入效应的作用小于替代效应的作用，所以总效应与价格呈反方向的变动，相应的需求曲线是向右下方倾斜的。

吉芬品指需求量与价格同方向变动的特殊商品。

吉芬品是一种特殊的劣等品。作为劣等品，吉芬品的替代效应与价格呈反方向的变动，收入效应与价格呈同方向的变动。吉芬品的特殊性在于：它的收入效应的作用很大，以至超过了替代效应的作用，从而使得总效应与价格呈同方向的变动。

【总结】商品价格变化引起的替代效应和收入效应见表 3-1。

表 3-1

商品类别	替代效应与价格的关系	收入效应与价格的关系	总效应与价格的关系	需求曲线的形状
正常品	反方向	反方向	反方向	向右下方倾斜
劣等品	反方向	同方向	反方向	向右下方倾斜
吉芬品	反方向	同方向	同方向	向右上方倾斜

知识点十　不确定性

完全信息假设是指一切从事经济活动的人都掌握了与其所从事的经济活动有关的所有变量的全部信息。

不确定性指经济行为者事先不能准确地知道自己的某种决策的结果。

在消费者知道自己的某种行为决策的各种可能的结果时，如果消费者还知道各种可能的结果发生的概率，则可以称这种不确定的情况为风险。

在不确定情况下，消费者事先作出最优决策，以使他的期望效用最大化。

假设一个随机事件有两个结果 A 和 B，把 $PU(A)+(1-P)U(B)$ 称为随机事件带给消费者的期望效用。期望值的效用是：$U[PA+(1-P)B]$。

消费者愿意支付的保险金额应该等于他的财产的期望损失，对风险回避型消费者来说，购买保险后，消费者的稳定财产的效用一定大于风险情况下的财产的期望效用。

如果消费者支付的保险费大于或等于财产的期望损失，则保险公司愿意接受投保业务。

如果消费者认为 $E(U(X))>U(E(X))$，则他是风险爱好者；如果消费者认为 $E(U(X))<U(E(X))$，那么他是风险回避者；如果消费者认为 $E(U(X))=U(E(X))$，那么他是风险中立者。

风险爱好者的效用函数是严格向下凸出的，风险回避者的效用函数是严格向上凸出的，风险中立者的效用函数是线性的。

习题解析

一、简答题

1. 已知一件衬衫的价格为 80 元，一份肯德基快餐的价格为 20 元，在某消费者关于这两种商品的效用最大化的均衡点上，用一份肯德基快餐去替代衬衫的边际替代率 *MRS* 是多少？

【难度】 1　　**【考点】** 消费者均衡

【答案】 处于消费者均衡时：$MRS_{12}=MU_1/MU_2=P_1/P_2$，即边际替代率等于边际效用之比，也等于价格之比，代入数据可得 $MRS_{12}=20/80=1/4$，即肯德基快餐对衬衫的边际替代率为 1/4。

2. 假设某消费者的均衡如图 3-1 所示。其中，横轴 OX_1 和纵轴 OX_2 分别表示商品 1 和商品 2 的数量，线段 *AB* 为消费者的预算线，曲线 *U* 为消费者的无差异曲线，*E* 点为效用最大化的均衡点。已知商品 1 的价格 $P_1=2$ 元。

(1) 求消费者的收入。

(2) 求商品 2 的价格 P_2。

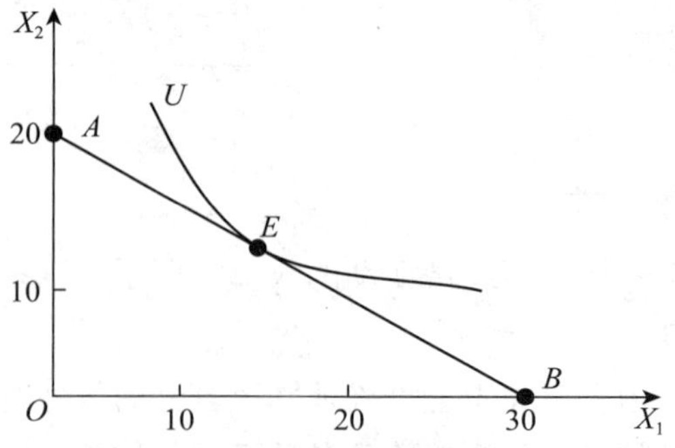

图 3-1　某消费者的均衡

(3) 写出预算线方程。

(4) 求预算线的斜率。

(5) 求 E 点的 MRS_{12} 的值。

【难度】1　　**【考点】**消费者均衡

【答案】(1) 预算线 AB 与横轴的交点表示消费者的收入全部用于购买商品 1，因此，消费者的收入 $I=P_1X_1=30\times2=60$(元)。

(2) 预算线 AB 与纵轴的交点表示消费者的收入全部用于购买商品 2，因此，商品 2 的价格 $P_2=\frac{60}{20}=3$(元)。

(3) 根据 $I=P_1X_1+P_2X_2$，代入有关数据，可得预算线的方程为 $2X_1+3X_2=60$。

(4) 预算线的斜率 $=-P_1/P_2=-2/3$。

(5) 边际替代率 $MRS_{12}=MU_1/MU_2=P_1/P_2$，代入有关数据可得 $MRS_{12}=P_1/P_2=2/3$。

3. 对消费者实行补助有两种方法：一种是发给消费者一定数量的实物补助，另一种是发给消费者一笔现金补助，这笔现金额等于按实物补助折算的货币量。试用无差异曲线分析法，说明哪一种补助方法能给消费者带来更大的效用。

【难度】2　　**【考点】**消费者均衡

【答案】有两种可能性，一种可能是现金补助能给消费者带来更大的效用，另一种可能是两种补助带来的效用相同。

如图 3-2 所示，设最初预算线为 AB，均衡点为 E_1。如果给予消费者的补助是商品 1，补助数量可用 AD 的长度衡量，则新预算线为 ADF。如果给予消费者的补助是等额货币，则新预算线为 CF。

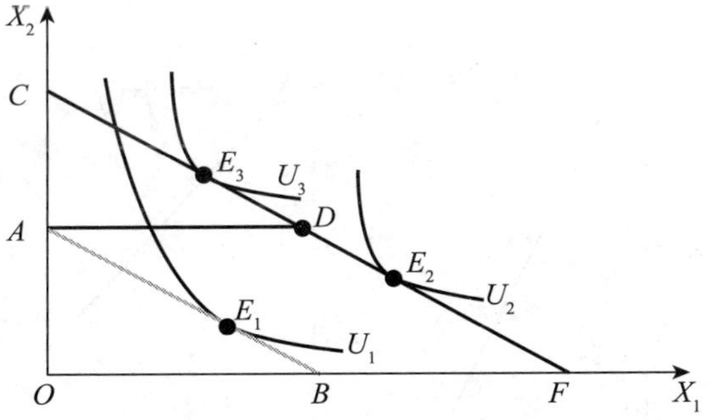

图 3-2　实物补助与现金补助

如果消费者与预算线 CF 相切的无差异曲线为 U_2，则无论是现金补助还是实物补助，对消费者而言效用都是一样的。

如果消费者与预算线 CF 相切的无差异曲线为 U_3，则现金补助能给消费者带来更大的效用。因为发放现金补助时，消费者的新均衡点为 E_3，发放实物补助时，由于 E_3 点不在新的预算线范围内，所以消费者的新均衡点只能在 D 点，D 点对应的效用小于E_3点对应的效用。

4. 假设某商品市场上只有A、B两个消费者，他们的需求函数各自为$Q_A^d=20-4P$和$Q_B^d=30-5P$。

（1）列出这两个消费者的需求表和市场需求表。

（2）根据（1），画出这两个消费者的需求曲线和市场需求曲线。

【难度】1　　**【考点】**需求曲线

【答案】（1）消费者A的需求表如表3-2所示：

表3-2

P	5	4	3	2	1	0
Q_A^d	0	4	8	12	16	20

消费者B的需求表如表3-3所示：

表3-3

P	6	5	4	3	2	1	0
Q_B^d	0	5	10	15	20	25	30

市场需求表如表3-4所示：

表3-4

P	6	5	4	3	2	1	0
Q^d	0	5	14	23	32	41	50

（2）两个消费者的需求曲线和市场需求曲线如图3-3所示。注意，市场需求曲线在$P=5$处发生了拐折。

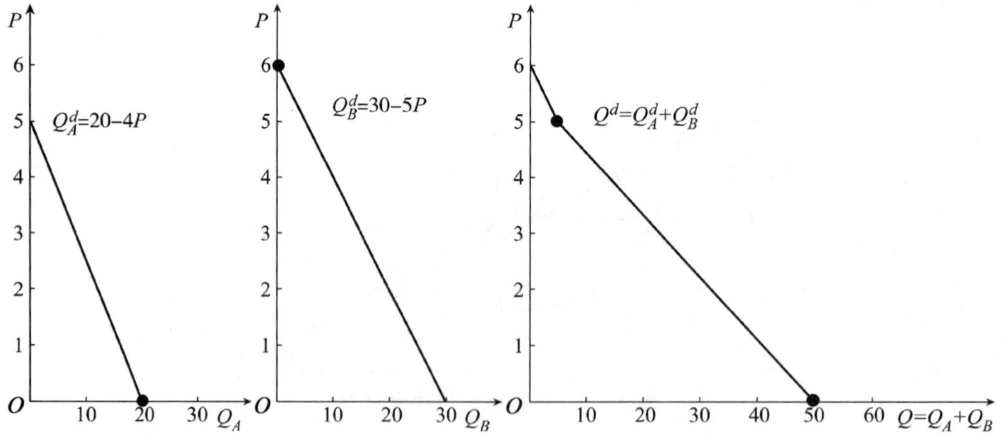

(a) 消费者A的需求曲线　(b) 消费者B的需求曲线　(c) 市场需求曲线

图3-3　需求曲线

5. 某消费者是一个风险回避者，他面临是否参与一场赌博的选择：如果他参与这场赌博，他将以5%的概率获得10 000元，以95%的概率获得10元；如果他

不参与这场赌博，他将拥有 509.5 元。那么，他会参与这场赌博吗？为什么？

【难度】1 **【考点】**不确定性

【答案】赌博的期望值为 $5\%\times10\ 000+95\%\times10=509.5$（元），他不会参与这场赌博。因为期望值等于确定性收益，且风险回避者认为参与赌博的效用小于不参与赌博的效用，所以风险回避者将不会参与这场赌博。

二、计算题

6. 已知某消费者关于 X、Y 两商品的效用函数为 $U=\sqrt{xy}$，其中 x、y 分别为对商品 X、Y 的消费量。

(1) 求该效用函数关于 X、Y 两商品的边际替代率表达式。

(2) 在总效用水平为 6 的无差异曲线上，若 $x=3$，求相应的边际替代率 MRS_{XY}。

(3) 在总效用水平为 6 的无差异曲线上，若 $x=4$，求相应的边际替代率 MRS_{XY}。

(4) 该无差异曲线的边际替代率是递减的吗？

【难度】2 **【考点】**边际替代率

【答案】(1) $MU_X=\frac{1}{2}x^{-1/2}y^{1/2}$，$MU_Y=\frac{1}{2}x^{1/2}y^{-1/2}$

$$MRS_{XY}=\frac{MU_X}{MU_Y}=\frac{\frac{1}{2}x^{-1/2}y^{1/2}}{\frac{1}{2}x^{1/2}y^{-1/2}}=\frac{y}{x}$$

(2) $U=\sqrt{3y}=6$，解得：$y=12$，此时

$$MRS_{XY}=\frac{y}{x}=\frac{12}{3}=4$$

(3) $U=\sqrt{4y}=6$，解得：$y=9$，此时

$$MRS_{XY}=\frac{y}{x}=\frac{9}{4}=2.25$$

(4) $MRS_{XY}=\frac{y}{x}$，所以有：

$$\frac{\partial MRS_{XY}}{\partial x}=-\frac{y}{x^2}<0$$

所以，该无差异曲线的边际替代率是递减的。

【提示】MRS_{XY}递减是指针对所有 x 的值都符合递减规律，仅仅通过 $x=3$ 时 $MRS_{XY}=4$ 和 $x=4$ 时 $MRS_{XY}=2.25$ 并不能证明 MRS_{XY}递减，这只能证明在这两个点上 MRS_{XY}的变化，不能证明在所有点上 MRS_{XY}的变化规律。

7. 已知某消费者每年用于商品 1 和商品 2 的收入为 540 元，两商品的价格分别为 $P_1=20$ 元和 $P_2=30$ 元，该消费者的效用函数为 $U=3X_1X_2^2$，该消费者每年购买

这两种商品的数量应各是多少？每年从中获得的总效用是多少？

【难度】1　　**【考点】**消费者均衡

【答案】（1）解法一：

$MU_1=3X_2^2$，$MU_2=6X_1X_2$，由消费者均衡条件 $MU_1/MU_2=P_1/P_2$ 得：

$$\frac{3X_2^2}{6X_1X_2}=\frac{X_2}{2X_1}=\frac{20}{30}=\frac{2}{3}$$

整理得：$X_2=\frac{4}{3}X_1$。

预算约束方程为：

$$20X_1+30X_2=540$$

将 $X_2=\frac{4}{3}X_1$ 代入预算约束方程，解得：

$$X_1=9，X_2=12$$

解法二：

由于效用函数为柯布-道格拉斯（C-D）函数，因而可知：

$$X_1=\frac{1}{1+2}\cdot\frac{M}{P_1}=\frac{1}{1+2}\cdot\frac{540}{20}=9$$

$$X_2=\frac{2}{1+2}\cdot\frac{M}{P_2}=\frac{2}{1+2}\cdot\frac{540}{30}=12$$

【补充】如果消费者的效用函数为C-D函数，即 $U=Ax^{\alpha}y^{\beta}$，则处于消费者均衡时，$x\times P_x=\frac{\alpha}{\alpha+\beta}m$，$y\times P_y=\frac{\beta}{\alpha+\beta}m$。

同理，如果生产者的生产函数为 $Q=AL^{\alpha}K^{\beta}$，设 L 和 K 的价格分别为 P_L、P_K，总成本为 C，则处于生产者均衡时，$L\times P_L=\frac{\alpha}{\alpha+\beta}C$，$K\times P_K=\frac{\beta}{\alpha+\beta}C$。

这一规律在计算题中可以直接作为定理使用。使用这种方法可以在考试时节约时间（题目比较复杂时，这种方法效果更明显）。

由于C-D函数是考试最常考的函数，因此这一秒杀技巧也就非常重要。具体证明过程以及更多应用示例可关注微信公众号“王海滨老师”，点击菜单栏“精品文章/精品文章合集/C-D函数题的秒杀技巧【重点!】”，或微信扫描二维码查看。

（2）总效用 $U=3X_1X_2^2=3\times9\times12^2=3\ 888$。

8. 假定某消费者的效用函数为 $U=x_1^{3/8}x_2^{5/8}$，两商品的价格分别为 P_1、P_2，消费者的收入为 M。求该消费者关于商品1和商品2的需求函数。

【难度】1　　【考点】消费者均衡

【答案】由于效用函数为C-D函数，可知商品1和商品2的需求函数分别为：

$$x_1=\frac{3}{8}\cdot\frac{M}{P_1}$$

$$x_2=\frac{5}{8}\cdot\frac{M}{P_2}$$

【提示】这里使用了第7题的解法二，直接秒杀。此处应该有掌声！

9. 假定某消费者的效用函数为$U=q^{0.5}+3M$，其中，q为某商品的消费量，M为收入。求：

(1) 该消费者关于该商品的需求函数。

(2) 该消费者关于该商品的反需求函数。

(3) 当$p=1/12$、$q=4$时的消费者剩余。

【难度】2　　【考点】消费者均衡；消费者剩余

【答案】(1) 根据效用函数可知，$MU=\frac{\partial U}{\partial q}=\frac{1}{2}q^{-0.5}$，货币的边际效用$\lambda=\frac{\partial U}{\partial M}=3$。代入效用最大化条件$MU=\lambda p$可得：

$$\frac{1}{2}q^{-0.5}=3p$$

解得需求函数为：$q=\frac{1}{36p^2}$。

(2) 由$\frac{1}{2}q^{-0.5}=3p$可得反需求函数：$p=\frac{1}{6}q^{-0.5}$。

(3) 消费者剩余$CS=\int_0^q\left(\frac{1}{6}q^{-0.5}\right)\mathrm{d}q-pq=\int_0^4\left(\frac{1}{6}q^{-0.5}\right)\mathrm{d}q-\frac{1}{12}\times4=\frac{1}{3}\sqrt{q}\Big|_0^4-\frac{1}{3}=\frac{1}{3}$。

10. 设某消费者的效用函数为柯布-道格拉斯类型的，即$U=x^\alpha y^\beta$，商品x和商品y的价格分别为P_x和P_y，消费者的收入为M，α和β为常数，且$\alpha+\beta=1$。

(1) 求该消费者关于商品x和商品y的需求函数。

(2) 证明当商品x和商品y的价格以及消费者的收入均以相同的比例变化时，消费者对两商品的需求量维持不变。

(3) 证明消费者效用函数中的参数α和β分别为商品x和商品y的消费支出占消费者收入的份额。

【难度】2　　【考点】消费者均衡

【答案】(1) 根据效用函数可得商品x的边际效用为$MU_x=\alpha x^{\alpha-1}y^\beta$，商品$y$的边

际效用为 $MU_y=\beta x^{\alpha}y^{\beta-1}$。将 MU_x 和 MU_y 的式子代入效用最大化条件 $MU_x/MU_y=P_x/P_y$，可得 $\alpha y/(\beta x)=P_x/P_y$，即 $\alpha yP_y=\beta xP_x$，将其代入消费者的预算线方程 $yP_y+xP_x=M$ 可得消费者关于商品 x 和商品 y 的需求函数分别为 $x=\dfrac{\alpha M}{P_x}$ 和 $y=\dfrac{\beta M}{P_y}$。

（2）由消费者的预算线 $yP_y+xP_x=M$ 可知，当商品 x 和商品 y 的价格以及消费者的收入均以相同的比例变化时，消费者的预算线不变，同时效用函数不变，所以消费者对两商品的需求量不变。

（3）根据（1）中求出的消费者关于两商品的需求函数可得

$$xP_x/M=\alpha \quad ①$$

$$yP_y/M=\beta \quad ②$$

式①的左边正是商品 x 的消费支出占消费者收入的份额，式②的左边正是商品 y 的消费支出占消费者收入的份额。

【提示】 第（3）小题的结论可作为定理记下来，考试经常会用到。

这一题相当于在证明第 7 题的解法二是正确的解法。但 C-D 函数的特殊之处还可以继续深挖。例如，计算 y/x，会发现，$\dfrac{y}{x}=\dfrac{\beta P_x}{\alpha P_y}$，由此可知，收入—消费曲线的斜率是固定不变的，是一条向右上方倾斜的直线。

当然还可以继续深挖，由第（3）小题的结论可知，无论是 x 还是 y，恩格尔曲线都是一条向右上方倾斜的直线，斜率分别为 $\dfrac{P_x}{\alpha}$ 和 $\dfrac{P_y}{\beta}$。

C-D 函数不仅有很多特殊的性质，而且是非常贴近实际的函数（无论效用函数还是生产函数），所以考试经常会考到。这也就意味着这些“挖”出来的规律在考试时都有可能会用到。读者若有兴趣，也可以自己再尝试深挖，例如产出弹性等。

11. 假定肉肠和面包是完全互补品。人们通常以一根肉肠和一个面包卷为比率做一个热狗，并且已知一根肉肠的价格等于一个面包卷的价格。

（1）求肉肠的需求的价格弹性。

（2）求面包卷对肉肠价格的需求的交叉弹性。

（3）如果肉肠的价格是面包卷的价格的两倍，那么，肉肠的需求的价格弹性和面包卷对肉肠价格的需求的交叉弹性各是多少?

【难度】 2　　**【考点】** 消费者均衡

【答案】（1）效用最大化问题为：

$$\max U=U(x,y)=\min\{x,y\}$$

$$\text{s.t.}\ P_xx+P_yy=m$$

其中 x 代表肉肠的数量，y 代表面包卷的数量。求解可得 $x=y=\dfrac{m}{P_x+P_y}$。根据需求的价格弹性的定义可得 $e_{dx}=-\dfrac{\partial x}{\partial P_x}\cdot\dfrac{P_x}{x}=-\left[-\dfrac{m}{(P_x+P_y)^2}\cdot\dfrac{P_x}{\dfrac{m}{P_x+P_y}}\right]=\dfrac{P_x}{P_x+P_y}=\dfrac{1}{2}$。

（2）根据需求的交叉弹性可得 $e_{yx}=\dfrac{\partial y}{\partial P_x}\cdot\dfrac{P_x}{y}=-\dfrac{P_x}{P_x+P_y}=-\dfrac{1}{2}$。

（3）此时肉肠的需求的价格弹性 $e_{dx}=\dfrac{P_x}{P_x+P_y}=\dfrac{2}{3}$，面包卷对肉肠价格的需求的交叉弹性 $e_{yx}=-\dfrac{P_x}{P_x+P_y}=-\dfrac{2}{3}$。

【提示】本题应该属于第二章的知识范围，放在第三章，勉强可以归到消费者均衡的知识点内。

本题有一个常见的错误解法，解出的最终结果为：(1) $e_{dx}=1$，(2) $e_{yx}=-1$，(3) $e_{dx}=1$，$e_{yx}=-1$。具体错在哪里，可关注微信公众号“王海滨老师”，点击菜单栏“精品文章/精品文章合集/高鸿业版《西方经济学（第八版）》第三章课后计算题第6题常见错误解法剖析”，或微信扫描二维码查看。

12. 已知某消费者的效用函数为 $U=X_1X_2$，两商品的价格分别为 $P_1=4$，$P_2=2$，消费者的收入为 $M=80$。现在假定商品1的价格下降为 $P_1=2$。

（1）由商品1的价格 P_1 下降导致的总效应，使得该消费者对商品1的购买量发生多少变化？

（2）由商品1的价格 P_1 下降导致的替代效应，使得该消费者对商品1的购买量发生多少变化？

（3）由商品1的价格 P_1 下降导致的收入效应，使得该消费者对商品1的购买量发生多少变化？

【难度】2　　**【考点】**替代效应和收入效应

【答案】（1）由C－D函数的性质可知，在初始均衡状态下（见图3－4），$X_1=\dfrac{1}{2}\cdot\dfrac{M}{P_1}=\dfrac{1}{2}\cdot\dfrac{80}{4}=10$，$X_2-\dfrac{1}{2}\cdot\dfrac{M}{P_2}=\dfrac{1}{2}\cdot\dfrac{80}{2}=20$。

在 P_1 下降后的最终均衡状态下，$X_1''=\dfrac{1}{2}\cdot\dfrac{M}{P_1}=\dfrac{1}{2}\cdot\dfrac{80}{2}=20$。

由此可知，总效应 $=X_1''-X_1=20-10=10$。

（2）在初始均衡状态下，$U=X_1X_2=10\times20=200$。

替代效应要求补偿预算线维持消费者的实际收入水平不变，即 $U=200$ 不变。

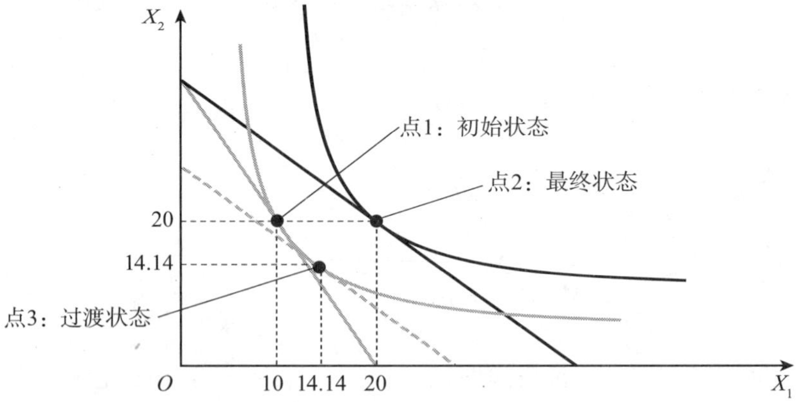

图 3-4　替代效应与收入效应

补偿预算线对应的价格为 $P_1=2$，$P_2=2$，设补偿预算线对应的收入为 M'，则有：

$$X_1'=\frac{1}{2}\cdot\frac{M'}{P_1}=\frac{1}{2}\cdot\frac{M'}{2}=\frac{M'}{4},\quad X_2'=\frac{1}{2}\cdot\frac{M'}{P_2}=\frac{1}{2}\cdot\frac{M'}{2}=\frac{M'}{4}$$

所以效用 $U'=X_1'X_2'=\frac{M'}{4}\cdot\frac{M'}{4}=\frac{M'^2}{16}=U=200$，解得：

$$M'=40\sqrt{2}$$

所以 $X_1'=\frac{M'}{4}=\frac{40\sqrt{2}}{4}=10\sqrt{2}$，替代效应 $=X_1'-X_1=10\sqrt{2}-10\approx4.14$。

(3) 收入效应＝总效应－替代效应 $\approx10-4.14=5.86$。

【提示】(1) 本题如果不用 C-D 函数的性质这一简便解法，可用 $MU_1/P_1=MU_2/P_2$ 和 $X_1P_1+X_2P_2=M$ 求解，或者使用拉格朗日辅助函数求解。这两种方法均可，但计算量都要大一些。

(2) 凡涉及替代效应、收入效应、总效应的计算，都可使用“三点法”：牢牢抓住初始状态、最终状态、过渡状态这三个均衡点。建议画一个草图来辅助，这样思路会清晰很多。

(3) 如果考研没有指定教材，那么涉及求解替代效应时，既可使用希克斯分解（本题就是希克斯分解），也可使用斯勒茨基分解。一般建议优先考虑斯勒茨基分解，因为斯勒茨基分解计算量小（例如在本题中算下来 $X_1'=10\sqrt{2}$，计算量小一点）。但本书的对应教材没讲过斯勒茨基分解，所以这道题在本书里只能使用希克斯分解（放在其他书里就未必）。

13. 某消费者消费两种商品 X 和 Y，假定无差异曲线在各点的斜率的绝对值均为 y/x，x、y 为两商品的数量。

(1) 说明每一种商品的需求数量均不取决于另一种商品的价格。

(2) 证明每一种商品的需求的价格弹性均等于 1。

(3) 证明每一种商品的需求的收入弹性均等于1。

(4) 每一种商品的恩格尔曲线的形状如何?

【难度】2　　**【考点】**边际替代率；消费者均衡；价格和收入变化对消费者均衡的影响

【答案】(1) 无差异曲线的斜率即边际替代率，斜率的绝对值$=y/x$，则有$MRS_{XY}=y/x$。

在处于消费者均衡时，有$MRS_{XY}=P_X/P_Y$，所以：

$$P_X/P_Y=y/x$$

整理得：$x\times P_X=y\times P_Y$　　①

设消费者的收入为m，在处于消费者均衡时有：

$$x\times P_X+y\times P_Y=m \quad ②$$

将式①代入式②得：

$$x\times P_X+x\times P_X=m$$

整理得：$x=\dfrac{m}{2P_X}$

同理可得：$y=\dfrac{m}{2P_Y}$

由此可知，每一种商品的需求数量均不取决于另一种商品的价格。

(2) $x=\dfrac{m}{2P_X}=\dfrac{m}{2}P_X^{-1}$

$$e_{dX}=-\frac{\mathrm{d}x}{\mathrm{d}P_X}\cdot\frac{P_X}{x}=\frac{m}{2}P_X^{-2}\cdot\frac{P_X}{\frac{m}{2}P_X^{-1}}=1$$

$$y=\frac{m}{2P_Y}=\frac{m}{2}P_Y^{-1}$$

$$e_{dY}=-\frac{\mathrm{d}y}{\mathrm{d}P_Y}\cdot\frac{P_Y}{y}=\frac{m}{2}P_Y^{-2}\cdot\frac{P_Y}{\frac{m}{2}P_Y^{-1}}=1$$

(3) $e_{MX}=\dfrac{\mathrm{d}x}{\mathrm{d}m}\cdot\dfrac{m}{x}=\dfrac{P_X^{-1}}{2}\cdot\dfrac{m}{\frac{m}{2}P_X^{-1}}=1$

$$e_{MY}=\frac{\mathrm{d}y}{\mathrm{d}m}\cdot\frac{m}{y}=\frac{P_Y^{-1}}{2}\cdot\frac{m}{\frac{m}{2}P_Y^{-1}}=1$$

(4) 由$x=\dfrac{m}{2P_X}$可得：

$$m=2P_X\cdot x$$

由 $y=\frac{m}{2P_Y}$ 可得：

$$m=2P_Y\cdot y$$

所以，x 和 y 的恩格尔曲线均为从原点出发的直线，其斜率分别为 $2P_X$ 和 $2P_Y$。

【补充】(1) 对于效用函数 $U=Ax^{\alpha}y^{\beta}$，其边际替代率 $MRS_{xy}=\frac{MU_x}{MU_y}=\frac{A\alpha x^{\alpha-1}y^{\beta}}{A\beta x^{\alpha}y^{\beta-1}}=\frac{\alpha y}{\beta x}$，由此可知，本题中 $MRS_{XY}=y/x$ 只是该效用函数在 $\alpha=\beta=1$ 时的特殊情况，再结合 C-D 函数的性质，就不难明白为什么每一种商品的需求数量均不取决于另一种商品的价格了。

(2) 本题第 (2)、(3) 小题的计算虽然简单，但其结论的价值却非常之大。结论为：

如果某商品的需求函数为 $Q=AP^{-N}$，则该商品的需求价格弹性 $e_d=N$。

并且，反过来也可以：

如果某商品的需求价格弹性为 $e_d=N$，则其需求函数为 $Q=AP^{-N}$。

这一结论可以一般化为：

如果 $y=Ax^N$，则 y 关于 x 的弹性 $\frac{\mathrm{d}y}{\mathrm{d}x}\cdot\frac{x}{y}=N$。

如果 y 关于 x 的弹性 $\frac{\mathrm{d}y}{\mathrm{d}x}\cdot\frac{x}{y}=N$，则 y 与 x 的函数关系为 $y=Ax^N$。

这一结论在考试时也可以直接作为定理使用，并且，对应的考题经常出现在试卷上。具体的证明过程和更多应用实例，可关注微信公众号"王海滨老师"，点击菜单栏中"精品文章/精品文章合集/1 个简单公式秒杀 90%指数函数题"，或微信扫描二维码查看。

三、论述题

14. 根据基数效用论者关于消费者均衡的条件：

(1) 如果 $\frac{MU_1}{P_1}\neq\frac{MU_2}{P_2}$，消费者应该如何调整两种商品的消费数量？为什么？

(2) 如果 $\frac{MU_i}{P_i}\neq\lambda$，其中常数 λ 表示不变的货币的边际效用，消费者应该如何对该种商品 i 的消费数量进行调整？为什么？

【难度】 2　　**【考点】** 消费者均衡

【答案】 (1) 假设 $\frac{MU_1}{P_1}<\frac{MU_2}{P_2}$，消费者会减少对商品 1 的购买，增加对商品 2

的购买。因为此时对消费者来说，用同样的一元钱购买商品 1 所得到的边际效用小于购买商品 2 所得到的边际效用。于是消费者就会减少对商品 1 的购买，增加对商品 2 的购买。在这样的调整过程中，一方面，在消费者减少 1 元钱的商品 1 的购买来相应地增加 1 元钱的商品 2 的购买时，由此带来的商品 1 的边际效用的减少量是小于商品 2 的边际效用的增加量的，这意味着消费者的总效用是增加的；另一方面，在边际效用递减规律的作用下，商品 1 的边际效用会随着其购买量的不断减少而递增，商品 2 的边际效用会随着其购买量的不断增加而递减。当消费者将其购买组合调整到用同样一元钱购买这两种商品所得到的边际效用相等，即达到$\frac{MU_1}{P_1}=\frac{MU_2}{P_2}$时，他便得到了由减少对商品 1 的购买和增加对商品 2 的购买所带来的总效用增加的全部好处，即消费者此时获得了最大的效用。

相反，如果$\frac{MU_1}{P_1}>\frac{MU_2}{P_2}$，消费者会减少对商品 2 的购买，增加对商品 1 的购买。因为此时对消费者来说，用同样的一元钱购买商品 1 所得到的边际效用大于购买商品 2 所得到的边际效用。根据相同的道理，理性的消费者会进行与前面相反的调整过程，即增加对商品 1 的购买，减少对商品 2 的购买，直至$\frac{MU_1}{P_1}=\frac{MU_2}{P_2}$，从而获得最大的效用。

（2）假设$\frac{MU_i}{P_i}<\lambda$，则消费者会减少对商品 i 的购买，因为此时消费者用一元钱购买商品 i 所得到的边际效用小于所付出的这一元钱的边际效用。也可以理解为，消费者这时购买的商品 i 的数量太多了，事实上，消费者总可以把这一元钱用在至少能产生相等的边际效用的其他商品的购买上，以获得尽可能大的效用。这样，理性的消费者就会减少对商品 i 的购买，在边际效用递减规律的作用下，直至$\frac{MU_i}{P_i}=\lambda$ 的条件实现为止。

相反，如果$\frac{MU_i}{P_i}>\lambda$，则消费者会增加对商品 i 的购买，因为此时消费者用一元钱购买商品 i 所得到的边际效用大于所付出的这一元钱的边际效用。也可以理解为，消费者对商品 i 的消费量是不足的，消费者应该继续购买商品 i，以获得更多的效用。这样，理性的消费者就会增加对商品 i 的购买，同样，在边际效用递减规律的作用下，直至$\frac{MU_i}{P_i}=\lambda$ 的条件实现为止。

15. 基数效用论者是如何推导需求曲线的?

【难度】1　　**【考点】**需求曲线

【答案】基数效用论者认为，商品的需求价格取决于商品的边际效用。某一单位的某种商品的边际效用越小，消费者愿意支付的价格就越低。由于边际效用递减，所以随着消费量的增加，消费者为购买这种商品所愿意支付的最高价格即需求价格就会越来越低。将每一消费量及其相对价格在图上绘制出来，就得到了需求曲线，且因为商品需求量与商品价格反方向变动，所以需求曲线是向右下方倾斜的。

16. 用图说明序数效用论者对消费者均衡条件的分析，以及在此基础上对需求曲线的推导。

【难度】 1　　**【考点】** 需求曲线

【答案】(1)序数效用论者在分析消费者行为时，将无差异曲线作为分析工具。此外，序数效用论者又提出预算线，预算线表示在收入与商品价格既定的条件下，消费者可能购买到的两种商品的全部数量组合。

(2)将无差异曲线与预算线相结合，就可以说明消费者均衡：只有既定的预算线与无差异曲线簇中某条无差异曲线相切的点，才是消费者获得最大效用水平或最大满足程度的均衡点，如图3-5(a)所示，E_1点为预算线AB条件下的消费者均衡点。

以上分析表明，消费者均衡条件为$MRS_{12}=P_1/P_2$，表示两种商品的边际替代率等于这两种商品的价格之比，也就是说，消费者愿意用一单位的某种商品去交换的另一种商品的数量等于两种商品的价格之比。

(3)可以通过价格—消费曲线推导出商品X_1的需求曲线。价格—消费曲线是在消费者的偏好、收入以及其他商品的价格不变的条件下，与某种商品的不同价格水平相联系的消费者效用最大化的均衡点的轨迹，如图3-5(a)所示。

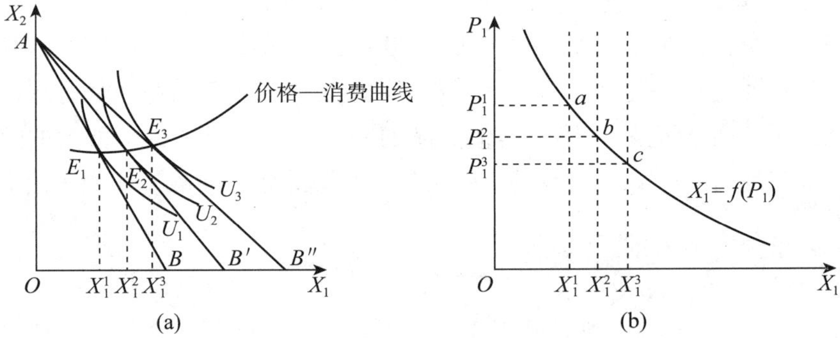

图3-5　价格—消费曲线和消费者的需求曲线

在图3-5(a)中，在均衡点E_1，商品1的价格为P_1^1，商品1的需求量为X_1^1。在均衡点E_2，商品1的价格由P_1^1下降为P_1^2，商品1的需求量由X_1^1增加为X_1^2。在均衡点E_3，商品1的价格进一步由P_1^2下降为P_1^3，商品1的需求量由X_1^2再增加为X_1^3。

根据商品1的价格和需求量之间的这种对应关系，把每一个P_1的数值和相应的均衡点上的X_1的数值绘制在商品的价格—数量坐标图上，便可以得到单个消费者的需求曲线。这便是图3-5(b)中的需求曲线$X_1=f(P_1)$。在图3-5(b)中，横轴表示商品 1 的数量 X_1，纵轴表示商品 1 的价格 P_1，需求曲线 $X_1=f(P_1)$ 上的 a、b、c 点分别和图 3－5(a) 中价格—消费曲线上的均衡点 E_1、E_2、E_3 相对应。

17. 分别用图分析正常品、劣等品和吉芬品的替代效应与收入效应，并进一步说明这三类商品的需求曲线的特征。

【难度】 2　　**【考点】** 替代效应和收入效应；需求曲线

【答案】（1）正常品的替代效应和收入效应。

正常品指需求量随着消费者收入水平的提高而增加、随着消费者收入水平的下降而减少的商品。正常品的替代效应和收入效应如图 3－6 所示，横轴 OX 和纵轴 OY 分别表示商品 X 和商品 Y 的数量，其中商品 X 是正常品，Q_1 是商品 X 的价格变化前的 X 消费量。商品 X 的价格下降后，商品需求量增加到 Q_2。如果作一补偿预算线，使该线与价格变化后的预算线平行，并与价格变化前的无差异曲线相切，则切点处的 X 消费量 Q_3 就是在商品 X 的价格变化后，剔除了收入效应的消费量。因此，Q_1Q_3 就是价格下降后商品 X 的替代效应，Q_3Q_2 就是价格下降后商品 X 的收入效应。

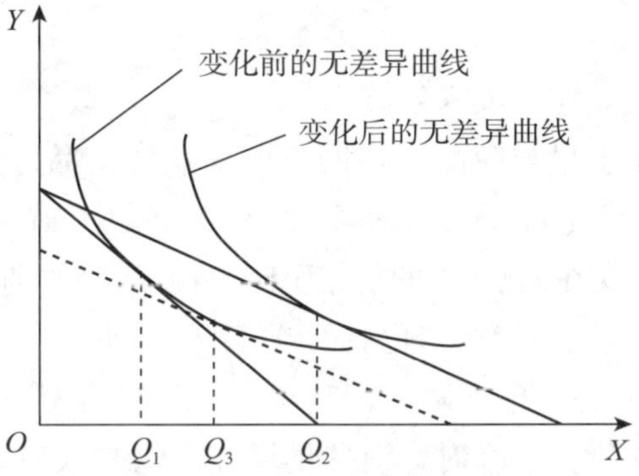

图 3－6　正常品的替代效应和收入效应

（2）劣等品的替代效应和收入效应。

劣等品是指需求量随着消费者收入水平的提高而减少、随着消费者收入水平的下降而增加的商品。劣等品的收入效应、替代效应和总效应如图 3－7 所示。横轴 Ox_1 和纵轴 Ox_2 分别表示商品 1 和商品 2 的数量，其中商品 1 是劣等品。商品 1 的价格 p_1 变化前的消费者效用最大化均衡点为 a 点，p_1 下降后的消费者均衡点为 b 点，因此价格下降引起的商品 1 的需求量的增加量为 $x'x''$，这便是总效应。通过作出与预算线 AB' 平行且与无差异曲线 U_1 相切的补偿预算线 FG，便可将总效应分解为替代效应和收入效应。具体来看，p_1 下降引起的商品相对价格的变化，使消费者由均衡点 a 运动到均衡点 c，相应的需求增加量为 $x'x'''$，这就是替代效应，它是一个正值。而 p_1 下降引起的消费者的实际收入水平的变动，使消费者由均衡点 c 运动到均衡点 b，需求量由 x''' 减少到 x''，这就是收入效应，收入效应是一个负值。

其原因在于，价格 p_1 下降所引起的消费者实际收入水平的提高，会使消费者减少对劣等品商品 1 的需求量。

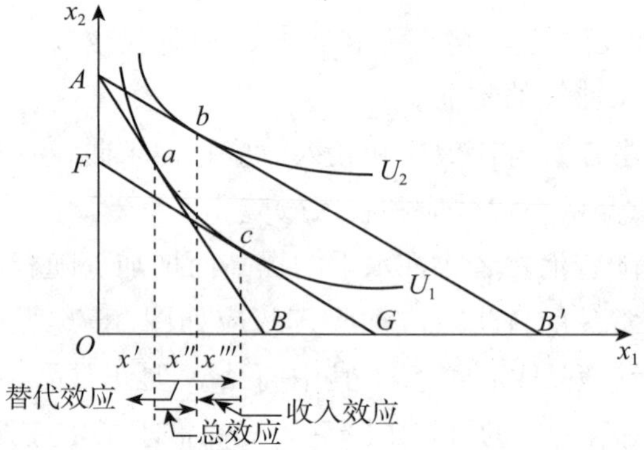

图 3－7　劣等品的总效应、收入效应和替代效应

商品 1 的价格 p_1 下降所引起的商品 1 的需求量变动的总效应为 $x'x''$，它是正的替代效应 $x'x'''$和负的收入效应 $x''x'''$之和。由于替代效应 $x'x'''$的绝对值大于收入效应$x''x'''$的绝对值，或者说，由于替代效应的作用大于收入效应的作用，所以总效应是一个正值。

（3）吉芬品的替代效应和收入效应。

吉芬品指商品的需求量与商品价格同方向变化的商品。如图 3－8 所示，横轴 OX 和纵轴 OY 分别表示商品 X 和商品 Y 的数量，其中商品 X 为吉芬品。最初商品 X 的消费量为 X_2，现在商品 X 的价格下降，商品 X 的消费量变为 X_1。如果作一补偿预算线 A_3，使该线与价格变化后的预算线 A_2 平行，并与价格变化前的无差异曲线相切，则商品 X 的价格下降后，其消费量为 X_3，替代效应为 X_3-X_2，即替代效应使得吉芬品在价格下降时，消费量增加；收入效应为 X_1-X_3，即收入效应使得吉芬品在价格下降时，消费量减少，并且减少量大于替代效应下的增加量，因而总效应 X_1-X_2 为负。

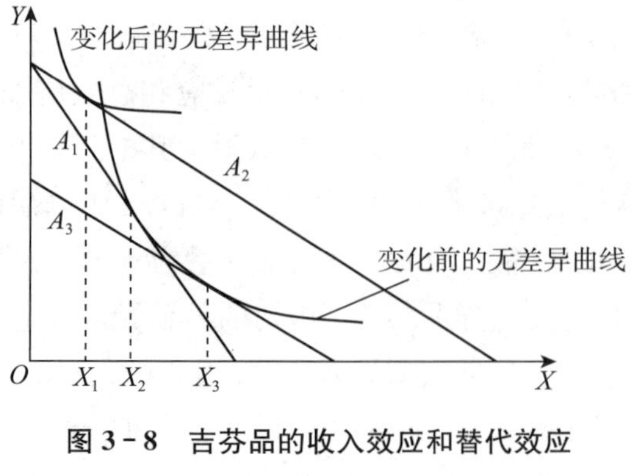

图 3－8　吉芬品的收入效应和替代效应

（4）三类商品的需求曲线的特征。

一般来说，价格变化后替代效应和收入效应都会发生，但不同商品的两种效应的作用方向不同。商品价格下降时，替代效应会使商品的需求量增加，而收入效应对商品需求量的影响则要根据商品的性质而定。如果商品是正常品，收入效应会使商品需求量增加，所以价格下降后，商品需求量增加，需求曲线向右下方倾斜；如果商品是劣等品，收入效应会使商品需求量减少，但收入效应小于替代效应，所以价格下降后商品需求量增加，需求曲线向右下方倾斜；如果商品是吉芬品，则收入效应会使商品需求量减少，但收入效应大于替代效应，所以价格下降后商品需求量减少，相应的需求曲线向右上方倾斜。

18. 我国一些城市生活和生产的用电激增，导致用电紧张，电力供给不足。请设计一种方案供政府来缓解或消除这一现象，并回答以下问题：

（1）这种措施对消费者剩余有什么影响？

（2）这种措施对生产资源的配置会产生哪些影响？

（3）这种措施对消费者的收入会产生什么影响？政府又可以做些什么？

【难度】2　　**【考点】**消费者剩余

【答案】（1）政府可以通过设计阶梯电价来缓解或消除这一现象。所谓阶梯电价，即每户在一定标准以内，适用最低标准电价，如果超出这一标准，则超出部分适用较高的电价。阶梯电价可以是两级价格，也可以是三级或更多级价格。

由于电是居民生活的必需品，如果电价统一上涨，则会使得原本福利状况就很不佳的低收入群体的福利继续下降。阶梯电价可以保障居民的基本生活用电，由于低收入群体用电量一般不多（不超过第一级电价对应的用电量），因此阶梯电价不会造成低收入群体的用电成本上升，也就不会导致他们的福利下降。

不过，这一措施依然会减少消费者剩余。如图 3－9 所示，消费者的需求曲线为 D，假设在初始状态时，电价固定为 P_1，电的供给曲线为反 L 形折线 S_1，由于电力供应不足，供电量最大为 Q_3，超过 Q_3 的部分，虽然价格依然为 P_1，但电厂却生产不出来。从供求曲线的交点可知，如果电价稳定在 P_1，则理论上市场均衡点为 E_1，消费者的均衡用电量为 Q_1。由于 $Q_1>Q_3$，消费者实际可使用的电量为 Q_3，

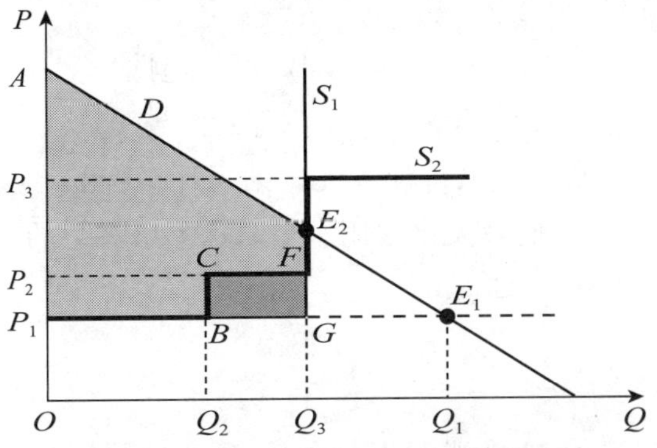

图 3－9　阶梯电价和消费者剩余变化

市场实际均衡点为 E_2，消费者剩余为梯形 AP_1GE_2 的面积。

此后，政府为缓解供电不足问题，实施三级电价，消费量不足 Q_2 的电量，价格为 P_1，超过 Q_2 不足 Q_3 的这部分电量，价格为 P_2，超过 Q_3 后的超额用电量，价格统一为 P_3。于是供给曲线为阶梯形折线 S_2，此时市场均衡点为 E_2，消费者的均衡用电量为 Q_3（这可以理解为市场总量，也可以理解为平均量，其中低收入群体用电量较少，高收入群体对价格不敏感，用电量较大）。

消费者意愿用电量减少了（Q_1-Q_3），消除了用电激增导致供给不足的问题。但此时消费者剩余为图中不规则形状 AP_1BCFE_2 的面积，即浅色阴影部分的面积。与之前相比，消费者剩余的减少量为长方形 $CBGF$ 的面积，即深色阴影部分的面积。

（2）政府采取这一措施会促使生产资源朝电力方面转移。由于以前价格固定为 P_1，生产的边际收益 $MR_1=P_1$。实施三级电价措施后，在生产完电量 Q_1 后，生产者的边际收益 $MR_2=P_2>MR_1$，在生产完电量 Q_2 后，边际收益 $MR_3=P_3>MR_2$，边际收益上升会促使生产者增加产量，从而会使用更多的生产资源。

（3）在居民名义收入不变的条件下，三级电价提高了平均电价，降低了居民的实际收入水平。为了保持居民的实际收入水平不变，政府可以对居民实施用电补贴。

补充训练

1. 假设消费者的效用函数为 $U(x,y)=\ln(x^{0.5}+y)$，同时消费者所面临的商品空间由商品 x 和商品 y 构成。在二维的商品空间中，如果我们以 y 的数量为纵轴，以 x 的数量为横轴，那么消费者在此商品空间中的无差异曲线的斜率为（　　）。（复旦大学 2007）

A. $-1/(2x^{0.5})$　　B. $-(y+x^{0.5})/(2x)$

C. $-1/(2x^{0.5}+1)$　　D. $-(y+x^{0.5})/(2yx^{0.5})$

2. 下列有关消费者偏好的哪个假定可以排除饱和点的存在？（　　）（上海财大 2008）

A. 完全性　　B. 可传递性

C. 非饱和性　　D. 凸性

3. 小王只购苹果和梨，苹果每斤 5 元，梨每斤 10 元。他每周有 200 元的收入可以花在这两种商品上，当他最大化效用水平时，苹果对梨的边际替代率为（　　）。（暨南大学 2013）

A. 0.5　　B. 2

C. 20　　D. 40

4. 边际替代率递减意味着消费者偏好关系满足下列哪个假定条件？（　　）（上海财大 2007）

A. 非饱和性　　　　B. 凸性

C. 完全性　　　　D. 可传递性

5. 小明的偏好满足多样化原则，认为两个商品组合（5，5）和（7，4）一样好，那么下列哪个商品组合肯定比商品组合（5，5）好？（　　）（上海海事大学2012）

A. （5，4）　　　　B. （6，4）

C. （6，4.5）　　　　D. （5.4，4.75）

6. 某消费者对商品1和商品2的效用函数为$U(x_1, x_2)=\min\{2x_1, x_2\}$，则在该消费者看来，（　　）。（复旦大学2006）

A. 这两种商品属于不完全替代品

B. 这两种商品属于完全互补品

C. 商品1对商品2的替代比例为1∶2

D. 商品1对商品2的替代比例为2∶1

7. 某消费者的效用函数为$U(x_1, x_2)=x_1(x_2+3)$，收入为2，商品价格满足$p_1=p_2=1$。她的最优消费束为（　　）。（上海财大2020）

A. （0，2）　　　　B. （1，1）

C. （1.5，0.5）　　　　D. （2，0）

8. 当一种商品的价格上升时，需求的变化量与替代效应的关系为（　　）。（上海财大2006）

A. 前者比后者大

B. 前者比后者小

C. 前者与后者一样大

D. 前者可能比后者大，也可能比后者小

9. 下面论述中正确的是（　　）。（中央财经大学2013）

A. 低档品的需求曲线总是向右上方倾斜

B. 吉芬品是低档品，低档品不一定是吉芬品

C. 如果商品的替代效应和收入效应变动方向相反，那么这种商品是低档品

D. 如果商品的替代效应和收入效应变动方向相反，那么这种商品是吉芬品

10. 假设一个消费者的效用函数为$U(w)=w^2$，那么该消费者是（　　）。（上海财大2007）

A. 风险回避者　　　　B. 风险中立者

C. 风险爱好者　　　　D. 都不是

11. （判断题）若消费者的效用函数为$U=X^rY$，$r>0$，那么收入—消费曲线是一条直线。（上海财大2008）

12. 已知某君每月收入120元，全部花费于X和Y两种商品，他的效用函数为$U=XY$，X的价格是2元，Y的价格是3元。问：

（1）为使获得的效用最大，他购买的X和Y各为多少？

（2）假如 X 的价格提高 44%，Y 的价格不变，为使他保持原有的效用水平，收入必须增加多少？（武汉大学 2013）

13. 某消费者消费两种商品：商品 1 和商品 2；商品的价格分别为 P_1 和 P_2，消费数量分别为 X_1 和 X_2，并且该消费者愿意以 a 单位的商品 1 恒等换取 b 单位的商品 2。当消费者消费商品 1 的量少于配给量 $\overline{X}_1$ 时不征税，当超过这个量时增加部分每单位征税 t。

（1）请写出该消费者的预算约束函数，并画图表示。

（2）请写出该消费者的效用函数。

（3）求出该消费者对商品 1 的普通需求函数。（北京大学 2011）

14. 一个消费者月汽油消费为 1 000 元，假设现在汽油价格上涨了一倍，但其他商品的价格没有变化，同时其工作单位为其提供月汽油补贴 1 000 元，请问该消费者的境况是变好了，还是变差了？请画图解释。（厦门大学 2013）

15. 假设某消费者的效用函数为 $U(X, Y)=\sqrt{XY}$。商品 X、Y 的价格分别为 P_X、P_Y，他的收入为 I。

（1）当 $P_X=1$，$P_Y=1$，$I_1=100$ 时，计算他的最优消费量（X_1，Y_1）及对应的效用水平 U_1。

（2）假定 P_X 变为 P_X^N，且 $P_X^N=2$，$P_Y=1$，同时他想要得到 U_1 的效用水平，计算他需要的收入水平 I_2，以及此时他的最优消费量（X_2，Y_2）。

（3）计算在 P_X、P_Y、I_2 条件下，他的最优消费组合（X_3，Y_3）以及此时可以达到的效用水平 U_2。

（4）图示上述计算，并解释上述计算的经济学含义。（东北财大 2013）

16. 政府为了限制某一商品的消费，可对其征收货物税或者所得税，征收哪种税对消费者来说损失更大？为什么对大部分商品征收货物税而不是所得税？（北京邮电大学 2012）

17. 用户在 A 网络与 B 网络之间选择通话时间，其中他消费的 A 网络通话时间为 x，消费的 B 网络通话时间为 y。他的效用函数为 $U(x, y)=x+y$。试求 A 和 B 网络通话时间各自的需求函数。（清华大学 2011）

18. 证明：如果某消费者对商品 X_1、X_2 的效用函数为：$U=(X_1, X_2)=10(X_1^2+2X_1X_2+X_2^2)-50$，则对该消费者来说，$X_1$、$X_2$ 之间存在完全替代的特性。（中央财经大学 2006）

19. 简述微观经济学中消费者偏好的基本假定。（厦门大学 2006）

20. 假设存在一个社会，这个社会由三个消费者组成，他们分别是 1、2 和 3，同时该社会存在着两种商品，分别是 x 和 y。经济学家德布鲁对这三个消费者的消费行为进行分析，他认为 1、2 和 3 的偏好可以分别用如下效用函数来表示：

1：$U_1(x, y)=xy$；

2：$U_2(x, y)=x^{\alpha}y^{\beta}$，其中 $\alpha>0$，$\beta>0$；

3：$U_3=\gamma\ln x+(1-\gamma)\ln y$，其中 $\gamma\in(0, 1)$。

（1）假如商品 x 和商品 y 的价格分别是 2 单位货币和 3 单位货币，同时消费者 1 拥有 120 单位货币，试计算他对 x 和 y 的最优消费量。

（2）证明：消费者 2 和消费者 3 的偏好是一致的。

（3）现在假设商品 x 和商品 y 的价格分别是 p_1 和 p_2，消费者 2 拥有 I 单位货币。请计算他的消费选择。

（4）用公式和图像给出消费者 3 对于商品 x 的收入—消费路径。（复旦大学 2007）

21. 已知某消费者的效用函数为 $U=xy$，商品 x 和 y 的单位价格分别为 1 元和 4 元。消费者的预算约束为 100 元，如果该消费者以最大化效用为目标，那么他应该消费的 x 和 y 的数量分别是（　　）。（中央财经大学 2011）

A.（20，20）　　B.（50，12.5）

C.（40，15）　　D.（30，15）

22. 两个同学辩论：A 认为农村人口应该向城市流动，原因是农村收入不高，一年纯收入也就 1 000 元；B 认为农村人口不应向城市流动，原因是城市压力大，不确定性大，这样一来，纯收入也差不多是 1 000 元，既然差不多，还是待在农村好。问题：你支持哪种观点？如果认为农村人口应向城市流动，请补充更多的理由；如果认为农村人口不应向城市流动，也请补充更多的理由。（复旦大学 2011）

23. 市场上黄瓜的价格 $p_x=3$ 元，西红柿的价格 $p_y=4$ 元，张三的收入为 50 元，其效用函数为 $U(x, y)=\sqrt{x^2+y^2}$。

（1）根据上述条件计算张三的最大效用。

（2）作出张三的无差异曲线和预算线的图，分析张三的最优消费组合，和（1）对比，并进行说明。（中国人民大学 2010）

24. 假设消费者面对如下跨期选择。消费者共生存两期：第一期收入为 $Y_1=380$，消费为 C_1；第二期收入为 $Y_2=262.5$，消费为 C_2。消费者第一期可选择储蓄 S，当 S 为负时表明第一期借款。储蓄或借款的利率 $r=5\%$。消费者在生存期末既无储蓄也无借款。在此约束下，该消费者欲实现生存期效用最大化。假设其效用函数为：$U(C_1, C_2)=\ln C_1+0.5\ln C_2$。

（1）计算该消费者的最优消费额 C_1、C_2。

（2）假设储蓄 S 不可为负，即第一期不能借款，试问消费者的最优消费 C_1 和 C_2 分别为多少？（南开大学 2010）

25. 假设一个消费者的效用函数为 $U(x_1, x_2)=x_1^2x_2$，这里 x_1 表示食品的消费量，x_2 表示所有其他商品的消费量。假设食品的价格为 p_1，所有其他商品的价格为 p_2，消费者的收入为 m 元。

（1）求最优的食品需求量。食品对该消费者来说是低档品吗？食品对消费者来说是吉芬品吗？

（2）在许多国家，穷人的食品消费得到政府的补贴。常见的补贴办法是，政府向穷人出售食品券，当然，食品券的价格要低于食品的市场价格。假设我们这里考虑的消费者是一个受补贴的穷人，而且食品券的价格为 $p_1^s=1$，而食品的市场价格为 $p_1=2$。所有其他商品的价格被标准化为 $p_2=1$。消费者的收入为 $m=150$。在得到补贴后，消费者的消费行为会发生怎样的变化？（上海财大 2006）

26. 什么是收入效应和替代效应？作图分析正常品的收入效应和替代效应。（山东大学 2007）

27. 经济学中如何区分经济活动者对待风险的厌恶、热衷和中立态度？如何解释背水一战现象？（清华大学 2011）

28. 假定某消费者的效用函数为 $U=XY$，商品 X、Y 的价格分别为 $P_X=P_Y=$ 2 元，收入 $m=40$ 元。

（1）该消费者的均衡购买量是多少？最大的效用是多少？

（2）若 P_Y 降为 1 元，替代效应使该消费者购买的两种商品的数量变为多少？收入效应使其购买量变为多少？（上海大学 2006）

29. 一名大学生即将参加三门功课的期终考试，他能够用来复习功课的时间只有 6 小时。又设每门功课占用的复习时间和相应会取得的成绩如表 3－5 所示：

表 3－5

分数 \ 小时数	0	1	2	3	4	5	6
经济学分数	30	44	65	75	83	88	90
数学分数	40	52	62	70	77	83	88
统计学分数	70	80	88	90	91	92	93

请问：为使这三门课的成绩总分最高，他应怎样分配复习时间？此时总分是多少？（厦门大学 2007）

30. 请作图并解释价格—消费曲线的右端为何有些向上升。（南京大学 2010）

31. 假定经济中有两类消费者，第 1 类消费者的效用函数为 $u_1(x_1, x_2)=\min\{x_1, x_2\}$，第 2 类消费者的效用函数为 $u_2(x_1, x_2)=\max\{x_1, x_2\}$，其中 x_1 和 x_2 分别表示消费的经济中的两种商品的数量，每一类消费者各有 50 人。

（1）请分别作出两类消费者的无差异曲线。

（2）当前两种商品的价格分别是 $p_1=2$，$p_2=4$，每个消费者的收入 $m=12$，请给出两类消费者在当前的价格和收入水平下的需求和市场需求。

（3）在第 1 种商品被征收 200％的从价税之后，消费者的预算线如何变化？政府的税收收入是多少？（中山大学 2017）

参考答案

1. 【**难度**】2　　【**考点**】无差异曲线

【答案】 A。解法一：无差异曲线的斜率等于两种商品的边际效用比值的负数。用数学公式表示为：

$$k=\frac{\mathrm{d}y}{\mathrm{d}x}=-\frac{MU_x}{MU_y}$$

根据题目给出的效用函数，可以得到 $MU_x=\frac{0.5x^{-0.5}}{x^{0.5}+y}$，$MU_y=\frac{1}{x^{0.5}+y}$，代入上式，可以得到：$k=\frac{\mathrm{d}y}{\mathrm{d}x}=-\frac{MU_x}{MU_y}=-0.5x^{-0.5}$，所以选 A。

解法二：设无差异曲线为 $\ln(x^{0.5}+y)=\ln C \Rightarrow x^{0.5}+y=C \Rightarrow y=-x^{0.5}+C \Rightarrow \frac{\mathrm{d}y}{\mathrm{d}x}=-0.5x^{-0.5}$。

2. **【难度】** 1　　**【考点】** 偏好的假定

【答案】 C。当消费者的偏好满足良好形状偏好时，即就商品而不是厌恶品而言，人们认为多多益善，这个假定被称为偏好的非饱和性，这个假定可以排除饱和点（餍足点）的存在。

3. **【难度】** 1　　**【考点】** 消费者均衡

【答案】 A。当最大化效用水平时，苹果对梨的边际替代率 $MRS_{xy}=P_x/P_y=5/10=0.5$。

4. **【难度】** 2　　**【考点】** 边际替代率

【答案】 B。边际替代率的几何意义是：无差异曲线上任何一点的边际替代率都是该点切线斜率的负值。边际替代率的数学公式为：$MRS_{xy}=-\frac{\mathrm{d}y}{\mathrm{d}x}$。边际替代率递减意味着 $\frac{\mathrm{d}MRS_{xy}}{\mathrm{d}x}=-\frac{\mathrm{d}^2y}{\mathrm{d}x^2}<0$，根据定义可以知道，无差异曲线是凸的。

5. **【难度】** 2　　**【考点】** 无差异曲线

【答案】 C。偏好满足多样化原则是指，假设商品组合 $A(x_1, y_1)$ 和 $B(x_2, y_2)$ 的效用相同，则在以 A 点和 B 点为端点的直线上，除这两个端点之外的其他点所代表的商品组合的效用更高，这其实指的是无差异曲线凸向原点。

连接点（5，5）和点（7，4）的直线的表达式可设为 $y=a-bx$，把这两个端点代入其中，可解得 $a=7.5$，$b=0.5$，所以该直线的表达式为 $y=7.5-0.5x$。将点（6，4.5）代入其中可知，它在这条直线上的非端点位置，所以这个商品组合肯定比商品组合（5，5）好。选项 A、B、D 的点都位于该直线的左下方，因此都不能选。

6. **【难度】** 1　　**【考点】** 无差异曲线

【答案】 B。效用函数 $U(x_1, x_2)=\min\{2x_1, x_2\}$ 所代表的是一系列 L 形的无差异曲线，因而 x_1 和 x_2 是完全互补品，并且互补比例为 1∶2。

7. **【难度】** 2　　**【考点】** 消费者均衡

【答案】 D。解法一：$MRS_{12}=\frac{x_2+3}{x_1}=\frac{x_2}{x_1}+\frac{3}{x_1}$，预算约束为 $x_1+x_2=2$，由此可知 $0\leqslant x_1$，$x_2\leqslant 2$，所以 $MRS_{12}\geqslant 0+\frac{3}{2}=1.5$。于是在预算约束范围内，有 $MRS_{12}>p_1/p_2$，因此消费者效用最大化的点为 $x_2=0$，$x_1=m/p_1=2$。

解法二：$MU_1=x_2+3>0$，$MU_2=x_1>0$，即距离原点越远的无差异曲线代表的效用越大，所以消费者的最优消费束一定在预算线上（这对于初级微观经济学而言是废话，但中级微观经济学是考虑“餍足点”的，超过餍足点，再增加消费量会产生负效用）。预算约束为 $x_1+x_2=2$。由效用函数可知 $x_2=U/x_1-3$，代入预算约束得 $x_1+U/x_1-3=2$，解得 $U=5x_1-x_1^2$。$x_1\leqslant 2$ 时，$dU/dx_1=5-2x_1>0$，所以 U 最大化时，$x_1=2$，此时 $x_2=2-x_1=0$。

解法三：四个选项都符合预算约束，这个很容易看出来。$U_A=0\times(2+3)=0$，$U_B=1\times(1+3)=4$，$U_C=1.5\times(0.5+3)=5.25$，$U_D=2\times(0+3)=6$，可见选项D的效用最大。

【提示】 如果按常规解法，有 $MRS_{12}=\frac{x_2+3}{x_1}=\frac{p_1}{p_2}=1$，解得 $x_1=x_2+3$，将其代入预算约束得：$x_2+x_2+3=2$，解得 $x_2=-0.5$。这显然不符合实际，但也不能轻易据此认为 $x_2=0$ 就是最优解，还需结合无差异曲线的特征进行分析。

解法二相当于对预算线上的每一点都比较消费者效用的大小。解法三则更简单，只对四个选项比较效用的大小。解法三在考试时可以用来秒杀，但平时学习时还是需要注意常规解法的训练。

学习多种解题方法是很重要的，因为有部分考题很诡异，利用常规解法解不出来，这个时候熟悉多种解法的学生就占优势。

8. **【难度】** 1　　**【考点】** 替代效应和收入效应

【答案】 D。由 $\Delta x=\Delta x^s+\Delta x^n$ 可知，当替代效应 Δx^s 和收入效应 Δx^n 符号一致时，总效应（即价格变动所引起的需求变化量）大于替代效应；当 Δx^s 与 Δx^n 符号不相同时，则两者的大小关系是不确定的。

9. **【难度】** 1　　**【考点】** 替代效应和收入效应

【答案】 BC。只有吉芬品（属于低档品的一种）的需求曲线向右上方倾斜，故A错；替代效应与收入效应变动方向相反属于低档品的特征，但还不能判断这种商品一定属于吉芬品，除非再加上“收入效应大于替代效应”的条件，故D错。

10. **【难度】** 1　　**【考点】** 不确定性

【答案】 C。消费者的效用函数是 $U(w)=w^2$，边际效用为 $MU(w)=2w$，边际效用对 w 的导数为 $dMU(w)/dw=2>0$，因此该效用函数为严格向下凸的，因此消费者是风险爱好者。

11. **【难度】** 2　　**【考点】** 价格和收入变化对消费者均衡的影响

【答案】正确。详见课后习题第 10 题的提示。

12. **【难度】**2　　**【考点】**消费者均衡

【答案】（1）消费者效用最大化时有 $\frac{MU_X}{MU_Y}=\frac{Y}{X}=\frac{P_X}{P_Y}=\frac{2}{3}$，解得 $2X=3Y$。

该消费者的预算约束为 $2X+3Y=120$。

求得 $X=30$，$Y=20$。

（2）X 的价格提高之前，该消费者的效用水平为 $U=XY=30\times20=600$。

X 的价格提高之后，X 的新价格 $P'_X=2\times(1+44\%)=2.88$。

$$\frac{MU_X}{MU_Y}=\frac{Y}{X}=\frac{P'_X}{P_Y}=\frac{2.88}{3}$$

解得 $2.88X=3Y$。

因为消费者的效用保持不变，因此有 $XY=600$，解得 $X=25$，$Y=24$。此时，该消费者需要的收入 $I'=2.88\times25+3\times24=144$。

因此，收入必须增加 $144-120=24$（元）。

13. **【难度】**3　　**【考点】**无差异曲线；消费者均衡

【答案】（1）设消费者的收入为 M，则消费者消费商品 1 的量少于配给量 $\overline{X}_1$ 时的预算约束函数为

$$P_1X_1+P_2X_2=M$$

消费者消费商品 1 的量不少于配给量 $\overline{X}_1$ 时，超过部分的预算约束函数为

$$P_1\overline{X}_1+(P_1+t)(X_1-\overline{X}_1)+P_2X_2=M$$

如图 3－10 所示。

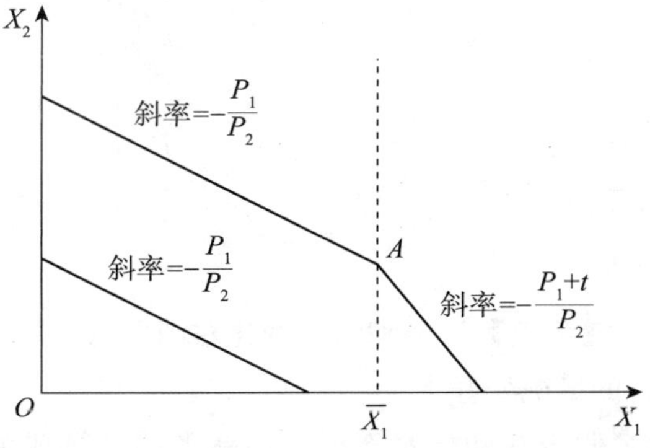

图 3－10　预算约束线

（2）消费者愿意以 a 单位的商品 1 恒等换取 b 单位的商品 2，说明商品 1 与商品 2 是完全替代品，$MRS_{12}=b/a$，效用函数为：

$$U(X_1,X_2)=bX_1+aX_2$$

（3）由于无差异曲线为直线，因此商品 1 的需求函数分为以下几种情况：

Ⅰ. 当 $b/a<P_1/P_2$ 时，商品 1 的需求函数为 $X_1=0$。

Ⅱ. 当 $b/a=P_1/P_2$ 时，商品 1 的需求函数为 $X_1=\dfrac{M-P_2X_2}{P_1}$（$X_1\leqslant\overline{X}_1$）。

Ⅲ. 当 $b/a>P_1/P_2$时，又需再分情况讨论：

1）如果消费者消费 X_1的量少于配给量$\overline{X}_1$，则预算线为 $P_1X_1+P_2X_2=M$，商品 1 的需求函数为 $X_1=\dfrac{M}{P_1}$；

2）如果消费者消费 X_1的量不少于配给量$\overline{X}_1$，则预算线是一条折线，从而有：

① 当 $P_1/P_2<b/a<(P_1+t)/P_2$时，商品 1 的需求函数为 $X_1=\overline{X}_1$；

② 当 $b/a=(P_1+t)/P_2$时，商品 1 的需求函数为 $X_1=\dfrac{M-P_2X_2+t\overline{X}_1}{P_1+t}(X_1\geqslant\overline{X}_1)$；

③ 当 $b/a>(P_1+t)/P_2$时，此时 $X_2=0$，有 $P_1\overline{X}_1+(P_1+t)(X_1-\overline{X}_1)=M$，整理得商品 1 的需求函数为 $X_1=\dfrac{M+t\overline{X}_1}{P_1+t}$。

综上，对商品 1 的需求函数为：

$$X_1=\begin{cases}0 & \dfrac{b}{a}<\dfrac{P_1}{P_2}\\[2mm] \dfrac{M-P_2X_2}{P_1} & 0\leqslant X_1\leqslant\overline{X}_1,\ \dfrac{b}{a}=\dfrac{P_1}{P_2}\\[2mm] \dfrac{M}{P_1} & 0\leqslant X_1<\overline{X}_1,\ \dfrac{b}{a}>\dfrac{P_1}{P_2}\\[2mm] \overline{X}_1 & X_1\geqslant\overline{X}_1,\ \dfrac{P_1}{P_2}<\dfrac{b}{a}<\dfrac{P_1+t}{P_2}\\[2mm] \dfrac{M-P_2X_2+t\overline{X}_1}{P_1+t} & X_1\geqslant\overline{X}_1,\ \dfrac{b}{a}=\dfrac{P_1+t}{P_2}\\[2mm] \dfrac{M+t\overline{X}_1}{P_1+t} & X_1\geqslant\overline{X}_1,\ \dfrac{b}{a}>\dfrac{P_1+t}{P_2}\end{cases}$$

14.**【难度】**2　　**【考点】**价格和收入变化对消费者均衡的影响

【答案】该消费者的境况变好了。

如图 3-11 所示，假设在初始状态时，消费者的预算线为 AB，均衡点为 E，此时消费者的无差异曲线为 U。

汽油涨价后，由于其工作单位提供了 1 000 元/月的补贴，因此该消费者依然可以维持在原均衡点上。表现在图上即是，汽油涨价后、单位提供补贴前，该消费者的预算线为 AB'，补贴后该消费者的预算线变为 CD，与无差异曲线 U 交于 E 点。

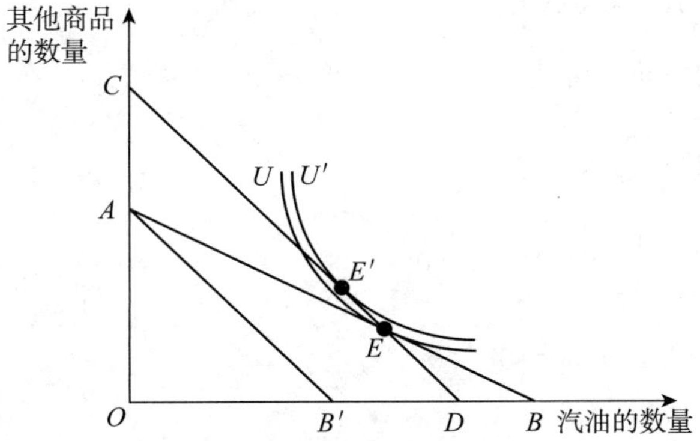

图 3-11　该消费者的选择

但是，由于 E 点是新预算线与无差异曲线的交点，因此并不是最优均衡点，该消费者可以在新的均衡点 E' 达到新的均衡，在新的均衡点上，消费者的无差异曲线为 U'。显然，U' 代表了更高的效用，即该消费者的境况变好了。

【提示】 部分学生会认为本题需要讨论，即该消费者是否会继续购买与以前一样多的汽油。这种讨论是没有意义的。

15. **【难度】** 2　　**【考点】** 消费者均衡；价格和收入变化对消费者均衡的影响

【答案】（1）该消费者的效用最大化问题为：

$$\max U(X,Y)=\sqrt{XY}$$
$$\text{s.t. } X+Y=100$$

构建拉格朗日辅助函数：

$$L=\sqrt{XY}-\lambda(X+Y-100)$$

效用最大化的一阶条件为：

$$\frac{\partial L}{\partial X}=\frac{1}{2}X^{-1/2}Y^{1/2}-\lambda=0$$
$$\frac{\partial L}{\partial Y}=\frac{1}{2}X^{1/2}Y^{-1/2}-\lambda=0$$
$$\frac{\partial L}{\partial \lambda}=X+Y-100=0$$

解得：$X_1=Y_1=50$，$U_1=50$。

（2）X 价格调整后，消费者要保持效用不变时，有：

$$\min I=2X+Y$$
$$\text{s.t. } \sqrt{XY}=50$$

构建拉格朗日辅助函数：

$$L=2X+Y-\lambda(\sqrt{XY}-50)$$

效用最大化的一阶条件为：

$$\frac{\partial L}{\partial X}=2-\frac{1}{2}\lambda X^{-1/2}Y^{1/2}=0$$

$$\frac{\partial L}{\partial Y}=1-\frac{1}{2}\lambda X^{1/2}Y^{-1/2}=0$$

$$\frac{\partial L}{\partial \lambda}=\sqrt{XY}-50=0$$

解得：$X=25\sqrt{2}$，$Y=50\sqrt{2}$，$I_2=2X+Y=100\sqrt{2}$。

(3) 在 P_X、P_Y、I_2 条件下，有：

$$\max U(X,Y)=\sqrt{XY}$$

$$\text{s.t.}\ X+Y=100\sqrt{2}$$

用同样的方法解得：$X=Y=50\sqrt{2}$，$U_2=50\sqrt{2}$。

(4) 如图 3-12 所示，X 的价格上升后，消费者如果要保持效用不变，需要减少 X 的消费（从 50 减少到 $25\sqrt{2}$），同时增加 Y 的消费（从 50 增加到 $50\sqrt{2}$），这一变动属于价格变化（上升）的替代效应。在 X 的价格不上升，但赋予消费者更多的收入（$I_2=100\sqrt{2}$）时，消费者会增加两种商品的消费量，并且消费者的效用也因此而增加。

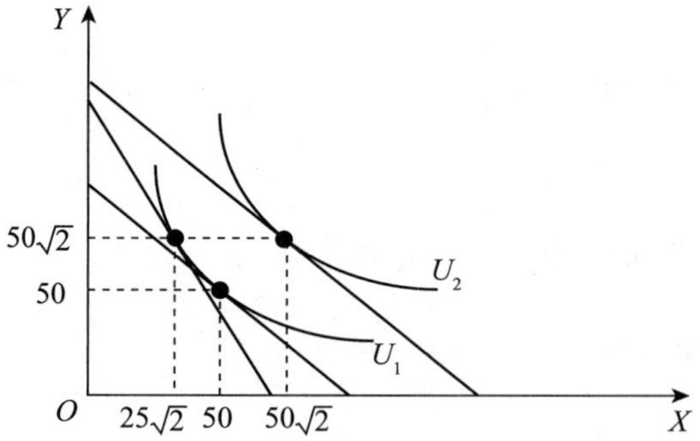

图 3-12　该消费者的最优选择及效用

【提示】本题若用课后习题第 7 题提示的简便解法求解，可以节约很多时间，读者可以试一下。

16. **【难度】**2　　**【考点】**价格和收入变化对消费者均衡的影响

【答案】(1) 相对而言，征收货物税对消费者来说损失更大。

设征税商品为 x_1，其他商品为 x_2，原来的预算约束为：

$$P_1x_1+P_2x_2=m$$

如果按税率 t 对商品 x_1 征税，预算约束就变为：

$$(P_1+t)x_1+P_2x_2=m$$

假定消费者在新的预算约束下的最优选择为$(x_1^*，x_2^*)$，则它必满足：

$$(P_1+t)x_1^*+P_2x_2^*=m \quad ①$$

政府此时征得的税收为 $R=tx_1^*$。

如果政府征收相同数量的所得税，则预算约束为：

$$P_1x_1+P_2x_2=m-tx_1^* \quad ②$$

可以发现此预算线的斜率与不征税时的预算线的斜率相同。

并且，式①整理可得：$P_1x_1^*+P_2x_2^*=m-tx_1^*$，由此可知，如果将$(x_1^*，x_2^*)$代入式②，可以满足预算约束，即征收所得税的预算线经过点$(x_1^*，x_2^*)$。

在点$(x_1^*，x_2^*)$，边际替代率为$(P_1+t)/P_2$，但是征收所得税时，预算线斜率的绝对值等于 P_1/P_2，这意味着征收所得税的预算线上有一些点比点$(x_1^*，x_2^*)$更受消费者偏好。

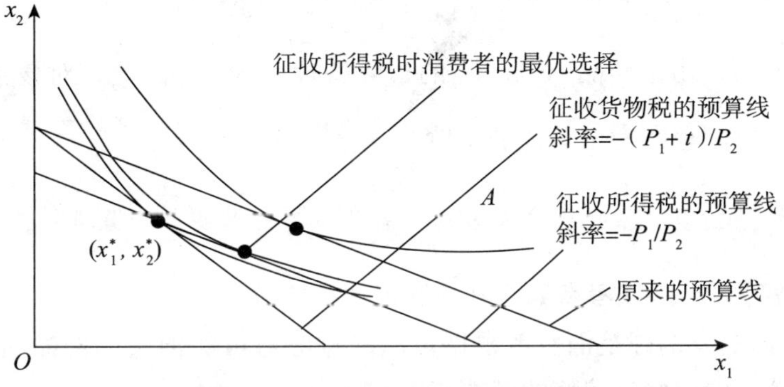

图 3－13　两种税收下消费者的选择

（2）从上面的分析中可以看出，征收所得税时消费者可以调整自己的消费组合来提高自己的效用，此时商品 x_1 的消费量比征收货物税时大。政府的目的是限制商品的消费，因此对大部分商品都征收货物税而不是所得税。

17.**【难度】**2　　**【考点】**消费者均衡

【答案】设 A 网络通话的单价为 P_x，B 网络通话的单价为 P_y，通话预算为M，则预算约束为 $P_xx+P_yy=M$。

由效用函数$U(x，y)=x+y$ 可知，该用户对于 A 网络和 B 网络的无差异曲线是一条直线，其边际替代率为 1，A 和 B 是完全替代品，于是最优消费点在角点处（即预算线和纵轴或横轴的交点）或整条预算线上获得。

当 $P_x/P_y<1$ 时，也就是当 A 网络的价格低于 B 网络的价格时，消费者在预算线与横轴的交点处获得最优消费，此时 $y=0$，$x=M/P_x$，这就是 B 网络和 A 网

络的需求函数。

当 $P_x/P_y>1$ 时，也就是当 A 网络的价格高于 B 网络的价格时，消费者在预算线与纵轴的交点处获得最优消费，此时 $x=0$，$y=M/P_y$，这就是 A 网络和 B 网络的需求函数。

当 $P_x/P_y=1$ 时，预算线和无差异曲线重合，此时预算线上所有的点都是最优消费点，A 网络和 B 网络的需求函数分别是 $x=(M-P_y y)/P_x$，$y=(M-P_x x)/P_y$。

18.**【难度】**1　　**【考点】**无差异曲线

【答案】完全替代品体现的是消费者愿意以固定比例用一种商品替代另一种商品的情形。在完全替代情况下，商品的边际替代率 *MRS* 为非零常数。在存在完全替代时，消费者对商品相对价格的变动非常敏感，一般会购买价格较低的那种商品。

商品的边际替代率可以表示为：$MRS_{12}=-\frac{\Delta X_2}{\Delta X_1}=\frac{MU_1}{MU_2}$，由效用函数可知，商品 X_1、X_2 的边际效用分别为：$MU_1=\frac{\mathrm{d}U}{\mathrm{d}X_1}=20(X_1+X_2)$，$MU_2=\frac{\mathrm{d}U}{\mathrm{d}X_2}=20(X_1+X_2)$。

因此，该消费者消费商品 X_1、X_2 的边际替代率为：$MRS_{12}=\frac{MU_1}{MU_2}=\frac{20(X_1+X_2)}{20(X_1+X_2)}=1$。由于商品 X_1、X_2 的边际替代率为 1，因此，对该消费者来说，商品 X_1、X_2 之间存在完全替代的特性。

【提示】完全替代品和完全互补品的替代或互补比例不一定是 1∶1。

19.**【难度】**1　　**【考点】**偏好的假定

【答案】消费者偏好是消费者根据自己的意愿对可能消费的商品组合进行的排列。微观经济学中消费者偏好的基本假定有三个：

完全性假定：消费者总是可以比较和排列所给出的不同商品组合（该假定保证消费者对于偏好的表达方式是完备的，总是可以把自己的偏好评价准确地表达出来）。

可传递性假定：如果 $x\geqslant y$，同时 $y\geqslant z$，则有 $x\geqslant z$（该假定保证消费者偏好的一致性）。

非饱和性假定：对于任何一种商品，消费者总是认为数量多比数量少好。

20.**【难度】**2　　**【考点】**消费者均衡

【答案】(1) 消费者 1 的预算约束方程为：$120=2x+3y$。消费者效用最大化的一阶条件为：$\frac{MU_1}{MU_2}=\frac{p_1}{p_2}$，其中，$MU_1=y$，$MU_2=x$。将边际效用函数和商品价格代入一阶条件，可以得到：$\frac{y}{x}=\frac{2}{3}$。将上式代入预算约束方程，可以得到：$x=30$，$y=20$。

(2) 根据效用函数的性质，效用函数经过线性变换依然是具有同一偏好的效用函数。对消费者 2 的效用函数进行取自然对数的线性变换，可以得到：$\ln U_2 = \alpha\ln x + \beta\ln y$，令 $\alpha=\gamma$，$\beta=1-\gamma$，则有 $\ln U_2=\gamma\ln x+(1-\gamma)\ln y=U_3$。

因此，消费者 2 和消费者 3 的效用函数是具有同一偏好的效用函数，即消费者 2 和消费者 3 的偏好是一致的。

【提示】本小题超出教材的知识范围。

(3) 消费者 2 的预算约束方程为：$I=p_1x+p_2y$。消费者效用最大化的一阶条件为：$\frac{MU_1}{MU_2}=\frac{p_1}{p_2}$，其中，$MU_1=\alpha x^{\alpha-1}y^{\beta}$，$MU_2=\beta x^{\alpha}y^{\beta-1}$。将边际效用函数和商品价格代入一阶条件，可以得到：$\frac{\alpha}{\beta}\frac{y}{x}=\frac{p_1}{p_2}$。将上式代入预算约束方程，可以得到：$x=\frac{\alpha I}{(\alpha+\beta)p_1}$，$y=\frac{\beta I}{(\alpha+\beta)p_2}$。

(4) 消费者 3 的偏好和消费者 2 的偏好相同，因此消费者 3 的最优化问题和消费者 2 是相同的。

消费者 3 的恩格尔曲线方程为：$x=\frac{\gamma I}{p_1}$，其中 x 的价格 p_1 为常数。恩格尔曲线方程就是商品 x 的收入—消费途径，商品 x 的收入—消费途径如图 3－14 所示。

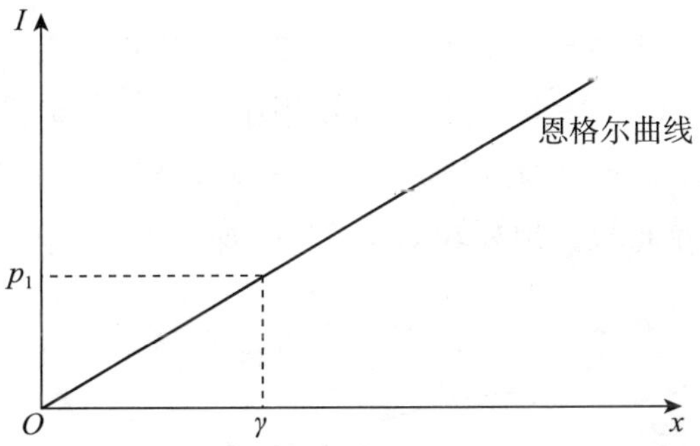

图 3－14 消费者 3 对于商品 x 的收入—消费途径

21. **【难度】**1 **【考点】**消费者均衡

【答案】B。$\frac{MU_x}{P_x}=\frac{MU_y}{P_y}\Rightarrow\frac{y}{1}=\frac{x}{4}\Rightarrow x=4y$，代入 $x\times1+y\times4=100$ 得 $x=50$，$y=12.5$。

22. **【难度】**2 **【考点】**不确定性

【答案】我支持 A 同学的观点。

从宏观看，我国属于发展中国家，经济结构属于二元结构，既存在先进的工业部门，也存在落后的农业部门，前者生产力高，后者生产力低，这就造成了农民的收入低、剩余劳动力多而城市工人收入高但供不应求的局面。国家经济发展的需要，以及目前市场自由流动的现实情况，都使更多的农村劳动力转移到城市工作。

从农村居民的生活现状来看，在农村收入较低的情况下，农民的选择行为会表现出更大的风险爱好者的特性，因此，他们会更倾向于向城市流动。

对于那些风险中立型及风险回避型农民而言，他们可以选择继续留在农村，不过，从目前市场的实际情况来看，这部分农民较少。

23.【难度】3　　【考点】消费者均衡

【答案】(1) 根据张三的效用函数 $U(x, y)=\sqrt{x^2+y^2}$ 可得黄瓜、西红柿的边际效用函数分别为：$MU_x=\frac{x}{\sqrt{x^2+y^2}}$，$MU_y=\frac{y}{\sqrt{x^2+y^2}}$。

消费者效用最大化的一阶条件为$\frac{MU_x}{MU_y}=\frac{p_x}{p_y}=\frac{x}{y}=\frac{3}{4}$，预算约束为 $p_x x+p_y y=3x+4y=50$，联立可解得 $x=6$，$y=8$，代入张三的效用函数可得：$U=10$。

根据张三的效用函数可得：$MU_{xx}=\frac{y^2}{(x^2+y^2)^{3/2}}$，$MU_{xy}=\frac{-xy}{(x^2+y^2)^{3/2}}$，$MU_{yy}=\frac{x^2}{(x^2+y^2)^{3/2}}$。将 $x=6$，$y=8$ 代入其中可得：$A=MU_{xx}=\frac{64}{100^{3/2}}$，$B=MU_{xy}=\frac{-48}{100^{3/2}}$，$C=MU_{yy}=\frac{36}{100^{3/2}}$，可知 $AC-B^2=0$，因此张三在 $x=6$、$y=8$ 时是否达到效用最大化还需要进一步讨论。

根据预算约束 $3x+4y=50$ 可知，$0\leqslant x\leqslant 50/3$，$0\leqslant y\leqslant 50/4$。当 $x=0$、$y=50/4$ 时，张三的效用为 $U=50/4$；当 $x=50/3$、$y=0$ 时，张三的效用为 $U=50/3$。

综上分析，在 $x=6$、$y=8$ 时张三的效用小于在 $x=50/3$、$y=0$ 时张三的效用，因此，当 $x=50/3$、$y=0$ 时，张三的效用最大，为 $50/3$。

(2) 张三的无差异曲线和预算线如图 3-15 所示。

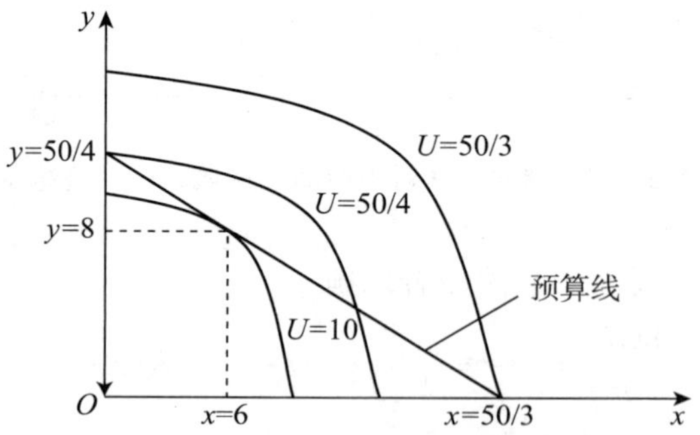

图 3-15　张三的无差异曲线和预算线

从图 3-15 可知，在既定的预算线条件下，张三的最大效用为 50/3，与 (1) 的计算结果相同。

24.【难度】2　　【考点】消费者均衡

【答案】（1）如果该消费者可以以 r 的利率自由借入或借出资金，则消费者的预算约束为：$C_1+\frac{C_2}{1+r}=Y_1+\frac{Y_2}{1+r}$。该消费者的目标是最大化 $U(C_1, C_2)$，即：

$$\max \ln C_1+0.5\ln C_2$$

$$\text{s. t.}\ C_1+\frac{C_2}{1+r}=Y_1+\frac{Y_2}{1+r}$$

构造拉格朗日函数 $L=\ln C_1+0.5\ln C_2-\lambda\left(C_1+\frac{C_2}{1+r}-Y_1-\frac{Y_2}{1+r}\right)$，则有：$\frac{\partial L}{\partial C_1}=\frac{1}{C_1}-\lambda=0$，$\frac{\partial L}{\partial C_2}=\frac{1}{2C_2}-\frac{\lambda}{1+r}=0$。于是最优消费比例 $\frac{C_1^*}{C_2^*}=\frac{2}{1+r}$，代入预算约束方程，求出消费者的最优消费计划为：$C_1^*=\frac{2}{3}\left(Y_1+\frac{Y_2}{1+r}\right)$，$C_2^*=\left(Y_1+\frac{Y_2}{1+r}\right)\frac{1+r}{3}$。代入相关数值 $Y_1=380$，$Y_2=262.5$，$r=5\%$，即可得 $C_1^*=420$，$C_2^*=220.5$。

（2）如果消费者第一期不能借款，则他在第一期最多只能花费 Y_1，因此这种情况下的预算约束变为：$C_1+\frac{C_2}{1+r}=Y_1+\frac{Y_2}{1+r}$ 且 $C_1\leqslant Y_1$。

由于在无限制情况下，消费者的第一期最优消费计划 $C_1^*=\frac{2}{3}\left(Y_1+\frac{Y_2}{1+r}\right)>Y_1$，因此在借入受限制时，最优消费计划只能为 $C_1^{**}=Y_1=380$，$C_2^{**}=Y_2=262.5$。

25.**【难度】**3　　**【考点】**消费者均衡

【答案】（1）根据消费者均衡的一阶条件：$\frac{MU_1}{MU_2}=\frac{p_1}{p_2}$，其中 $MU_1=2x_1x_2$，$MU_2=x_1^2$，可以得到：$p_1x_1=2p_2x_2$。再联立消费者的预算约束 $p_1x_1+p_2x_2=m$，可以得到：$x_1=\frac{2m}{3p_1}$，$x_2=\frac{m}{3p_2}$。

由于 $\frac{dx_1}{dp_1}=-\frac{2m}{3p_1^2}<0$，因此食品对消费者来说不是吉芬品；由于 $\frac{dx_1}{dm}=\frac{2}{3p_1}>0$，因此食品对消费者来说不是低档品。

（2）在政府补贴前，消费者的预算约束方程为：$150=2x_1+x_2$，消费者的最优消费组合为：$x_1^*=\frac{2\times150}{3\times2}=50$，$x_2^*=\frac{150}{3\times1}=50$。

在政府补贴后，消费者的预算约束方程为：$150=x_1+x_2$，消费者的最优消费组合为：$x_1^*=\frac{2\times150}{3\times1}=100$，$x_2^*=\frac{150}{3\times1}=50$。

26.**【难度】**2　　**【考点】**替代效应和收入效应

【答案】（1）由于满足同一需求的商品可以有多种，当某种商品的价格上涨（下跌）时，消费者会减少（增加）对这种商品的消费，而增加（减少）对具有同样效用的商品的消费，这种商品相对价格的变化对需求产生的影响被称为替代效应。

当商品价格发生变化时，如果消费者的货币收入在一定时期内不变，那么消费者收入的购买力会发生变化，进而对商品的需求也会发生变化，这种商品价格变化后实际收入发生变化而对需求产生的影响被称为收入效应。

（2）一般来说，价格变化后替代效应和收入效应都会发生，但不同商品的两种效应的作用方向不同。商品价格下降时，替代效应会使商品的需求量增加，而收入效应对商品需求量的影响则要根据商品的性质而定。如果商品是正常品，收入效应会使商品的需求量增加；如果商品是一般劣等品，收入效应会使商品的需求量减少，但收入效应小于替代效应，所以价格下降后商品的需求量增加；如果商品是吉芬品，收入效应会使商品的需求量减少，且收入效应大于替代效应，所以价格下降后商品的需求量减少。

（3）正常品的替代效应和收入效应如图 3－16 所示，商品 X 是正常品，Q_1 是价格变化前的 X 消费量。X 的价格下降后，其需求量增加到 Q_2。如果作一补偿预算线，使该线与价格变化后的预算线平行，并与价格变化前的无差异曲线相切，则切点处商品 X 的消费量 Q_3 就是在商品价格变化后，剔除了收入效应的消费量。因此，Q_1Q_3 就是价格下降后商品 X 的替代效应，Q_3Q_2 就是价格下降后商品 X 的收入效应。

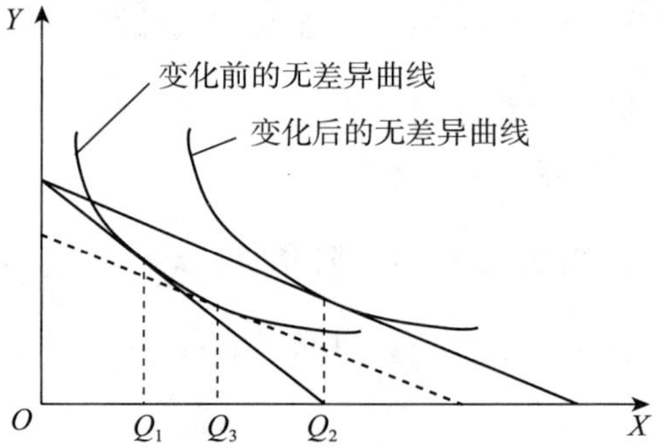

图 3－16 正常品的替代效应和收入效应

27.【**难度**】2　　【**考点**】不确定性

【**答案**】经济学中将经济活动者对待风险的态度分为三类：风险回避（即题干中的风险厌恶）、风险爱好（即题干中的风险热衷）和风险中立。这三类风险态度是根据经济活动者的效用函数的特征来区分的。

假定经济活动者的效用函数为 $U=U(W)$，其中 W 为货币财富量，且效用函数为增函数。同时假定消费者在无风险条件下（即不购买彩票的条件下）可以持有的确定的财富量等于彩票的期望值。风险回避者的效用函数是凸向左上方的，它的二阶导数小于零。风险回避者认为在无风险条件下持有一笔确定的货币财富的效用大于在风险条件下持有彩票的期望效用。风险爱好者的效用函数是凸向右下方的，它的二阶导数大于零。风险爱好者认为在无风险条件下持有一笔确定的货币财富的效用小于在风险条件下持有彩票的期望效用。风险中立者的效用函数是线性的，它的二阶导数等于零。风险中立者认为在无风险条件下持有一笔确定的货币财富的效用等于在风险条件下持有彩票的期望效用。

背水一战现象是典型的风险爱好者的行为，因为决策者面临着要么胜利要么死亡的风险，决策者之所以选择背水一战，就是认为冒险一拼的期望效用比安全撤退的效用更大。

28.**【难度】**2　　**【考点】**消费者均衡；替代效应和收入效应

【答案】（1）根据效用函数可得，商品 X 的边际效用为 $MU_X=Y$，商品 Y 的边际效用为 $MU_Y=X$。消费者效用最大化的条件为 $MU_X/MU_Y=P_X/P_Y$，将有关参数代入其中可得 $Y/X=2/2$，即 $X=Y$。

消费者的预算约束方程为 $2X+2Y=40$，将 $X=Y$ 代入其中可得，$2X+2X=40$，求解得到 $X=Y=10$。代入效用函数可得最大效用为 $U=XY=100$。

（2）商品 Y 降价后的均衡条件变为 $MU_X/MU_Y=P_X/P_Y=2/1$，将有关参数代入其中可得 $MU_X/MU_Y=Y/X=2/1$，求解得到 $Y=2X$。

消费者的预算约束方程为 $2X+Y=40$，将 $Y=2X$ 代入其中可得 $2X+2X=40$，求解可得 $X=10$，$Y=20$。

替代效应指在消费者的效用保持 100 不变的条件下，商品 Y 价格下降导致商品 Y 消费量的变化，即 $100=XY=\frac{Y^2}{2}$，求解可得 $Y=10\sqrt{2}$，$X=5\sqrt{2}$。因此替代效应使商品 Y 的消费量增加 $\Delta Y=10(\sqrt{2}-1)$，使商品 X 的消费量减少 $\Delta X=5(2-\sqrt{2})$。

收入效应使商品 Y 的消费量增加 $\Delta Y=10(2-\sqrt{2})$，使商品 X 的消费量增加 $\Delta X=5(2-\sqrt{2})$。

29.**【难度】**1　　**【考点】**边际效用递减规律；消费者均衡

【答案】此题可以运用消费者效用最大化条件来求解。在 6 小时的预算约束下，为了使分数最高，学生应该选择最优的时间组合，使得三门功课的时间安排符合以下条件：学生复习每门功课的最后 1 小时的边际效用即边际分数相等。先把时间占用分为第 1、2、3、4、5、6 小时，将经济学、数学、统计学相应的边际效用分别计算出来，并列成表如下（见表 3-6）：

表 3-6

复习时间 / 分数	0	1	2	3	4	5	6
经济学分数	30	14	21	10	8	5	2
数学分数	40	12	10	8	7	6	5
统计学分数	70	10	8	2	1	1	1

根据表 3-6，无论是经济学、数学还是统计学，用于复习的时间所取得的分数（边际效用）都是递减的。经济学用 3 小时，第 3 小时的边际效用是 10 分；数学用

2 小时，第 2 小时的边际效用是 10 分；统计学用 1 小时，第 1 小时的边际效用也是 10 分。而且所用总时间＝3＋2＋1＝6(小时)。由消费者均衡条件可知，他把 6 小时作如上分配时，总分最高，为 75＋62＋80＝217(分)。

注意，如果经济学用 4 小时，数学用 3 小时，统计学用 2 小时，每门功课最后 1 小时的边际效用虽也相等，都是 8 分，但所用总时间＝4＋3＋2＝9(小时)，超过 6 小时。所以，此方案不可取。

30.**【难度】**2　　**【考点】**价格和收入变化对消费者均衡的影响

【答案】价格—消费曲线指在消费者的偏好、收入及其他商品的价格不变的条件下，与某种商品的不同价格水平相联系的消费者效用最大化的均衡点的轨迹。如图 3－17 所示，假设消费者只消费 X 和 Y 两种商品，在偏好、收入及 Y 的价格不变时，商品 X 的初始价格为 P_1，预算线为 AB，消费者均衡点为 E_1。然后 X 的价格下降到 P_2，再下降到 P_3，预算线则绕 A 点逆时针旋转，对应的新预算线分别为 AC、AD，对应的新消费者均衡点分别为 E_2、E_3。连接 E_1、E_2、E_3 点的曲线就是价格—消费曲线。

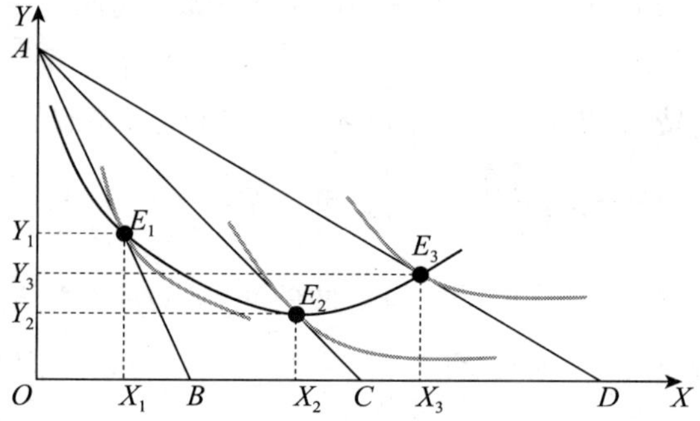

图 3－17　价格—消费曲线

商品 X 的价格降低对商品 Y 的消费量的影响，可以从替代效应和收入效应两方面来分析。如果 X 的价格下降，替代效应是，消费者愿意多消费 X 来替代 Y，因此消费的 X 增加而消费的 Y 减少；收入效应是，消费者因为 X 价格下降导致原本用于购买 X 的支出减少了，因而可以节约一部分收入，这部分收入会同时用于购买 X 和 Y，因此消费的 X 和 Y 同时增加。所以，替代效应使得消费者减少对 Y 的消费，收入效应使得消费者增加对 Y 的消费。

当 X 的价格很高时，消费者消费 X 很少而消费 Y 很多，此时 X 的边际效用很高而 Y 的边际效用很低，增加 1 单位 X 的消费，可以替代很多单位 Y 的消费，因此替代效应很明显。因为消费的 X 很少，X 价格下降所能节约的收入并不多，因此收入效应不明显。由于替代效应很明显而收入效应不明显，所以此时 X 降价导致对 Y 的消费减少，对 X 的消费增加，价格—消费曲线向右下方倾斜。

当 X 的价格很低时，消费者消费 X 很多而消费 Y 很少，此时 X 的边际效用很低而 Y 的边际效用很高，增加 1 单位 X 的消费，只能替代很少单位 Y 的消费，因此替代效应不明显。因为消费的 X 很多，X 价格下降所能节约的收入很可观，因此收入效应很明显。由于替代效应不明显而收入效应很明显，所以此时 X 降价导致对 Y 的消费增加，对 X 的消费也增加，价格—消费曲线向右上方倾斜。

【提示】 当 X 价格高到正无穷时，消费者消费 X 的数量为 0，所有收入都用于消费商品 Y，此时消费者均衡点为 A 点，所以，价格—消费曲线一定过 A 点。

31. **【难度】** 2　　**【考点】** 无差异曲线；消费者均衡

【答案】（1）第 1 类消费者的无差异曲线如图 3－18（a）所示，第 2 类消费者的无差异曲线如图 3－18（b）所示，其中箭头表示效用增加的方向。

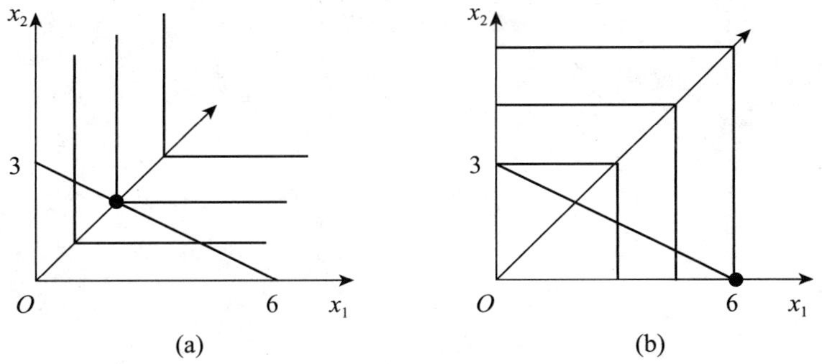

图 3－18　两类消费者的无差异曲线及消费者均衡（1）

（2）对于第 1 类消费者，由于 $u_1(x_1, x_2)=\min\{x_1, x_2\}$，所以实现消费者均衡时一定有 $x_1=x_2$，由于 $2x_1+4x_2=12$，联立解得 $x_1=x_2=2$。

对于第 2 类消费者，由于无差异曲线凹向原点，所以消费者均衡只能位于横轴或纵轴上，由图 3－18（b）可知，消费者均衡必然在横轴上，即 $x_2=0$，此时有 $2x_1=12$，解得 $x_1=6$。

所以，市场需求为：$x_1=50\times2+50\times6=400$，$x_2=50\times2+50\times0=100$。

（3）在第 1 种商品被征收 200%的从价税之后，消费者支付的价格 $p'_1=2\times(1+200\%)=6$。由于 p_2 没有变化，所以预算线纵截距不变，但横截距缩短为 12/6=2，从图上看就是预算线绕纵轴顺时针旋转，变得更陡峭了（见图 3－19）。

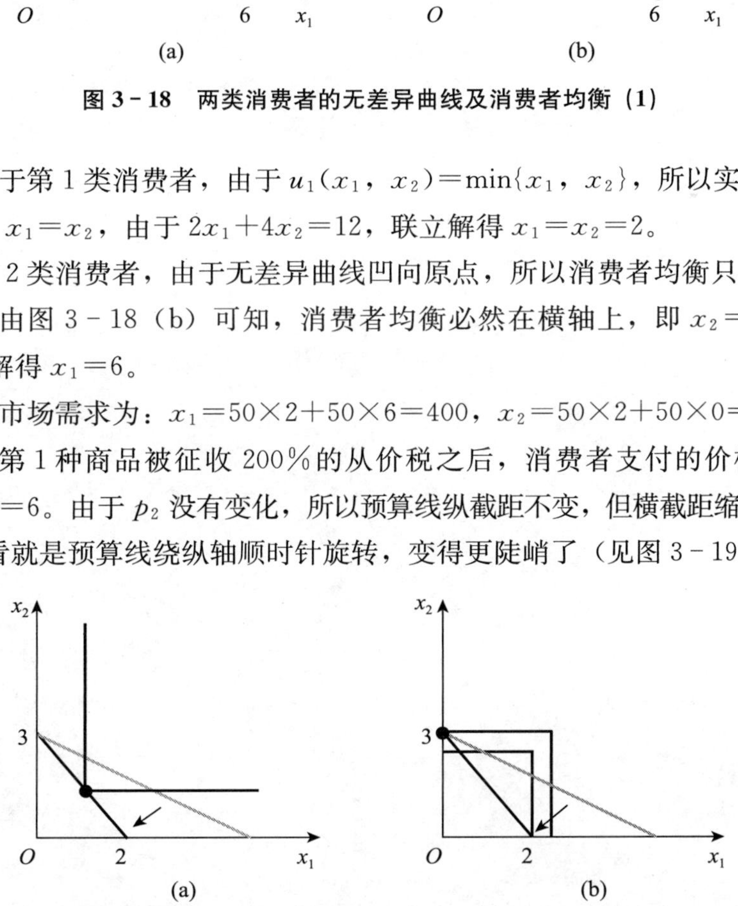

图 3－19　两类消费者的无差异曲线及消费者均衡（2）

此时，第 1 类消费者有 $x_1=x_2$，且 $6x_1+4x_2=12$，联立解得 $x_1=x_2=1.2$。

第 2 类消费者有 $x_1=0$，$x_2=12/4=3$。

所以，市场需求为 $x_1=50\times1.2+50\times0=60$。

政府的税收收入 $T=4\times60=240$。

第四章

生产技术

学习精要

一、 学习重点

1. 边际报酬递减规律
2. 短期生产的三个阶段
3. 等产量曲线
4. 边际技术替代率
5. 规模报酬

二、 知识脉络图

- 生产技术
  - 厂商
    - 组织形式
    - 企业本质
    - 企业目标
  - 短期生产函数
    - 总产量、平均产量、边际产量及其相互关系
    - 边际报酬递减规律
    - 短期生产的三个阶段
  - 长期生产函数
    - 等产量曲线
      - 固定替代比例的生产函数
      - 固定投入比例的生产函数
      - 柯布-道格拉斯生产函数
    - 边际技术替代率递减规律
  - 规模报酬
    - 规模报酬递增
    - 规模报酬递减
    - 规模报酬不变

三、 理论精要

知识点一　生产函数

生产要素可分为四类：劳动、土地、资本、企业家才能[1]。

生产函数表示在一定时期内在给定的技术条件下，生产中所使用的各种生产要素的数量与所能生产的最大产量之间的关系。

生产的短期和长期的区分，是以能否变动全部生产要素的投入数量为标准的。生产的短期是指生产者来不及调整全部生产要素的数量，至少有一种生产要素的数量固定不变的生产周期。生产的长期指生产者可以调整全部生产要素的生产周期。假设生产中只使用劳动和资本两种生产要素，则短期生产函数可表示为 $Q=f(L, \overline{K})$，长期生产函数可表示为 $Q=f(L, K)$。

知识点二　总产量、平均产量和边际产量的概念

在短期内，生产要素投入可区分为不变投入和可变投入。

可变投入是指可以以不同数量加以利用的生产要素。

不变投入（又叫固定要素）指数量固定的生产要素，也就是即使企业产量为零，仍需要支付的生产要素。

---

① 马歇尔在《经济学原理》中将生产要素分为劳动、土地、资本、组织这四类，其中组织就是企业。理解这一点，有利于理解要素理论中的准租金。具体情况会在本书第八章的相应地方解读。

在短期，假定资本投入量是固定的，生产函数的形式变为：$Q=f(L, \overline{K})$。

劳动的总产量指在给定时期，生产要素所能生产的全部产量，用 TP_L 表示，即 $TP_L=Q=f(L, \overline{K})$。

劳动的平均产量为劳动的总产量与劳动投入的比值，用 AP_L 表示，即 $AP_L=\frac{TP_L}{L}$。

劳动的边际产量指劳动投入量增加一单位所引起的劳动总产量的增加值，用 MP_L 表示，即 $MP_L=\frac{\Delta TP_L}{\Delta L}$，或 $MP_L=\frac{\mathrm{d}TP_L}{\mathrm{d}L}$。

知识点三　边际报酬递减规律

边际报酬递减规律指在技术水平不变的条件下，在连续等量地把某种可变生产要素增加到其他一种或几种数量不变的生产要素上去的过程中，当这种可变生产要素的投入量小于某一特定值时，增加该要素投入所带来的边际产量是递增的；当这种可变生产要素的投入量连续增加并超过这个特定值时，增加该要素投入所带来的边际产量是递减的。

从经济意义上讲，其原因在于，在产品的生产过程中，不变要素投入和可变要素投入之间存在一个最佳比例。由于不变要素投入量总是存在的，随着可变要素投入量的逐渐增加，生产要素的组合逐渐接近最佳比例，可变要素的边际产量逐渐增加。当生产要素的组合达到最佳比例时，可变要素的边际产量达到最大值。此后，随着可变要素投入量的继续增加，生产要素的组合逐渐偏离最佳比例，可变要素的边际产量递减。

需要注意的是，边际报酬递减规律要满足三个隐含的条件：

（1）技术水平不变。如果技术水平提高，边际产出是可以提高的。

（2）其他要素投入不变。

（3）该规律一般在要素投入达到一定程度后出现。

知识点四　总产量、平均产量和边际产量的相互关系

总产量曲线上任何一点切线的斜率就是边际产量，因此，只要边际产量是正的，总产量就总是增加的；只要边际产量是负的，总产量就总是减少的；当边际产量为零时，总产量达到最大值。

总产量曲线上任何一点和坐标原点连线的斜率就是平均产量，因此，平均产量最大时，总产量曲线必然有一条从原点出发的最陡的切线。

边际产量曲线和平均产量曲线相交于平均产量曲线的最高点，因此，当边际产量大于平均产量时，平均产量曲线上升；当边际产量小于平均产量时，平均产量曲线下降；当边际产量等于平均产量时，平均产量达到极大值。边际产量的变动快于平均产量的变动。

知识点五　短期生产的三个阶段

根据总产量、平均产量和边际产量的变化，可以把生产划分为三个阶段。平均产量从零增加到最大值为第Ⅰ阶段；从平均产量最大值到总产量最大值为第Ⅱ阶段；总产量随劳动投入增加而递减为第Ⅲ阶段，如图 4－1 所示。

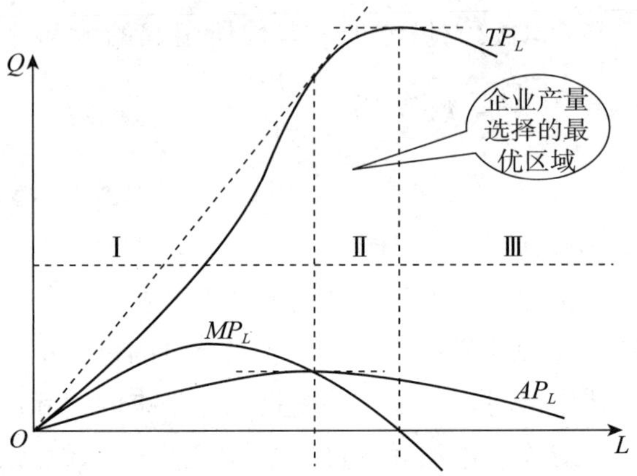

图 4－1　生产三阶段的划分

第Ⅱ阶段是生产者进行短期生产的决策区间。

在第Ⅱ阶段的起点，劳动的平均产量曲线和劳动的边际产量曲线相交，即劳动的平均产量曲线达到最高点；在第Ⅱ阶段终点处，劳动的边际产量曲线与横轴相交，即劳动的边际产量等于零。

知识点六　等产量曲线

两种可变生产要素的长期生产函数可以写为：$Q=f(L, K)$。

等产量曲线是在技术水平不变的条件下生产同一产量的两种生产要素投入量的所有不同组合的轨迹。

等产量曲线与坐标原点距离的大小表示产量水平的高低：离原点越近的等产量曲线代表的产量水平越低；离原点越远的等产量曲线代表的产量水平越高。同一平面坐标上的任意两条等产量曲线不会相交。等产量曲线是凸向原点的。

固定替代比例生产函数的等产量曲线可表示为 $Q=aL+bK$。

固定投入比例生产函数的等产量曲线可表示为 $Q=\min\{L/u, K/v\}$。

柯布-道格拉斯生产函数的等产量曲线可表示为 $Q=AL^{\alpha}K^{\beta}$。

【提示】等产量曲线类似于无差异曲线，要注意的是，等产量曲线与无差异曲线的区别是：每一条等产量曲线对应的是特定的产出水平，而无差异曲线只是指排序意义上的效用水平越高对应的无差异曲线的位置越高，我们无法像度量产出那样度量效用。

等产量曲线属于长期生产函数 $Q=f(L, K)$，即是对两种生产要素都可变时生产函数性质的研究。

知识点七　边际技术替代率

（1）边际技术替代率指在产出不变的条件下，增加一单位某种要素投入所能够减少的另一种要素的投入量。它由两种投入的边际产量给出：$MRTS_{12}=-\frac{\mathrm{d}x_2}{\mathrm{d}x_1}=\frac{MP_1}{MP_2}$，它表示要素 1 对要素 2 的替代。

边际技术替代率的几何意义是，等产量曲线上任意一点的边际技术替代率都等于该点切线斜率的绝对值。

（2）根据边际报酬递减规律，边际技术替代率是递减的。因为随着劳动投入的增加，在超过一定量后，劳动的边际产量递减；同时，劳动增加而资本减少，资本的边际产量递增，进而边际技术替代率递减。

边际技术替代率递减类似于消费者理论中的边际替代率递减，是指在维持产量不变的前提下，当一种生产要素的投入量不断增加时，每一单位的这种生产要素所能代替的另一种生产要素的数量呈递减变化的趋势。这一性质可由等产量曲线的凸性看出。

边际技术替代率递减和边际报酬递减有密切关系，但不完全相同。由于要素投入的边际产量递减，要维持产出不变，就要以一种要素来替代另一种要素，则第一种要素的必要投入会越来越多，即边际技术替代率递减。

知识点八　规模报酬

判断一个企业的规模报酬状况，通常使用以下判别方法。

设生产函数为 $f(x_1, x_2)$，对于 $\lambda>1$，有如下情况：

A. 如果 $f(\lambda x_1, \lambda x_2)>\lambda f(x_1, x_2)$，则规模报酬递增。

B. 如果 $f(\lambda x_1, \lambda x_2)<\lambda f(x_1, x_2)$，则规模报酬递减。

C. 如果 $f(\lambda x_1, \lambda x_2)=\lambda f(x_1, x_2)$，则规模报酬不变，或称定常规模报酬。

【提示】（1）一种生产技术在不同的生产水平上会显示出不同的规模报酬。在产量较低时，它可能会显示出递增的规模报酬；在产量较高时，它可能会显示出递减的规模报酬。

（2）应区分规模报酬的变化与边际报酬（边际产量）的变化。规模报酬的变化是指所有的投入同比例变化时产量的变化情况，而边际报酬的变化是指其他投入不变，改变一种投入所带来的产量的变化情况。它们是不同的，规模报酬的变化情况（递增、递减、不变）与边际报酬递减无关。实际上，在规模报酬递增或递减或不变的情况下，其他投入不变，连续地增加某一要素的投入，其边际报酬都是递减的。

习题解析

一、简答题

1. 如何准确区分生产的短期和长期这两个基本概念?

【难度】1　　**【考点】**生产函数

【答案】从表面看，生产的短期和长期这两个概念涉及的是时间长短，但准确地说，这两个概念的本质特征是根据生产者在一定时期内能否调整全部生产要素的数量来确定的。如果生产者在一定时期内来不及调整全部生产要素的数量，则称该时期为生产的短期。如果生产者在一定时期内能够调整全部生产要素的数量，则称该时期为生产的长期。

2. 下面是一张一种可变生产要素的短期生产函数的产量表（见表4-1）。

表4-1

可变要素的数量	可变要素的总产量	可变要素的平均产量	可变要素的边际产量
1		2	
2			10
3	24		
4		12	
5	60		
6			6
7	70		
8			0
9	63		

（1）在表中填空。

（2）该生产函数是否表现出边际报酬递减？如果是，是从第几单位的可变要素投入量开始的?

【难度】1　　**【考点】**总产量、平均产量和边际产量的概念；边际报酬递减规律

【答案】（1）根据边际产量、平均产量和总产量的关系，产量表如表4-2所示。

表4-2

可变要素的数量	可变要素的总产量	可变要素的平均产量	可变要素的边际产量
1	2	2	2
2	12	6	10
3	24	8	12

续表

可变要素的数量	可变要素的总产量	可变要素的平均产量	可变要素的边际产量
4	48	12	24
5	60	12	12
6	66	11	6
7	70	10	4
8	70	35/4	0
9	63	7	−7

（2）从产量表可知，该生产函数表现出边际报酬递减，其边际产量表现出先上升最终下降的特征。从第 4 单位增加到第 5 单位开始，边际产量表现出下降趋势。

3. 区分边际报酬递增、不变和递减的情况与规模报酬递增、不变和递减的情况。

【难度】2　　**【考点】**边际报酬递减规律；规模报酬

【答案】规模报酬的递增、不变和递减与一种可变生产要素的生产函数的边际报酬递增、不变和递减的区别如下：

规模报酬问题论及的是，厂商的生产规模本身发生变化（假设该厂商的厂房、设备等固定要素和劳动、原材料等可变要素发生了同比例的变化），相应的平均产量是递增、不变还是递减，或者说是厂商根据其经营规模的大小（产销量的大小）设计不同的工厂规模。而一种可变生产要素的生产函数的边际报酬递增、不变和递减所讨论的是在该厂商的生产规模已经固定下来即厂房、设备等固定要素既定不变时，可变要素的变化引起的边际产量（报酬）递增、不变和递减三种情况。

4. 假设生产函数 $Q=\min\{5L, 2K\}$。

（1）作出 $Q=50$ 时的等产量曲线。

（2）推导该生产函数的边际技术替代率函数。

（3）分析该生产函数的规模报酬情况。

【难度】2　　**【考点】**等产量曲线；边际技术替代率；规模报酬

【答案】（1）根据生产函数 $Q=\min\{5L, 2K\}$ 可知，该生产函数为固定投入比例的生产函数，等产量曲线为 $50=5L=2K$，等产量曲线如图 4－2 所示为直角形状，且在直角点两要素的固定投入比例为$\frac{K}{L}=\frac{5}{2}$。

（2）由于该生产函数为固定投入比例的生产函数，因此当 $L=10$、$K>25$ 时，边际技术替代率为无穷大；当 $L=10$、$K=25$ 时，没有边际技术替代率无意义；当 $L>10$、$K=25$ 时，边际技术替代率为 0。

（3）$F(tL, tK)=\min\{5tL, 2tK\}=t\min\{5L, 2K\}=tF(L, K)$，该生产函数规模报酬不变。

5. 已知柯布-道格拉斯生产函数为 $Q=AL^{\alpha}K^{\beta}$，其中 α、$\beta>0$。请讨论该生产函数的规模报酬情况。

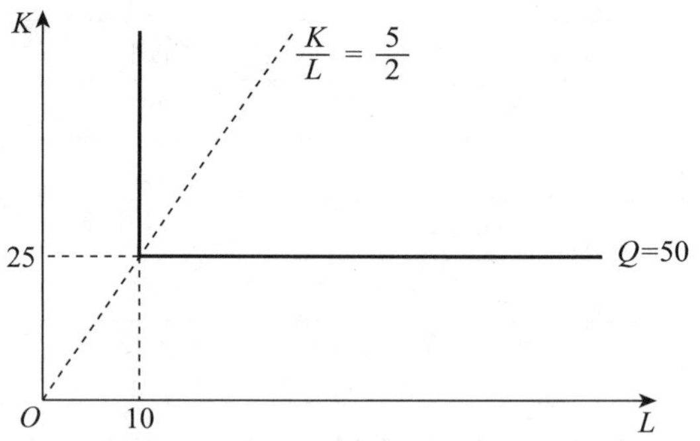

图 4-2　等产量曲线

【难度】 2　　**【考点】** 规模报酬

【答案】 $F(tL, tK)=A(tL)^{\alpha}(tK)^{\beta}=t^{\alpha+\beta}AL^{\alpha}K^{\beta}=t^{\alpha+\beta}F(L, K)$，其中 $t>1$。

当 $\alpha+\beta>1$ 时，$F(tL, tK)=t^{\alpha+\beta}F(L, K)>tF(L, K)$，该生产函数是规模报酬递增的。

当 $\alpha+\beta=1$ 时，$F(tL, tK)=t^{\alpha+\beta}F(L, K)=tF(L, K)$，该生产函数是规模报酬不变的。

当 $\alpha+\beta<1$ 时，$F(tL, tK)=t^{\alpha+\beta}F(L, K)<tF(L, K)$，该生产函数是规模报酬递减的。

6. 如果一个生产函数呈规模报酬不变，那么，该生产函数的边际技术替代率是否一定是不变的？为什么？

【难度】 2　　**【考点】** 边际技术替代率；规模报酬

【答案】 规模报酬和边际技术替代率是两个不同的概念。规模报酬分析考察全部生产要素同比例变化所导致的产量变化情况。如果产量变化的比例等于全部生产要素变化的比例，这种情况被称为规模报酬不变。边际技术替代率是指在产量给定的条件下，增加一单位某种要素所能替代的另一种要素的数量。

事实上，在生产函数具有规模报酬不变的性质时，其边际技术替代率可以不变，也可以递减。例如，固定替代比例的生产函数 $Q=aL+bK$ 就具有规模报酬不变的性质，它的边际技术替代率 $MRTS_{LK}=\frac{MP_L}{MP_K}=\frac{a}{b}$ 是不变的常数。而柯布-道格拉斯生产函数 $Q=AL^{\alpha}K^{1-\alpha}$ 也具有规模报酬不变的性质，但它的边际技术替代率 $MRTS_{LK}=\frac{MP_L}{MP_K}=\frac{\alpha K}{(1-\alpha)L}$ 是递减的。

由此可见，如果一个生产函数呈规模报酬不变，该生产函数的边际技术替代率不一定是不变的。

7. 如何区分固定投入比例的生产函数与具有规模报酬不变特征的生产函数？

【难度】 1　　**【考点】** 规模报酬

【答案】 固定投入比例的生产函数反映了这样一种生产技术，即在任何产量水平的均衡点上，各种生产要素使用量之间的比例都是固定不变的，因为任何生产要素的使用量若超出了这一固定比例，其边际产量都会降低为 0，因此生产者的生产要素组合不会偏离这一固定的比例。

固定投入比例生产函数的形式为：

$$Q=f(L, K)=\min\{aL, bK\}$$

由于 $f(tL, tK)=\min\{atL, btK\}=t\min\{aL, bK\}=tf(L, K)$，所以固定投入比例的生产函数具有规模报酬不变的特征。

但是，具有规模报酬不变特征的生产函数不一定都是固定投入比例的生产函数。除此之外，还有很多生产函数也一样具有规模报酬不变的特征。例如固定替代比例的生产函数 $Q=f(L, K)=aL+bK$ 就具有规模报酬不变的性质，证明如下：

$$f(tL, tK)=atL+btK=t(aL+bK)=tf(L, K)$$

可见，固定投入比例的生产函数具有规模报酬不变的性质，但规模报酬不变的生产函数既可以是固定投入比例的生产函数，也可以是其他形式的生产函数。

二、计算题

8. 已知生产函数 $Q=f(L, K)=2KL-0.5L^2-0.5K^2$，假定厂商目前处于短期生产，且 $\overline{K}=10$。

(1) 写出在短期生产中劳动的总产量 TP_L 函数、劳动的平均产量 AP_L 函数和劳动的边际产量 MP_L 函数。

(2) 分别计算当劳动的总产量 TP_L、劳动的平均产量 AP_L 和劳动的边际产量 MP_L 各自达到最大值时厂商的劳动投入量。

(3) 什么时候 $AP_L=MP_L$？它的值又是多少？

【难度】2　　**【考点】**总产量、平均产量和边际产量的概念；总产量、平均产量和边际产量的相互关系

【答案】(1) 把 $\overline{K}=10$ 代入生产函数可得总产量 $TP_L=20L-0.5L^2-50$；根据平均产量的定义可得 $AP_L=\frac{TP_L}{L}=20-0.5L-\frac{50}{L}$；根据边际产量的定义可得 $MP_L=\frac{\mathrm{d}TP_L}{\mathrm{d}L}=20-L$。

(2) 当 $MP_L=20-L=0$，即 $L=20$ 时，总产量 TP_L 最大。

当 $MP_L=AP_L$ 时，平均产量 AP_L 最大，代入有关参数可得 $20-0.5L-\frac{50}{L}=20-L$，求解可得 $L=10$。

由劳动的边际产量函数 $MP_L=20-L$ 可知，当 $L=0$ 时，边际产量 MP_L 最大。

(3) 当 $L=10$ 时，$AP_L=MP_L$，代入各自的函数可得 $AP_L=MP_L=10$。

9. 已知生产函数为 $Q=\min\{2L，3K\}$。

（1）当产量 $Q=36$ 时，L 与 K 值分别是多少？

（2）如果生产要素的价格分别为 $P_L=2$，$P_K=5$，则生产 480 单位产量时的最小成本是多少？

【难度】2　　**【考点】**等产量曲线

【答案】（1）根据生产函数 $Q=\min\{2L，3K\}$ 可知，最优生产组合为 $Q=2L=3K$。因此，当 $Q=36$ 时，$L=18$，$K=12$。

（2）根据生产函数 $Q=\min\{2L，3K\}$ 可知，最小成本的最优生产组合为 $Q=2L=3K$。因此，当 $Q=480$ 时，$L=240$，$K=160$，则最小成本为 $C=P_LL+P_KK=2\times240+5\times160=1\ 280$。

10. 假设某企业的短期生产函数为 $Q=35L+8L^2-L^3$。

（1）求该企业的平均产量函数和边际产量函数。

（2）如果企业使用的生产要素的数量为 $L=6$，是否处于短期生产要素的合理投入区间？为什么？

【难度】2　　**【考点】**总产量、平均产量和边际产量的概念；短期生产的三个阶段

【答案】（1）根据短期生产函数可得平均产量函数 $AP=Q/L=35+8L-L^2$，边际产量函数 $MP=\mathrm{d}Q/\mathrm{d}L=35+16L-3L^2$。

（2）当 $MP=AP$ 时，解得 $L=4$；当 $MP=0$ 时，解得 $L=7$。因此，当 $4\leqslant L\leqslant7$ 时，企业处于短期生产的第Ⅱ阶段。当 $L=6$ 时，企业处于短期生产的第Ⅱ阶段，属于短期生产要素的合理投入区间。

11. 已知生产函数 $Q=AL^{1/3}K^{2/3}$。判断：

（1）在长期生产中，该生产函数的规模报酬属于哪一种类型？

（2）在短期生产中，该生产函数是否受边际报酬递减规律的支配？

【难度】2　　**【考点】**边际报酬递减规律；规模报酬

【答案】（1）$f(\lambda L，\lambda K)=A(\lambda L)^{1/3}(\lambda K)^{2/3}=A\lambda L^{1/3}K^{2/3}=\lambda Q$，所以，此生产函数属于规模报酬不变的生产函数。

（2）假定在短期生产中，资本投入量不变，以 $\overline{K}$ 表示，而劳动投入量可变，以 L 表示，则生产函数变为 $Q=AL^{1/3}\overline{K}^{2/3}$。根据生产函数可得劳动的边际产量：$MP_L=1/3AL^{-2/3}\cdot\overline{K}^{2/3}$，且 $\mathrm{d}MP_L/\mathrm{d}L=-2/9AL^{-5/3}\overline{K}^{2/3}<0$。

这表明：在短期资本投入量不变的前提下，随着一种可变要素劳动投入量的增加，劳动的边际产量是递减的。

类似地，在短期劳动投入量不变的前提下，随着一种可变要素资本投入量的增加，资本的边际产量是递减的。

因此，在短期生产中，该生产函数受边际报酬递减规律的支配。

12. 令生产函数 $f(L，K)=\alpha_0+\alpha_1(LK)^{1/2}+\alpha_2K+\alpha_3L$，其中 $0\leqslant\alpha_i\leqslant1$，$i=0，1，2，3$。

（1）当满足什么条件时，该生产函数表现出规模报酬不变的特征？

（2）证明：在规模报酬不变的情况下，相应的边际产量是递减的。

【难度】2　　【考点】边际报酬递减规律；规模报酬

【答案】（1）$f(\lambda L, \lambda K)=\alpha_0+\alpha_1(\lambda L\lambda K)^{1/2}+\alpha_2\lambda K+\alpha_3\lambda L$，当 $\alpha_0=0$ 时，$f(\lambda L, \lambda K)=\lambda[\alpha_1(LK)^{1/2}+\alpha_2 K+\alpha_3 L]=\lambda f(L, K)$，生产函数表现出规模报酬不变的特征。

（2）在规模报酬不变时，生产函数变为 $f(L, K)=\alpha_1(LK)^{1/2}+\alpha_2 K+\alpha_3 L$。假定资本投入量不变，以 $\overline{K}$ 表示，而劳动投入量可变，以 L 表示，则生产函数变为 $f(L, \overline{K})=\alpha_1(L\overline{K})^{1/2}+\alpha_2\overline{K}+\alpha_3 L$。根据生产函数可得劳动的边际产量：$MP_L=1/2\alpha_1\overline{K}^{1/2}\cdot L^{-1/2}+\alpha_3$，且 $\mathrm{d}MP_L/\mathrm{d}L=-1/4\alpha_1 L^{-3/2}\overline{K}^{1/2}<0$。

这表明在资本投入量不变的前提下，随着一种可变要素劳动投入量的增加，劳动的边际产量是递减的。

类似地，在劳动投入量不变的前提下，随着一种可变要素资本投入量的增加，资本的边际产量也是递减的。

13. 假定某厂商的短期生产函数为 $Q=f(L, \overline{K})$，给定生产要素价格 P_L、P_K 和产品价格 P，且利润 $\pi>0$。

证明：该厂商在短期生产的第Ⅰ阶段不存在利润最大化点。

【难度】3　　【考点】短期生产的三个阶段

【答案】由于资本要素是固定不变的 $\overline{K}$，P_L、P_K 和产品价格 P 也是固定不变的，所以厂商的产量 Q 和利润 π 都唯一取决于劳动要素的使用量 L，可以将它们表示为 L 的函数，即 $Q=Q(L)$，$\pi=\pi(L)$，有：

$$\pi(L)=P\times Q(L)-(P_L\times L+P_K\times K) \quad ①$$

因为 $\pi>0$，所以有：

$$P\times Q(L)-(P_L\times L+P_K\times\overline{K})>0$$

$$P\times Q(L)>P_L\times L+P_K\times\overline{K}$$

不等式两边同时除以 PL 得：

$$\frac{Q(L)}{L}>\frac{P_L}{P}+\frac{P_K}{P}\cdot\frac{\overline{K}}{L} \quad ②$$

在短期生产的第Ⅰ阶段有 $MP_L>AP_L$，即 $\frac{\mathrm{d}Q(L)}{\mathrm{d}L}>\frac{Q(L)}{L}$，代入式②可得：

$$\frac{\mathrm{d}Q(L)}{\mathrm{d}L}>\frac{P_L}{P}+\frac{P_K}{P}\cdot\frac{\overline{K}}{L}>\frac{P_L}{P}$$

不等式两边同时乘以 P 得 $P\times\frac{\mathrm{d}Q(L)}{\mathrm{d}L}>P_L$，即：

$$P\times\frac{\mathrm{d}Q(L)}{\mathrm{d}L}-P_L>0$$

由式①得：

$$\frac{\mathrm{d}\pi(L)}{\mathrm{d}L}=P\times\frac{\mathrm{d}Q(L)}{\mathrm{d}L}-P_L>0$$

这说明在短期生产的第Ⅰ阶段，随着可变要素 L 的增加，利润 π 是不断增加的，也就不存在利润最大化点。

14. 已知某厂商的固定投入比例的生产函数为 $Q=\min\{2L, 3K\}$。

(1) 令 $P_L=1$，$P_K=3$。求厂商为了生产 120 单位产量所使用的 K、L 值以及最小成本。如果要素价格变化为 $P_L=4$，$P_K=2$，厂商为了生产 120 单位产量所使用的 K、L 值以及最小成本又是多少？请予以比较与说明。

(2) 令 $P_L=4$，$P_K=3$。求 $C=180$ 时的 K、L 值以及最大产量。

【难度】 2　　**【考点】** 等产量曲线

【答案】(1) 生产函数 $Q=\min\{2L, 3K\}$在生产者均衡时有：$Q=2L=3K$。如果产量 $Q=120$，有：

$$2L=120\Rightarrow L=60\quad 3K=120\Rightarrow K=40$$

由此可知，L 和 K 的使用量与其价格无关。

当 $P_L=1$、$P_K=3$ 时，最小成本 $C=P_L\times L+P_K\times K=1\times 60+3\times 40=180$。

当 $P_L=4$、$P_K=2$ 时，最小成本 $C=P_L\times L+P_K\times K=4\times 60+2\times 40=320$。

由于生产函数的技术特性，在处于生产者均衡时，必定有 $Q=2L=3K$，也就必定有：$L=Q/2$，$K=Q/3$，$L/K=3/2$，以上不会因为要素价格的变化而改变。

(2) 由于 $L/K=3/2$，当 $C=180$ 时，有：

$$4\times L+3\times K=180\quad L/K=3/2$$

解得：$L=30$，$K=20$。

所以，最大产量 $Q=2L=2\times 30=60$。

三、论述题

15. 用图说明短期生产函数 $Q=f(L, \overline{K})$ 的 TP_L 曲线、AP_L 曲线和 MP_L 曲线的特征及其相互之间的关系。

【难度】 2　　**【考点】** 总产量、平均产量和边际产量的相互关系

【答案】(1) 短期生产函数 $Q=f(L, \overline{K})$ 的 TP_L 曲线、AP_L 曲线和 MP_L 曲线的特征如图 4-3 所示，三条曲线都是先呈上升趋势，而后达到各自的最高点以后，再呈下降趋势。

(2) 总产量曲线上任何一点的切线的斜率就是相应的边际产量值，因此当边际产量为正值时，总产量曲线斜率为正，总产量曲线上升；当边际产量为负值时，总产量曲线斜率为负，总产量曲线下降；当边际产量等于零时，总产量曲线斜率为

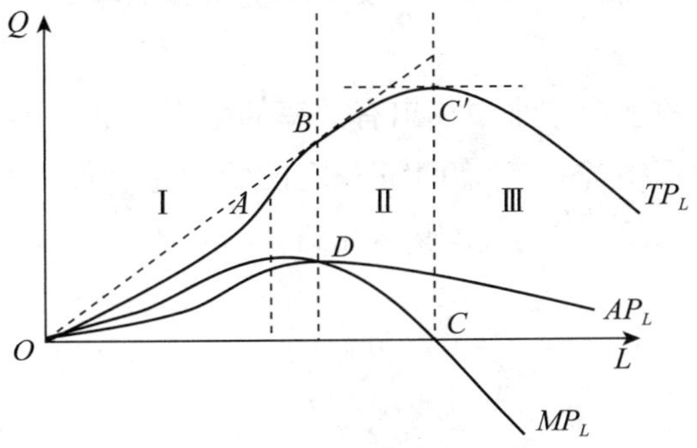

图 4 - 3　三条曲线的关系

零，总产量曲线达到最大值点，即 C' 点。

总产量曲线上任何一点和坐标原点的连线的斜率就是相应的平均产量值，TP_L 曲线有一条从原点出发的切线，其切点为 B。该切线是从原点出发与 TP_L 曲线上所有点的连线中斜率最大的一条连线，所以 B 点对应的是 AP_L 的最大值点，即 AP_L 曲线与 MP_L 曲线的交点 D 点。

边际产量曲线和平均产量曲线相交于平均产量曲线的最高点 D 点。在最高点以前，边际产量曲线高于平均产量曲线，边际产量曲线将平均产量曲线向上拉；在最高点以后，边际产量曲线低于平均产量曲线，边际产量曲线将平均产量曲线向下拉。

16. 假定某厂商的生产技术给定，在该生产技术下可以采用四种生产方法来生产2 000单位产量，如表 4 - 3 所示。

表 4 - 3

生产方法	劳动使用量	资本使用量
A	100	600
B	160	500
C	165	700
D	90	700

(1) 请剔除表 4 - 3 中明显无效率的生产方法。

(2) “生产方法 B 是最有效率的。因为它所使用的资源总量最少，只有 660 单位。”你认为这种说法正确吗？为什么？

(3) 在 (1) 中剔除了明显无效率的生产方法后，你能在余下的生产方法中找出有效率的生产方法吗？请说明理由。

【难度】2　　**【考点】**生产函数

【答案】(1) 在表中的四种生产方法中，方法 C 显然是无效率的，首先应该被剔除。因为与方法 D 相比，方法 C 使用的资本量没有减少，但劳动量增加了 165－90＝75 单位，但产量却没有增加，所以与方法 D 相比，方法 C 是明显无效率的。

（2）这种说法不正确。不同的生产要素不能这么简单地加总，因为不同生产要素的价格不一样。

（3）不能在余下的生产方法中找出有效率的生产方法，因为不同生产要素的价格不一样。要比较生产效率，在总产量一定的情况下，需要使用总成本来核算效率，成本 $C=L\times P_L+K\times P_K$，由于不知道 P_L 和 P_K，所以目前还无法确定哪一种方法是有效率的。

补充训练

1. 厂商的生产函数为：$f(x, y, z)=\min\{x^3/y, y^2, (z^4-x^4)/y^2\}$，那么，对于该厂商而言，它具有怎样的规模报酬特征？（　　）（复旦大学 2008）

A. 规模报酬不变　　B. 规模报酬递增

C. 规模报酬递减　　D. 无法判断

2. 下列哪一种情况不一定能反映技术变化？（　　）（上海财大 2007）

A. 生产集　　B. 生产函数的变化

C. 生产计划的变化　　D. 等产量曲线形状的变化

3.（判断题）如果所有生产要素都满足边际报酬递减规律，那么生产技术的规模报酬是递减的。（辽宁大学 2013）

4. 下列生产函数所表示的规模报酬是递增的、不变的还是递减的？

（1）$f(L, K)=10(\sqrt{L}+\sqrt{K})$；

（2）$f(L, K)=2L^2+2LK-4K^2$；

（3）$f(L, K)=aL+bK$。（北京大学 2004）

5. 在一个农业经济的案例中，有人对玉米产量与每公顷土地所种植的玉米棵数和使用的肥料量做了调查。玉米产量与每公顷所种植的玉米棵数和所使用的肥料量之间的关系被总结在表 4-4 中：

表 4-4

棵数 / 肥料量	9 000	12 000	15 000	18 000	21 000
0	50.6	54.2	53.5	48.5	39.2
50	78.7	85.9	88.8	87.5	81.9
100	94.4	105.3	111.9	114.2	112.2
150	97.8	112.4	122.6	128.6	130.3
200	88.9	107.1	121.0	130.6	135.9

假设玉米产量只依赖于所使用的种子（每公顷所种植的玉米棵数）和每公顷所使用的肥料量，而与其他因素无关。

（1）请分析说明上述调查报告是否反映了生产要素的边际产量递减规律。

（2）请分析说明玉米生产满足规模报酬递增、规模报酬不变还是规模报酬递减的规律。（上海财大 2006）

6. 生产的三个阶段是如何划分的？为什么厂商通常会在第Ⅱ阶段进行生产？（浙江财大 2016）

7. 生产函数 $Y=F(K, L)$，定义 E_K 和 E_L 分别为资本和劳动的产出弹性，$C_{KL}=E_K/E_L$，S_{KL} 为生产的边际替代率，$T_{LK}=L/K$；$\alpha=\frac{\mathrm{dln}T_{LK}}{\mathrm{dln}S_{KL}}$，$\beta=-\frac{\mathrm{dln}T_{LK}}{\mathrm{dln}C_{KL}}$。

试证明 $\frac{1}{\alpha}+\frac{1}{\beta}=1$，并说明 C_{KL} 的意义。（清华大学 2011）

8. 假设厂商的生产函数为 $y=10L^2-L^3$。

（1）求厂商生产的合理区域。

（2）已知价格 $P=1$ 和工资 $w=12$，求最优要素使用量。（华南师范大学 2011）

9. 已知生产函数 $Q=AL^{1/3}K^{2/3}$，问：

（1）在长期情况下，此函数的规模报酬属于哪种情况？

（2）在短期中此函数是否为边际产量递减？（东南大学 2008）

10. 假设某企业 A 的生产函数为 $Q=10K^{0.5}L^{0.5}$，另一个企业 B 的生产函数为 $Q=10K^{0.6}L^{0.4}$，其中 Q 为产量，K 和 L 分别为资本和劳动的投入量。问：

（1）如果两个企业使用同样多的资本和劳动，哪个企业的产量大？

（2）如果资本的投入限于 9 单位，而劳动的投入没有限制，哪个企业劳动的边际产量更大？（南开大学 2004）

11. 资本的边际报酬递减规律与技术进步导致的生产率提高之间有何关系？（华南理工 2011）

12. 规模报酬递增和边际报酬递减是否可以同时存在？为什么？（中央财经大学 2014）

13. 设 $f(x_1, x_2)$ 为规模报酬不变的生产函数，已知 x_1 的平均产量在不断增加，那么 x_2 的边际产量是正的还是负的？为什么？（华中科大 2013）

14. 如果从印度移民到美国的工人增加，导致美国的劳动人口上升，劳动的边际产出随之下降，那么，美国的劳动的平均产出必然也会下降吗？（厦门大学 2007）

15. 等产量曲线为何凸向原点？（厦门大学 2009）

参考答案

1.【难度】2　　【考点】规模报酬

【答案】B。$f(\lambda x, \lambda y, \lambda z)=\min\{(\lambda x)^3/(\lambda y), (\lambda y)^2, [(\lambda z)^4-(\lambda x)^4]/(\lambda y)^2\}$，通过数学推导，可以得到 $f(\lambda x, \lambda y, \lambda z)=\lambda^2\min\{x^3/y, y^2, (z^4-x^4)/y^2\}=\lambda^2 f(x, y, z)$。由于$\lambda>1$，因此 $f(\lambda x, \lambda y, \lambda z)=\lambda^2 f(x, y, z)>\lambda f(x, y, z)$，所以该生产函数是规模报酬递增的，选项 B 正确。

2.【难度】2　　【考点】生产函数；等产量曲线

【答案】C。生产集的范围可反映技术变化，生产函数可反映技术变化，等产量曲线的斜率可反映技术变化。引起生产计划变化的因素有很多，单从计划变化看不出技术变化，所以不一定能反映技术变化。即应选C。

3.【难度】2　　【考点】边际报酬递减规律；规模报酬

【答案】错误。所有生产要素都满足边际报酬递减规律，其生产技术的规模报酬可能是递增、不变和递减。例如，对于生产函数 $A(L,K)=AL^{\alpha}K^{\beta}(0<\alpha<1, 0<\beta<1)$ 来说，各生产要素都满足边际报酬递减规律。当 $\alpha+\beta>1$ 时，其生产技术的规模报酬是递增的；当 $\alpha+\beta=1$ 时，生产技术的规模报酬不变；当 $\alpha+\beta<1$ 时，生产技术的规模报酬才是递减的。

4.【难度】2　　【考点】规模报酬

【答案】(1) 生产函数为 $Q=f(L, K)=10(\sqrt{L}+\sqrt{K})$，根据生产函数规模报酬的定义式可得：$f(tL, tK)=10\sqrt{t}(\sqrt{L}+\sqrt{K})$。同时，$tf(L, K)=10t(\sqrt{L}+\sqrt{K})$。根据规模报酬判断规则：当 $f(tL, tK)>tf(L, K)$ 时，规模报酬递增；当 $f(tL, tK)=tf(L, K)$ 时，规模报酬不变；当 $f(tL, tK)<tf(L, K)$ 时，规模报酬递减。

由于 $t>1$，因此 $f(tL, tK)<tf(L, K)$，即该生产函数是规模报酬递减的。

(2) 生产函数为 $f(L, K)=2L^2+2LK-4K^2$，根据生产函数规模报酬的定义式可得：$f(tL, tK)=2(tL)^2+2tLtK-4(tK)^2=t^2(2L^2+2LK-4K^2)=t^2f(L, K)$。由于 $t>1$，因此 $f(tL, tK)=t^2f(L, K)>tf(L, K)$，即该生产函数是规模报酬递增的。

(3) 生产函数为 $f(L, K)=aL+bK$，根据生产函数规模报酬的定义式可得：$f(tL, tK)=atL+btK=t(aL+bK)=tf(L, K)$，因此该生产函数是规模报酬不变的。

5.【难度】1　　【考点】边际报酬递减规律；规模报酬

【答案】(1) 判断生产案例是否满足边际报酬（产量）递减规律，首先计算边际产量，其次判断边际产量的变化规律。在肥料量不变的条件下，玉米种子的边际产量见表4-5。

表4-5　肥料量不变时玉米种子的边际产量

增加的棵数 / 肥料量	3 000 (9 000→12 000)	3 000 (12 000→15 000)	3 000 (15 000→18 000)	3 000 (18 000→21 000)
0	3.6	−0.7	−5	−9.3
50	7.2	2.9	−1.3	−5.6
100	10.9	6.6	2.3	−2
150	14.6	10.2	6	1.7
200	18.2	13.9	9.6	5.3

表4-5表明，在肥料量不变的条件下，玉米种子的边际产量是递减的。

在玉米棵数不变的条件下，肥料的边际产量见表 4-6。

表 4-6 玉米棵数不变时肥料的边际产量

棵数 / 增加的肥料量	9 000	12 000	15 000	18 000	21 000
50（0→50）	28.1	31.7	35.3	39	42.7
50（50→100）	15.7	19.4	23.1	26.7	30.3
50（100→150）	3.4	7.1	10.7	14.4	18.1
50（150→200）	−8.9	−5.3	−1.6	2	5.6

表 4-6 表明，在玉米棵数不变的条件下，肥料的边际产量也是递减的。

（2）考察生产的规模报酬情况要求两种要素同时按相同比例增加。符合条件的有（50，9 000）和（100，18 000）（两种要素都增加 1 倍），其产量由 78.7 增加到 114.2，产量增加了，但是，产量增加小于 1 倍。

还有（100，9 000）和（200，18 000）（同样两种要素都增加 1 倍），产量由 94.4 增加到 130.6，仍然是产量增加小于 1 倍。以上分析表明，该生产属于规模报酬递减的情况。

6.**【难度】**1　　**【考点】**短期生产的三个阶段

【答案】（1）根据短期生产的 TP_L、MP_L、AP_L 曲线的关系，可把生产划分为三个阶段，如图 4-4 所示。在第Ⅰ阶段，AP_L 逐渐上升并达到最大值，且 $MP_L > AP_L$；在第Ⅱ阶段，AP_L 开始下降，且 $AP_L \geqslant MP_L \geqslant 0$；在第Ⅲ阶段，$AP_L$ 递减，且 $MP_L < 0$。

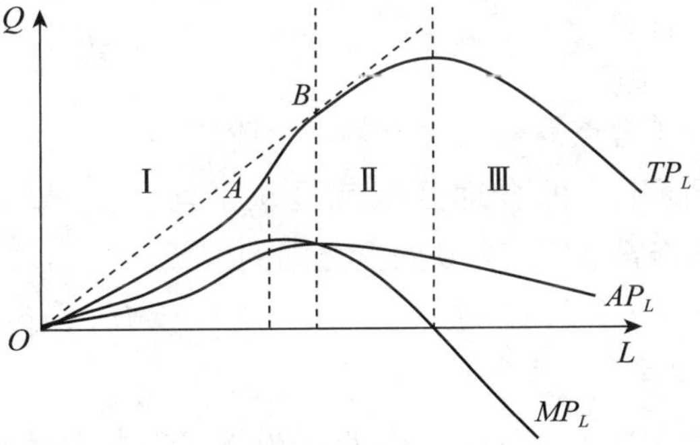

图 4-4 生产的三个阶段

（2）由以上分析可知，在第Ⅰ阶段，由于 $MP_L > AP_L$，任何新增劳动的产量贡献都大于已有的劳动量贡献的平均值，增加劳动投入是有利的。因此，理性的生产厂商不会停留在这一阶段生产，而是继续增加劳动投入量，到达第Ⅱ阶段。

（3）在第Ⅲ阶段，$MP_L < 0$，表明劳动投入量过多，新增劳动不仅对 TP_L 没有贡献，反而使 TP_L 减少。因此，理性的生产厂商也不会在这一阶段生产，而是退回到第Ⅱ阶段。

（4）可见，理性的生产厂商不会在第Ⅰ、Ⅲ阶段生产，而是会在第Ⅱ阶段生产。不过，具体在第Ⅱ阶段的哪个点上生产则要根据成本、收益和利润进行分析。

7.**【难度】**2　　**【考点】**边际技术替代率

【答案】（1）$\frac{1}{\alpha}+\frac{1}{\beta}=\frac{\mathrm{dln}S_{KL}}{\mathrm{dln}T_{LK}}-\frac{\mathrm{dln}C_{KL}}{\mathrm{dln}T_{LK}}=\frac{\mathrm{dln}S_{KL}/C_{KL}}{\mathrm{dln}T_{LK}}$　①

$$C_{KL}=\frac{\frac{\partial Y}{\partial K}\cdot\frac{K}{Y}}{\frac{\partial Y}{\partial L}\cdot\frac{L}{Y}}=\frac{\partial Y/\partial K}{\partial Y/\partial L}\cdot\frac{K}{L} \quad ②$$

$$S_{KL}=\frac{\partial Y/\partial K}{\partial Y/\partial L} \quad ③$$

由式②、式③得：

$$\frac{S_{KL}}{C_{KL}}=\frac{L}{K} \quad ④$$

由式①、式④得：

$$\frac{1}{\alpha}+\frac{1}{\beta}=\frac{\mathrm{dln}S_{KL}/C_{KL}}{\mathrm{dln}T_{LK}}=\frac{\mathrm{dln}\frac{L}{K}}{\mathrm{dln}\frac{L}{K}}=1$$

（2）C_{KL} 显然是资本与劳动的产出弹性之比，其大小反映的是资本与劳动在生产中的重要性。

【提示】本题涉及一个新的弹性概念——产出弹性，教材虽未讲过，但依据教材的弹性公式，不难知道其表达式。

8.**【难度】**2　　**【考点】**短期生产的三个阶段

【答案】（1）厂商生产的合理区域就是从平均产量 AP_L 的最大值点（此时 $MP_L=AP_L$）到边际产量 MP_L 为 0 的点之间的区域。

平均产量 $AP_L=y/L=10L-L^2$，令其一阶导数为 0，得 $10-2L=0$，$L=5$，即平均产量最大时 $L=5$。

边际产量 $MP_L=20L-3L^2=0$，得 $L=20/3$（舍去 $L=0$ 的值），即边际产量 MP_L 为 0 时 $L=20/3$。

因此厂商生产的合理区域为 $5\leqslant L\leqslant 20/3$。

（2）利润函数为 $\pi=TR-TC=Py-wL=10L^2-L^3-12L$，令其一阶导数为 0，得 $20L-3L^2-12=0$，解得 $L_1=6$，$L_2=2/3$（舍去，因为这是利润最小化的投入量），所以最优要素使用量为 $L=6$。

9.**【难度】**2　　**【考点】**边际报酬递减规律；规模报酬

【答案】（1）当 K、L 同比例增加到原来的 λ 倍时有 $Q'=A(\lambda L)^{1/3}(\lambda K)^{2/3}=\lambda AL^{1/3}\cdot K^{2/3}=\lambda Q$，所以该企业在长期规模报酬不变。

(2) 假定资本 K 的投入量不变（用 $\overline{K}$ 表示），而 L 为可变投入量。对于生产函数 $Q=AL^{1/3}K^{2/3}$，可得劳动的边际产量 $MP_L=1/3A\,\overline{K}^{2/3}L^{-2/3}$，又 $\mathrm{d}MP_L/\mathrm{d}L=-2/9\cdot A\,\overline{K}^{2/3}L^{-5/3}<0$，这说明在短期中此函数为边际产量递减。

10.【难度】2 【考点】总产量、平均产量和边际产量的概念

【答案】(1) 根据企业 A、B 的生产函数可得，当 $Q_A=Q_B$，即 $10K^{0.5}L^{0.5}=10K^{0.6}L^{0.4}$时，求解可得 $L/K=1$。因此，如果两个企业使用同样多的资本和劳动，则当人均资本等于 1 时，企业 A、B 产量相等，当人均资本大于 1 时，企业 B 产量大，当人均资本小于 1 时，企业 A 产量大。

(2) 当资本等于 9 单位时，企业 A 的生产函数为 $Q_A=30L^{0.5}$，劳动的边际产量为$MP_L^A=15L^{-0.5}$；企业 B 的生产函数为 $Q_B=10\times9^{0.6}L^{0.4}$，劳动的边际产量为 $MP_L^B=4\times9^{0.6}L^{-0.6}$。

因此，当 $L>\left(\frac{4}{15}\right)^{10}\times9^6$ 时，企业 A 劳动的边际产量大；当 $L<\left(\frac{4}{15}\right)^{10}\times9^6$ 时，企业 B 劳动的边际产量大；当 $L=\left(\frac{4}{15}\right)^{10}\times9^6$ 时，企业 A、B 劳动的边际产量相等。

11.【难度】2 【考点】边际报酬递减规律

【答案】资本的边际报酬递减规律是指在其他条件不变时，连续将资本的投入量增加到一定数量之后，总产出的增量即资本的边际产量将会出现递减的现象。一般认为，边际报酬递减规律并不是根据经济学中的某种理论或原理推导出来的规律，它是根据对实际的生产和技术情况的观察所作出的经验性概括，反映了生产过程中的一种纯技术关系。同时，该规律只有在下述条件具备时才会发挥作用：生产技术水平既定不变；除一种投入要素可变外，其他投入要素均固定不变；可变的生产要素投入量必须超过一定点。

技术进步导致的生产率提高是指，在不增加投入的情况下，因为技术进步而导致产量增加。

如图 4-5 所示，按照边际报酬递减规律，在不存在技术进步时，边际报酬递减是必然会出现的。但如果存在技术进步，则技术进步可能会对边际报酬产生两种

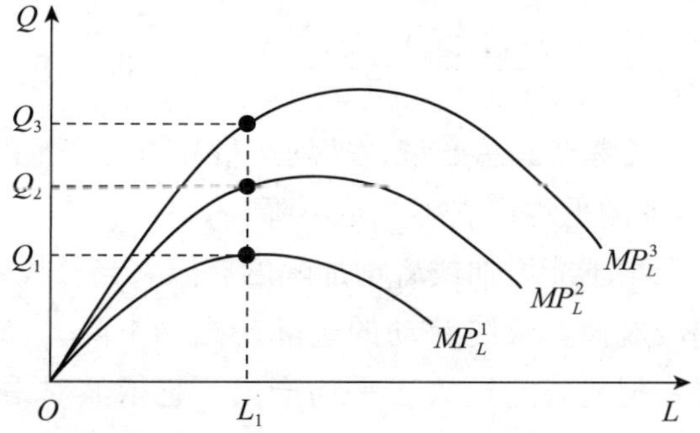

图 4-5 技术进步与边际报酬递减规律

影响：（1）使得边际报酬递减推迟出现；（2）即使边际报酬递减没有推迟出现，在每一个可变要素的使用量上，边际产量也比技术进步之前要高。

边际报酬递减规律是短期生产的一条基本规律。技术进步导致的生产率提高，则是长期生产的结果。

12.**【难度】**2　　**【考点】**边际报酬递减规律；规模报酬

【答案】规模报酬递增和边际报酬递减可以同时存在。

边际报酬递减是一个短期的概念，而规模报酬分析属于长期生产理论问题，即研究的是长期。规模报酬问题讨论的是一个工厂本身规模发生变化时产量的变化，而单个要素的边际报酬问题涉及的则是厂房规模已经固定下来，增加可变要素时相应的产量变化。事实上，当厂商处于规模报酬递增状态时，随着可变要素投入增加到足以使固定要素得到最有效的利用，之后继续增加可变要素，总产量的增加同样会出现递减现象。所以，规模报酬递增的厂商也可能面临单个生产要素的边际报酬递减现象。

举例如下：对于生产函数 $Q=f(L, K)=AK^{\alpha}L^{\beta}$（其中，$0<\alpha<1$，$0<\beta<1$）而言，当 $\alpha+\beta>1$ 时，该生产函数具有规模报酬递增的特征。但是，由于 $0<\alpha<1$ 和 $0<\beta<1$，劳动 L 和资本 K 都呈现边际报酬递减，即有 $MP'_L<0$，$MP'_K<0$。因此，在生产过程中是有可能同时存在单个生产要素的边际报酬递减和规模报酬递增这两种情况的。

13.**【难度】**2　　**【考点】**总产量、平均产量和边际产量的相互关系；规模报酬

【答案】由于 $f(x_1, x_2)$ 的规模报酬不变，设 $f(x_1, x_2)=y$，$t>1$，则有 $f(tx_1, tx_2)=ty$。

在 $f(x_1, x_2)=y$ 时，x_1、x_2 都固定不变，此时 x_1 的平均产量 $AP_1=\frac{y}{x_1}$。

设 $f(tx_1, x_2)=y'$，此时 x_1 的平均产量 $AP'_1=\frac{y'}{tx_1}$。

由于 x_1 的平均产量在不断增加，所以有 $AP'_1=\frac{y'}{tx_1}>AP_1=\frac{y}{x_1}$，整理得：

$$y'>ty$$

此时有 $\frac{f(tx_1, tx_2)-f(tx_1, x_2)}{tx_2-x_2}=\frac{ty-y'}{tx_2-x_2}<0$，即 $MP_2<0$。

14.**【难度】**2　　**【考点】**总产量、平均产量和边际产量的相互关系

【答案】美国的劳动的平均产出不一定下降。

在短期内，资本数量不能增加或者增加幅度有限，当移民不断增多时，由于存在劳动的边际报酬递减规律，最终劳动的边际产出会下降。如图 4－6 所示，虽然劳动的边际产出下降，但只要它还大于平均产出，它依然对平均产出有拉升作用，这时劳动的平均产出依然处于上升阶段。只有当不断递减的劳动的边际产出穿过了平均产出的最高点并继续下降时，才会出现劳动的平均产出下降。

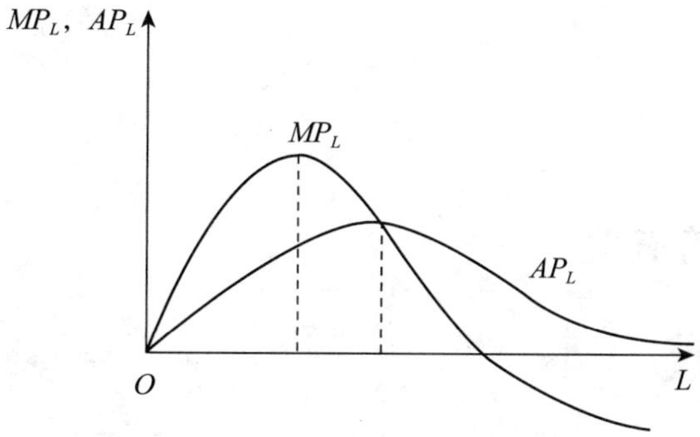

图 4-6　边际产出和平均产出

所以，如果从印度移民到美国的工人增加，导致美国的劳动人口上升，那么劳动的边际产出随之下降，但是，美国的劳动的平均产出不一定下降。

15.**【难度】**1　　**【考点】**等产量曲线；边际技术替代率

【答案】等产量曲线表示在技术水平不变的条件下恰好足够生产某一既定数量产出的两种生产要素投入量的所有可能的组合。等产量曲线向原点凸出，表示随着一种生产要素投入量的增加，这种生产要素每增加一个单位，可以替代的另一种生产要素的数量将逐次减少。

边际技术替代率递减规律指的是，当增加要素 1 的投入量并相应调整要素 2 的投入量以保持产量不变时，边际技术替代率会变小。等产量曲线上某一点的边际技术替代率就是等产量曲线在该点的斜率的绝对值，又由于边际技术替代率是递减的，所以，等产量曲线的斜率的绝对值是递减的，即等产量曲线是凸向原点的。

第五章

成　本

学习精要

一、 学习重点

1. 机会成本
2. 短期成本的分类
3. 短期成本变动的决定因素
4. 短期产量曲线与短期成本曲线之间的关系
5. 长期平均成本曲线的形状

二、 知识脉络图

- 成本
  - 成本和利润的概念
    - 机会成本
    - 会计成本和会计利润
    - 显成本、隐成本和超额利润
    - 经济成本和经济利润
    - 沉没成本
  - 最优的生产要素组合
    - 等成本线
    - 成本最小化和产量最大化
    - 扩展线
  - 短期成本
    - 短期成本分类
      - 短期总成本
        - 总不变成本
        - 总可变资本
      - 短期平均成本
        - 平均不变成本
        - 平均可变成本
      - 短期边际成本
    - 短期成本曲线形状的决定因素
    - 总成本、平均成本及边际成本的关系
  - 长期成本
    - 长期总成本
    - 长期平均成本
      - 内在经济和内在不经济
      - 外在经济和外在不经济
    - 长期边际成本
  - 干中学

三、 理论精要

知识点一 成本和利润的基本概念

生产一单位某种商品的机会成本指生产者所放弃的使用相同生产要素在其他生产用途中所能得到的最高收入。在西方经济学中，企业的生产成本应该从机会成本的角度来理解。

企业的生产成本可以分为显成本和隐成本两个部分。显成本指厂商在生产要素市场上购买或租用他人所拥有的生产要素的实际支出，由于显成本是会计记录的成本，所以又称会计成本。隐成本指厂商自己所拥有的且被用于自己企业生产过程中的那些生产要素的总价格。

经济利润也称为超额利润，指企业总收益和总成本之间的差额。

正常利润通常指企业所有者对自己所提供的企业家才能的报酬支付。正常利润是厂商生产成本的一部分，是以隐成本计入成本的。

经济利润中不包含正常利润。当厂商的经济利润为零时，厂商仍然得到了全部正常利润。

【补充】 经济学里的几种成本与利润的关系，看起来“乱七八糟”，因为这里面共涉及三个观察视角，即会计账目的角度、企业的角度和经济学的角度，而且不同视角观察的成本有的相同、有的不同。

关于三个视角的详细图文解读，可关注微信公众号“王海滨老师”，点击菜单栏中的“精品文章/精品文章合集/1 张表帮你理清经济学乱七八糟的成本概念”，或微信扫描二维码查看。

沉没成本是已经支付且无法回收的成本。即使厂商退出市场，沉没成本也无法回收，所以，沉没成本不应该影响厂商的未来生产决策。

知识点二　生产者均衡

等成本线是生产要素价格及成本既定条件下，生产者可购买到的两种生产要素的不同组合的轨迹。

生产者均衡条件是等成本线与等产量曲线相切，即两要素的边际技术替代率等于两要素的价格之比。

扩展线表示在生产要素价格、生产技术及其他条件不变时，在生产成本或产量发生变化的情况下，厂商所选择的不同的最优生产要素组合的轨迹，是厂商在长期扩张或收缩生产时所必须遵循的最优路径。

知识点三　扩展线

在要素价格、生产技术和其他条件不变的情况下，当生产的成本或产量发生变化时，厂商必然会沿着扩展线来选择最优的生产要素组合，从而实现既定产量条件下的最小成本，或实现既定成本条件下的最大产量。扩展线是厂商在长期扩张或收缩生产时所必须遵循的最优路径。

扩展线任一点对应的成本，即为相应产量的长期总成本。

知识点四　短期成本的基本概念

厂商的短期成本分为不变成本（也称固定成本）和可变成本。总成本是厂商在短期内为生产一定数量的产品对全部生产要素所支付的总成本。

总不变成本指厂商在短期内为生产一定数量的产品对不变生产要素所支付的总成本。总不变成本曲线是一条水平线。

总可变成本是厂商在短期内生产一定数量的产品对可变生产要素所支付的总成本。总可变成本曲线是一条由原点出发的向右上方倾斜的曲线。

平均不变成本是厂商在短期内平均每生产一单位产品所消耗的不变成本。平均不变成本曲线是一条向两轴逐渐逼近的双曲线。

平均可变成本是厂商在短期内平均每生产一单位产品所消耗的可变成本。

平均总成本是厂商在短期内平均每生产一单位产品所消耗的全部成本。

边际成本是厂商在短期内增加一单位产量时所增加的总成本。

知识点五 短期成本变动的决定因素

在边际报酬递减规律作用下的短期边际产量和短期边际成本之间存在一定的对应关系：在短期生产中，边际产量的递增阶段对应的是边际成本的递减阶段，边际产量的递减阶段对应的是边际成本的递增阶段，与边际产量的最大值对应的是边际成本的最小值。

边际成本即总成本曲线的斜率，也是总可变成本曲线的斜率。在边际报酬递减规律的作用下，边际成本曲线为先降后升的 U 形曲线。

边际成本曲线与平均成本曲线相交于平均成本曲线的最低点，与平均可变成本曲线相交于平均可变成本曲线的最低点。

对于产量变化的反应，边际成本要比平均成本和平均可变成本敏感得多。平均成本的最小值大于平均可变成本的最小值，因此边际成本曲线先与平均可变成本曲线相交，后与平均成本曲线相交。

知识点六 短期产量曲线与短期成本曲线之间的关系

（1）边际成本与边际产量的关系。

$MC=w/MP_L$，表示边际成本与边际产量的变动方向是相反的；总产量与总成本之间也存在对应关系。

（2）平均可变成本与平均产量的关系。

$AVC=w/AP_L$，表示平均可变成本与平均产量的变动方向是相反的；边际成本曲线和平均可变成本曲线的交点与边际产量曲线和平均产量曲线的交点是对应的。

知识点七 长期成本

在长期内，厂商可以根据产量的要求调整全部的生产要素投入量，甚至进入或退出一个行业，因此厂商所有的成本都是可变的。

长期总成本是厂商在长期中在每一个产量水平上通过选择最优的生产规模所能达到的最低总成本。长期总成本曲线是无数条短期总成本曲线的包络线。

长期平均成本表示厂商在长期内按产量平均计算的最低总成本。长期平均成本曲线是无数条短期平均成本曲线的包络线。

长期平均成本曲线呈先降后升的 U 形，长期平均成本曲线的 U 形特征是由长期生产中的规模经济和规模不经济决定的。

长期边际成本表示厂商在长期内增加一单位产量所引起的最低总成本的增量。长期边际成本为长期总成本曲线的斜率，长期边际成本曲线与长期平均成本曲线相交于长期平均成本曲线的最低点。

长期边际成本与代表最优生产规模的短期边际成本相等，但是长期边际成本曲线不是短期边际成本曲线的包络线。

知识点八 规模经济与外在经济

规模经济指在企业生产扩张的开始阶段，厂商由于扩大生产规模而使经济效益得到提高。规模不经济指在生产扩张到一定的规模以后，厂商继续扩大生产规模，就会使经济效益下降。

规模经济可以表示为厂商成本增加的倍数小于产量增加的倍数；规模不经济可以表示为厂商成本增加的倍数大于产量增加的倍数。规模经济和规模不经济都是由厂商改变企业生产规模引起的，也称为内在经济和内在不经济。规模经济和规模不经济包括规模报酬变化的特殊情况。

企业的外在经济是由于厂商的生产活动所依赖的外界环境得到改善而产生的。企业的外在不经济是由于厂商的生产活动所依赖的外界环境恶化而产生的。外在经济和外在不经济是由企业以外的因素引起的，它影响厂商的长期平均成本曲线的位置。

知识点九 干中学

干中学是指生产者从经验中获得技能和知识，从而降低长期生产成本。可以用学习曲线 $L=A+BN^{-\beta}$表示。

在长期，导致 LAC 下降的原因有两个：规模经济、学习效应。

习题解析

一、简答题

1. 表 5-1 是一个关于短期生产函数 $Q=f(L,\overline{K})$ 的产量表。

表 5-1 短期生产的产量表

L	1	2	3	4	5	6	7
TP_L	10	30	70	100	120	130	135
AP_L							
MP_L							

（1）在表中填空。

（2）根据（1），在一幅坐标图上作出 TP_L 曲线，在另一幅坐标图上作出 AP_L 曲线和 MP_L 曲线。（提示：为了便于作图与比较，TP_L 曲线图的纵坐标的单位刻度通常大于 AP_L 曲线图和 MP_L 曲线图。）

(3) 根据 (1)，并假定劳动的价格 $w=200$，完成下面的相应的短期成本表，即表 5-2。

表 5-2　短期生产的成本表

L	Q	$TVC=wL$	$AVC=w/AP_L$	$MC=w/MP_L$
1	10			
2	30			
3	70			
4	100			
5	120			
6	130			
7	135			

(4) 根据表 5-2，在一幅坐标图上作出 TVC 曲线，在另一幅坐标图上作出 AVC 曲线和 MC 曲线。(提示：为了便于作图与比较，TVC 曲线图的纵坐标的单位刻度通常大于 AVC 曲线图和 MC 曲线图。)

(5) 根据 (2)、(4)，说明短期生产曲线和短期成本曲线之间的关系。

【难度】2　　**【考点】**短期成本的基本概念；短期产量曲线与短期成本曲线之间的关系

【答案】(1) 根据总产量、平均产量和边际产量之间的关系，短期生产的产量表如表 5-3 所示。

表 5-3　短期生产的产量表

L	1	2	3	4	5	6	7
TP_L	10	30	70	100	120	130	135
AP_L	10	15	70/3	25	24	65/3	135/7
MP_L	10	20	40	30	20	10	5

(2) 总产量曲线如图 5-1 所示，平均产量曲线、边际产量曲线如图 5-2 所示。

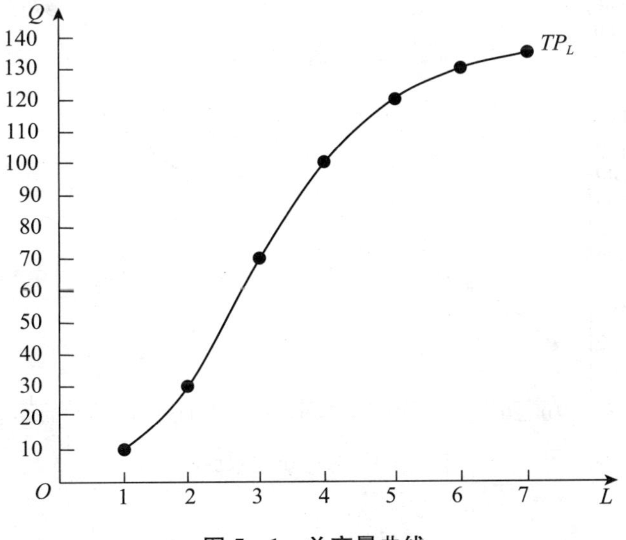

图 5-1　总产量曲线

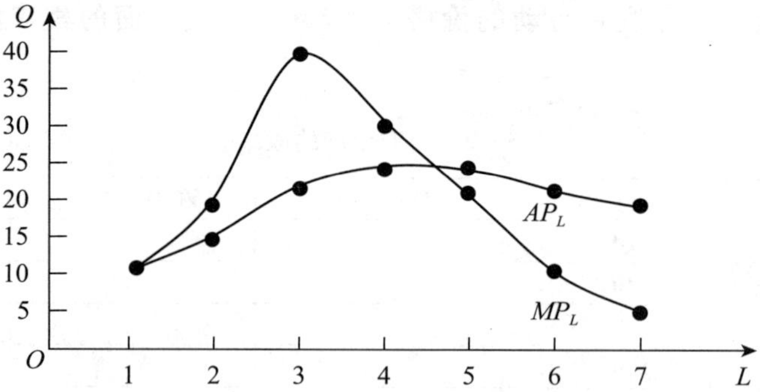

图 5-2　边际产量曲线和平均产量曲线

（3）根据总可变成本函数的定义及其与平均可变成本、边际成本的关系，填写短期生产的成本表，如表 5-4 所示。

表 5-4　短期生产的成本表

L	Q	$TVC=wL$	$AVC=w/AP_L$	$MC=w/MP_L$
1	10	200	20	20
2	30	400	40/3	10
3	70	600	60/7	5
4	100	800	8	20/3
5	120	1 000	25/3	10
6	130	1 200	120/13	20
7	135	1 400	280/27	40

（4）总可变成本曲线如图 5-3 所示，平均可变成本曲线、边际成本曲线如图 5-4所示。

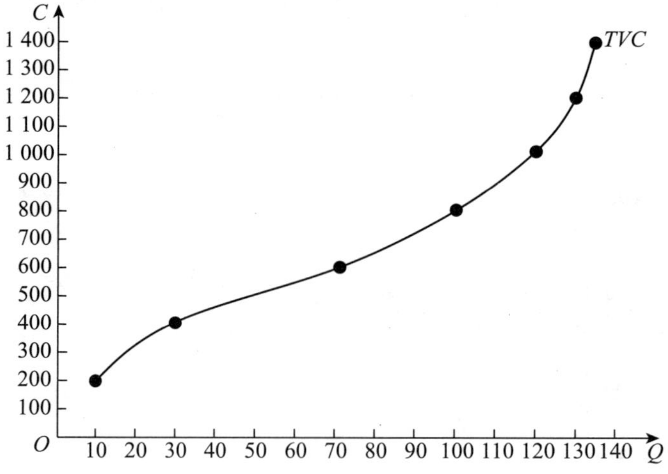

图 5-3　总可变成本曲线

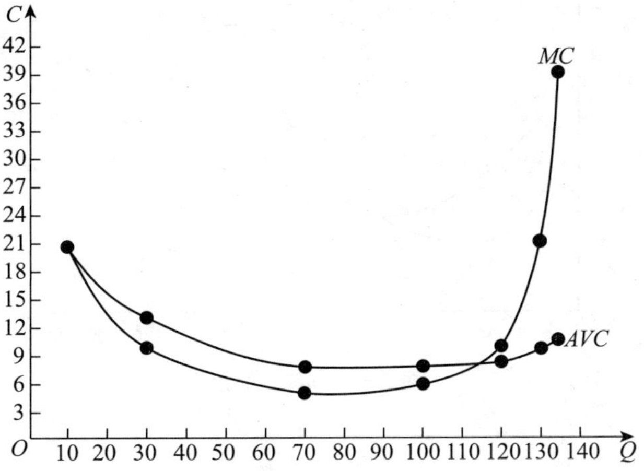

图 5-4　平均可变成本曲线和边际成本曲线

（5）边际产量和边际成本的关系，边际成本 MC 和边际产量 MP_L 两者的变动方向是相反的。总产量和总成本之间也存在着对应关系：当总产量 TP_L 曲线下凸时，总成本 TC 曲线和总可变成本 TVC 曲线是下凹的；当总产量曲线存在一个拐点时，总成本 TC 曲线和总可变成本 TVC 曲线也各存在一个拐点。

平均可变成本和平均产量两者的变动方向相反，MC 曲线和 AVC 曲线的交点与 MP_L 曲线和 AP_L 曲线的交点是对应的。

2. 假定某企业的短期成本函数是 $TC(Q)=Q^3-5Q^2+15Q+66$。

（1）指出该短期成本函数中的可变成本部分和不变成本部分。

（2）写出下列相应的函数：$TVC(Q)$、$AC(Q)$、$AVC(Q)$、$AFC(Q)$ 和 $MC(Q)$。

【难度】1　　**【考点】**短期成本的基本概念

【答案】（1）短期成本函数 $TC(Q)=Q^3-5Q^2+15Q+66$，所以可变成本部分为 $TVC(Q)=Q^3-5Q^2+15Q$，不变成本部分为 $TFC=66$。

（2）根据定义，总可变成本函数为：$TVC(Q)=Q^3-5Q^2+15Q$。

平均成本函数为：$AC(Q)=TC(Q)/Q=Q^2-5Q+15+66/Q$。

平均可变成本函数为：$AVC(Q)=TVC(Q)/Q=Q^2-5Q+15$。

平均不变成本函数为：$AFC(Q)=TFC(Q)/Q=66/Q$。

边际成本函数为：$MC(Q)=\mathrm{d}TC(Q)/\mathrm{d}Q=3Q^2-10Q+15$。

3. 图 5-5 是某厂商的 LAC 曲线和 LMC 曲线图。请分别在 Q_1 和 Q_2 的产量上画出代表最优生产规模的 SAC 曲线和 SMC 曲线。

【难度】1　　**【考点】**长期成本

【答案】（1）在任意产量上，代表最优生产规模的 SAC 曲线与 LAC 曲线相切；SMC 曲线与 LMC 曲线相交，并且经过 SAC 曲线的最低点。

（2）在 Q_1 和 Q_2 的产量上代表最优生产规模的 SAC 曲线和 SMC 曲线如图 5-6 所示。

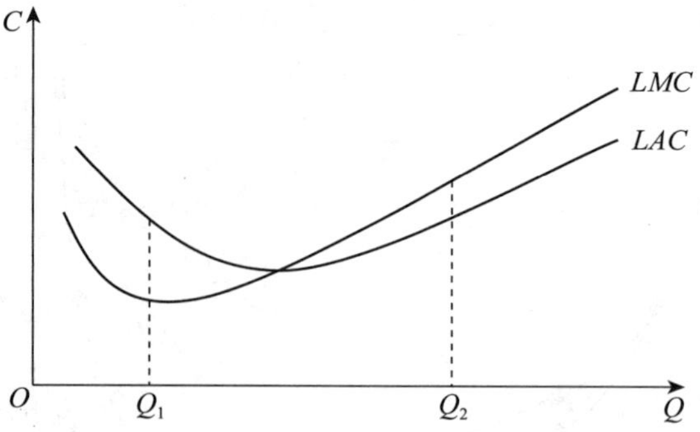

图 5-5　成本曲线

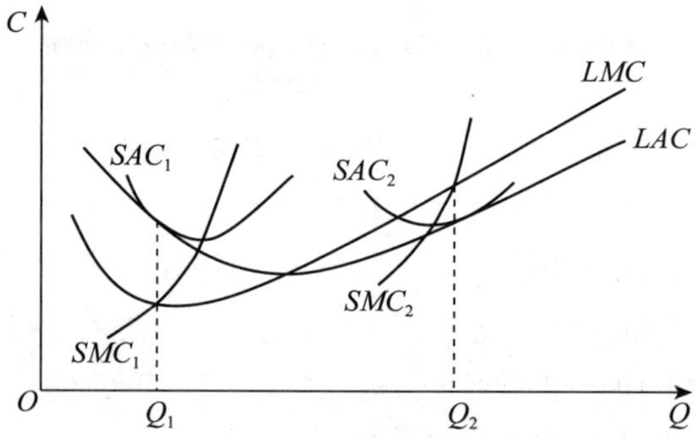

图 5-6　代表最优生产规模的 *SAC* 曲线和 *SMC* 曲线

4. 短期平均成本 *SAC* 曲线与长期平均成本 *LAC* 曲线都呈现出 U 形特征。请问：导致它们呈现这一特征的原因相同吗？为什么？

【难度】 2　　**【考点】** 短期成本变动的决定因素；长期成本

【答案】（1）导致短期平均成本曲线与长期平均成本曲线呈现出 U 形特征的原因不同。

（2）导致短期平均成本曲线呈现出 U 形特征的原因是边际报酬递减规律。在边际报酬递减规律作用下的短期边际产量和短期边际成本之间存在一定的对应关系。在短期生产中，边际产量的递增阶段对应的是边际成本的递减阶段，边际产量的递减阶段对应的是边际成本的递增阶段，与边际产量的最大值对应的是边际成本的最小值。在边际报酬递减规律的作用下，边际成本曲线为先降后升的 U 形曲线。

对于任何一对边际量和平均量而言，只要边际量小于平均量，边际量就把平均量拉下；只要边际量大于平均量，边际量就把平均量拉上；当边际量等于平均量时，平均量必然达到本身的极值点。

在边际报酬递减规律作用下的边际成本曲线必为先降后升的 U 形曲线，短期平均成本曲线也必定有先降后升的 U 形特征。

（3）导致长期平均成本曲线呈现出 U 形特征的原因是长期生产中的规模经济和规模不经济。规模经济指在企业生产扩张的开始阶段，厂商由于扩大生产规模而使经济效益得到提高。规模不经济指在生产扩张到一定的规模以后，厂商继续扩大生产规模，就会使经济效益下降。

一般来说，在企业的生产规模由小到大的扩张过程中，会先后出现规模经济和规模不经济。正是规模经济和规模不经济的作用，决定了长期平均成本曲线表现出先下降后上升的U形特征。

二、计算题

5. 假定某厂商短期生产的平均成本函数为 $SAC(Q)=200/Q+6-2Q+2Q^2$。

求：该厂商的边际成本函数。

【难度】1　　**【考点】**短期成本的基本概念

【答案】$STC=SAC\times Q=(200/Q+6-2Q+2Q^2)\times Q=200+6Q-2Q^2+2Q^3$

$$SMC=\frac{\mathrm{d}STC}{\mathrm{d}Q}=6-4Q+6Q^2$$

6. 已知某企业的短期总成本函数是 $STC(Q)=0.04Q^3-0.8Q^2+10Q+5$，求最小的平均可变成本值。

【难度】1　　**【考点】**短期成本的基本概念

【答案】平均可变成本 $AVC(Q)=TVC(Q)/Q=0.04Q^2-0.8Q+10$，平均可变成本变形可得 $AVC(Q)=0.04(Q-10)^2+6$。因此，当 $Q=10$ 时，最小平均可变成本为6。

7. 假定某厂商短期生产的边际成本函数 $SMC=3Q^2-30Q+100$，且生产10单位产量时的总成本为1 000。求：

(1) 固定成本的值。

(2) 总成本函数、总可变成本函数，以及平均成本函数、平均可变成本函数。

【难度】1　　**【考点】**短期成本的基本概念

【答案】(1) 根据边际成本函数 $SMC=3Q^2-30Q+100$ 可得，总成本函数为 $STC=\int(3Q^2-30Q+100)\mathrm{d}Q=Q^3-15Q^2+100Q+TFC$。

当 $Q=10$ 时，$STC(10)=10^3-15\times10^2+100\times10+TFC=1\ 000$，求解可得 $TFC=500$。

(2) 总成本函数为：$STC=Q^3-15Q^2+100Q+500$。

总可变成本函数为：$TVC=Q^3-15Q^2+100Q$。

平均成本函数为：$SAC=STC/Q=Q^2-15Q+100+500/Q$。

平均可变成本函数为：$AVC=TVC/Q=Q^2-15Q+100$。

8. 假定某厂商短期生产的边际成本函数为 $SMC(Q)=3Q^2-8Q+100$，且已知当产量 $Q=10$ 时的总成本 $STC=2\ 400$，求相应的 STC 函数、SAC 函数和 AVC 函数。

【难度】2　　**【考点】**短期成本的基本概念

【答案】根据边际成本函数 $SMC(Q)=3Q^2-8Q+100$ 可得：总成本函数为

$STC=\int(3Q^2-8Q+100)\mathrm{d}Q=Q^3-4Q^2+100Q+TFC$。

当 $Q=10$ 时，$STC(10)=10^3-4\times10^2+100\times10+TFC=2\ 400$，求解可得 $TFC=800$。

进一步，可得到以下函数：

总成本函数为：$STC=Q^3-4Q^2+100Q+800$。

总可变成本函数为：$TVC=Q^3-4Q^2+100Q$。

平均成本函数为：$SAC=STC/Q=Q^2-4Q+100+800/Q$。

平均可变成本函数为：$AVC=TVC/Q=Q^2-4Q+100$。

9. 假定生产某产品的边际成本函数为 $MC=110+0.04Q$。

求：当产量从 100 增加到 200 时总成本的变化量。

【难度】 2　　**【考点】** 短期成本的基本概念

【答案】 根据边际成本函数 $MC=110+0.04Q$ 可得，总成本函数为 $TC=\int(110+0.04Q)\mathrm{d}Q=0.02Q^2+110Q+TFC$。当产量从 100 增加到 200 时总成本的变化量为 $\Delta TC=(0.02\times200^2+110\times200+TFC)-(0.02\times100^2+110\times100+TFC)=11\ 600$。

10. 已知生产函数为

(a) $Q=5L^{1/3}K^{2/3}$；

(b) $Q=\dfrac{KL}{K+L}$；

(c) $Q=KL^2$；

(d) $Q=\min\{3L, K\}$。

求：(1) 厂商长期生产的扩展线方程。

(2) 当 $P_L=1$、$P_K=1$、$Q=1\ 000$ 时，厂商实现最小成本的要素投入组合。

【难度】 2　　**【考点】** 生产者均衡；扩展线

【答案】 (1) (a) 解法一：

由 $Q=5L^{1/3}K^{2/3}$ 可知，$MP_L=\dfrac{5}{3}L^{-2/3}K^{2/3}$，$MP_K=\dfrac{10}{3}L^{1/3}K^{-1/3}$。生产者均衡条件为 $MP_L/MP_K=P_L/P_K$，代入可得 $K/(2L)=P_L/P_K$，整理得扩展线方程：$K=2\dfrac{P_L}{P_K}L$。

解法二：

由于生产函数为 C－D 函数，因此可知当处于生产者均衡时，成本的 $\dfrac{1}{3}$ 用于购买劳动 L，成本的 $\dfrac{2}{3}$ 用于购买资本 K，即，如果成本为 C，则有：

$$L\times P_L=\frac{1}{3}C$$

$$K\times P_K=\frac{2}{3}C$$

联立可得扩展线方程：$K=2\frac{P_L}{P_K}L$。

【提示】解法二使用了C-D函数的秒杀技巧。C-D函数是考试中最常考的函数，这一秒杀技巧也就非常重要。具体证明过程以及更多应用示例，可关注微信公众号“王海滨老师”，点击菜单栏“精品文章/精品文章合集/C-D函数题的秒杀技巧【重点!】”，或微信扫描二维码查看。

(b) 由$Q=\frac{KL}{K+L}$可知，$MP_L=\left(\frac{K}{K+L}\right)^2$，$MP_K=\left(\frac{L}{K+L}\right)^2$。代入生产者均衡条件 $MP_L/MP_K=P_L/P_K$ 得 $(K/L)^2=P_L/P_K$，整理得扩展线方程 $K=L\sqrt{P_L/P_K}$。

(c) 由C-D函数的分配规律可知，处于生产者均衡时成本的$\frac{1}{3}$用于购买资本K，成本的$\frac{2}{3}$用于购买劳动L，即，如果成本为C，则有：

$$K\times P_K=\frac{1}{3}C$$

$$L\times P_L=\frac{2}{3}C$$

联立可得扩展线方程：$K=\frac{P_L}{2P_K}L$。

【提示】再次使用了C-D函数的分配规律。

(d) $Q=\min\{3L, K\}$为固定投入比例的生产函数，当处于生产者均衡时有$Q=3L=K$，故扩展线方程为$K=3L$。

(2) (a) 此时扩展线方程为$K=2L$，代入生产函数，$5L^{1/3}K^{2/3}=1\ 000$，解得：$L=200\times 2^{-2/3}$，$K=400\times 2^{-2/3}$。

(b) 此时扩展线方程为$K=L$，代入生产函数，$\frac{KL}{K+L}=1\ 000$，解得：$L=K=2\ 000$。

(c) 此时扩展线方程为$K=L/2$，代入生产函数，$KL^2=1\ 000$，解得：$L=10\times 2^{1/3}$，$K=5\times 2^{1/3}$。

(d) 此时扩展线方程为$K=3L$，代入生产函数，$3L=K=1\ 000$，解得：$L=1\ 000/3$，$K=1\ 000$。

11. 已知某企业的生产函数为 $Q=L^{2/3}K^{1/3}$，劳动的价格 $w=2$，资本的价格 $r=1$。求：

(1) 当成本 $C=3\ 000$ 时，企业实现最大产量时的 L、K 和 Q 的均衡值。

(2) 当产量 $Q=800$ 时，企业实现最小成本时的 L、K 和 C 的均衡值。

【难度】 2　　**【考点】** 生产者均衡

【答案】(1) 由C-D函数的分配规律可知，处于生产者均衡时成本的$\frac{2}{3}$用于购买劳动 L，成本的$\frac{1}{3}$用于购买资本 K，即有：

$$wL=2L=\frac{2}{3}\times 3\ 000 \quad rK=K=\frac{1}{3}\times 3\ 000$$

解得：处于生产者均衡时有 $L=K$，且成本 $C=3\ 000$ 时，$L=1\ 000$，$K=1\ 000$。所以 $Q=1\ 000$。

(2) 由 (1) 知，处于生产者均衡时有 $L=K$，代入生产函数 $800=L^{2/3}K^{1/3}$，解得：$L=K=800$，$C=2L+K=2\ 400$。

【提示】 再次使用了C-D函数的分配规律。

12. 假定在短期生产的固定成本给定的条件下，某厂商使用一种可变要素 L 生产一种产品，其产量 Q 关于可变要素 L 的生产函数为 $Q(L)=-0.1L^3+2L^2+20L$。求：

(1) 该生产函数的平均产量为极大值时的 L 使用量。

(2) 该生产函数的平均可变成本为极小值时的总产量。

【难度】 2　　**【考点】** 短期成本的基本概念

【答案】(1) $AP_L=\frac{Q(L)}{L}=\frac{-0.1L^3+2L^2+20L}{L}=-0.1L^2+2L+20$

在$\frac{\mathrm{d}AP_L}{\mathrm{d}L}=0$时，有：

$$-0.2L+2=0$$

解得：$L=10$。

因$\frac{\mathrm{d}^2AP_L}{\mathrm{d}L^2}=-0.2<0$，所以 $L=10$ 时平均产量达到极大值。

(2) 由于 $AVC=\frac{w}{AP_L}$，AP_L 达到极大值时，AVC 达到极小值，此时 $L=10$。

$$\text{总产量 } Q=-0.1L^3+2L^2+20L=-0.1\times 10^3+2\times 10^2+20\times 10=300$$

【补充】AVC 与 AP_L 的关系为：$AVC=\frac{TVC}{Q}=w\cdot\frac{L}{Q}=\frac{w}{AP_L}$。

MC 与 MP_L 的关系为：$MC=\frac{\mathrm{d}TC}{\mathrm{d}Q}=\frac{\mathrm{d}(TVC+TFC)}{\mathrm{d}Q}=\frac{\mathrm{d}wL}{\mathrm{d}Q}+\frac{\mathrm{d}TFC}{\mathrm{d}Q}=w\frac{\mathrm{d}L}{\mathrm{d}Q}+0=\frac{w}{MP_L}$。

13. 假定在短期生产的固定成本给定的条件下，某厂商使用一种可变要素 L 生产一种产品，其短期总成本函数为 $STC=5Q^3-18Q^2+100Q+160$。

问：当产量 Q 为多少时该成本函数开始呈现出边际产量递减特征？

【难度】2　　**【考点】**短期成本变动的决定因素；短期产量曲线与短期成本曲线之间的关系

【答案】$SMC=15Q^2-36Q+100$

SMC 达到极值的一阶条件为：

$$\frac{\mathrm{d}SMC}{\mathrm{d}Q}=30Q-36=0$$

解得：$Q=1.2$。

此时$\frac{\mathrm{d}^2SMC}{\mathrm{d}Q^2}=30>0$，所以 $Q=1.2$ 时，SMC 达到极小值。

由于 $SMC=\frac{w}{MP_L}$，在要素 L 的价格 w 固定不变的情况下，SMC 达到极小值时，MP_L 达到极大值，所以，当 $Q=1.2$ 时，该成本函数开始呈现出边际产量递减特征。

14. 已知生产函数 $Q=K^{0.5}L^{0.5}$。令 $P_L=1$，$P_K=2.25$，且短期中固定要素投入量为 $\overline{K}=4$。

(1) 推导短期总成本、平均成本和边际成本函数。

(2) 证明：当短期平均成本达到最小值时，短期平均成本等于短期边际成本。

【难度】2　　**【考点】**短期成本的基本概念；短期成本变动的决定因素

【答案】(1) 由于 $\overline{K}=4$，所以 $Q=2L^{0.5}$，整理得：$L=\frac{Q^2}{4}$。

所以，短期总成本 $STC=P_L\times L+P_K\times K=1\times\frac{Q^2}{4}+2.25\times 4=\frac{Q^2}{4}+9$。

$$SAC=\frac{STC}{Q}=\frac{Q}{4}+\frac{9}{Q}$$

$$SMC=\frac{\mathrm{d}STC}{\mathrm{d}Q}=\frac{Q}{2}$$

(2) SAC 达到最小值的一阶条件为：

$$\frac{\mathrm{d}SAC}{\mathrm{d}Q}=\frac{1}{4}-\frac{9}{Q^2}=0$$

解得：$Q=6$（已舍去无意义的负值）。

此时$\frac{d^2SAC}{dQ^2}=\frac{18}{Q^3}>0$，所以$Q=6$时，$SAC$达到最小值。

此时$SAC=\frac{6}{4}+\frac{9}{6}=3$，$SMC=\frac{6}{2}=3$，所以$SAC=SMC$。

15. 假定某厂商的需求函数为 $Q=100-P$，平均成本函数为 $AC=\frac{120}{Q}+2$。

(1) 求该厂商实现利润最大化时的产量、价格以及利润量。

(2) 如果政府对每单位产品征税 8 元，那么，该厂商实现利润最大化时的产量、价格以及利润量又是多少？与 (1) 中的结果进行比较。

【难度】2　　**【考点】**生产者均衡

【答案】(1) 反需求函数为$P=100-Q$，所以总收益$TR=PQ=100Q-Q^2$，而总成本函数$TC=AC\times Q=120+2Q$，于是有：

$$利润\ \pi=TR-TC=(100Q-Q^2)-(120+2Q)=-Q^2+98Q-120$$

由$\frac{d\pi}{dQ}=-2Q+98=0$解得：$Q=49$。

此时$\frac{d^2\pi}{dQ^2}=-2<0$，所以$Q=49$时，厂商获得最大的利润。

此时，$P=100-49=51$，故有

$$\pi=-49^2+98\times 49-120=2\ 281$$

(2) 政府征税后，厂商的成本$TC=120+2Q+8Q=120+10Q$。

此时，利润$\pi=TR-TC=(100Q-Q^2)-(120+10Q)=-Q^2+90Q-120$。

由$\frac{d\pi}{dQ}=-2Q+90=0$解得：$Q=45$。

此时$\frac{d^2\pi}{dQ^2}=-2<0$，所以$Q=45$时，厂商获得最大的利润。

此时，$P=100-45=55$，故有

$$\pi=-45^2+90\times 45-120=1\ 905$$

与 (1) 对比可知，政府对厂商征税后，市场均衡价格上升了，$\Delta P=55-51=4$，均衡数量减少了，$\Delta Q=45-49=-4$，厂商利润减少了，$\Delta\pi=1\ 905-2\ 281=-376$。

16. 已知某厂商使用 L 和 K 两种要素生产一种产品，其固定替代比例的生产函数为 $Q=4L+3K$。

(1) 作出等产量曲线。

(2) 边际技术替代率是多少？

(3) 讨论其规模报酬情况。

(4) 令 $P_L=5$，$P_K=3$。求 $C=90$ 时的 K、L 值以及最大产量。

(5) 令 $P_L=3$，$P_K=3$。求 $C=90$ 时的 K、L 值以及最大产量。

(6) 令 $P_L=4$，$P_K=3$。求 $C=90$ 时的 K、L 值以及最大产量。

(7) 比较 (4)、(5) 和 (6)，你得到了什么结论？

【难度】 2　　**【考点】** 生产者均衡

【答案】（1）（2）$Q=4L+3K$ 的边际技术替代率 $MRTS_{LK}=\dfrac{MP_L}{MP_K}=\dfrac{4}{3}$，由此可知，等产量曲线的斜率固定为 $-4/3$，是一条直线，如图 5-7 所示。

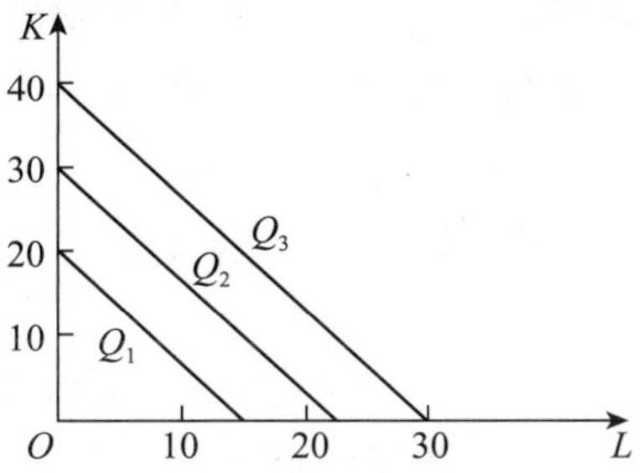

图 5-7　等产量曲线

（3）当所有要素都增加为原来的 t 倍时，有：

$$f(tL,tK)=4\times tL+3\times tK=t\times(4L+3K)=tf(L,K)$$

可见，这是规模报酬不变的生产函数。

（4）由于等成本线斜率的绝对值 $=P_L/P_K=5/3>MRTS_{LK}=4/3$，所以生产者均衡点在纵轴上，即 $L=0$，此时，$K=C/P_K=90/3=30$，最大产量 $Q=4\times0+3\times30=90$。

（5）由于等成本线斜率的绝对值 $=P_L/P_K=3/3<MRTS_{LK}=4/3$，所以生产者均衡点在横轴上，即 $K=0$，此时，$L=C/P_L=90/3=30$，最大产量 $Q=4\times30+3\times0=120$。

（6）由于等成本线斜率的绝对值 $=P_L/P_K=4/3=MRTS_{LK}=4/3$，所以生产者均衡点为等成本线上的任何一点，均衡点满足 $4L+3K=C=90$，又由于 $Q=4L+3K$，所以 $Q=90$。

（7）比较以上（4）、（5）和（6）的结果，可以得出一般性的结论：对于固定替代比例的生产函数而言，如果等产量曲线斜率的绝对值小于等成本线斜率的绝对值，则厂商的生产者均衡点位于等成本线与纵轴的交点；如果等产量曲线斜率的绝对值大于等成本线斜率的绝对值，则厂商的生产者均衡点位于等成本线与横轴的交点。在以上两种情况中，厂商都只使用一种要素进行生产，另一种要素的使用量为零。如果等产量曲线斜率的绝对值与等成本线斜率的绝对值相等，即两线重合，则厂商的生产者均衡点可以是等成本线上的任何一点。

三、论述题

17. 试画图说明短期成本曲线相互之间的关系。

【难度】 1　　**【考点】** 短期成本的基本概念

【答案】（1）*TC*、*TVC*、*TFC* 曲线的相互关系。

如图 5-8 所示，*TC* 曲线是一条由水平的 *TFC* 曲线与纵轴的交点出发的向右上方倾斜的曲线。在每一个产量上，*TC* 曲线和 *TVC* 曲线两者的斜率都是相同的。*TC* 曲线是通过把 *TVC* 曲线向上垂直平移 *TFC* 数值的距离而得到的，所以在每一个产量上，*TC* 曲线和 *TVC* 曲线两者之间的垂直距离都等于固定的不变成本 *TFC*。

TC 曲线和 *TVC* 曲线在同一个产量水平上各自存在一个拐点 *B* 和 *C*。在拐点以前，*TC* 曲线和 *TVC* 曲线的斜率是递减的；在拐点以后，*TC* 曲线和 *TVC* 曲线的斜率是递增的。

（2）*AC*、*AVC*、*AFC*、*MC* 曲线的相互关系。

如图 5-9 所示，*AFC* 曲线随着产量的增加呈一直下降趋势，*AVC* 曲线、*AC* 曲线和 *MC* 曲线均呈 U 形特征；*MC* 曲线先于 *AC* 曲线和 *AVC* 曲线转为递增，*MC* 曲线和 *AVC* 曲线相交于 *AVC* 曲线的最低点 *F*，*MC* 曲线与 *AC* 曲线相交于 *AC* 曲线的最低点 *D*；*AC* 曲线高于 *AVC* 曲线，它们之间的距离相当于 *AFC*，且随着产量的增加而逐渐接近，但永远不能相交。

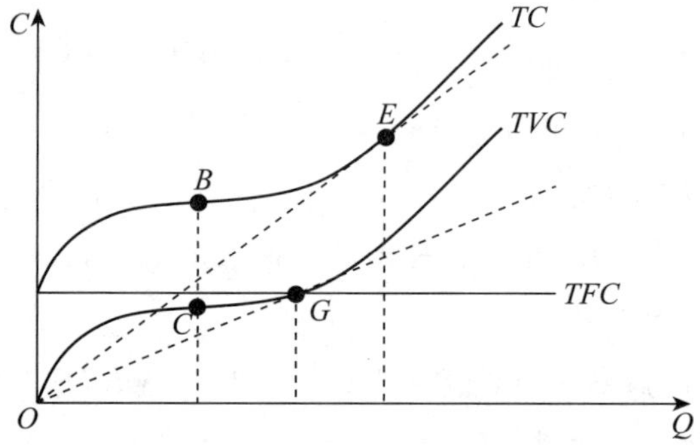

图 5-8　*TC*、*TVC*、*TFC* 曲线的相互关系

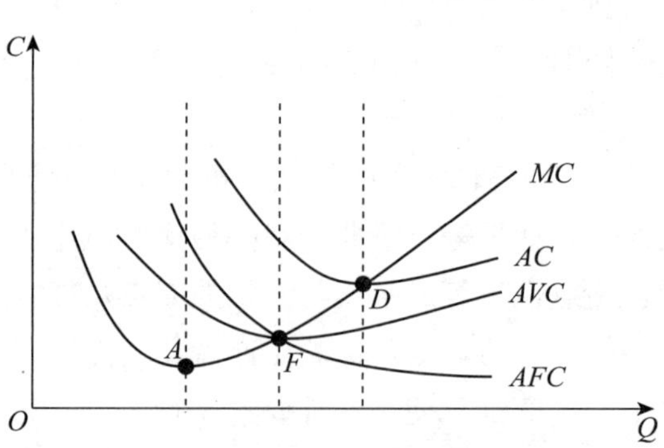

图 5-9　*AC*、*AVC*、*AFC*、*MC* 曲线的相互关系

(3) 将图 5-8 和图 5-9 结合在一起分析。

我们可以发现，图 5-9 中 *MC* 曲线的最低点 *A* 恰好对应图 5-8 中 *TC* 曲线的拐点 *B* 和 *TVC* 曲线的拐点 *C*，或者说，*A*、*B*、*C* 三点同时出现在同一个产量水平。在图 5-9 中的 *AVC* 曲线达到最低点 *F* 时，图 5-8 中的 *TVC* 曲线恰好有一条从原点出发的切线，与 *TVC* 曲线相切于 *G* 点，或者说，*G*、*F* 两点同时出现在同一个产量水平。类似地，在图 5-9 中的 *AC* 曲线达到最低点 *D* 时，图 5-8 中的 *TC* 曲线恰好有一条从原点出发的切线，与 *TC* 曲线相切于 *E* 点，或者说，*E*、*D* 两点同时出现在同一个产量水平。

18. 有人认为："既然长期平均成本 *LAC* 曲线是无数条短期平均成本 *SAC* 曲线的包络线，它表示在长期对于所生产的每一个产量水平厂商都可以将平均成本降到最低，那么，长期平均成本 *LAC* 曲线一定与所有的短期平均成本 *SAC* 曲线相切于各 *SAC* 曲线的最低点。"你认为这句话正确吗？请说明理由。

【难度】 2 **【考点】** 长期成本

【答案】 这句话不正确。如图 5-10 所示，在 *LAC* 曲线的最低点，*LAC* 曲线相切于一条 *SAC* 曲线的最低点，如图中的 *c* 点；在 *LAC* 曲线最低点 *c* 的左边，*LAC* 曲线相切于各 *SAC* 曲线的最低点的左边，如图中的 *a*、*b* 点；在 *LAC* 曲线最低点 *c* 的右边，*LAC* 曲线相切于各 *SAC* 曲线最低点的右边，如图中的 *d*、*e* 点。

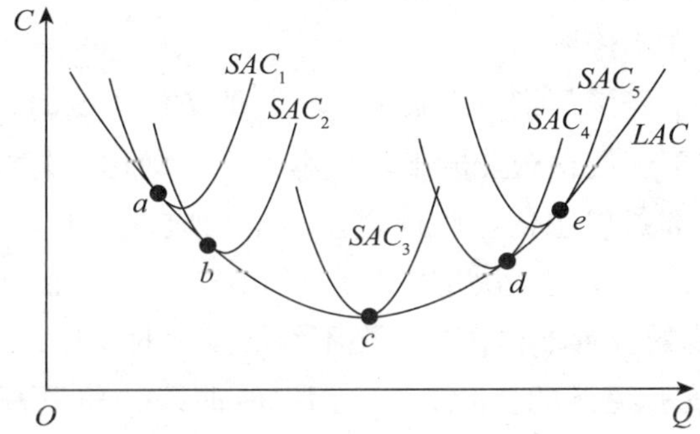

图 5-10 *LAC* 曲线与 *SAC* 曲线

其理由在于，厂商长期生产的基本规律体现为规模经济与规模不经济的作用。在长期，厂商能够随着产量的变化对企业的生产规模进行调整，从而降低生产的平均成本。在企业规模从小到大的不断调整过程中，首先，厂商将经历规模经济阶段，该阶段的长期平均成本不断下降，即表现为 *LAC* 曲线下降。在该阶段，下降的 *LAC* 曲线只能相切于所有的 *SAC* 曲线最低点的左边，如图中的 *a*、*b* 点。然后，通过对企业规模的不断调整，厂商将在某一点实现生产的适度规模，在适度规模这一点，长期平均成本达到最低水平，即表现为 *LAC* 曲线达到最低点。在该点，*LAC* 曲线与代表了适度规模的那条 *SAC* 曲线恰好相切于各自的最低点，如图中的 *c* 点。最后，厂商将经历规模不经济阶段，该阶段的长期平均成本不断增加，即表现为 *LAC* 曲线上升。在该阶段，上升的 *LAC* 曲线只能相切于所有的 *SAC* 曲线最低点的右边，如图中的 d、e 点。

在长期生产过程中，厂商会首先经历规模经济，然后实现适度规模，最后进入规模不经济的原因在于：任何产品的生产都有一个由技术决定的适度规模，唯有在生产的适度规模上，厂商才能达到平均成本的最低点，如图中的 c 点。否则，在产量过小和规模过小时，平均成本会过高，厂商只要增加产量和扩大规模，就可以降低成本，这就是规模经济阶段，如图中的 *LAC* 曲线左边斜率为负的部分；而在产量过大和规模过大时，平均成本也会过高，厂商只有减少产量和缩小规模才能降低成本，这就是规模不经济阶段，如图中的 *LAC* 曲线右边斜率为正的部分。

19. 请说明决定长期平均成本 *LAC* 曲线形状和位置的因素。

【难度】2　　**【考点】**长期成本；干中学

【答案】（1）决定长期平均成本形状的因素主要是规模经济和规模不经济。

在长期，厂商在产量不断增加且规模不断扩大的调整过程中，将首先经历规模经济阶段，然后实现适度规模，最后进入规模不经济阶段。在规模经济阶段，长期平均成本不断减少，即 *LAC* 曲线下降；在实现适度规模时，长期平均成本降至最低，即 *LAC* 曲线达到最低点；在规模不经济阶段，长期平均成本不断增加，即 *LAC* 曲线上升。所以，长期生产的规模经济和规模不经济的规律，决定了长期平均成本 *LAC* 曲线的形状呈 U 形特征，即先下降，达到最低点之后再上升。

（2）决定长期平均成本位置的因素主要有两个。

①外在经济和外在不经济。

外在经济和外在不经济是指，在长期，在其他条件不变时，如果企业生产所依赖的外部条件得到改善，使得企业的平均成本下降，则称为外在经济。相反，如果企业生产所依赖的外部条件恶化，使得企业的平均成本上升，则称为外在不经济。外在经济和外在不经济的变化，决定了长期平均成本 *LAC* 曲线的位置。当外在经济发生时，*LAC* 曲线的位置下移；当外在不经济发生时，*LAC* 曲线的位置上移。

外在经济和外在不经济的变化只影响 *LAC* 曲线的位置高低，它们不会影响 *LAC* 曲线的形状。因为 *LAC* 曲线的形状取决于企业生产的内生技术特征，而外在经济和外在不经济是由企业生产的外部因素变化引起的。

②学习效应。

学习效应是指工人、工程技术人员和生产管理者从经验中获得生产技能和知识，从而降低长期生产成本。一般来说，随着企业生产一种产品的时间的增长，学习效应使得生产成本越来越低，用公式表示为：$L=A+BN^{-\beta}$，其中，L 表示单位产出的劳动投入量，N 为累积的产出量，常数 A、$B>0$，$0<\beta<1$。

学习效应越明显，则 *LAC* 曲线越往下移动。

20. 比较消费者选择理论中的无差异曲线分析法与生产技术和成本理论中的等产量曲线分析法。

【难度】2　　**【考点】**生产者均衡；长期成本

【答案】从方法论上讲，无差异曲线分析法与等产量曲线分析法的实质是一样的。这两种分析法只是在相同的分析思路下，为分析工具赋予不同的经济学术语而已。

在消费者选择理论中，无差异曲线分析法的两个基本工具是无差异曲线和预算线。在消费者的偏好给定的条件下，一般可以得到凸向原点的无差异曲线，该曲线符合两商品的边际替代率递减规律。在商品的价格和消费者的收入给定的条件下，可以得到直线型的预算线，预算线的斜率取决于两商品的价格之比，且为负值。运用无差异曲线和预算线这两个工具，既可以分析消费者收入给定条件下的效用最大化，又可以分析效用给定条件下的支出最小化。消费者的决策均衡点位于无差异曲线和预算线的切点处，切点的均衡条件为两商品的边际替代率等于两商品的价格之比，通常写为 $MRS_{XY}=P_X/P_Y$。在其他条件不变的前提下，如果消费者的收入发生变化，或者消费者的效用水平发生变化，那么，消费者会沿着收入—消费曲线来选择两商品的消费以获得最大的效用或最小的支出。

类似地，在生产技术和成本理论中，等产量曲线分析法的两个基本工具是等产量曲线和等成本线。在厂商的生产技术给定的条件下，一般可以得到凸向原点的等产量曲线，该曲线符合两要素的边际技术替代率递减规律，在要素的价格和厂商的生产成本给定的条件下，可以得到直线型的等成本线，等成本线的斜率取决于两要素的价格之比，且为负值。运用等产量曲线和等成本线这两个工具，既可以分析生产者成本给定条件下的产量最大化，又可以分析产量给定条件下的成本最小化。生产者的决策均衡点位于等产量曲线和等成本线的切点处，切点的均衡条件为两要素的边际技术替代率等于两要素的价格之比，通常写为 $MRTS_{LK}=P_L/P_K$。在其他条件不变的前提下，如果生产者的成本发生变化，或者生产者的产量水平发生变化，那么，生产者会沿着生产的扩展线选择两要素的使用量，以获得最大的产量或最小的成本。

补充训练

1. 小张辞去每月工资为 3 000 元的工作，并取出存款 5 万元（假设月利率为 1%）创业，开了一个公司，那么小张创业的机会成本每月至少是（　　）元。（重庆工商大学 2017）

A. 3 000　　　　B. 500

C. 3 500　　　　D. 50 500

2. 关于正常利润，以下说法正确的是（　　）。（重庆大学 2017）

A. 计入会计成本和经济成本

B. 计入经济成本，不计入会计成本

C. 属于利润收入，不计入成本

D. 企业家才能的要素报酬，不属于成本

3. 鲁滨逊生活在一个与世隔绝的荒岛上。鲁滨逊每天有四小时用来捕鱼或者采摘椰子，每小时他可以捕两条鱼，或者采摘三个椰子。假设鲁滨逊的效用函数为 $U(C, F)=CF$，其中 C 表示他每天吃的椰子数量，F 表示他每天吃的鱼的数量。那么，他每天会选择捕多少条鱼来吃？（　　）（上海财大 2015）

A. 8 条　　B. 6 条

C. 4 条　　D. 2 条

4. 当出现 $MP_L/P_L<MP_K/P_K$ 时，厂商应该（　　），这样可降低成本并维持相同的产量。（暨南大学 2016）

A. 增加劳动投入，减少资本投入

B. 增加资本投入，减少劳动投入

C. 同时增加资本和劳动投入

D. 同时减少资本和劳动投入

5. 当某厂商以最小成本生产出既定产量时，（　　）。（上海海事大学 2011）

A. 它的总收益为零　　B. 它一定获得最大利润

C. 它一定未获得最大利润　　D. 无法确定它是否获得最大利润

6. 若生产函数为 $Q=30K^{0.5}L^{0.5}$，$P_K=10$，$P_L=5$，则扩展线为（　　）。（重庆大学 2017）

A. $K=0.5L$　　B. $L=0.5K$

C. $L=K^{0.5}$　　D. $K=L^{0.5}$

7. 下列说法中正确的是（　　）。（上海社科院 2013）

A. 厂房设备投资的利息是可变成本

B. 商标注册费是可变成本

C. 购买原材料的支出为不变成本

D. 补偿机器设备无形损耗的折旧费是不变成本

8. 设某产品的成本函数 $C(Q)$ 可导，其中 Q 为产量，若产量为 Q_0 时平均成本最小，则（　　）。（数学三 2018）

A. $C'(Q_0)=0$　　B. $C'(Q_0)=C(Q_0)$

C. $C'(Q_0)=Q_0C(Q_0)$　　D. $Q_0C'(Q_0)=C(Q_0)$

9. 假设厂商 A 的生产函数为 $q=K+L$（其中，q 为厂商的产量，K 和 L 分别为资本和劳动投入量），则对于给定的劳动市场和资本市场价格，该厂商的边际成本（　　）。（电子科大 2015）

A. 随着产量的增加而增加　　B. 随着产量的增加而降低

C. 随着产量的变化保持不变　　D. 无法确定

10. 短期平均成本曲线呈 U 形的原因与（　　）有关。（上海社科院 2015）

A. 规模报酬　　B. 外部经济与不经济

C. 可变要素的边际生产力　　D. 固定成本与可变成本所占比重

11. 当边际成本大于平均成本时，平均成本（　　）。（暨南大学 2015）

A. 增加　　B. 减少

C. 不变　　D. 达到最低点

12. 假定五芳斋两个职工一个工作日可以生产 200 公斤粽子，六个职工一个工作日可以生产 400 公斤粽子，则（　　）。（南京航空 2015）

A. 平均可变成本是下降的　　B. 平均可变成本是上升的

C. 平均成本是下降的　　D. 平均成本是上升的

13. 当边际收益递减规律发生作用时，总成本曲线（　　）。（上海海事大学 2014，上海海事大学 2015）

A. 以递增的速率下降　　B. 以递增的速率上升

C. 以递减的速率下降　　D. 以递减的速率上升

14. 长期平均成本曲线呈 U 形的原因在于（　　）。（暨南大学 2017）

A. 边际报酬递减规律

B. 边际替代率递减规律

C. 生产由规模经济向规模不经济变动

D. 生产的一般规律

15. 下列哪一项属于长期成本函数？（　　）（华东师大 2013）

A. $1.2Q+50.3Q^2-535Q^3$　　B. $3Q^2-5Q^3+175Q-50$

C. $10Q^3-10Q^2+65Q$　　D. $2Q^3-Q^2-70Q-9$

16. 企业生产存在范围经济意味着（　　）。（重庆大学 2012）

A. 同时生产几种产品要比分别生产有效率

B. 大批量生产比小批量生产有效率

C. 同一生产链上的产品关联生产比分别生产有效率

D. 边际成本处于递减阶段

17. 下列哪种曲线表明员工频繁跳槽对企业和员工均不利？（　　）（华东师大 2015）

A. 等产量曲线　　B. 等成本线

C. 洛伦兹曲线　　D. 学习曲线

18. 已知一个企业的生产函数为 $Q=(4KL-K^2-L^2)/11$，其中 K 和 L 分别表示资本和劳动，且要素的市场价格分别为 v 和 w，产品的市场价格为 P，而该企业仅仅是一个价格接受者。

（1）该企业现有资本存量 $K=\overline{K}$，当面临短期的产品价格波动时，它将如何生产？

（2）假设该企业处于长期生产中，$w=1$，$v=4$，企业的最优生产方式是什么？企业的长期成本函数是什么？

（3）假设该企业产品的市场需求函数为 $Q=a-0.5P$，且劳动市场是完全竞争的，求该企业对劳动的需求函数。（中国人民大学 2015）

19. 假设厂商生产产品采用柯布-道格拉斯生产函数形式 $Y=K^{\alpha}L^{1-\alpha}$，$\alpha>0$，其中 K 为资本、L 为劳动。假设厂商的产品价格 P 在短期内固定不变，因而产品价格 P 和产出 Y 可被视为给定的。假设要素市场是完全竞争的，因而工资 W 和资本租用成本 r_K 均可被视为给定的。

（1）在给定 P、Y、W 和 K 时，厂商如何选择 L？

（2）根据选择的 L，把厂商利润表示为 P、Y、W、K 和 r_K 的函数。

（3）给出厂商利润最大化下 K 的一阶条件，据此求解 K 并把它表示为 P、W、r_K 和 Y 的函数。

（4）厂商利润最大化的二阶条件能否得以满足？根据（3）分析 P、W、r_K 和 Y 的变化如何影响 K。（中山大学 2017）

20. 假设一个企业的生产函数是 $f(K,L)=\frac{1}{4}K^2L^2$，其中劳动 L 的价格是 w，资本 K 的价格是 r。请回答以下问题：

（1）证明企业的生产技术是规模报酬递增的。

（2）长期扩展路径（long-run expansion path）是由资本和劳动的最优组合所组成的曲线。请用画图的方法把这一路径找出来。

（3）假定 $w=10$、$r=2$，请找出这条长期扩展路径具体的函数形式。（中山大学 2014）

21. 说明短期平均成本曲线和长期平均成本曲线呈 U 形的原因。（中南财经政法大学 2014）

22. 假设在短期中，劳动是唯一可变的投入要素，并且劳动的价格为常数。试通过 MP_L 曲线的形状来分析 MC 曲线呈 U 形的原因。（浙江工商大学 2019）

23. 请画图并证明边际成本曲线一定通过平均成本曲线的最低点。（中山大学 2011）

24. “长期平均成本曲线是所有短期平均成本曲线最低点的集合或连线。”这句话是否正确？请作图并加以解释。（南京大学 2017）

25. 简述长期平均成本曲线形状的决定和位置移动。（扬州大学 2019）

参考答案

1. **【难度】**1　　**【考点】**成本和利润的基本概念

【答案】C。机会成本＝放弃的工资＋放弃的利息＝3 000＋50 000×1%＝3 500。

2. **【难度】**1　　**【考点】**成本和利润的基本概念

【答案】B。正常利润是自有要素的机会成本，没有在会计账目里表现出来，所以未计入会计成本，它属于隐成本。但正常利润作为隐成本，在计算经济利润时是要计入成本的。

【提示】正常利润、会计利润、经济利润、会计成本、经济成本、机会成本、显成本、隐成本……这些概念比较多，看着很乱，实际上它们是从三个不同的视角观察事物的结果，理解了这三个角度，就把这些“乱七八糟”的成本和利润概念梳理清楚了。详细分析可关注微信公众号“王海滨老师”，点击菜单栏“精品文章/精品文章合集/1 张表帮你理清经济学乱七八糟的成本概念”，或微信扫描二维码查看。

3. **【难度】**2　　**【考点】**生产者均衡

【答案】C。解法一：鲁滨逊的行为可以表示为：

$$\max U(C, F)=CF$$
$$\text{s.t.}\quad F/2+C/3=4$$

解得：$F=4$，$C=6$。

解法二：本题可理解为，鲁滨逊有 4 单位禀赋，其中鱼的价格（获得 1 单位鱼所消耗的禀赋）为 1/2，椰子的价格（获得 1 单位椰子所消耗的禀赋）为 1/3。由 C－D 函数的特征可知，鲁滨逊会花费 1/2 的禀赋在鱼上，所以 $F=\frac{4/2}{1/2}=4$。

4. **【难度】**2　　**【考点】**生产者均衡

【答案】B。解法一：生产者均衡条件是 $MP_L/P_L=MP_K/P_K$，在本题中 $MP_L/P_L<MP_K/P_K$，减少 L 时 MP_L 会增加，增加 K 时 MP_K 会减少，这两者都可以使得组合点朝生产者均衡方向移动。

解法二：设 $MP_L=P_L=P_K=1$，$MP_K=10\ 000$，可知此时需要增加资本投入，减少劳动投入。

【提示】解法二被我称为数字法，就是假设一组符合题设，但既简单又夸张的数字，设定数字后，答案就一目了然。

5. **【难度】**2　　**【考点】**生产者均衡

【答案】D。只能说在这一指定产量的条件下，厂商实现了利润最大化，但这一产量未必是利润最大化的产量，所以不能确定该厂商是否实现了最大利润。

6. **【难度】**2　　**【考点】**扩展线

【答案】A。由 C－D 函数的性质可知，生产者会将成本的 1/2 用于购买资本 K，将另外 1/2 用于购买劳动 L，所以有 $10K=5L$，即 $K=0.5L$。

7. **【难度】**2　　**【考点】**短期成本的基本概念

【答案】D。ABD 的成本，在不生产的时候都会产生，因此都是不变成本；C 在不生产时可以不产生，是可变成本。

8. **【难度】**2　　**【考点】**短期成本的基本概念

【答案】D。平均成本 $AC(Q)=C(Q)/Q$，AC 取最小值的一阶条件为：$\frac{dAC(Q)}{dQ}=\frac{d\frac{C(Q)}{Q}}{dQ}=\frac{C'(Q)Q-C(Q)}{Q^2}=0$。由于 AC 取最小值 $Q=Q_0$，所以有 $C'(Q_0)Q_0-C(Q_0)=0$，即 $Q_0C'(Q_0)=C(Q_0)$。

9.**【难度】**2　　**【考点】**短期成本的基本概念

【答案】C。设资本的价格为 r，劳动的价格为 w。如果 $r>w$，则厂商会全部使用劳动，即 $K=0$，生产函数变为 $q=L$，总成本 $TC=wL=wq$，$MC=w$，是固定不变的；同理可得，如果 $r<w$，则 $MC=r$，也是固定不变的；如果 $r=w$，则 $TC=rK+wL=r(K+L)$，$MC=r=w$，还是固定不变的。

10.**【难度】**1　　**【考点】**短期成本变动的决定因素

【答案】C。可变要素的边际生产力先递增后递减，导致 SAC 曲线呈 U 形。

11.**【难度】**1　　**【考点】**短期成本变动的决定因素

【答案】A。画图即知。也可以通过数学推导分析：

$$\frac{dAC}{dQ}=\frac{d(TC/Q)}{dQ}=\frac{\frac{dTC}{dQ}\cdot Q-TC}{Q^2}=\frac{1}{Q}\left(\frac{dTC}{dQ}-\frac{TC}{Q}\right)=\frac{1}{Q}(MC-AC)$$

由于 $Q>0$，所以有：当 $MC<AC$ 时，$dAC/dQ<0$，AC 曲线是下降的；当 $MC>AC$ 时，$dAC/dQ>0$，AC 曲线是上升的；当 $MC=AC$ 时，$dAC/dQ=0$，AC 曲线达到极（小）值点。

【提示】读者可以用同样的方法，分析 AVC 和 MC 的相对大小如何影响 AVC 曲线的斜率。

12.**【难度】**2　　**【考点】**短期产量曲线与短期成本曲线之间的关系

【答案】B。有 2 个职工的时候，$AP=200/2=100$；有 6 个职工的时候，$AP=400/6=67$。显然 AP 是下降的。由于 $AVC=w/AP$，所以 AVC 是上升的。

13.**【难度】**1　　**【考点】**短期产量曲线与短期成本曲线之间的关系

【答案】B。由 $MC=w/MP_L$ 知，MP_L 递减对应于 MC 递增，所以 TC 曲线以递增的速率上升。

14.**【难度】**1　　**【考点】**长期成本；规模经济与外在经济

【答案】C。扩大规模使得经济效益提高，就叫规模经济，规模经济和规模不经济使得 LAC 曲线呈 U 形。

【提示】LAC 曲线呈 U 形，不是因为规模报酬，而是因为规模经济和规模不经济。规模经济不属于规模报酬的范畴，只能说，规模报酬递增是规模经济的特例，但规模报酬递减与规模不经济没有必然的关联。

15. **【难度】** 2　　　**【考点】** 长期成本

【答案】 C。长期中没有固定成本，故长期成本函数中没有常数项，排除 B、D。长期边际成本 LMC 先递减后递增，即 $\frac{dLMC}{dQ}$ 先小于 0，后大于 0。A 中 $LMC=1.2+100.6Q-1\,605Q^2$，$\frac{dLMC}{dQ}=100.6-3\,210Q$，是先大于 0，后小于 0，不符合条件。C 中 $LMC=30Q^2-20Q+65$，$\frac{dLMC}{dQ}=60Q-20$，是先小于 0，后大于 0，所以选 C。

【提示】 长期成本，默认是 LTC，而不是 LAC，不要用呈 U 形来分析。

16. **【难度】** 1　　　**【考点】** 规模经济与外在经济

【答案】 A。存在范围经济是指多种产品一起生产的平均成本低于分别生产。

【总结】 规模报酬：各种生产要素同比例增减的效果，分为规模报酬递增、递减、不变三种；

规模经济：扩大生产规模后 LAC 下降叫规模经济，反之叫规模不经济；

外在经济：外界环境改善导致厂商成本下降叫外在经济，反之叫外在不经济；

范围经济：同时生产多种产品导致平均成本下降叫范围经济，反之叫范围不经济。

17. **【难度】** 1　　　**【考点】** 干中学

【答案】 D。学习曲线使得员工在同一个岗位上工作的时间越长，工作效率越高，从而工资收入也会越高。而跳槽后，员工需要重新学习，不利于收入的提高，对于企业而言，员工跳槽后，新来的员工也要重新学习，不利于降低成本。

18. **【难度】** 3　　　**【考点】** 生产者均衡

【答案】（1）由于在短期内假定只有劳动要素可变，而资本要素不变，所以短期内资本存量为 $K=\overline{K}$，短期生产函数为 $Q=(4\overline{K}L-\overline{K}^2-L^2)/11$。

厂商的短期利润为：

$$\pi=PQ-wL-v\overline{K}=P(4\overline{K}L-\overline{K}^2-L^2)/11-wL-v\overline{K}$$

利润最大化的一阶条件为

$$\frac{d\pi}{dL}=P(4\overline{K}-2L)/11-w=0$$

解得：$L=2\overline{K}-\frac{11w}{2P}$。

又$\frac{d^2\pi}{dL^2}=-2\frac{P}{11}<0$，所以$L=2\overline{K}-\frac{11w}{2P}$时利润达到最大化。

将$L=2\overline{K}-\frac{11w}{2P}$代入短期生产函数得，短期产量$Q=\frac{1}{11}\left(3\overline{K}^2-\frac{121w^2}{4P^2}\right)$。

当面临短期的产品价格波动时，厂商会按照$P>AVC_{\min}$的原则确定是否生产：如果$P>AVC_{\min}$，则继续生产，产量为$Q=(1/11)\cdot[3\overline{K}^2-121w^2/(4P^2)]$；如果$P<AVC_{\min}$，则停止生产；如果$P=AVC_{\min}$，厂商可以生产也可以不生产。

(2) 在长期，厂商的最优生产方式满足两要素的边际技术替代率等于两要素的价格之比，即：$MRTS_{LK}=MP_L/MP_K=[(1/11)(4K-2L)]/[(1/11)(4L-2K)]=w/v=1/4$，解得：$K/L=2/3$。

代入生产函数得$Q=L^2/9=K^2/4$，即：$L=3\sqrt{Q}$，$K=2\sqrt{Q}$。

长期成本函数$LTC=L+4K=3\sqrt{Q}+8\sqrt{Q}=11\sqrt{Q}$。

(3) 由$Q=a-0.5P$可知，$P=2a-2Q$，此时，企业的边际收益为$MR=2a-4Q$；由该企业的生产函数为$Q=(4KL-K^2-L^2)/11$，可知劳动的边际产量$MP_L=(4K-2L)/11$；又因为劳动市场完全竞争，所以对劳动的需求满足$MRP_L=w$，其中MRP_L为劳动的边际收益产品，指每增加一单位劳动要素使用量后企业总收益的增加量。

对劳动的需求曲线为：$MRP_L=MP_L\cdot MR=(4K-2L)/11\times(2a-4Q)=w$。

将$Q=L^2/9$及(2)中成本最小化的条件$K=2L/3$代入上式，整理得该企业对劳动的需求函数为：$w=4aL/33-8L^3/297$。

19. **【难度】**3　　**【考点】**生产者均衡

【答案】(1) 由于Y和K都是给定的，由生产函数$Y=K^{\alpha}L^{1-\alpha}$可得L的使用量：

$$L=Y^{\frac{1}{1-\alpha}}K^{-\frac{\alpha}{1-\alpha}}$$

(2) 利润$\pi=PY-WL-r_KK=PY-WY^{\frac{1}{1-\alpha}}K^{-\frac{\alpha}{1-\alpha}}-r_KK$。

(3) 厂商利润最大化的一阶条件为：

$$\frac{\partial\pi}{\partial K}=\frac{\alpha}{1-\alpha}WY^{\frac{1}{1-\alpha}}K^{-\frac{\alpha}{1-\alpha}-1}-r_K=\frac{\alpha}{1-\alpha}WY^{\frac{1}{1-\alpha}}K^{-\frac{1}{1-\alpha}}-r_K=0$$

整理得：$K=Y\left(\frac{\alpha}{1-\alpha}\right)^{1-\alpha}\left(\frac{W}{r_K}\right)^{1-\alpha}$。

(4) 厂商利润最大化的二阶条件为：

$$\frac{\partial^2\pi}{\partial K^2}=\frac{\alpha}{1-\alpha}WY^{\frac{1}{1-\alpha}}\left(-\frac{1}{1-\alpha}\right)K^{-\frac{1}{1-\alpha}-1}=-\frac{\alpha}{(1-\alpha)^2}WY^{\frac{1}{1-\alpha}}K^{\frac{\alpha-2}{1-\alpha}}<0$$

在$\alpha>0$且$\alpha\neq1$时，厂商利润最大化的二阶条件能得以满足。

由$K=Y\left(\frac{\alpha}{1-\alpha}\right)^{1-\alpha}\left(\frac{W}{r_K}\right)^{1-\alpha}=\left(\frac{\alpha}{1-\alpha}\right)^{1-\alpha}YW^{1-\alpha}r_K^{\alpha-1}$可知，$K$关于$P$的弹性为

0，即 P 的变化不会影响 K，K 关于 Y 的弹性为 1，K 关于 W 的弹性为（$1-\alpha$），K 关于 r_K 的弹性为（$\alpha-1$）。

【提示】（1）本题是戴维·罗默《高级宏观经济学》（第三版）第 8 章课后习题，在中山大学的考研真题里，这道题也是被放在宏观经济学部分，但实际上解答本题只需要用到基本的微观经济学知识。

（2）在最后一问里，我们使用了指数函数的弹性计算技巧。这一技巧很重要，考试中经常可以用到，尤其是在计算题中。本题如果不使用这一技巧，一味计算，就会耗费很多时间。关于这一技巧的详细讲解，可关注微信公众号“王海滨老师”，点击菜单栏“精品文章/精品文章合集/1 个简单公式秒杀 90%指数函数题”，或微信扫描二维码查看。

20. **【难度】** 2　　**【考点】** 扩展线

【答案】（1）对于任意的 $\lambda>1$，均有 $f(\lambda K, \lambda L)=\frac{1}{4}(\lambda K)^2(\lambda L)^2=\frac{1}{4}\lambda^4 K^2 L^2$。

$$\lambda f(K, L)=\frac{1}{4}\lambda K^2 L^2$$

由于 $\lambda>1$，所以有 $\lambda^4>\lambda$，即 $f(\lambda K, \lambda L)>\lambda f(K, L)$。

所以企业的生产技术是规模报酬递增的。

（2）资本和劳动的最优组合点为等成本线与等产量曲线的切点，即对应成本一定时的最大生产量，或者生产量一定时的最小成本。如图 5-11 所示，均衡点的连线即为长期扩展路径。

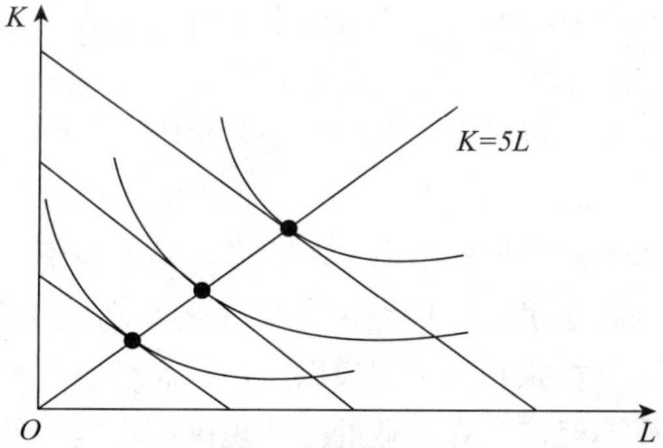

图 5-11　长期扩展路径

（3）解法一：

$$MRTS_{LK}=\frac{MP_L}{MP_K}=\frac{\frac{1}{2}K^2L}{\frac{1}{2}KL^2}=\frac{K}{L} \quad ①$$

生产者长期均衡的条件为

$$MRTS_{LK}=\frac{w}{r}=\frac{10}{2}=5 \qquad ②$$

将式①代入式②，解得：长期扩展路径具体的函数形式为 $K=5L$。

解法二：

由于生产函数为 C-D 函数，因此生产者长期均衡的条件是将成本的 $\frac{2}{2+2}=\frac{1}{2}$ 用于购买 K，将成本的 $\frac{2}{2+2}=\frac{1}{2}$ 用于购买 L。所以有：$10L=\frac{1}{2}C$，$2K=\frac{1}{2}C$，即 $10L=2K$。解得长期扩展路径具体的函数形式为：$K=5L$。

【提示】解法一为常规解法，解法二为便捷解法。便捷解法在考试时很实用，不仅可以节约时间，而且可以简化计算，减小出错的概率。

这一便捷解法可以作为定理在考试时直接使用。

关于这一解法的具体证明过程，以及更多应用示例，可关注微信公众号“王海滨老师”，点击菜单栏“精品文章/精品文章合集/C-D 函数题的秒杀技巧【重点!】”，或微信扫描二维码查看。

21. **【难度】**2　　**【考点】**短期成本变动的决定因素；长期成本

【答案】虽然短期平均成本曲线和长期平均成本曲线都呈 U 形，但二者呈 U 形的原因是不同的。

（1）短期平均成本 SAC 曲线之所以呈 U 形，即最初递减然后转入递增，是因为边际报酬递减规律。这表现为平均可变成本随产量的增加而递减（这是由于一开始随着可变要素投入和产量的增加，不变要素生产效能的发挥和专业化程度的提高使得边际产量增加），而当产量达到一定数量后，由于边际报酬递减规律的作用，随着可变要素投入的增多，每增加一单位可变要素所增加的产量小于先前的可变要素之平均产量。

（2）长期平均成本 LAC 曲线之所以呈 U 形，是由规模经济和规模不经济决定的。在企业生产扩张的开始阶段，厂商由于扩大生产规模而使经济效益得到提高。这便是规模经济。当生产扩张到一定规模以后，厂商继续扩大生产规模就会使经济效益下降，这便是规模不经济。在企业的生产规模由小到大的扩张过程中，会先后出现规模经济和规模不经济：规模经济导致长期平均成本下降，即表现为 LAC 曲线下降；规模不经济导致长期平均成本上升，即表现为 LAC 曲线上升。显然，正是长期生产的规模经济和规模不经济的作用，决定了 LAC 曲线表现出先下降后上升的 U 形特征。

22. **【难度】**2　　**【考点】**短期产量曲线与短期成本曲线之间的关系

【答案】在短期，如果劳动是唯一可变的投入要素，则 $TC(Q)=TVC(Q)+$

TFC，其中 TFC 是固定的常数。由于劳动的价格为常数，设劳动的价格为 w，则有 $TC(Q)=w\times L(Q)+TFC$。所以有：

$$MC(Q)=\mathrm{d}TC/\mathrm{d}Q=w\times \mathrm{d}L/\mathrm{d}Q=w/MP_L$$

由此可知，边际成本 MC 和边际产量 MP_L 的变动方向是相反的：当 MP_L 上升的时候，MC 下降；反之，当 MP_L 下降的时候，MC 上升；当 MP_L 上升到最大值的时候，MC 达到最小值。

如图 5－12 所示，由于边际报酬递减规律的作用，可变要素的边际产量 MP_L 曲线先上升，到 A 点时达到最大值，对应于 MC 曲线先下降，到 A' 点时达到最小值；然后 MP_L 曲线开始下降，对应于 MC 曲线开始上升。

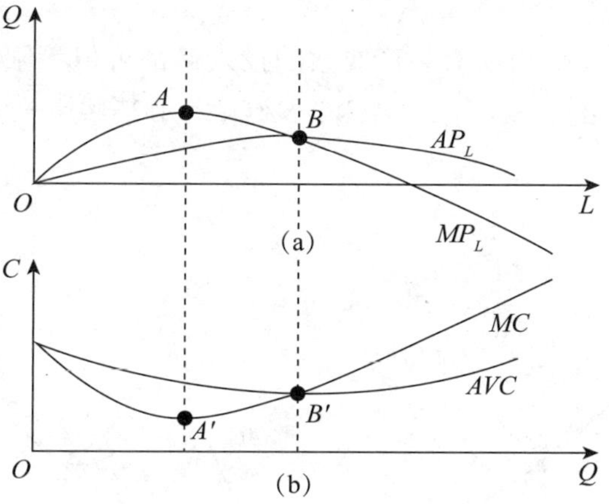

图 5－12 MC 曲线与 MP_L 曲线的对应关系

23.【难度】2 【考点】短期产量曲线与短期成本曲线之间的关系

【答案】边际成本曲线必定与平均成本曲线相交于平均成本曲线的最低点，如图 5－13 所示。

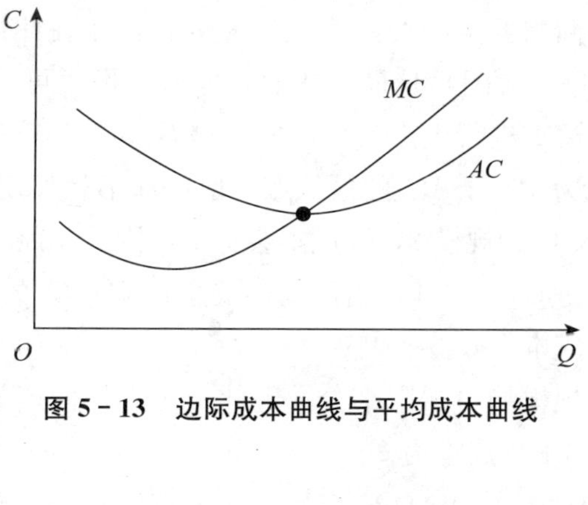

图 5－13 边际成本曲线与平均成本曲线

证明如下：

$$\frac{\mathrm{d}AC}{\mathrm{d}Q}=\frac{\mathrm{d}}{\mathrm{d}Q}\left(\frac{TC}{Q}\right)=\frac{TC'\times Q-TC}{Q^2}=\frac{1}{Q}(MC-AC)$$

由于$Q>0$，所以，当$MC<AC$时，$\frac{dAC}{dQ}<0$，随着Q的增加，AC是减少的，即AC曲线是下降的；当$MC>AC$时，$\frac{dAC}{dQ}>0$，随着Q的增加，AC是增加的，即AC曲线是上升的；当$MC=AC$时，AC曲线达到极小值点。

因此，边际成本曲线一定通过平均成本曲线的最低点。

24. **【难度】** 2　　**【考点】** 长期成本

【答案】 这句话不正确。

长期平均成本（LAC）曲线是所有短期平均成本（SAC）曲线的包络线。在图形上，无数条短期平均成本曲线叠加后形成一个半封闭区域，其边缘即是包络曲线。

如图 5－14 所示，假设所有生产要素的投入量都可以无限细分且可变，因此生产规模是可任意调整的。SAC_1、SAC_2、SAC_3表示某些生产规模固定时的短期平均成本。

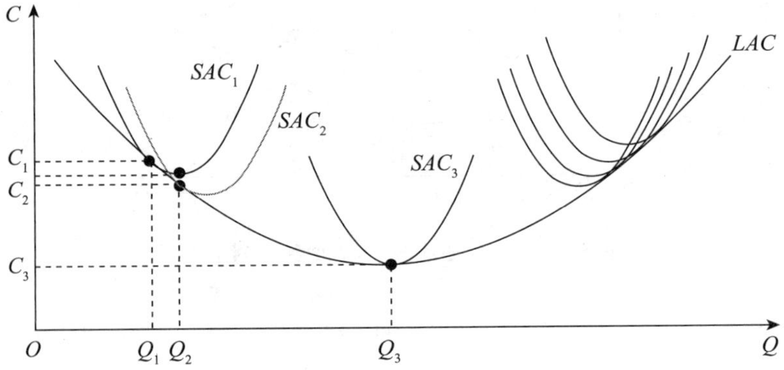

图 5－14　LAC 曲线与 SAC 曲线

由图可知，当厂商需要生产$Q=Q_1$的产量时，由于在此规模下，SAC_1所对应的规模（以下称规模 1，后同）是最合适的，即这一规模可以使得生产成本最低，因此厂商会选择以规模 1 进行生产，平均成本是C_1。当厂商需要生产$Q=Q_2$的产量时，虽然$Q=Q_2$恰好对应SAC_1的最低点，但这却不是长期来看最低的成本，因为如果选择SAC_2所对应的规模 2，则成本会更低，因此，此时厂商会选择以规模 2 进行生产，平均成本是C_2。同理，当厂商需要生产$Q=Q_3$的产量时，会选择以规模 3 进行生产，平均成本是C_3。

由于产量、生产规模均可无限细分，因此，对应任何产量Q_i，厂商均有一个最优的规模i，对应的平均成本为C_i。

将（Q_1，C_1）、（Q_2，C_2）、（Q_3，C_3）……连接起来，就是无数条短期平均成本（SAC）曲线的包络线，这条包络线被称为长期平均成本（LAC）曲线。

(Q_1, C_1)、(Q_2, C_2) 均不是对应的 SAC 曲线上的最低点，可见，包络线上的任何一点，一定是该产量下的最低生产成本点，但常常不是短期平均成本的最低点。只有在一种情况下，即当厂商选择以 SAC_3 的规模进行生产时，LAC 曲线上的点才是 SAC 曲线上的最低点，因为此时 LAC 曲线和 SAC 曲线相切于它们各自的最低点。

【提示】包络线不能简单地描述为 SAC 曲线最低点的轨迹，如图5－14所示，SAC_1 曲线的最低点并不在包络线上，只有 SAC_3 的最低点在包络线上。

25.**【难度】**2　　**【考点】**规模经济与外在经济

【答案】(1) LAC 曲线形状的决定。

长期平均成本曲线呈先降后升的 U 形，这是由长期生产中的规模经济和规模不经济决定的。

在企业生产扩张的开始阶段，厂商由于扩大生产规模而使经济效益得到提高，这便是规模经济。当生产扩张到一定规模以后，厂商继续扩大生产规模，就会使经济效益下降，这便是规模不经济。一般来说，在企业的生产规模由小到大的扩张过程中，会先后出现规模经济和规模不经济：规模经济导致长期平均成本下降，即表现为 LAC 曲线下降；规模不经济导致长期平均成本上升，即表现为 LAC 曲线上升。显然，正是长期生产的规模经济和规模不经济的作用，决定了 LAC 曲线表现出先下降后上升的 U 形特征。

(2) LAC 曲线位置的移动。

LAC 曲线的位置移动的原因在于企业的外在经济和外在不经济。

企业的外在经济是由于厂商的生产活动所依赖的外界环境得到改善而产生的。相反，如果厂商的生产活动所依赖的外界环境恶化了，则为企业的外在不经济。

外在经济和外在不经济是由企业以外的因素引起的，它影响厂商的长期平均成本 LAC 曲线的位置。在图 5－15 中，企业的外在经济使 LAC_1 曲线向下移至 LAC_2 曲线的位置。相反，企业的外在不经济使 LAC_2 曲线向上移至 LAC_1 曲线的位置。

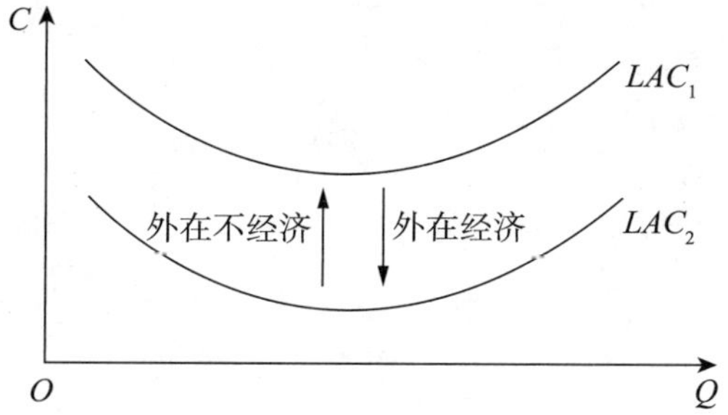

图 5－15　LAC 曲线位置的移动

【提示】（1）规模经济与规模报酬递增是不同的。规模经济不要求各生产要素同比例增加，规模报酬递增则要求各生产要素同比例增加。可以说，规模报酬递增是规模经济的一种特殊情况。

存在规模报酬递增的时候，必然存在规模经济，但存在规模报酬不变或递减的时候，如果调整生产要素的投入比例，也有可能实现规模经济。反之，存在规模不经济的时候，必然也存在规模报酬递减，但存在规模经济，或介于规模经济和规模不经济之间的时候，如果严格要求要素投入比例不变，则也有可能出现规模报酬不变或递减。

（2）有部分国外教材对规模经济和规模报酬递增不做严格区分，例如范里安所著的《微观经济学：现代观点》。如果考研参考教材是此类教材，可以不对这二者做区分。

第六章

完全竞争市场

学习精要

一、 学习重点

1. 完全竞争市场的条件
2. 完全竞争厂商的需求曲线和收益曲线
3. 厂商利润最大化的均衡条件
4. 完全竞争厂商的短期均衡
5. 完全竞争厂商的短期供给曲线
6. 完全竞争厂商的长期均衡
7. 税负分摊

二、 知识脉络图

- 完全竞争市场
  - 市场类型：完全竞争、垄断竞争、寡头、垄断
  - 完全竞争市场的条件
    - 大量的买者和卖者
    - 商品完全同质
    - 资源完全流动
    - 信息是完全的
  - 完全竞争厂商的需求曲线和收益曲线
  - 利润最大化的均衡条件：边际收益等于边际成本
  - 完全竞争厂商的短期均衡状态
    - $AR=AC$
    - $AVC<AR<AC$
    - $AR=AVC$
    - $AR<AVC$
  - 短期供给曲线
  - 生产者剩余
    - 短期
    - 长期
  - 长期均衡条件
  - 长期供给曲线
    - 水平线
    - 向右上方倾斜
    - 向右下方倾斜
  - 完全竞争市场的福利
    - 价格管制
    - 税收

三、 理论精要

知识点一　完全竞争市场的条件

完全竞争市场必须具备以下四个条件：

第一，市场上有大量的买者和卖者，每一个消费者或每一个厂商对市场价格都没有任何控制力量，都只能被动地接受既定的市场价格。

第二，市场上每一个厂商提供的商品都是完全同质的。

第三，所有资源都具有完全的流动性，厂商进入或退出一个行业是完全自由和毫无困难的。

第四，信息是完全的，每一个买者和卖者都掌握与自己的经济决策有关的一切信息。

完全竞争市场的条件是非常苛刻的，通常只是将一些农产品市场，如大米市场、小麦市场等，看成比较接近完全竞争市场。

知识点二　完全竞争厂商的需求曲线与收益曲线

厂商的需求曲线指市场上对某个厂商的产品的需求状况。由于厂商是既定市场价格的接受者，所以完全竞争厂商的需求曲线是一条由既定市场价格水平出发的水平线。

总收益指厂商按一定价格出售一定量产品时所获得的全部收入；平均收益指厂商在平均每一单位产品销售上所获得的收入；边际收益指厂商增加一单位产品销售所获得的总收入的增量。

厂商的收益取决于市场上对其产品的需求状况，或者说，厂商的收益取决于厂商的需求曲线的特征。在不同的市场类型中，厂商的需求曲线具有不同的特征。

在市场出清假设下，厂商的销售量等于厂商所面临的需求量。完全竞争厂商水平的需求曲线又可以表示为：在每一个销售量上，厂商的销售价格是固定不变的，则 $AR=MR=P$，因此完全竞争厂商的平均收益曲线、边际收益曲线、需求曲线三条线重叠。它们都用同一条由既定价格水平出发的水平线来表示。完全竞争厂商的总收益曲线是一条由原点出发的斜率不变的向右上方倾斜的直线。

知识点三　完全竞争厂商的短期均衡

厂商利润最大化的均衡条件是 $MR=MC$，其经济含义是，厂商处于由既定的成本状况和既定的收益状况所决定的最好的境况，即相对最大的利润或相对最小的亏损。

$MR>MC$，表明厂商增加一单位产量所带来的总收益的增加量大于所付出的总成本的增加量，即厂商增加产量是有利可图的。

$MR<MC$，表明厂商增加一单位产量所带来的总收益的增加量小于所付出的总成本的增加量，即厂商增加产量是不利的。

利润最大化的均衡条件不仅适用于完全竞争厂商，而且适用于非完全竞争厂商；不仅适用于短期生产，而且适用于长期生产。

在短期，厂商是在给定的生产规模下，通过对产量的调整来实现 $MR=SMC$ 的利润最大化的均衡条件的。在均衡点：

（1）如果满足 $AR=AC$，厂商利润为零，但实现了厂商的正常利润，该均衡点被称为厂商的收支相抵点。

（2）如果满足 $AR=AVC$，则厂商可以继续生产，也可以不生产，也就是说，厂商生产或不生产的结果是一样的，这个均衡点被称为停止营业点或关闭点。

（3）如果满足 $AC>AR>AVC$，则厂商虽然亏损，但仍继续生产，因为厂商用全部收益弥补全部可变成本以后还有剩余，以弥补在短期内总是存在的不变成本的一部分。

（4）如果满足 $AR<AVC$，则厂商将停止生产，因为厂商的全部收益无法弥补全部的可变成本。

知识点四　完全竞争厂商的短期供给曲线

厂商的短期供给曲线应该用 SMC 曲线上大于和等于 AVC 曲线最低点的部分来表示，即用 SMC 曲线上大于和等于停止营业点的部分来表示。

完全竞争厂商的短期供给曲线是向右上方倾斜的，它表示了商品的价格和供给量之间同方向变化的关系。更重要的是，完全竞争厂商的短期供给曲线表示厂商在每一个价格水平的供给量都是能够给其带来最大利润或最小亏损的最优产量。

知识点五　生产者剩余

在短期内，厂商的生产者剩余指厂商在提供一定数量的某种产品时实际接受的总支付和愿意接受的最小总支付之间的差额。生产者剩余通常用市场价格线以下、厂商的供给曲线以上的面积来表示。只要每一单位产品的价格大于边际成本，厂商就可以获得生产者剩余。令反供给函数 $P^s=f(Q)$，且价格为 P_0 时厂商的供给量为 Q_0，生产者剩余的数学公式定义为：

$$PS=P_0Q_0-\int_0^{Q_0}f(Q)\mathrm{d}Q$$

在短期内，由于不变成本是无法改变的，所有产量的边际成本之和必然等于总可变成本。生产者剩余也可以用厂商的收益和总可变成本的差额来定义，即 $PS=P_0Q_0-TVC$。

在长期内，成本递增行业也存在生产者剩余，它可以理解为要素投入的资金收入。

【补充】关于生产者剩余与经济利润、租金等的关系，编者在微信公众号的一篇文章里做了梳理，可微信扫描二维码查看。

知识点六　完全竞争行业的短期供给曲线

假定生产要素的价格不变，一个行业的短期供给曲线由该行业内所有厂商的短期供给曲线的水平加总得到。若考虑到行业产量变化对生产要素价格的影响，那么完全竞争行业的短期供给曲线是行业内所有厂商的短期供给曲线的水平加总，就成了一种粗略的或不准确的说法。

行业的短期供给曲线也是向右上方倾斜的，它表示市场的产品价格和市场的短期供给量呈同方向变动关系。而且，行业的短期供给曲线上与每一价格水平相对应的供给量都是可以使全体厂商在该价格水平获得最大利润或最小亏损的最优产量。

知识点七　完全竞争厂商的长期均衡

在完全竞争厂商的长期生产中，所有的生产要素都是可变的，厂商是通过对全部生产要素的调整来实现 $MR=LMC$ 的利润最大化均衡原则的。在完全竞争市场价格给定的条件下，厂商在长期生产中对全部生产要素的调整可以表现为两个方面：一方面表现为对最优生产规模的选择，另一方面表现为进入或退出一个行业的决策。

在长期内，厂商通过对最优生产规模的选择，使自己的境况得到改善，从而获得了比在短期内所能获得的更大的利润，最终使得长期平均成本最小。

生产要素在行业之间的调整，使得完全竞争厂商长期均衡时的利润为零，即市场价格等于长期平均成本的最低点：$P=LAC_{\min}$。

完全竞争厂商的长期均衡出现在长期平均成本的最低点，这时，生产的平均成本降低到长期平均成本的最低点，商品的价格也等于最低的长期平均成本，即有：

$$MR=LMC=SMC=LAC=SAC$$

知识点八　完全竞争行业的长期供给曲线

根据行业产量变化对生产要素价格所可能产生的影响，我们可将完全竞争行业分为成本不变行业、成本递增行业和成本递减行业。

成本不变行业是这样一种行业：该行业的产量变化所引起的生产要素需求的变化，不对生产要素的价格产生影响。成本不变行业的长期供给曲线是一条水平线。

成本递增行业是这样一种行业：该行业的产量增加所引起的生产要素需求的增加，会导致生产要素价格的上升。成本递增行业的长期供给曲线是向右上方倾斜的。

成本递减行业是这样一种行业：该行业的产量增加所引起的生产要素需求的增加，反而使生产要素的价格下降了。行业成本递减的原因是外在经济的作用。成本递减行业的长期供给曲线是向右下方倾斜的。

知识点九　完全竞争市场的福利

完全竞争市场实现了最大的福利，或者说，完全竞争市场机制的运行是有效的。

最高限价与最低限价均限制了市场机制的有效运行，导致市场福利的无谓损失。其中，如果消费者的需求是富有弹性的，最高限价使得消费者的福利增加，生产者的福利减少，社会总福利减少；如果消费者的需求是缺乏弹性的，最高限价有可能既减少了生产者的福利，也减少了消费者的福利。

政府实施最低限价时，如果生产者不能预知消费者的实际需求量，而是按照最低限价的供给意愿进行生产，就会出现供给过剩，这不仅会减少消费者的福利，而且会减少生产者的福利，社会总福利的无谓损失就会更大。

销售税也导致了市场福利的无谓损失。需求或供给弹性越大，销售税所导致的福利的无谓损失就越大。政府无论是向消费者还是生产者征税，对消费者福利和生产者福利的影响都是一样的，其税负的分摊是，价格弹性小的分摊多，价格弹性大的则分摊少。

【补充】关于税负分摊有一个极简单公式：$e_s \times t_s = e_d \times t_d$，其中 e_d 与 e_s 分别表示消费者的需求价格弹性与生产者的供给价格弹性，t_d 与 t_s 分别表示二者分摊的税负。

这一公式还有一个变化：$t_d/k_d = t_s/k_s$，其中 k_d、k_s 分别表示需求曲线与供给曲线在均衡点上斜率（或切线斜率）的绝对值。

考试遇到客观题可直接用这个公式秒杀。对于这个公式，目前的教材都没有讲，但它非常实用，其证明以及更多使用中的变化，可关注微信公众号“王海滨老师”，点击菜单栏“精品文章/精品文章合集/1 个简单公式帮你秒杀 99%经济学税负分摊题”，或微信扫描二维码查看。

习题解析

一、简答题

1. 请区分完全竞争市场条件下单个厂商的需求曲线、单个消费者的需求曲线以及市场的需求曲线。

【难度】1　　**【考点】**完全竞争厂商的需求曲线与收益曲线

【答案】针对每一个市场价格，消费者都选择实现自身效用最大化的需求量，这种市场价格和需求量的组合的轨迹，构成单个消费者的需求曲线，如图 6－1（a）所示。单个消费者的需求曲线一般是向右下方倾斜的。

市场的需求曲线是指市场上所有单个消费者需求曲线的水平加总。例如，假设单个消费者的需求曲线可写成 d：$q_i = A_i - B_i P$，则市场需求曲线可写成 D：$Q = \sum q_i = \sum A_i - \sum B_i P$，如图 6－1（b）所示。

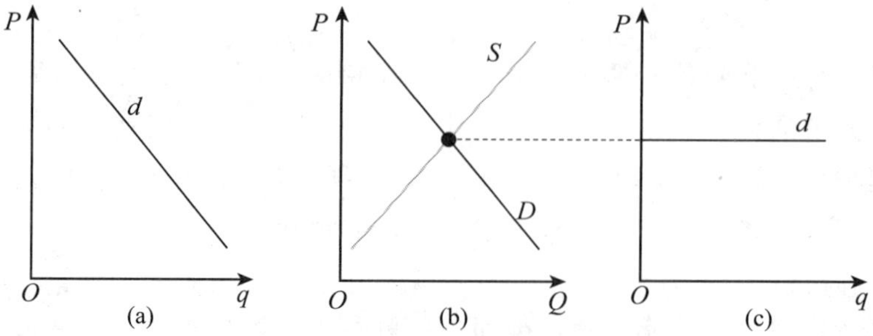

图 6－1　三种需求曲线

单个厂商的需求曲线是用来表示单个厂商所面临的对其产品的需求情况的。完全竞争市场里单个厂商的需求曲线是由市场均衡价格出发的一条水平线，如图6-1（c)所示。而市场的均衡价格取决于市场的需求与供给，单个完全竞争厂商只是该价格的接受者。

【提示】单个厂商的需求曲线和单个消费者的需求曲线之间没有直接的联系。

2. 为什么完全竞争厂商是“市场价格的接受者”？既然如此，完全竞争市场的价格还会变化吗？

【难度】1　　**【考点】**完全竞争市场的条件

【答案】由于在完全竞争市场上有很多消费者和很多厂商，每一个行为主体所占的市场份额都微乎其微，是可以忽略不计的，因此其经济行为对市场价格水平不会产生影响。又由于在完全竞争市场上厂商们生产和销售的产品是完全无差异的，即彼此的产品互为完全替代品，因此每一个厂商在既定的市场价格水平下都不会提价或降价，提价则销量立即降为零，不降价也能将全部产品销售出去，故没有必要降价。所以，完全竞争厂商是市场价格的接受者。

完全竞争厂商是市场价格的接受者，并不是说完全竞争市场的价格是一成不变的。事实上，在市场供求力量的相互作用下，完全竞争市场的价格是经常变化的，这种变化的规律为供求定理所描述。例如，当某年农产品举国丰收时，所有农民能销售的粮食数量都增加了，虽然某个农民的粮食数量增加不影响市场供给曲线，但全体农民的粮食数量都增加则会导致市场供给曲线右移，供给增加。如果因某种原因而导致所有消费者对玉米的需求都增加（例如，假设科学家研究表明，玉米食品可以有效防癌），则这会导致市场需求曲线右移。这种市场供求曲线移动并产生了新的均衡价格之后，对于某个厂商而言，市场价格又是固定不变的，它依然只能是“市场价格的接受者”。

3. 你认为花钱做广告宣传是完全竞争厂商获取更大利润的手段吗？

【难度】1　　**【考点】**完全竞争厂商的短期均衡

【答案】（1）完全竞争厂商花钱做广告宣传不是获取更大利润的手段。

（2）在完全竞争厂商的短期生产中，市场价格是给定的，完全竞争厂商面临的需求曲线是一条平行于数量轴的直线，数值等于市场价格，即有 $P=MR=AR$。生产中的不变要素的投入量是无法变动的，即生产规模是给定的，因此短期边际成本和短期平均成本也是确定的。

（3）完全竞争厂商的短期均衡条件是 $MR=SMC$，这就决定了其均衡产量，从而决定了完全竞争厂商获得的利润，与是否进行广告宣传是无关的。

（4）此外，完全竞争厂商的产品是无差异的，一般不会有某个厂商为完全竞争市场的所有相同产品做广告。并且，完全竞争厂商面对无数的消费者，在既定的市场价格下总是可以卖出所有产品，所以不需要做广告。

4. 完全竞争厂商的短期供给曲线与短期生产的要素合理投入区间之间有什么联系？

【难度】 2　　**【考点】** 完全竞争厂商的短期供给曲线

【答案】 完全竞争厂商的短期生产和短期成本之间的相互关系是：$MC=w/MP_L$，$AVC=w/AP_L$。这两个公式可以分别理解为：厂商在短期生产中，MP_L曲线的下降阶段对应着MC曲线的上升阶段，AP_L曲线的下降阶段对应着AVC曲线的上升阶段，MP_L曲线与AP_L曲线的交点对应着MC曲线与AVC曲线的交点。

完全竞争厂商的短期供给曲线是MC曲线上等于和高于AVC曲线最低点的那一段，对应到短期生产中就是MP_L曲线低于AP_L曲线最高点的那一段。由于短期生产的要素合理投入区间就是MP_L曲线低于AP_L曲线最高点的那一段，所以，完全竞争厂商的短期供给曲线对应的恰好就是短期生产的要素合理投入区间。即，如果完全竞争厂商处于短期生产的要素合理投入区间，那么，这同时也意味着该厂商的生产一定位于短期供给曲线上。或者，如果完全竞争厂商的生产位于短期供给曲线上，那么，该厂商的生产一定处于短期生产的要素合理投入区间。

二、计算题

5. 已知某完全竞争行业中单个厂商的短期成本函数为$STC=0.1Q^3-2Q^2+15Q+10$。

（1）求当市场上产品的价格为$P=55$时，厂商的短期均衡产量和利润。

（2）当市场价格下降为多少时，厂商必须停产？

（3）求厂商的短期供给函数。

【难度】 1　　**【考点】** 完全竞争厂商的短期均衡；完全竞争厂商的短期供给曲线

【答案】（1）因为单个厂商的短期成本函数为$STC=0.1Q^3-2Q^2+15Q+10$，所以其边际成本$SMC=0.3Q^2-4Q+15$。

根据完全竞争行业的均衡条件$SMC=P$，代入有关参数可得：$0.3Q^2-4Q+15=55$，求解得出$Q=20$，厂商的利润$=PQ-STC=55\times20-(0.1\times8\,000-2\times400+15\times20+10)=790$。

（2）生产临界点条件为：价格等于最低平均可变成本。根据总成本函数可得平均可变成本$AVC=TVC/Q=0.1Q^2-2Q+15$，令$\mathrm{d}AVC/\mathrm{d}Q=0.2Q-2=0$，解得$Q=10$，代入可得$AVC_{\min}=5$，因此，当价格低于5时，厂商必须停产。

（3）厂商的短期供给函数为$P=SMC=0.3Q^2-4Q+15$。求解得到：$Q=\dfrac{4+\sqrt{1.2P-2}}{0.6}$。从而厂商的短期供给函数为

$$Q=\begin{cases}\dfrac{4+\sqrt{1.2P-2}}{0.6}, & 若\ P\geqslant5\\ 0, & 若\ P<5\end{cases}$$

6. 某完全竞争厂商的短期边际成本函数为 $SMC=0.6Q-10$，总收益函数为 $TR=38Q$，且已知产量 $Q=20$ 时的总成本为 $STC=260$。

求该厂商利润最大化时的产量和利润。

【难度】1　　　**【考点】**完全竞争厂商的短期均衡

【答案】已知总收益 $TR=38Q$，所以 $P=MR=38$，又已知边际成本 $SMC=0.6Q-10$，根据利润最大化条件 $SMC=MR$，有 $0.6Q-10=38$，解得 $Q=80$，所以 $Q=80$ 时利润最大。

已知边际成本 $SMC=0.6Q-10$，则利用不定积分原理可求总成本 STC 函数，$STC=\int SMC\mathrm{d}Q=\int(0.6Q-10)\mathrm{d}Q=0.3Q^2-10Q+TFC$，又知 $Q=20$ 时，总成本 $STC=260$，即 $0.3\times20^2-10\times20+TFC=260$，求解可得 $TFC=340$，因而总成本函数为 $STC=0.3Q^2-10Q+340$。

根据以上分析，最大利润 $\pi=TR-STC=38Q-(0.3Q^2-10Q+340)=38\times80-(0.3\times80^2-10\times80+340)=1\ 580$。

7. 假定某完全竞争行业内单个厂商的短期总成本函数为 $STC=Q^3-8Q^2+22Q+90$，产品的价格为 $P=34$。

(1) 求单个厂商实现利润最大化时的产量和利润量。

(2) 如果市场供求变化使得产品价格下降为 $P=22$，那么，厂商的盈亏状况将如何？如果亏损，亏损额是多少？(保留整数部分。)

(3) 在 (2) 的情况下，厂商是否还会继续生产？为什么？

【难度】2　　　**【考点】**完全竞争厂商的短期均衡

【答案】(1) $SMC=3Q^2-16Q+22$，由 $P=SMC$ 的利润最大化条件得：

$$34=3Q^2-16Q+22$$

解得：$Q=6$（已舍去无意义的负值）。

$$\text{利润 }\pi=PQ-STC=34\times6-(6^3-8\times6^2+22\times6+90)=54$$

(2) 由 $P=SMC$ 的利润最大化条件得：

$$22=3Q^2-16Q+22$$

解得：$Q=16/3\approx5$（已舍去无意义的负值）。

$$\pi=PQ-STC\approx22\times5-(5^3\quad 8\times5^2+22\times5+90)=-15$$

此时厂商出现亏损，亏损额约为 15。

(3) $TVC=Q^3-8Q^2+22Q$，所以 $AVC=Q^2-8Q+22$。

AVC 达到最小值的一阶条件为：

$$\frac{\mathrm{d}AVC}{\mathrm{d}Q}=2Q-8=0$$

解得：$Q=4$。

此时$\frac{d^2AVC}{dQ^2}=2>0$，因此$Q=4$时，AVC达到最小值。

$$AVC_{\min}=4^2-8\times4+22=6$$

由于$P=22>AVC_{\min}=6$，所以厂商虽然亏损，但还会继续生产。

8. 假定某完全竞争厂商的短期总成本函数为$STC=0.04Q^3-0.4Q^2+8Q+9$，产品的价格$P=12$。求该厂商实现利润最大化时的产量、利润量和生产者剩余。

【难度】2　　**【考点】**完全竞争厂商的短期均衡；生产者剩余

【答案】$SMC=0.12Q^2-0.8Q+8$，由$P=SMC$的利润最大化条件得：

$$12=0.12Q^2-0.8Q+8$$

解得：$Q=10$（已舍去无意义的负值）。

$$利润\ \pi=PQ-STC=12\times10-(0.04\times10^3-0.4\times10^2+8\times10+9)=31$$
$$生产者剩余\ PS=PQ-TVC=12\times10-(0.04\times10^3-0.4\times10^2+8\times10)=40$$

9. 已知某完全竞争的成本不变行业中单个厂商的长期总成本函数为$LTC=Q^3-12Q^2+40Q$。试求：

（1）当市场的产品价格为$P=100$时，厂商实现$MR=LMC$时的产量、平均成本和利润。

（2）该行业长期均衡时的价格和单个厂商的产量。

（3）当市场的需求函数为$Q=660-15P$时，行业长期均衡时的厂商数量。

【难度】2　　**【考点】**完全竞争厂商的长期均衡

【答案】（1）根据厂商的长期总成本函数可得长期边际成本函数：$LMC=\frac{dLTC}{dQ}=3Q^2-24Q+40$。当市场价格$P=100$时，边际收益$MR=100$。当厂商实现$MR=LMC$时，代入有关参数可得$100=3Q^2-24Q+40$，解得：$Q=10$（舍去负值）。根据长期总成本函数可得长期平均成本函数$LAC=\frac{LTC}{Q}=Q^2-12Q+40$，代入产量可得长期平均成本$LAC=10^2-12\times10+40=20$。

根据利润的定义可得，利润$\pi=TR-LTC=100Q-(Q^3-12Q^2+40Q)$，代入产量参数得利润$\pi=100\times10-(10^3-12\times10^2+40\times10)=800$，即厂商实现$MR=LMC$时的产量为10，平均成本为20，利润为800。

（2）成本不变行业长期均衡时的价格水平等于厂商的不变的长期平均成本的最小值，所以应先求出长期平均成本的最小值。令$dLAC/dQ=0$，可得：$2Q-12=0$，解得厂商的产量：$Q=6$。将$Q=6$代入$LAC=Q^2-12Q+40$，得LAC的最小值为4，即$P=4$为行业长期均衡时的价格；$Q=6$为单个厂商的产量。

（3）当市场需求函数为$Q=660-15P$时，因为从（2）中求得长期均衡时的价格为 4，因此，可求得该行业的总销量为 $Q=660-15\times4=600$。又已知在长期均衡价格上，每个厂商的产量 $Q=6$，因此，当处于长期均衡时，该行业有厂商 $n=600/6=100$(个)。

10. 已知某完全竞争的成本递增行业的长期供给函数为 $LS=5\ 500+300P$。试求：

(1) 当市场需求函数为 $D=8\ 000-200P$ 时，市场的长期均衡价格和均衡产量。

(2) 当市场需求增加，市场需求函数为 $D=10\ 000-200P$ 时，市场的长期均衡价格和均衡产量。

(3) 比较 (1)、(2)，说明市场需求变动对成本递增行业的长期均衡价格和均衡产量的影响。

【难度】 1　　**【考点】** 完全竞争行业的长期供给曲线

【答案】 (1) 在完全竞争市场处于长期均衡时有 $LS=D$，即有：$5\ 500+300P=8\ 000-200P$，求解可得 $P_e=5$。把 $P_e=5$ 代入 LS 函数可得：$Q_e=5\ 500+300\times5=7\ 000$；或者，将 $P_e=5$ 代入 D 函数可得：$Q_e=8\ 000-200\times5=7\ 000$。所以，市场的长期均衡价格和均衡产量分别为 $P_e=5$，$Q_e=7\ 000$。

(2) 同理，根据 $LS=D$，有：$5\ 500+300P=10\ 000-200P$，求解可得 $P_e=9$。把 $P_e=9$ 代入 LS 函数可得：$Q_e=5\ 500+300\times9=8\ 200$；或者，将 $P_e=9$ 代入 D 函数可得：$Q_e=10\ 000-200\times9=8\ 200$，所以，市场的长期均衡价格和均衡产量分别为 $P_e=9$，$Q_e=8\ 200$。

(3) 比较 (1)、(2) 可得，对于完全竞争的成本递增行业而言，市场需求增加，会使市场的均衡价格上升，即由 $P_e=5$ 上升为 $P_e=9$，也会使市场的均衡产量增加，即由 $Q_e=7\ 000$ 增加为 $Q_e=8\ 200$。因此，市场需求与均衡价格同方向变动，与均衡产量也同方向变动。

11. 已知某完全竞争市场的需求函数为 $D=6\ 300-400P$，短期市场供给函数为 $SS=3\ 000+150P$；单个企业在 LAC 曲线最低点的价格为 6，产量为 50；单个企业的成本规模不变。

(1) 求市场的短期均衡价格与均衡产量。

(2) 判断 (1) 中的市场是否同时处于长期均衡，求行业内的厂商数量。

(3) 如果市场的需求函数变为 $D'=8\ 000-400P$，短期供给函数变为 $SS'=4\ 700+150P$，求市场的短期均衡价格和均衡产量。

(4) 判断 (3) 中的市场是否同时处于长期均衡，并求行业内的厂商数量。

(5) 判断该行业属于什么类型。

(6) 需要新加入多少企业，才能提供由 (1) 到 (3) 所增加的行业总产量?

【难度】 2　　**【考点】** 完全竞争厂商的短期均衡；完全竞争厂商的长期均衡

【答案】 (1) 市场短期均衡的条件是市场供给等于市场需求，即 $D=SS$，代入有关参数可以得到 $6\ 300-400P=3\ 000+150P$，求解得到均衡价格和均衡产量分别为 $P=6$，$Q=3\ 900$。

（2）由完全竞争市场长期均衡的特征可知，当 $P=LAC_{\min}=6$ 时，市场处于长期均衡，而由（1）求得短期均衡价格为 $P=6$，因此该市场同时处于长期均衡。因为由（1）可知，市场长期均衡时的产量是 $Q=3\,900$，且由题意可知单个企业的产量为 50，所以行业内厂商数量为 $n=\dfrac{Q}{50}=78$(个)。

（3）市场短期均衡的条件是市场供给等于市场需求，即 $D'=SS'$，代入有关参数可以得到：$8\,000-400P=4\,700+150P$，求解得到均衡价格和均衡产量分别为：$P=6$，$Q=5\,600$。

（4）由完全竞争市场长期均衡的特征可知，当 $P=LAC_{\min}=6$ 时，市场处于长期均衡，而由（3）求得短期均衡价格为 $P=6$，因此，该市场同时处于长期均衡。因为由（3）可知，市场长期均衡时的产量是 $Q=5\,600$，且由题意可知单个企业的产量为 50，所以行业内厂商数量为 $n=\dfrac{Q}{50}=112$(个)。

（5）由以上分析和计算过程可知，在该市场供求函数发生变化前后，市场长期均衡时的价格是不变的，均为 $P=6$，而且，单个企业在 LAC 曲线最低点的价格也是 6，于是，我们可以判断该行业属于成本不变行业。

（6）由（1）、（2）可知，（1）时的厂商数量为 78 个；由（3）、（4）可知，（3）时的厂商数量为 112 个。因此，由（1）到（3）所增加的厂商数量为：$112-78=34$（个）。

12. 在一个完全竞争的成本不变行业中单个厂商的长期成本函数为 $LTC=Q^3-40Q^2+600Q$，该市场的需求函数为 $Q^d=13\,000-5P$。求：

（1）该行业的长期供给曲线。

（2）该行业实现长期均衡时的厂商数量。

【难度】 2　　**【考点】** 完全竞争行业的长期供给曲线

【答案】（1）完全竞争条件下的成本不变行业的长期供给曲线是一条平行于数量轴的直线，其高度恰好处于平均成本的最低点。

根据长期总成本函数可得 $LAC=LTC/Q=Q^2-40Q+600$，LAC 曲线的最低点满足 $dLAC/dQ=2Q-40=0$，求解可得 $Q=20$，从而 $P=LAC_{\min}=20^2-40\times20+600=200$，即行业的长期供给曲线为 $P=200$。

（2）当市场处于长期均衡时，均衡价格为 $P=200$，将该均衡价格代入市场需求函数得：均衡数量为 $Q=13\,000-5\times200=12\,000$。由于在价格 $P=200$ 时，单个厂商的产量为 20，所以厂商数目为：$n=12\,000/20=600$(个)。

13. 已知完全竞争市场上单个厂商的长期成本函数为 $LTC=Q^3-20Q^2+200Q$，市场的产品价格为 $P=600$。

（1）该厂商实现利润最大化时的产量、平均成本和利润各是多少？

（2）该行业是否处于长期均衡？为什么？

（3）该行业处于长期均衡时每个厂商的产量、平均成本和利润各是多少？

(4) 判断 (1) 中的厂商是处于规模经济阶段还是处于规模不经济阶段。

【难度】 2　　**【考点】** 完全竞争厂商的长期均衡

【答案】 (1) 由已知条件可得厂商的利润函数：$\pi=P\cdot Q-LTC=600Q-200Q+20Q^2-Q^3$。厂商利润最大化的一阶条件为：$\frac{d\pi}{dQ}=600-200+40Q-3Q^2=0$，化简一阶条件可得方程：$3Q^2-40Q-400=0$。解得均衡产量为：$Q=-20/3$（舍去），$Q=20$。

由此，把均衡产量代入长期平均成本和利润函数可得，长期平均成本 $LAC=LTC/Q=200-20Q+Q^2=200$，利润 $\pi=600\times20-200\times20+20\times20^2-20^3=8\ 000$。

(2) 当 $P=LAC_{\min}$ 时，该行业处于长期均衡状态。令 $dLAC/dQ=0$，即 $-20+2Q=0$，解得 $Q=10$。将 $Q=10$ 代入 LAC 可得 $LAC=200-20\times10+10^2=100$，而 $P=600>100$，所以说该行业还未达到长期均衡状态。

(3) 由 (2) 可知，当该行业处于长期均衡时，单个厂商的产量 $Q=10$，价格等于最低的长期平均成本，即有 $P=LAC_{\min}=100$，利润 $\pi=0$。

(4) 由以上分析可以判断：(1) 中的厂商处于规模不经济阶段。其理由在于：(1) 中单个厂商的产量 $Q=20$，价格 $P=600$，它们分别大于行业长期均衡时单个厂商在 LAC 曲线最低点生产的产量 $Q=10$ 和面对的价格 $P=100$。换言之，(1) 中的单个厂商利润最大化的产量和价格组合位于 LAC 曲线最低点的右边，即 LAC 曲线处于上升段，所以，单个厂商处于规模不经济阶段。

14. 假定某完全竞争行业有 100 个相同的厂商，单个厂商的短期总成本函数为 $STC=Q^2+6Q+20$。

(1) 求市场的短期供给函数。

(2) 假定市场的需求函数为 $Q^d=420-30P$，求该市场的短期均衡价格和均衡产量。

(3) 假定政府对每一单位商品征收 1.6 元的销售税，那么，该市场的短期均衡价格和均衡产量是多少？消费者和厂商各自负担多少税收？

【难度】 2　　**【考点】** 完全竞争厂商的短期均衡；完全竞争行业的短期供给曲线；完全竞争市场的福利

【答案】 (1) 单个厂商的 $SMC=2Q+6$，$AVC=Q+6$。

显然，只要 $Q\geqslant0$，就有 $SMC\geqslant AVC$，所以，单个厂商的市场供给曲线为 $P=2Q+6$，或者 $Q=P/2-3$。

市场的短期供给函数为 $Q^s=100\times(P/2-3)=50P-300$。

(2) 令 $Q^s=Q^d$ 可得：

$$50P-300=420-30P$$

解得：均衡价格 $P=9$，所以均衡产量 $Q=50\times9-300=150$。

(3) 征税后，供给函数为 $Q^s=50(P-1.6)-300=50P-380$。

令 $Q^s=Q^d$ 可得：

$$50P-380=420-30P$$

解得：均衡价格 $P=10$，所以均衡产量 $Q=50\times10-380=120$。

消费者以前支付的价格是 9 元，现在支付的价格是 10 元，所以消费者承担了 $10-9=1$ 元的税收。厂商以前收到的价格是 9 元，现在收到的价格是 $10-1.6=8.4$ 元，所以厂商承担了 $9-8.4=0.6$ 元的税收。

【补充】政府征税时，无论是向生产者征收还是向消费者征收，生产者和消费者的分摊比例都是一样的，或者说对市场结果没有任何影响。具体证明过程，以及分摊的规律，可关注微信公众号“王海滨老师”，点击菜单栏中的“视频课/经济学强化班/第 2-6 讲　政府税收和补贴的影响”，或微信扫描二维码观看。

15. 假定某完全竞争市场的需求函数为 $Q^d=68-4P$，行业的短期供给函数为 $Q^s=-12+4P$。

(1) 求该市场的短期均衡价格和均衡产量。

(2) 在 (1) 的条件下，该市场的消费者剩余、生产者剩余和社会总福利分别是多少?

(3) 假定政府对每一单位商品征收 2 元的销售税，那么，该市场的短期均衡价格和均衡产量是多少? 此外，消费者剩余、生产者剩余和社会总福利的变化又分别是多少?

【难度】2　　　**【考点】**完全竞争厂商的短期均衡；完全竞争市场的福利

【答案】(1) 令 $Q^s=Q^d$ 可得：

$$-12+4P=68-4P$$

解得：均衡价格 $P=10$，所以均衡产量 $Q=-12+4\times10=28$。

(2) 如图 6-2 所示，当 $P=10$、$Q=28$ 时，得到：

消费者剩余 $CS=28\times(17-10)/2=98$

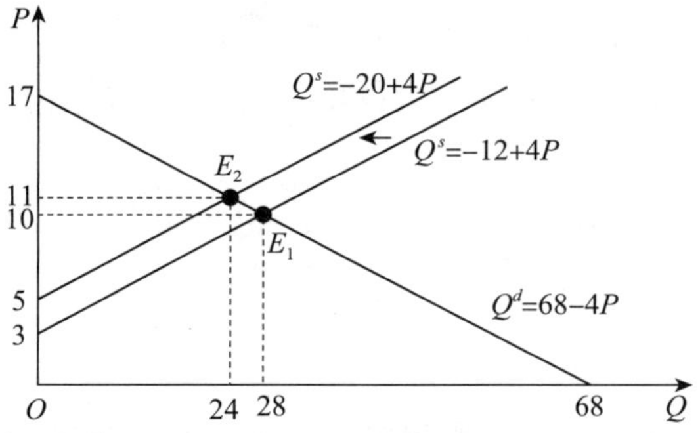

图 6-2　社会福利

生产者剩余 $PS=28\times(10-3)/2=98$

社会总福利 $=CS+PS=98+98=196$

（3）在政府对每一单位商品征收 2 元税收后，供给曲线变为 $Q^s=-12+4(P-2)=-20+4P$。

令 $Q^s=Q^d$ 可得：

$$-20+4P=68-4P$$

解得：均衡价格 $P=11$，所以均衡产量 $Q=-20+4\times 11=24$。此时有：

消费者剩余 $CS=24\times(17-11)/2=72$

生产者剩余 $PS=24\times(11-5)/2=72$

社会总福利 $=CS+PS=72+72=144$

由此可知：

消费者剩余变化量 $\Delta CS=72-98=-26$

生产者剩余变化量 $\Delta PS=72-98=-26$

政府税收增加量 $\Delta T=24\times 2=48$

社会总福利变化量 $=\Delta CS+\Delta PS+\Delta T=-26-26+48=-4$

三、论述题

16. 为什么完全竞争厂商的短期供给曲线是 *SMC* 曲线上等于和大于 *AVC* 曲线最低点的部分?

【难度】 1　　**【考点】** 完全竞争厂商的短期供给曲线

【答案】（1）在完全竞争条件下，从厂商追求利润最大化的经济行为的分析中可以推导出完全竞争厂商的供给曲线。厂商根据 $P=SMC$ 确定在每一价格水平下能给其带来最大利润的产量，如图 6-3 所示。因此，平均可变成本曲线最低点及之上的短期边际成本曲线就是厂商的短期供给曲线。由于边际报酬递减规律的作用，厂商的边际成本递增，因而完全竞争厂商的短期供给曲线是一条向右上方倾斜的曲线。

（2）在图 6-3 中，根据 $P=SMC$ 或 $MR=SMC$ 的短期均衡条件，当市场的产品价格为 P_1 时，厂商所选择的最优产量为 Q_1；当产品价格为 P_2 时，厂商所选择的最优产量为 Q_2；当产品价格为 P_3 时，厂商所选择的最优产量为 Q_3；等等。因为每一个产品价格水平都是由市场给定的，所以，在短期均衡点上产品价格和厂商的最优产量之间的对应关系可以明确地表示为以下函数关系：$Q_s=f(P)$，其中，P 表示产品的市场价格，且 $P=SMC$，Q_s 表示厂商的最优产量或供给量。显然，上式是完全竞争厂商的短期供给函数。

（3）此外，短期供给曲线之所以是等于和大于平均可变成本曲线最低点的那部分短期边际成本曲线，是因为短期边际成本曲线与平均可变成本曲线的交点即为厂商的停止营业点。

从以上对完全竞争厂商的短期供给曲线的推导过程中，可以清楚地看到供给曲线背后的生产者追求最大利润的经济行为。所谓供给曲线，表示在其他条件不变的情况下生产者在每一价格水平下愿意而且能够提供的产品的数量。更重要的是，生产者所提供的产品数量是在既定价格水平下能够给其带来最大利润或最小亏损的产品数量。

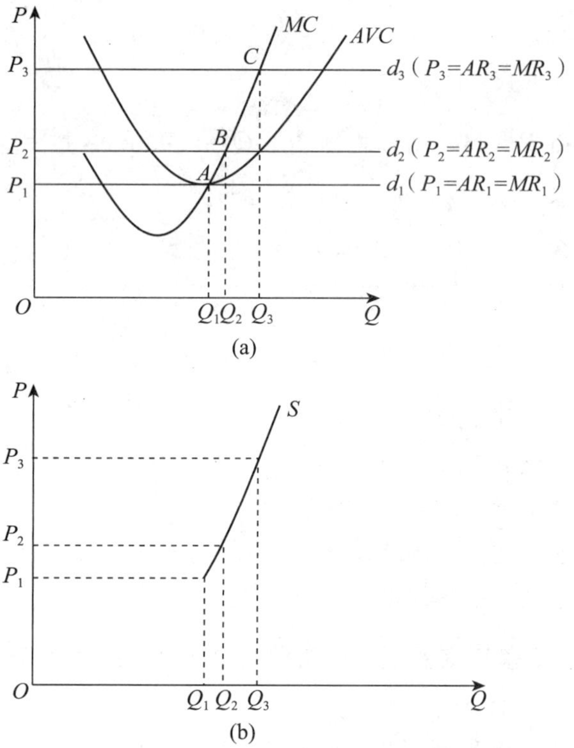

图 6-3　完全竞争厂商的短期供给曲线

17. 画图说明完全竞争厂商长期均衡的形成及其条件。

【难度】 1　　**【考点】** 完全竞争厂商的长期均衡

【答案】（1）在长期，完全竞争厂商是通过对全部生产要素的调整来实现 MR＝LMC 的利润最大化的均衡条件的。在这里，厂商在长期内对全部生产要素的调整表现为两个方面：一方面表现为进入或退出一个行业的决策；另一方面表现为对最优生产规模的选择。下面用图 6-4 加以说明。

（2）关于进入或退出一个行业的决策。如图 6-4 所示，当市场价格较高，为 P_1 时，厂商选择的产量为 Q_1，从而在均衡点 E_1 实现利润最大化的均衡条件 MR＝LMC。在均衡产量 Q_1 处，有 $AR>LAC$，厂商获得正的利润，即 $\pi>0$。由于每个厂商的 $\pi>0$，于是就有新的厂商进入到该行业的生产中来，导致市场供给增加，市场价格 P_1 下降，直至市场价格下降到使得单个厂商的利润消失即 $\pi=0$ 为止，从而实现长期均衡。如图 6-4 所示，完全竞争厂商的长期均衡点 E_0 位于长期平均成本 LAC 曲线的最低点，市场的长期均衡价格 P_0 也等于 LAC 曲线最低点的高度。

相反，当市场价格较低，为 P_2 时，厂商选择的产量为 Q_2，从而在均衡点 E_2

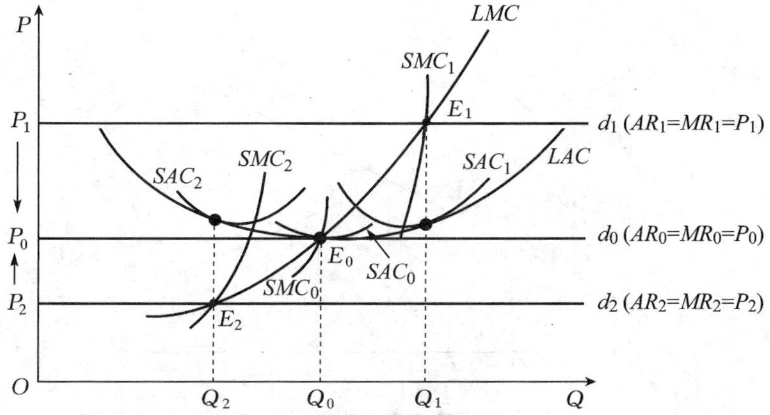

图 6-4　完全竞争厂商长期均衡的形成

实现利润最大化的均衡条件 $MR=LMC$。在均衡产量 Q_2 处，有 $AR<LAC$，厂商是亏损的，即 $\pi<0$。由于每个厂商的 $\pi<0$，于是，行业内原有厂商的一部分就会退出该行业的生产，导致市场供给减少，市场价格 P_2 开始上升，直至市场价格上升到使得单个厂商的亏损消失即 $\pi=0$ 为止，从而在长期平均成本 LAC 曲线的最低点 E_0 实现长期均衡。

（3）关于对最优生产规模的选择。通过在（2）中的分析，我们已经知道，当市场价格分别为 P_1、P_2 和 P_0 时，相应的利润最大化的产量分别是 Q_1、Q_2 和 Q_0。接下来的问题是，在厂商将长期利润最大化的产量分别确定为 Q_1、Q_2 和 Q_0 以后，它必须为每一个利润最大化产量选择一个最优的规模，以保证每一产量的生产成本都是最低的。于是，如图 6-4 所示，当厂商利润最大化的产量为 Q_1 时，它选择的最优生产规模用 SAC_1 曲线和 SMC_1 曲线表示；当厂商利润最大化的产量为 Q_2 时，它选择的最优生产规模用 SAC_2 曲线和 SMC_2 曲线表示；当厂商实现长期均衡且产量为 Q_0 时，它选择的最优生产规模用 SAC_0 曲线和 SMC_0 曲线表示。在图 6-4 中，我们只标出了 3 个产量水平 Q_1、Q_2 和 Q_0，实际上，任何一个利润最大化的产量水平都必然对应一个生产该产量水平的最优生产规模。这就是说，在每一个产量水平上对最优生产规模的选择，都是该厂商实现利润最大化进而实现长期均衡的一个必要条件。

（4）综上所述，完全竞争厂商的长期均衡发生在 LAC 曲线的最低点。此时，厂商的生产成本降到了长期平均成本的最低点，商品的价格也等于最低的长期平均成本。由此，完全竞争厂商长期均衡的条件是：$MR=LMC=SMC=LAC=SAC$，其中，$MR=AR=P$。此时，单个厂商的利润为零。

18. 利用图说明完全竞争市场的福利最大化，并利用图分析价格管制和销售税的福利效应。

【难度】 1　　　**【考点】** 完全竞争市场的福利

【答案】（1）如图 6-5 所示，在任何小于 Q^* 的数量上，例如 Q_1，消费者愿意支付的最高价格为 P_d，都大于生产者愿意接受的最低价格 P_s，因此，此时让双方扩大交易数量，对双方都有利。

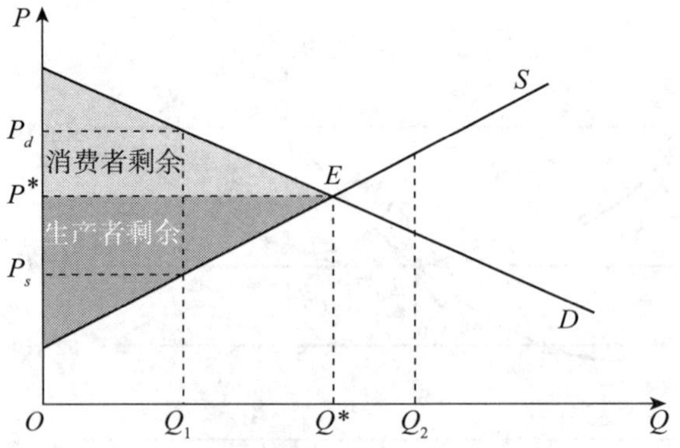

图 6-5　完全竞争市场的总剩余

反过来，在任何大于 Q^* 的数量上，例如 Q_2，消费者愿意支付的最高价格都小于生产者愿意接受的最低价格，因此，此时交易会让双方都受损。

由上可知，在均衡数量 Q^* 处，双方福利达到最大化。消费者剩余为图中浅灰色部分的面积，生产者剩余为图中深灰色部分的面积。

（2）如图 6-6 所示，假设政府规定市场价格不得高于 P_0，生产者将会把产量缩减为 Q_1，消费者的需求量却增加为 Q_2，因 Q_1 小于 Q_2，因此市场出现供给短缺。

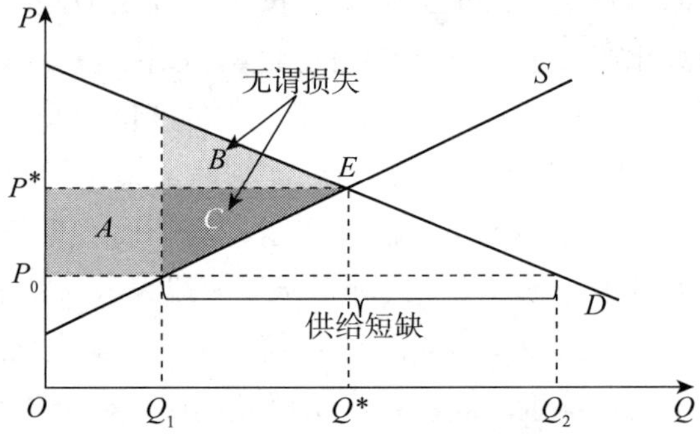

图 6-6　最高限价的福利效应

消费者剩余增加了 A，但减少了 B，即增加量 $=A-B$；生产者剩余减少了 A，也减少了 C，即增加量 $=-(A+C)$。其中，生产者剩余是确定减少了，消费者剩余是增加还是减少，视 A 与 B 的面积而定，如果 $A>B$，则消费者剩余增加了，反之，则消费者剩余也减少了。

社会总剩余增加量＝消费者剩余增加量＋生产者剩余增加量 $=(A-B)-(A+C)=-(B+C)$，$B+C$ 为社会福利的无谓损失。

（3）如图 6-7 所示，假设政府规定市场价格不得低于 P_0，消费者的需求量将缩减为 Q_1，生产者愿意供给的量却增加为 Q_2，因 Q_1 小于 Q_2，因此市场出现供给过剩。

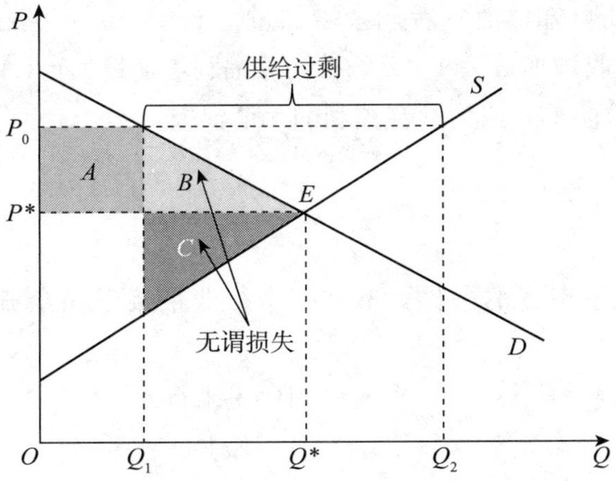

图 6-7　最低限价的福利效应

消费者剩余减少了 A，也减少了 B，即增加量 $=-(A+B)$；生产者剩余增加了 A，但减少了 C，即增加量 $=A-C$。其中，消费者剩余是确定减少了，生产者剩余是增加还是减少，视 A 与 C 的面积而定，如果 $A>C$，则生产者剩余增加了，反之，则生产者剩余也减少了。

社会总剩余增加量＝消费者剩余增加量＋生产者剩余增加量 $=-(A+B)+(A-C)=-(B+C)$，$B+C$ 为社会福利的无谓损失。

（4）如图 6-8 所示，假设政府对销售每单位产品征收 t 元的从量税，这使得生产者得到的净价格比消费者实际支付的价格减少了 t 元，此时供给曲线 S 向左上方平移到 S'，S' 与 S 的垂直距离为 t，均衡点由 E 点移动到 E' 点。

我们以均衡点 E' 分析销售税的福利效应。

销售税使得商品价格由 P^* 上升到 P_d，需求减少，进而供给也随之减少，需求量和供给量都由 Q^* 减少到 Q_1。

由图可知，产品价格上升了，上升幅度 $=P_d-P^*=E'G<t$，而生产者得到的净价格也下降了，下降幅度 $=P^*-P_s=GH<t$，而两者之和 $=FG+GH=t$。

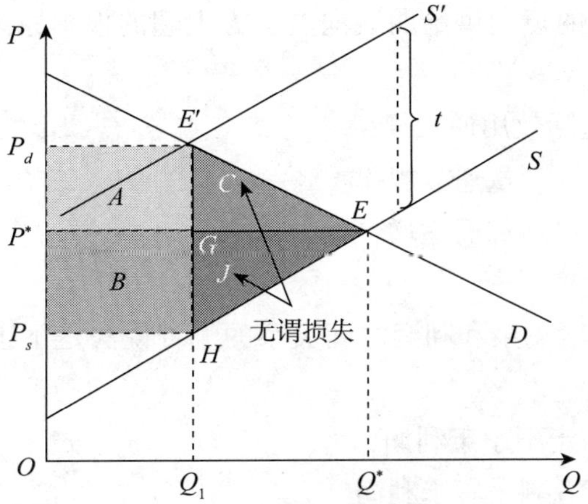

图 6-8　销售税的福利效应

通过进一步分析可知，消费者剩余增加量$=-(A+C)$，生产者剩余增加量$=-(B+J)$，政府税收增加量$=A+B$，社会总福利增加量$=-(A+C)-(B+J)+(A+B)=-(C+J)$，$C+J$ 为社会福利的无谓损失。

补充训练

1. 根据完全竞争市场的条件，下列哪个行业最接近完全竞争行业？（　　）（上海社科院 2016）

A. 自行车行业　　B. 玉米行业

C. 糖果行业　　D. 服装行业

2. 在一个完备的完全竞争市场体系下，下列说法不正确的是（　　）。（电子科大 2016）

A. 所有的企业均不能获得经济利润

B. 均衡状态具有帕累托效率

C. 均衡产出必在生产可能性边界上

D. 所有产品的边际收益都等于边际成本

3. 如果政府对每单位产品征税 T，则厂商利润最大化应该满足的条件是（　　）。（同济大学 2014）

A. $MC=MR$　　B. $MC+T=MR$

C. $MC=MR+T$　　D. $MC=MR=P$

4. 在下列哪种情况下，一个完全竞争厂商可以处于短期均衡？（　　）（南京航空航天大学 2017）

A. 一种可变要素的 AP 是上升的

B. MC 是下降的

C. AVC 是下降的

D. AC 是下降的

5. 完全竞争厂商的短期供给曲线向右上方上翘的根本原因是（　　）。（南京航空航天大学 2016）

A. 商品消费的边际效用递减规律

B. 可变要素的边际产量递减规律

C. 边际成本随产量增加而递增

D. 可变要素的价格不变

6. 下列有关生产者剩余和利润之间关系的哪种说法是不正确的？（　　）（同济大学 2017）

A. 生产者剩余一定不小于利润

B. 在长期内生产者剩余等于利润

C. 生产者剩余的变化量等于利润的变化量

D. 利润一定小于生产者剩余

7. 在完全竞争情况下，需求曲线与平均成本曲线相切是（　　）。（上海海事大学 2015）

A. 厂商短期获得最大利润的条件

B. 行业中厂商数目不再变化的条件

C. 厂商长期获得到最大利润的条件

D. 厂商长期亏损最小的条件

8. 如果某行业的主要生产要素在生产方面存在规模经济，那么该行业属于（　　）。（华东师大 2015）

A. 成本不变行业　　B. 成本递增行业

C. 成本递减行业　　D. 无法确定其长期供给曲线的情况

9. 已知某种产品的市场需求函数为 $Q=30-P$，市场供给函数为 $Q=3P-10$，如果对该产品的生产者征税，则征税后的市场均衡价格（　　）。（上海财大 2020）

A. 小于 10　　B. 大于 10

C. 等于 10　　D. 不变

10. 在完全竞争市场中，价格下限是无效率的，因为（　　）。（暨南大学 2018）

A. 生产者和消费者都会遭受损失

B. 生产者会受损，消费者可能得利也可能受损，但社会总福利会遭受损失

C. 消费者会受损，生产者可能得利也可能受损，但社会总福利会遭受损失

D. 生产者和消费者都可能受损也可能得利，但社会总福利会遭受损失

11. 完全竞争厂商之间为什么没有必要进行竞争？（浙江工商大学 2018）

12. 简述厂商利润最大化与生产要素最优组合之间的关系。（山东大学 2019）

13. 某完全竞争行业的需求函数为 $Q=970-7P$，市场的供给函数为 $Q=770+13P$，某厂商的成本函数为：$TC=q^3-2q^2+6q+1\,000$。

（1）计算厂商的利润最大化产量。

（2）厂商能够接受的最低价格是多少？

（3）厂商的短期供给函数如何表示？（浙江工商大学 2018）

14. 某完全竞争市场上需求函数 $Q=4\,000-400P$，单个厂商的短期成本函数 $STC=0.1q^2+q+10$，该行业共有 100 个厂商，求：

（1）厂商的短期供给函数。

（2）行业的供给函数。

（3）市场的均衡价格和均衡产量。（浙江工商大学 2016）

15. 假设某个完全竞争厂商使用劳动和技术两种要素进行生产。在短期内，劳动的数量可变，资本的数量保持不变。厂商根据资本和劳动估计出的成本曲线为：

$$LTC=\frac{2}{3}Q^3-16Q^2+150Q$$

$$STC=2Q^3-24Q^2+120Q+400$$

（1）厂商预期的长期最低价格是多少？

（2）若要素价格保持不变，那么，在短期内，厂商将继续经营的最低产品价格是多少？

（3）若产品价格为 120 元，那么，短期内厂商将生产多少单位的产品？（对外经贸大学 2018）

16. 完全竞争市场中某厂商的短期成本函数为 $STC=Q^3-3Q^2+10Q+200$。

（1）假设产品价格 P 为 82 元，求利润最大化时该厂商的产量及利润。

（2）由于竞争市场供求发生变化，由此决定的新价格为 19 元，在新价格下，厂商是否会发生亏损？如果会，最小的亏损额为多少？

（3）该厂商在什么情况下会停止生产？（中南财经政法大学 2015）

17. 在完全竞争市场上，长期的经济利润为零，这是每一个厂商都能够预见到的，为什么它们还要选择进入这个行业？（暨南大学 2017，北京交大 2013）

18. 在竞争性市场中，企业价格在长期和短期都等于边际成本吗？

19. 什么是零利润定理？为什么企业在零利润的情况下还有动力去生产和销售产品，而不是选择退出市场？请说明原因。（浙江财经大学 2019）

20. 假设有三个厂商，每个厂商的生产计划为：

厂商 1	（−1，3，−6）
厂商 2	（7，−3，−14）
厂商 3	（6，0.5，−20）

试证明无论价格（p_1，p_2，p_3）为多少，厂商 1 和厂商 2 的利润都不会比厂商 3 多。（复旦大学 2014）

21. 对于一个追求利润最大化的竞争性厂商来说，如果它在长期均衡条件下获得正的利润，那么它是否能够拥有一种规模报酬不变的技术？请说明理由。（南开大学 2015）

22. 用图形推导出成本不变的完全竞争行业的长期供给曲线。（中央财大 2013）

23. （判断题）在完全竞争和规模报酬不变的假设下，税收负担在长期将会完全落在消费者身上。（中山大学 2013）

24. 利用弹性理论说明税收归宿。（中南财经政法大学 2014）

参考答案

1. **【难度】** 2　　**【考点】** 完全竞争市场的条件

【答案】 B。接近完全竞争的行业很少，一般具有这么几个特征：有非企业的生产者（比如农民），并且这样的生产者很多，不同生产者的产品摆在市场上看不出区别，更没有品牌。农产品（大米、小麦、玉米、蔬菜、水果等）大体符合这些标准。

如果所有生产者都是企业，每个企业都有自己的品牌，并且每个产品上都印了品牌，这一般就不属于完全竞争行业，可能属于垄断竞争或者寡头行业，自行车、糖果、服装就属于此类。

垄断行业——例如水、电、煤——其实也是有品牌的，但消费者一般不记得品牌，因为厂商不宣传品牌，它们没有宣传品牌的动力。

2. **【难度】** 1　　**【考点】** 完全竞争厂商的短期均衡

【答案】 D。只是最后一单位产品的 $MR=MC$，不是所有产品都如此。

3. **【难度】** 1　　**【考点】** 完全竞争厂商的短期均衡

【答案】 B。对每单位产品征税 T 就相当于每单位产品的成本都增加了 T，也就是边际成本上升了，所以新的边际成本为 $MC+T$。

> **【提示】** 这个理论被用来计算庇古税，在外部不经济的对策里，有一种对策叫庇古税，就是利用这一税收使得边际私人成本和边际社会成本的大小一致，从而遏制企业超过社会最优水平的生产。这一点，考试可能会考到。

4. **【难度】** 1　　**【考点】** 完全竞争厂商的短期均衡

【答案】 D。$P=AVC_{\min}$ 是完全竞争厂商短期均衡的底线，如图 6－9 所示，$Q>Q_0$ 的区域（图中用阴影部分表示）都是厂商可处于短期均衡的区域，在 Q_0 到 Q_1 区间，AC 是下降的。

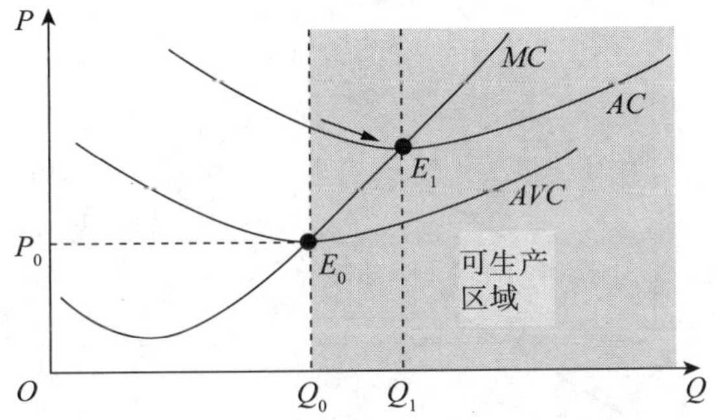

图 6－9　完全竞争厂商短期均衡的可生产区域

5. **【难度】** 1　　**【考点】** 完全竞争厂商的短期供给曲线

【答案】 B。完全竞争厂商的短期供给曲线即 MC 曲线上大于和等于 AVC 曲线最低点的部分。由于 $MC=w/MP$，MP 递增时 MC 递减，反之 MP 递减时 MC 递增，所以，MC 曲线向右上方上翘的根本原因是 MP 曲线向右下方倾斜，即 MP 递减。

6. **【难度】** 2　　**【考点】** 生产者剩余

【答案】 D。生产者剩余＝利润＋固定成本。从生产者剩余和利润的关系式可以看出，生产者剩余大于等于利润。在长期，无固定成本，所以生产者剩余等于利润。

7. **【难度】** 1　　**【考点】** 完全竞争厂商的长期均衡

【答案】 B。完全竞争市场的需求曲线即为价格固定的水平线，当价格低于平均成本的最小值时，会有厂商退出，当价格高于平均成本的最小值时，会有厂商进入，价格与平均成本的最小值相等，即需求曲线与平均成本曲线相切时，厂商的经济利润为零，只能获得正常的投入回报，此时厂商的进入量与退出量相同，厂商数量达到动态平衡。

8.【难度】2　　【考点】完全竞争行业的长期供给曲线

【答案】D。规模经济和不经济决定了 LAC 呈 U 形，但长期内属于成本不变、递增还是递减行业，取决于生产要素价格是否变化，而不是规模经济或规模不经济。

9.【难度】1　　【考点】完全竞争市场的福利

【答案】B。令 $30-P=3P-10$，解得征税前的市场均衡价格 $P=10$。由供求函数可知税收是由双方分摊的，所以市场均衡价格会上升，也就是会大于 10。

10.【难度】2　　【考点】完全竞争市场的福利

【答案】C。设没有价格管制时，均衡价格为 P_0，市场均衡成交量为 Q_0。此时设置价格下限为 P_1（必然会有 $P_1>P_0$，不然不需要人工管制），新的市场均衡成交量则为 Q_1。有价格下限后，由图 6－10 可知：消费者剩余从$\triangle AP_0E$ 的面积变为$\triangle AP_1D$ 的面积，是减少了；生产者剩余则由$\triangle BEP_0$的面积变为梯形 $BCDP_1$的面积，减少了图中深色阴影部分的面积（Ⅱ），但增加了浅色阴影部分的面积（Ⅰ），生产者剩余可能是增加了也可能是减少了；消费者剩余和生产者剩余的总和则由$\triangle ABE$ 的面积减少为梯形 $ABCD$ 的面积，是减少了。

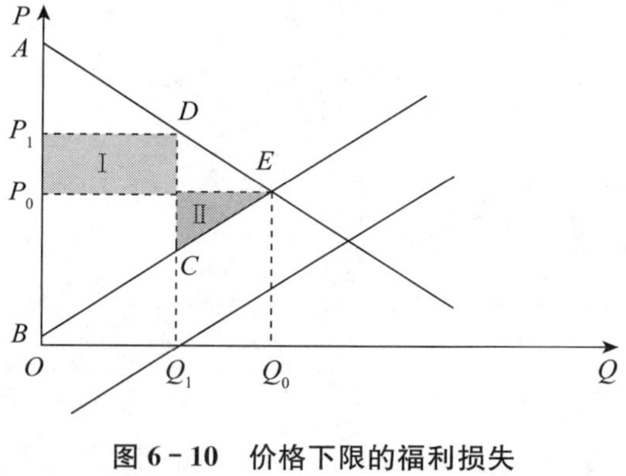

图 6－10　价格下限的福利损失

【总结】税收或补贴、最高或最低限价、垄断、进口限制、配额，以及其他扭曲因素，都会引起社会福利的无谓损失。税收、补贴、垄断、最高限价、最低限价、进口限制这六种情况引起无谓损失的详细图解，可关注微信公众号“王海滨老师”，点击菜单栏“精品文章/精品文章合集/ 6 种常见无谓损失的详细图解 1——税收、补贴、最高限价”“精品文章/精品文章合集/6 种常见无谓损失的详细图解 2——最低限价、垄断、进口限制”，或微信扫描二维码查看。

11.【难度】2　　【考点】完全竞争市场的条件

【答案】完全竞争厂商之间确实没有必要进行竞争。

（1）完全竞争市场的四个条件。

①市场上有大量的买者和卖者；

②市场上每一个厂商提供的商品都是完全同质的；

③所有的资源都具有完全的流动性；

④信息是完全的。

（2）从价格竞争和非价格竞争两个方面来说明完全竞争厂商之间没有必要进行竞争的原因。

①价格竞争没有意义。完全竞争厂商是价格接受者，对市场价格没有任何的控制力量，只能被动地接受既定的市场价格。如果有一个厂商单独提价，那么，其产品就会完全卖不出去。单个厂商也没有必要单独降价，因为在一般情况下，单个厂商总是可以按照既定的市场价格实现属于自己的那一个相对来说很小的销售份额。此外，厂商也不能通过在不同市场上以不同价格出售来获取更多的利润。因为信息是完全的，不论是生产者还是消费者，对市场上的信息都了如指掌，一旦某一个市场上的产品价格提高，消费者就会前往其他市场购买，这就排除了不同市场不同价格的可能性。

②非价格竞争没有意义。非价格竞争指的是通过改进产品品质、精心设计商标和包装、改善售后服务以及进行广告宣传等手段，来扩大自己产品的市场销售份额。但完全竞争厂商提供的商品完全同质，这里的商品同质指厂商之间提供的商品是完全无差别的，它不仅指商品的质量、规格、商标等完全相同，而且指购物环境、售后服务等方面完全相同。这样一来，对于消费者来说，无法区分产品是由哪一个厂商生产的，或者说，购买任何一个厂商的产品都是一样的。在不存在产品差别的情况下，也就不能进行非价格竞争。所以，完全竞争厂商之间不可能存在非价格竞争。

12.【难度】2　　【考点】完全竞争厂商的短期均衡

【答案】实现生产要素最优组合是实现厂商利润最大化的必要非充分条件。

（1）实现利润最大化时，在对应产量上，必然要实现成本最小化，而在指定产量上实现成本最小化就必须实现生产要素最优组合。因此，生产要素最优组合是利润最大化的必要条件。

（2）厂商实现了生产要素的最优组合，即实现了某个产量的成本最小化时，不一定能实现利润最大化。因为在每一个指定的产量上，都有对应的生产要素最优组合，但是，其中一般只有一个产量能实现利润最大化。所以说，生产要素最优组合不是利润最大化的充分条件。

13.【难度】2　　【考点】完全竞争厂商的短期均衡

【答案】（1）联立完全竞争市场的需求函数和供给函数，解得均衡价格 $P=10$。

完全竞争厂商的边际成本为 $MC=\mathrm{d}TC/\mathrm{d}q=3q^2-4q+6$，这也是该厂商的短期供给曲线。

总可变成本函数为 $TVC=q^3-2q^2+6q$，则平均可变成本函数为 $AVC=TVC/q=q^2-2q+6$。

AVC 取最小值的一阶条件为 $\mathrm{d}AVC/\mathrm{d}q=2q-2=0$，解得 $q=1$，此时 $AVC_{\min}=1^2-2\times1+6=5$。

由此可知该厂商的短期供给函数为：$P=3q^2-4q+6(P\geqslant5)$。

由于市场价格 $P=10>AVC_{\min}=5$，所以该厂商是可以生产的，把 P 代入该厂商的短期供给函数得 $10=3q^2-4q+6$，解得厂商的利润最大化产量 $q=2$（舍去负值）。

(2) 厂商能够接受的最低价格是 $P=AVC_{\min}=5$。

(3) 由 (1) 可知，厂商的短期供给函数为：$P=3q^2-4q+6(P\geqslant5)$。

14. **【难度】**2　　**【考点】**完全竞争厂商的短期均衡；完全竞争厂商的短期供给曲线；完全竞争行业的短期供给曲线

【答案】(1) 由厂商的短期成本函数可得厂商的边际成本 $SMC=\mathrm{d}STC/\mathrm{d}q=0.2q+1$。

在完全竞争市场上厂商的短期均衡条件为 $P=SMC$，故可得 $P=0.2q+1$，解得厂商的短期供给函数为 $q=5P-5$。

$AVC=STC/q=0.1q+1$，由此可知 AVC 取最小值时为 $AVC_{\min}=1$。完全竞争厂商的短期供给曲线为 $P\geqslant AVC_{\min}$的部分，所以厂商的短期供给函数为：

$$q=5P-5(P\geqslant1)$$

(2) 在完全竞争市场上，行业供给（即市场供给）为每个厂商供给的加总，由于每个厂商是同质的，于是有行业供给 $Q=100q=500P-500$。

(3) 联立 (2) 中所求的市场供给函数和题干中的市场需求函数，即 $4\,000-400P=500P-500$，可求得均衡价格 $P=5$，均衡产量 $Q=2\,000$。

15. **【难度】**2　　**【考点】**完全竞争厂商的短期均衡；完全竞争厂商的长期均衡

【答案】(1) 完全竞争厂商的长期利润为 0，因此其价格 $P=LAC_{\min}$。

由长期总成本曲线可知 $LAC=\frac{2}{3}Q^2-16Q+150$。

LAC 取最小值的一阶条件为：$\mathrm{d}LAC/\mathrm{d}Q=\frac{4}{3}Q-16=0$。解得：$Q=12$。

所以 $LAC_{\min}=\frac{2}{3}\times12^2-16\times12+150=54$。即厂商预期的长期最低价格 $P=54$。

(2) 在短期内，厂商将继续经营的最低产品价格为 $P=AVC_{\min}$。

由题设可知 $TVC=2Q^3-24Q^2+120Q$，从而平均可变成本 $AVC=TVC/Q=2Q^2-24Q+120$。

AVC 取最小值的一阶条件为：$\mathrm{d}AVC/\mathrm{d}Q=4Q-24=0$。解得：$Q=6$。

所以 $AVC_{min}=2\times 6^2-24\times 6+120=48$。即在短期内，厂商将继续经营的最低产品价格 $P=48$。

(3) 厂商短期生产需满足利润最大化条件：$SMC=P$。即短期产量需满足：$6Q^2-48Q+120=120$。解得厂商的短期产量 $Q=8$。

16.【难度】　　【考点】完全竞争厂商的短期均衡；完全竞争厂商的短期供给曲线

【答案】(1) 依题意可知 $SMC=3Q^2-6Q+10$，又知 $P=82$ 元，根据完全竞争厂商利润最大化的条件 $P=SMC$ 得：

$$82=3Q^2-6Q+10$$

解得：$Q=6$（已舍去无意义的负值）。

最大利润为：

$$\begin{aligned}\pi&=TR-STC=PQ-STC\\&=82\times 6-(6^3-3\times 6^2+10\times 6+200)\\&=124\end{aligned}$$

(2) 根据 $P=SMC$ 有：

$$19=3Q^2-6Q+10$$

解得：$Q=3$（已舍去无意义的负值）。

利润 $\pi-19\times 3-(3^3-3\times 3^2+10\times 3+200)=-173$

可见，当价格为 19 元时，厂商会发生亏损，最小亏损额为 173 元。

(3) 完全竞争厂商停止生产的条件是：$P<AVC$。

依题意得：$TVC=Q^3-3Q^2+10Q$。所以 $AVC=TVC/Q=Q^2-3Q+10$。

AVC 取最小值的一阶条件为：

$$\frac{dAVC}{dQ}=2Q-3=0$$

解得：$Q=1.5$。

此时 $AVC_{min}=1.5^2-3\times 1.5+10=7.75$。

只要价格 $P<7.75$，厂商就会停止生产。

17.【难度】2　　【考点】完全竞争厂商的短期均衡；完全竞争厂商的长期均衡

【答案】其原因可以从以下三个方面来分析：

(1) 实现长期均衡是一个动态的过程，需要很长时间。虽然在长期均衡时，厂商得到的经济利润为零，但在短期内仍然会有相当大的利润。

(2) 长期均衡只是一种理想的存在，在现实中可能是不会出现的。经济会一直处在不同的短期波动之中，虽然一直在朝着长期均衡的方向发展，但始终不会停止波动，就如一根被拨动的琴弦，在振动中趋向长期均衡（静止），但在还没有静止时，市场又会面对新一轮的外力冲击，导致新一轮的琴弦振动。所以，现实中的厂商即使在长期，也是有可能持续获得短期利润的。

(3) 即使出现了理想中的长期均衡，厂商的经济利润为零，厂商依然有正常利润，即厂商自己的生产要素的合理回报还是可以获得的，因此，即使经济利润为零，厂商也没有亏损，它依然可以正常营业下去。

18. **【难度】** 2　　**【考点】** 完全竞争厂商的长期均衡

【答案】 在竞争性市场中，企业价格在长期和短期都等于边际成本。

(1) 在竞争性市场中，短期内，市场价格是给定的，厂商只能按照既定价格确定自己的产量。短期内，厂商的均衡条件为 $MR=SMC$，但由于市场价格是固定不变的，因此有 $MR=P$，所以，均衡时有 $P=SMC$。

(2) 在长期，所有生产要素都是可变的，所以长期内，厂商的均衡条件为 $MR=LMC$。长期均衡的调整过程包括两个方面：一方面是厂商对生产规模的调整，一直调整到使得 $P=LAC_{\min}$，从而实现平均成本最小化；另一方面是厂商在行业里的进入或退出，如果厂商能获得经济利润，则有厂商进入，反之，如果亏损，则有厂商退出。通过这两个调整，最终在长期均衡时，有 $P=LAC_{\min}$，且市场供求相等。此时，$LMC=LAC_{\min}$，所以也有 $P=LMC$。

综上，在竞争性市场中，企业价格在长期和短期都等于边际成本。

19. **【难度】** 2　　**【考点】** 完全竞争厂商的长期均衡

【答案】 (1) 零利润定理的含义。零利润定理是用于描述完全竞争企业长期利润变化趋势的一个定理，其具体内容是指在完全竞争市场上，由于企业可以完全自由地进入和退出，因此，在长期均衡时不可能有企业获得超额利润，也不可能有企业亏损，即在长期均衡时，每个企业都只能获得零利润。

形成零利润的原因是：在完全竞争市场上，进退壁垒为零，企业可以自由进入和退出。当典型企业存在超额利润时，大量企业就会进入市场，导致价格下降和成本提高，利润降低；当典型企业出现亏损时，则会有企业退出市场，导致价格上升和成本下降，利润提高。只有当每个企业都获得零利润时，进入和退出行为才会停止，市场达到均衡。

(2) 企业在零利润的情况下有动力去生产和销售产品，而不选择退出市场的原因。企业获得零利润，此处的利润是指经济利润，而不是会计利润。在长期，竞争使得企业的经济利润为零，但此时企业能够获得正常利润，即企业家才能的报酬。经济利润为零，不代表正常利润为零。正常利润是对企业家才能的报酬支付，是隐成本的一部分，经济利润中不包含正常利润。当企业的经济利润为零时，企业的正常利润已全部实现，即企业家获得了他能获得的最大的企业家才能的报酬支付，所以企业不会退出市场。

20. **【难度】** 2　　**【考点】** 完全竞争厂商的长期均衡

【答案】 设生产向量是 $X=(x_1, x_2, x_3)$，价格向量是 $P=(p_1, p_2, p_3)$，那么利润 $\pi=PX=p_1x_1+p_2x_2+p_3x_3$。

首先可以确定的是，无论（p_1，p_2，p_3）为多少，都有 $p_i>0$，并且，$\pi_i \geqslant 0$（否则厂商就会退出）。

$$\pi_1+\pi_2=PX_1+PX_2=-1p_1+3p_2-6p_3+7p_1-3p_2-14p_3$$
$$=6p_1-20p_3$$
$$\pi_3=6p_1+0.5p_2-20p_3$$

所以有 $\pi_3-(\pi_1+\pi_2)=0.5p_2>0$，即 $\pi_1+\pi_2<\pi_3$。

又因为 $\pi_1 \geqslant 0$，$\pi_2 \geqslant 0$，所以有 $\max\{\pi_1, \pi_2\}<\pi_3$。

【提示】这道题形式古怪，很难入手，但并不是真的难题，依然属于"纸老虎"题。题干里虽然没有指出成本是怎么计算的，但生产向量里有正有负，因此可以把负数理解为投入，投入和价格的乘积就是成本。这样理解的话，$p_1x_1+p_2x_2+p_3x_3$ 实际上就是我们熟悉的 $PQ-wL-rK$ 的形式。

本题的难度不在于经济学知识或数学知识，而在于思考能力。这种"脱离"教材基础知识的题目，已经成为目前名校考研命题的一种新趋向。其中有的题目看上去面目狰狞，其实难度不大，属于"纸老虎"题，但也有题目是"真老虎"题，难度相当大（此类题目不适合基础复习，本书没有选用）。

21. **【难度】**2　　**【考点】**完全竞争厂商的长期均衡

【答案】该厂商不可能拥有一种规模报酬不变的技术。

假设该厂商使用两种要素 x_1 和 x_2 进行生产，生产函数为 $Q=f(x_1, x_2)$，要素价格分别为 w_1、w_2，该厂商只生产一种产品，产品价格为 P。由于该厂商是竞争性厂商，所占市场份额很小，所以该厂商扩大生产规模时，要素价格和产品价格均保持不变。

再设在长期均衡条件下，该厂商投入的要素分别为 x_1^*、x_2^*，获得正的经济利润 π^*。由于该厂商是追求利润最大化的，所以 π^* 是最大利润，并且有：

$$\pi^*=Pf(x_1^*, x_2^*)-w_1x_1^*-w_2x_2^*$$

如果该厂商的规模报酬不变，则当该厂商的生产规模扩大为原来的 t（$t>1$）倍时，厂商的新利润为：

$$\pi(t)=Pf(tx_1^*, tx_2^*)-tw_1x_1^*-tw_2x_2^*$$
$$=t[Pf(x_1^*, x_2^*)-w_1x_1^*-w_2x_2^*]$$
$$=t\pi^*>\pi^*$$

这就与 π^* 是最大利润相矛盾，所以，该厂商拥有的不是规模报酬不变的技术。

22. **【难度】**1　　**【考点】**完全竞争行业的长期供给曲线

【答案】完全竞争行业分为成本不变行业、成本递增行业和成本递减行业。成本不变行业是指该行业的产量变化所引起的生产要素需求的变化，不对生产要素的价格产生影响。在这种情况下，行业的长期供给曲线是一条水平线。

如图 6－11 所示，由市场需求曲线 D_1 和市场短期供给曲线 SS_1 的交点 A 所决定的市场均衡价格为 P_1。在价格水平 P_1，完全竞争厂商在 LAC 曲线的最低点 E 实现长期均衡，每个厂商的利润均为零。由于行业内不再有厂商进入和退出，故称 A 点为行业的一个长期均衡点。此时，厂商的均衡产量为 Q_{i1}，行业均衡产量为 Q_1，且有 $Q_1=\sum_{i=1}^{n}Q_{i1}$ 。

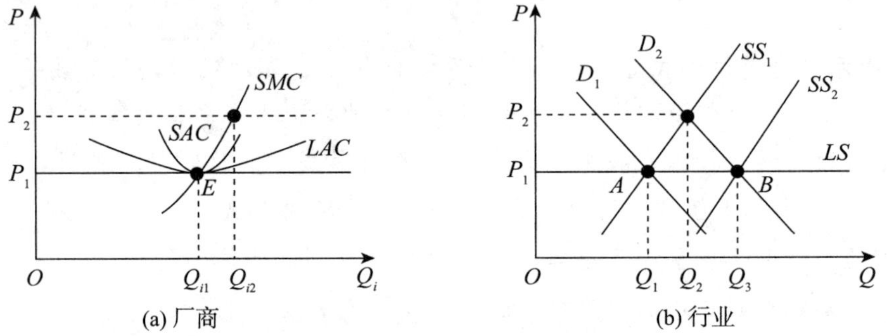

图 6－11　成本不变行业的长期供给曲线

假设外在因素的影响使市场需求增加，D_1 曲线向右移至 D_2 曲线的位置，且与 SS_1 曲线相交，相应的市场价格水平由 P_1 上升到 P_2。在新的价格水平 P_2，厂商在短期内沿着代表既定生产规模的 SMC 曲线，将产量由 Q_{i1} 提高到 Q_{i2}，并获得利润。

从长期看，由于单个厂商获得利润，新厂商便受到吸引而加入该行业，导致行业供给增加。行业供给增加会产生两方面的影响。一方面，它会增加对生产要素的需求。但由于是成本不变行业，所以，生产要素的价格不发生变化，企业的成本曲线的位置不变。另一方面，行业供给增加会使厂商的 SS_1 曲线不断向右平移，随之，市场价格逐步下降，单个厂商的利润也逐步下降。这个过程一直要持续到单个厂商的利润消失为止，即 SS_1 曲线一直要移动到 SS_2 曲线的位置，从而使得市场价格又回到了原来的长期均衡价格水平 P_1，单个厂商又在原来的 LAC 曲线的最低点 E 实现长期均衡。所以，D_2 曲线和 SS_2 曲线的交点 B 是行业的又一个长期均衡点，行业均衡产量为 Q_3，且有 $Q_3=\sum_{i=1}^{m}Q_{i1}$ 。行业内每个厂商的均衡产量仍为 Q_{i1}，但厂商数量由 n 个增加到 m 个，新增加的厂商使得市场均衡产量增加了 Q_1Q_3。

综上所述，行业的长期供给曲线即为连接 A、B 这两个行业长期均衡点的直线 LS，在成本不变的条件下它是一条水平线。它表示：成本不变行业是在不变的均衡价格水平提供产量，该均衡价格水平等于厂商的不变的长期平均成本的最小值。市场需求变化会引起行业长期均衡产量的同方向变化，但长期均衡价格不会发生变化。

23.【难度】2　　【考点】完全竞争市场的福利

【答案】错误。如果单个厂商的长期供给曲线是水平的，如图 6－12 所示，那么确实税收负担在长期将会完全落在消费者身上，然而，本题并不能得出单个厂商的长期供给曲线是水平的这一结论。

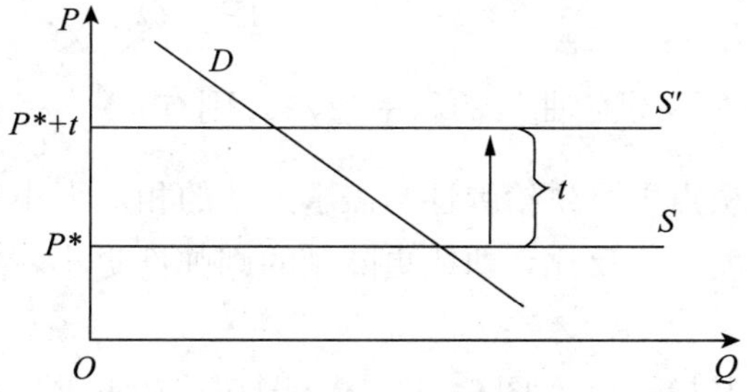

图 6－12　税收分摊

首先，规模报酬与规模经济是有区别的。在规模报酬不变时，如果调整生产要素的相对比例，是有可能实现规模经济的，所以，纵然要素价格固定不变，题干也不能得出单个厂商的 *LAC* 曲线是水平的结论，从而也就不能得出单个厂商的 *LMC* 曲线是水平的进而单个厂商的长期供给曲线是水平的结论。

其次，行业长期供给曲线是否水平，其实与单个厂商的 *LMC* 曲线是否水平没有关系。在长期，单个厂商的供给量都处于 $LAC_{\min}$ 这一点上，至于行业长期供给曲线是否水平，要看该行业是否为成本不变行业，只有成本不变行业才有水平的长期供给曲线，然后才有税负完全落在消费者身上一说。

【补充】完全竞争厂商面对的需求曲线是水平的，但完全竞争市场（行业）面对的需求曲线是向右下方倾斜的。

24.【难度】2　　【考点】完全竞争市场的福利

【答案】(1) 假设征收的是从量税，每单位产品的税率为 t。如果向生产者征收，则生产者得到的价格（P_s）和消费者支付的价格（P_d）之间的关系为：$P_s=P_d-t$；如果向消费者征收，则消费者支付的价格（P_d）和生产者得到的价格（P_s）之间的关系为：$P_d=P_s+t$。

由于 $P_s=P_d-t \Leftrightarrow P_d=P_s+t$，所以无论是向生产者征税还是向消费者征税，最后的分摊结果都是一样的。税收的最终分摊结果与市场均衡时供给和需求的价格弹性有关系。

(2) 影响税收归宿的主要因素是需求曲线和供给曲线的弹性。当需求弹性小于供给弹性时，说明价格变化一定幅度对需求的影响小于对供给的影响。这样税收增加所引起的价格上涨会使得需求量的减少小于供给量的减少，因此厂商就可以通过价格上涨的方式把更多的税收转嫁给消费者，税收更多地被消费者承担。当需求弹性大于供给弹性时，价格变化一定幅度对需求的影响大于对供给的影响。这样税收增加所引起的价格上涨会使需求量的减少大于供给量的减少，因此厂商不能将价格提高太多，只能自己承担大部分税收。

在供求均衡点上 $Q_s=Q_d$，所以，$\dfrac{e_d}{e_s}=\dfrac{-\dfrac{\mathrm{d}Q_d}{\mathrm{d}P}\cdot\dfrac{P}{Q_d}}{\dfrac{\mathrm{d}Q_s}{\mathrm{d}P}\cdot\dfrac{P}{Q_s}}=\dfrac{-\dfrac{\mathrm{d}Q_d}{\mathrm{d}P}}{\dfrac{\mathrm{d}Q_s}{\mathrm{d}P}}$。设在均衡点上需求曲线的斜率为 k_d，供给曲线的斜率为 k_s，则有：$\dfrac{e_d}{e_s}=\dfrac{1/|k_d|}{1/|k_s|}=\dfrac{|k_s|}{|k_d|}$。

所以，在供求均衡点上，供给弹性与需求弹性的相对大小与供求曲线斜率的绝对值（也就是陡峭程度）成反比，曲线更陡峭的则弹性更小，反之，曲线更平坦的则弹性更大。

假设向消费者征收从量税 t，如图 6－13（a）、图 6－13（b）所示，其中：图 6－13（a）中需求曲线更陡峭，即需求弹性更小；图 6－13（b）中供给曲线更陡峭，即供给弹性更小。征税之前，供求均衡点为 E 点，交易量为 Q_0，价格为 P_0。对交易征收从量税 t 后，供求均衡点为 B 点，消费者支付的价格为 P_d，生产者得到的价格为 P_s，且有$P_d=P_s+t$。

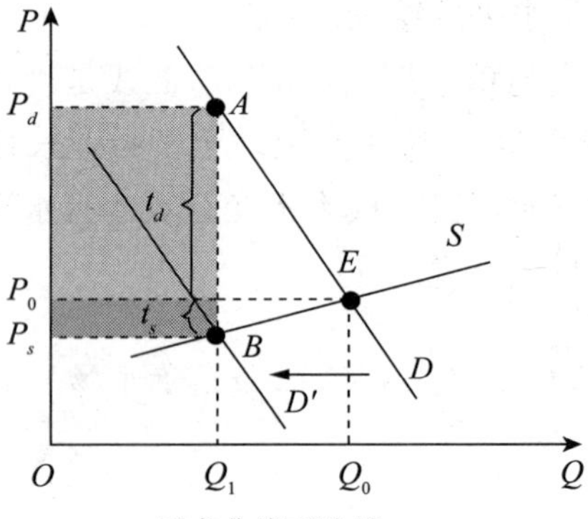

(a) 需求曲线更陡峭

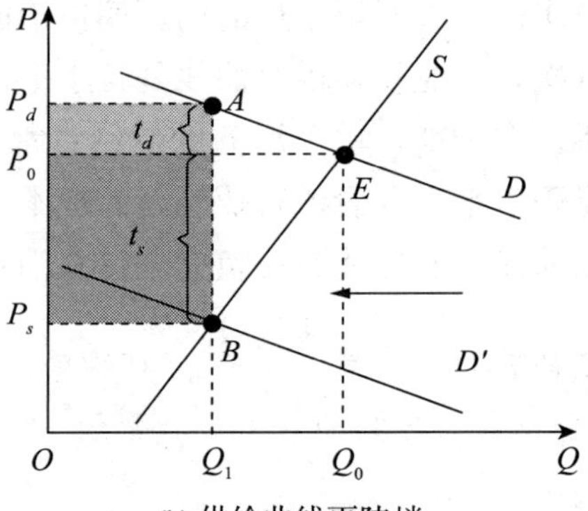

(b) 供给曲线更陡峭

图 6－13　税收分摊

政府征收的税收总额为图中矩形 P_dP_sBA 的面积，其中浅灰色部分是消费者所承担的，深灰色部分是生产者所承担的。可以看出，图 6－13（a）中税收主要为消费者所承担，而图 6－13（b）中税收主要为生产者所承担。

【提示】（1）如果供给或需求曲线的形状不规则，则税收分摊就复杂多了。例如在图 6－14 中，如果从量税 t 比较小，则生产者承担更多，如果 t 比较大，则消费者承担更多。

目前考试不会考到这么偏的地方，但以后未必不会这么考，毕竟考研题目的难度是逐年增大的。

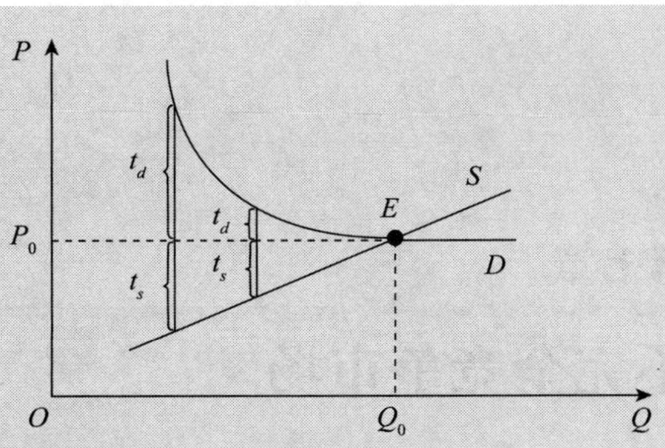

图 6-14　另类的税收分摊

(2) 关于税收归宿的数学证明，以及税收归宿的更多实用总结，可关注微信公众号“王海滨老师”，点击菜单栏“视频课/经济学强化班/第 2-6 讲　政府税收和补贴的影响”，或微信扫描二维码观看。

第七章

不完全竞争市场

学习精要

一、 学习重点

1. 垄断厂商的短期均衡
2. 垄断厂商的供给曲线
3. 价格歧视
4. 垄断竞争厂商的需求曲线
5. 垄断竞争厂商的短期均衡
6. 垄断竞争厂商的长期均衡
7. 古诺模型
8. 斯塔克伯格模型
9. 斯威齐模型
10. 不同市场结构的经济效益比较

二、 知识脉络图

- 不完全竞争市场
  - 垄断
    - 垄断市场的条件
    - 垄断厂商的需求曲线和收益曲线
    - 垄断厂商的短期均衡和长期均衡
    - 垄断厂商的供给曲线
    - 价格歧视
      - 一级价格歧视
      - 二级价格歧视
      - 三级价格歧视
  - 垄断竞争
    - 垄断竞争市场的条件
    - 垄断竞争厂商的需求曲线
      - d 需求曲线
      - D 需求曲线
    - 垄断竞争厂商的短期均衡
    - 垄断竞争厂商的长期均衡：利润为零
    - 垄断竞争与理想的产量
    - 非价格竞争
  - 寡头
    - 寡头市场的特征
    - 古诺模型
    - 伯特兰模型
    - 斯塔克伯格模型
    - 价格领导模型
    - 斯威齐模型
  - 不同市场的比较

三、 理论精要

知识点一　垄断厂商的需求曲线和收益曲线

垄断市场是指整个行业中只有唯一的厂商的市场组织。垄断厂商可以控制和操纵市场价格。垄断市场的条件主要有以下三点：

第一，市场上只有唯一的厂商生产和销售商品。

第二，该厂商生产和销售的商品没有任何相近的替代品。

第三，其他任何厂商进入该行业都极为困难或不可能。

形成垄断的原因主要有以下几个：

第一，独家厂商控制了生产某种商品的全部资源或基本资源的供给。

第二，独家厂商拥有生产某种商品的专利权。

第三，政府的特许。

第四，自然垄断。自然垄断行业具有如下特征：企业生产的规模经济需要在一个很大的产量范围内和相应的巨大的资本设备的生产运行水平上才能得到充分体现。

垄断厂商的需求曲线就是市场的需求曲线，是一条向右下方倾斜的曲线。

垄断厂商的平均收益总是等于商品的价格，平均收益曲线与需求曲线重叠；垄断厂商的边际收益总是小于平均收益。

垄断厂商的边际收益、价格和需求的价格弹性具有如下关系：$MR=P\left(1-\frac{1}{e_d}\right)$，因此：

当 $e_d>1$ 时，垄断厂商的总收益随销售量增加而增加；

当 $e_d<1$ 时，垄断厂商的总收益随销售量增加而减少；

当 $e_d=1$ 时，垄断厂商的总收益达到极大值。

知识点二　垄断厂商的短期均衡

在短期内，垄断厂商无法改变固定要素投入量，垄断厂商是在既定的生产规模下通过对产量和价格的调整来实现 $MR=SMC$ 的利润最大化原则的。

垄断厂商在短期均衡点上可以获得最大利润，可以利润为零，也可以遭受最小亏损。在亏损情况下，若 $AR>AVC$，垄断厂商继续生产；若 $AR<AVC$，垄断厂商停止生产；若 $AR=AVC$，垄断厂商认为生产和不生产无差异。

知识点三　垄断厂商的供给曲线

在垄断市场条件下，不存在具有规律性的厂商的供给曲线。

凡是在或多或少的程度上带有垄断因素的不完全竞争市场中，或者说，凡是在单个厂商对市场价格具有一定的控制力量，相应地，单个厂商的需求曲线向右下方倾斜的市场中，都不存在具有规律性的厂商和行业的短期和长期供给曲线。

知识点四　垄断厂商的长期均衡

垄断厂商在长期可以调整全部生产要素的投入量即生产规模，从而实现最大的利润。垄断厂商的长期均衡条件是 $MR=LMC=SMC$，在长期均衡点上一般可以获得利润。

垄断厂商之所以能在长期内获得更大的利润，其原因在于长期内企业的生产规模是可调整的和市场对新加入厂商是完全关闭的。

知识点五　价格歧视

价格歧视指以不同价格销售同一种产品。

价格歧视可分为一级、二级和三级价格歧视。

一级价格歧视也被称为完全价格歧视，指厂商对每一单位产品都按消费者所愿意支付的最高价格出售。尽管一级价格歧视剥夺了全部的消费者剩余，但是资源配置是有效率的。

二级价格歧视指对不同的消费数量段收取不同的价格。二级价格歧视剥夺了部分消费者剩余，垄断者有可能达到或接近 $P=MC$ 的有效率的资源配置。

三级价格歧视指对同一产品在不同的市场上（或对不同的消费群体）收取不同的价格。三级价格歧视的定价原则是 $MR_1=MR_2=MC$。

根据边际收益、价格和需求的价格弹性的关系，三级价格歧视的定价原则可以表示为 $P_1\left(1-\frac{1}{e_{d1}}\right)=P_2\left(1-\frac{1}{e_{d2}}\right)=MC$，即在需求的价格弹性小的市场上制定较高的产品价格，在需求的价格弹性大的市场上制定较低的产品价格。

垄断厂商实行三级价格歧视，必须具备的基本条件是：第一，市场的消费者具有不同的偏好，且这些不同的偏好可以被区分开；第二，不同的消费群体或不同的销售市场是相互隔离的。

知识点六 垄断竞争厂商的需求曲线

垄断竞争市场是这样一种市场组织，一个市场中有许多厂商生产和销售有差别的同种产品。在垄断竞争市场理论中，把市场上大量的生产非常接近的同种产品的厂商的总和称为生产集团。

垄断竞争市场的条件主要有以下三点：

第一，在生产集团中有大量的企业生产有差别的同种产品，这些产品彼此之间都是非常接近的替代品。

第二，一个生产集团中的企业数量非常多，以至每个厂商都认为自己的行为的影响很小，不会引起竞争对手的注意和反应。

第三，厂商的生产规模比较小，进入和退出一个生产集团比较容易。

在垄断竞争市场模型中，总是假定生产集团内的所有厂商都具有相同的成本曲线和收益曲线，并以代表性厂商进行分析。

垄断竞争厂商向右下方倾斜的需求曲线是比较平坦的，相对地比较接近完全竞争厂商的水平形状的需求曲线。垄断竞争厂商面临 d 需求曲线和 D 需求曲线两种需求曲线。

d 需求曲线表示在垄断竞争生产集团内的某个厂商改变产品价格，而其他厂商的产品价格保持不变时，该厂商的产品价格和销售量之间的关系。

D 需求曲线表示在垄断竞争生产集团内的某个厂商改变产品价格，而且集团内的其他厂商也使产品价格发生相同的变化时，该厂商的产品价格和销售量之间的关系。D 需求曲线表示垄断竞争生产集团内的单个厂商在每一市场价格水平上的实际销售份额。

当垄断竞争生产集团内的所有厂商都以相同的方式改变产品价格时，整个市场价格的变化会使得单个垄断竞争厂商的 d 需求曲线的位置沿着 D 需求曲线发生平移。

d 需求曲线和 D 需求曲线的交点意味着垄断竞争市场的供求相等状态。

d 需求曲线的弹性大于 D 需求曲线，即前者较后者更平坦。

知识点七　垄断竞争厂商的均衡

在短期内，垄断竞争厂商是在现有的生产规模下通过对产量和价格的调整，来实现 $MR=SMC$ 的利润最大化原则的。

边际收益是相对于 d 需求曲线的边际收益。在短期均衡产量上，必定存在一个 d 需求曲线和 D 需求曲线的交点。

$MR=SMC$ 的均衡点与 d 需求曲线和 D 需求曲线的交点相对应。

垄断竞争厂商在短期均衡点上可以获得最大利润，可以利润为零，也可以遭受最小亏损。在亏损情况下，若 $AR>AVC$，垄断竞争厂商继续生产；若 $AR<AVC$，垄断竞争厂商停止生产；若 $AR=AVC$，垄断竞争厂商认为生产和不生产无差异。

在长期内，垄断竞争厂商不仅可以调整生产规模，而且可以加入或退出生产集团。这意味着，垄断竞争厂商在长期均衡时的利润必定为零，即在垄断竞争厂商的长期均衡点上，d 需求曲线必定与 LAC 曲线相切。

垄断竞争厂商的长期均衡条件为：$MR=LMC=SMC$ 和 $AR=LAC=SAC$。

在长期均衡产量上，垄断竞争厂商的利润为零，且存在一个 d 需求曲线和 D 需求曲线的交点。

一般把完全竞争企业在长期平均成本曲线最低点上的产量称为理想的产量，把实际产量与理想产量之间的差额称为多余的生产能力。垄断竞争厂商的长期均衡产量小于理想的产量，存在多余的生产能力。

在垄断竞争市场上，厂商之间既存在价格竞争，也存在非价格竞争。

非价格竞争指通过改进产品品质、精心设计商标和包装、改善售后服务以及进行广告宣传等手段来扩大自己产品的市场份额。

知识点八　寡头市场的特征

寡头市场指少数几个厂商控制着整个市场的产品的生产和销售的这样一种市场组织。形成寡头市场的主要原因有：

第一，某些产品的生产必须在相当大的生产水平上才能实现规模经济。

第二，行业中几个厂商对生产所需的基本生产资源供给的控制。

第三，政府的扶植和支持等。

每个寡头厂商的利润都要受到行业中所有厂商的决策的相互作用的影响。一般来说，不知道竞争对手的反应方式，就无法建立寡头厂商模型。

知识点九　古诺模型

古诺模型是一个只有两个寡头厂商的简单模型，也被称为双头模型。古诺模型假定：

（1）市场上只有两个厂商生产和销售相同的产品，它们的生产成本为零。

（2）两个厂商面临的市场需求曲线是线性的，并且都准确地了解市场需求曲线。

（3）两个厂商都是在已知对方产量的情况下，各自确定能够给自己带来最大利润的产量，即每个厂商都是消极地以自己的产量去适应对方已确定的产量。

古诺模型的结论是：每个厂商的均衡产量都为市场容量的 1/3，行业均衡总产量为市场容量的 2/3。

如果寡头厂商的数量为 m，则每个厂商的均衡产量都为市场容量的$\frac{1}{m+1}$，行业均衡总产量为$\frac{m}{m+1}$。

知识点十　伯特兰模型

伯特兰模型的假定与古诺模型很接近：两个寡头厂商生产和销售同质产品；两个厂商的边际成本恒为 $c>0$，且固定成本为 0。所不同的是，两个厂商的决策变量是价格。

伯特兰模型的结论是：两个厂商的定价为 $P_1=P_2=c$，即市场价格等于边际成本，$P=MC$。这与完全竞争市场的情况相同。

【提示】伯特兰（Bertrand，又译为贝特朗）模型在传统的线下市场很难存在，但在互联网市场却是存在的。这个模型难度不大，编者在微信公众号里的一篇文章很形象具体地演绎了这个模型，可微信扫描二维码查看。

知识点十一　斯塔克伯格模型

斯塔克伯格模型假定有两个寡头厂商，一个厂商为实力相对雄厚而处于支配地位的领导者，而另一个则为追随者。

追随型厂商在给定领导型厂商产量选择的前提下作出自己的利润最大化的产量决策，追随型厂商是有反应函数的。

领导型厂商是在了解并考虑到追随型厂商选择产量的反应方式的基础上来决定自己的利润最大化的产量决策的。

在斯塔克伯格模型中，追随型厂商具有反应函数，领导型厂商没有反应函数。

知识点十二　价格领导模型

寡头市场上只有两个厂商：领导型厂商和追随型厂商。

在任意给定的市场价格水平上，领导型厂商所面临的市场需求量等于市场总需求量减去追随型厂商所提供的产量；并且，领导型厂商一定能预测到追随型厂商在给定市场价格下所提供的产量。

追随型厂商是一个被动的价格接受者，在给定的价格水平上实现最大利润。

知识点十三　斯威齐模型

斯威齐模型也被称为弯折的需求曲线模型。模型的基本假设是：

（1）如果一个寡头厂商提高价格，则行业中的其他寡头厂商都不会跟着改变自己的价格，因而提价的寡头厂商的销售量的减少是很多的。

（2）如果一个寡头厂商降低价格，则行业中的其他寡头厂商都会将价格降低到相同的水平，以避免销售份额的减少，因而该寡头厂商的销售量的增加是有限的。

斯威齐模型表明，由于存在弯折的需求曲线，进而存在间断的边际收益曲线，因此，只要边际成本曲线的位置变动不超出边际收益曲线的垂直间断范围，寡头厂商的均衡价格和均衡数量就不会发生变化，寡头市场上的价格存在刚性特征。

知识点十四　不同市场结构的经济效益比较

经济效益指利用经济资源的有效性。

完全竞争市场的经济效益最高，垄断竞争市场较高，寡头市场较低，垄断市场最低。

市场的竞争程度越高，经济效益就越高；市场的垄断程度越高，经济效益就越低。

习题解析

一、简答题

1. 根据图 7-1 中某垄断厂商的线性需求曲线 d 和相应的边际收益曲线 MR，试求：

（1）A 点所对应的 MR 值。

（2）B 点所对应的 MR 值。

【难度】1　　**【考点】**垄断厂商的需求曲线和收益曲线

【答案】解法一

（1）根据需求的价格点弹性的几何意义，可得 A 点的需求的价格弹性为：$e_d=\frac{15-5}{5}=2$，或者 $e_d=\frac{2}{3-2}=2$。根据公式 $MR=P\left(1-\frac{1}{e_d}\right)$，则 A 点的 MR 值为：$MR=2\times\left(1-\frac{1}{2}\right)=1$。

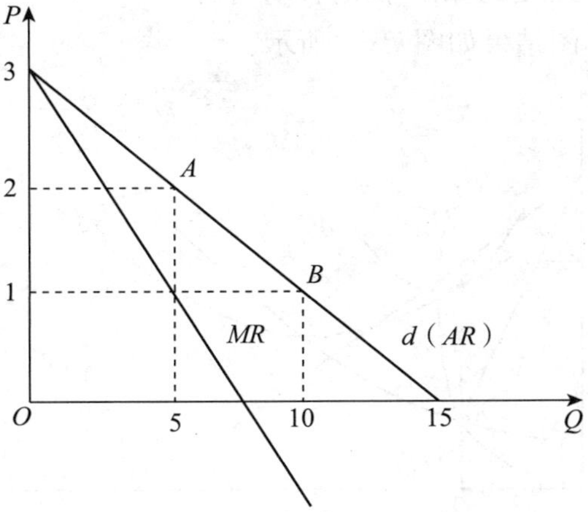

图 7－1　线性需求曲线及其边际收益曲线

（2）根据需求的价格点弹性的几何意义，可得 B 点的需求的价格弹性为：$e_d=\frac{15-10}{10}=\frac{1}{2}$，或者 $e_d=\frac{1}{3-1}=\frac{1}{2}$。根据公式 $MR=P\left(1-\frac{1}{e_d}\right)$，则 B 点的 MR 值为：$MR=1\times\left(1-\frac{1}{1/2}\right)=-1$。

解法二

与线性需求曲线相对应的边际收益曲线也是线性的，由此可得 MR 的方程为 $MR=-2Q/5+3$，A 点的 MR 值为 $-2\times5/5+3=1$，B 点的 MR 值为 $-2\times10/5+3=-1$。

2. 图 7－2 是某垄断厂商的长期成本曲线、需求曲线和收益曲线。试在图中标出：

（1）长期均衡点及相应的均衡价格和均衡产量。

（2）长期均衡时代表最优生产规模的 *SAC* 曲线和 *SMC* 曲线。

（3）长期均衡时的利润量。

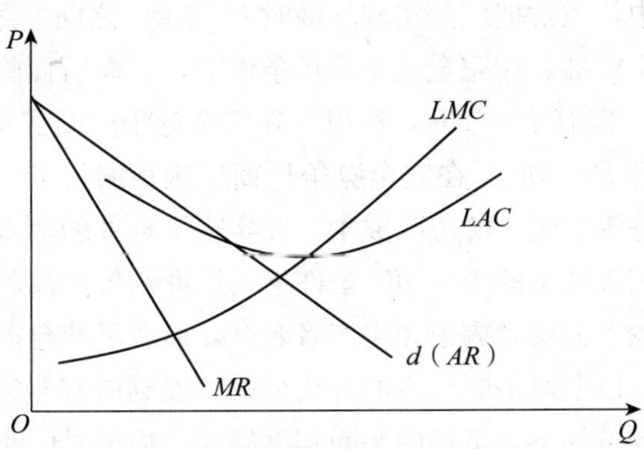

图 7－2　垄断厂商的长期成本曲线、需求曲线和收益曲线

【难度】 2　　**【考点】** 垄断厂商的长期均衡

【答案】 本题的作图结果如图 7－3 所示。

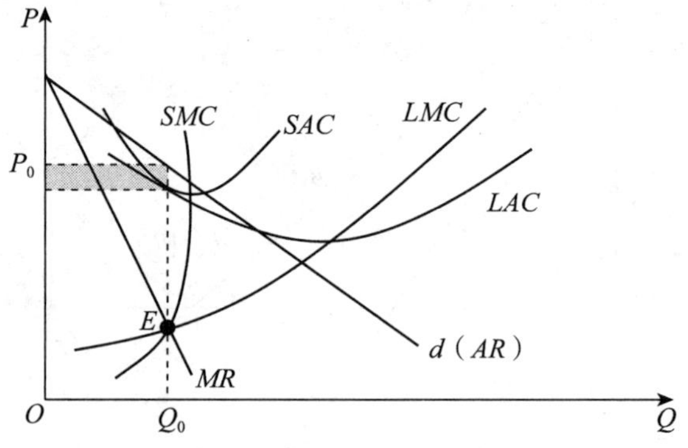

图 7－3　垄断厂商的长期均衡

（1）长期均衡点为 E 点，因为在 E 点有 $MR=LMC$。由 E 点出发，均衡价格为 P_0，均衡数量为 Q_0。

（2）长期均衡时代表最优生产规模的 SAC 曲线和 SMC 曲线如图 7－3 所示。在 Q_0 的产量上，SAC 曲线和 LAC 曲线相切；SMC 曲线和 LMC 曲线相交，且同时与 MR 曲线相交。

（3）长期均衡时的利润量由图 7－3 中阴影部分的面积表示，即 $\pi=[AR(Q_0)-SAC(Q_0)]Q_0$。

3. 为什么垄断厂商实现 $MR=MC$ 的利润最大化均衡时，总有 $P>MC$？你是如何理解这种状态的？

【难度】 2　　**【考点】** 垄断厂商的短期均衡

【答案】 由于垄断厂商所面临的需求曲线的位置高于边际收益 MR 曲线的位置，即总有 $P>MR$（关于这一结论的原因见前一题的答案），所以，在垄断厂商实现 $MR=MC$ 的利润最大化均衡时，必有 $P>MC$。

在经济学分析中，通常把厂商实现均衡时 P 与 MC 之间差距的大小作为衡量市场的经济效率的一个标准。在完全竞争市场条件下，厂商所面临的需求曲线与边际收益 MR 曲线重合，即有 $P=MR$，所以，在完全竞争厂商实现 $MR=MC$ 的利润最大化均衡时，必有 $P=MC$。在完全竞争厂商实现均衡的 $P=MC$ 条件下，厂商销售产品的价格刚好等于生产的边际成本，并实现了全部的消费者剩余和生产者剩余。而在垄断厂商实现均衡的 $P>MC$ 条件下，厂商销售产品的价格大于等于生产的边际成本，且减少了消费者剩余和生产者剩余，形成了社会福利的“无谓损失”。

最后需要指出，以上对垄断厂商的分析可以扩展到所有非完全竞争厂商。在不同的非完全竞争市场条件下，市场的垄断程度越高，均衡时厂商的 P 与 MC 之间的差距就越大，经济效率的损失也就越大；相反，市场的竞争程度越高，均衡时厂商的 P 与 MC 之间的差距就越小，经济效率的损失也就越小。

【提示】垄断厂商和生产要素市场上的买方垄断厂商，一个是销售产品的垄断者，另一个是购买生产要素的垄断者，它们之间的关系看起来就像“镜像对称”关系一样，因此，关于它们也有很多“对称”的理论。例如：（1）垄断厂商的 $MR<P$，生产要素市场上买方垄断厂商的 MFC（边际要素成本，即每增加一单位要素使用量所增加的要素总成本）$>W$；（2）垄断厂商没有供给曲线，生产要素市场上的买方垄断厂商没有需求曲线。关于第（1）点，微信扫描二维码可以看到更详细（从三个视角分析）的图文分析。

二、计算题

4. 已知某垄断厂商的短期总成本函数为 $STC=0.1Q^3-6Q^2+140Q+3\ 000$，反需求函数为 $P=150-3.25Q$。

求：该垄断厂商的短期均衡产量与均衡价格。

【难度】1　　　**【考点】**垄断厂商的短期均衡

【答案】根据短期总成本函数可得短期边际成本 $SMC=0.3Q^2-12Q+140$。根据反需求函数可得边际收益 $MR=150-6.5Q$。

垄断厂商短期利润最大化的条件为 $MR=SMC$，代入有关参数可得 $150-6.5Q=0.3Q^2-12Q+140$，求解可得均衡产量 $Q=20$，代入反需求函数可得均衡价格为 $P=150-3.25\times20=85$。

5. 已知某垄断厂商的短期总成本函数为 $STC=0.6Q^2+3Q+2$，反需求函数为 $P=8-0.4Q$。

（1）求该厂商实现利润最大化时的产量、价格、收益和利润。

（2）求该厂商实现收益最大化时的产量、价格、收益和利润。

（3）比较（1）和（2）的结果。

【难度】2　　　**【考点】**垄断厂商的短期均衡

【答案】（1）根据短期总成本函数可得：$SMC=\frac{dSTC}{dQ}=1.2Q+3$。根据反需求函数可得 $MR=8-0.8Q$。利润最大化原则为 $MR=SMC$，代入有关参数可得 $8-0.8Q=1.2Q+3$，求解可得 $Q=2.5$，把 $Q=2.5$ 代入反需求函数 $P=8-0.4Q$ 可得：$P=8-0.4\times2.5=7$；把 $Q=2.5$ 和 $P=7$ 代入利润等式，有：$\pi=TR-STC=P\cdot Q-STC=7\times2.5-(0.6\times2.5^2+3\times2.5+2)=4.25$。

所以，当该垄断厂商实现利润最大化时，其产量 $Q=2.5$，价格 $P=7$，收益 $TR=17.5$，利润 $\pi=4.25$。

（2）由反需求函数可得总收益函数为：$TR=P(Q)\cdot Q=(8-0.4Q)Q=8Q-0.4Q^2$，令 $\frac{dTR}{dQ}=0$ 可得 $8-0.8Q=0$，求解可得 $Q=10$，且 $\frac{d^2TR}{dQ^2}=-0.8<0$，所以，当 $Q=10$ 时，TR 达到最大值。把 $Q=10$ 代入反需求函数 $P=8-0.4Q$ 可得：

$P=8-0.4\times10=4$；把 $Q=10$，$P=4$ 代入利润等式可得 $\pi=TR-STC=P\cdot Q-STC=4\times10-(0.6\times10^2+3\times10+2)=-52$。

所以，当该垄断厂商实现收益最大化时，其产量 $Q=10$，价格 $P=4$，收益 $TR=40$，利润 $\pi=-52$，即该厂商的亏损量为 52。

（3）将该垄断厂商实现利润最大化的结果（1）与实现收益最大化的结果（2）相比较，可以知道，该厂商实现利润最大化时的产量较低（$2.5<10$），价格较高（$7>4$），收益较少（$17.5<40$），利润较大（$4.25>-52$）。显然，理性的垄断厂商总是将利润最大化作为生产目标，而不是将收益最大化作为生产目标。追求利润最大化的垄断厂商总是以较高的垄断价格和较低的产量，来获得最大的利润。

6. 已知某垄断厂商的反需求函数为 $P=100-2Q+2\sqrt{A}$，总成本函数为 $TC=3Q^2+20Q+A$，其中，A 表示厂商的广告支出。

求：该厂商实现利润最大化时 Q、P 和 A 的值。

【难度】 2　　**【考点】** 垄断厂商的短期均衡

【答案】 厂商的目标函数 $\pi=P\cdot Q-TC=(100-2Q+2\sqrt{A})Q-3Q^2-20Q-A$，整理得到：$\pi=-5Q^2+80Q+2Q\sqrt{A}-A$。根据二元函数最大化解法可以得到：

$$\frac{\partial \pi}{\partial A}=QA^{-\frac{1}{2}}-1=0$$

$$\frac{\partial \pi}{\partial Q}=80-10Q+2\sqrt{A}=0$$

联立两式求解得到：$Q=10$，$A=100$。把均衡产量、均衡广告支出代入反需求函数可以得到：均衡价格 $P=100-2Q+2\sqrt{A}=100-2\times10+2\times\sqrt{100}=100$。

所以，该垄断厂商实现利润最大化时的产量 $Q=10$，价格 $P=100$，广告支出 $A=100$。

7. 已知某垄断厂商利用一个工厂生产一种产品，其产品在两个分割的市场出售，它的成本函数为 $TC=0.5Q^2+7Q$，两个市场的需求函数分别为 $Q_1=30-0.5P_1$，$Q_2=100-2P_2$。

（1）求当该厂商实行三级价格歧视时，它追求利润最大化前提下的两市场各自的销售量、价格，以及厂商的总利润。

（2）求当该厂商在两个市场上实行统一的价格时，它追求利润最大化前提下的销售量、价格，以及厂商的总利润。

（3）比较（1）和（2）的结果。

【难度】 2　　**【考点】** 价格歧视

【答案】（1）两个市场的反需求函数分别为 $P_1=60-2Q_1$，$P_2=50-0.5Q_2$，则有：

$$\begin{aligned}\text{利润 } \pi &= P_1Q_1+P_2Q_2-TC \\ &=(60-2Q_1)Q_1+(50-0.5Q_2)Q_2-0.5(Q_1+Q_2)^2-7(Q_1+Q_2)\end{aligned}$$

$$=53Q_1-2.5Q_1^2+43Q_2-Q_2^2-Q_1Q_2$$

利润最大化的一阶条件为：

$$\frac{\partial\pi}{\partial Q_1}=53-5Q_1-Q_2=0$$

$$\frac{\partial\pi}{\partial Q_2}=43-2Q_2-Q_1=0$$

解得：$Q_1=7$，$Q_2=18$。所以有：

$$P_1=60-2\times7=46，P_2=50-0.5\times18=41$$

$$Q=Q_1+Q_2=7+18=25$$

$$\text{总利润 }\pi=46\times7+41\times18-(0.5\times25^2+7\times25)$$

$$=572.5$$

(2) 由两个市场的反需求函数可知 $P_1\leqslant60$，$P_2\leqslant50$，所以：

如果 $P\leqslant50$，则总需求函数为 $Q=Q_1+Q_2=30-0.5P+100-2P=130-2.5P$。

如果 $P>50$，则总需求函数为 $Q=Q_1=30-0.5P$。

Ⅰ. 假设 $P\leqslant50$，反需求函数为 $P=52-0.4Q$，所以 $MR=52-0.8Q$。由总成本函数可知 $MC=Q+7$。

由 $MR=MC$ 可得：

$$52-0.8Q=Q+7$$

解得：均衡产量 $Q=25$。

所以均衡价格 $P=52-0.4\times25=42$，利润 $\pi=42\times25-(0.5\times25^2+7\times25)=562.5$。

Ⅱ. 假设 $P>50$，则反需求函数为 $P=60-2Q$，所以 $MR=60-4Q$。

由 $MR=MC$ 可得：

$$60-4Q=Q+7$$

解得：均衡产量 $Q=10.6$。

所以均衡价格 $P=60-2\times10.6=38.8$，此时 $P<50$，显然这个假设不符合事实，可略去。

(3) 厂商在实施三级价格歧视时，总产量是 $Q=25$，在不实施价格歧视时，总产量还是 $Q=25$，总产量是一样的。

不过，在实施价格歧视时，市场 1 的产量 $Q_1=7$，市场 2 的产量 $Q_2=18$。在不实施价格歧视时，市场 1 的产量 $Q_1=30-0.5\times42=9$，市场 2 的产量 $Q_2=100-2\times42=16$。虽然总产量一样，但分配在两个市场上的产量却不一样。

在实施价格歧视时，厂商的总利润 $\pi=572.5$，在不实施价格歧视时，总利润

$\pi=562.5$。这表明对垄断厂商来说实施三级价格歧视要比不这样做更有利可图。

8. 假定某垄断厂商生产两种相关联的产品，其中任何一种产品需求量的变化都会影响另一种产品的价格，这两种产品的市场需求函数分别为 $P_1=120-2Q_1-0.5Q_2$，$P_2=100-Q_2-0.5Q_1$。这两种产品的生产成本函数是相互独立的，分别为 $TC_1=50Q_1$，$TC_2=0.5Q_2^2$。求该垄断厂商关于每一种产品的产量和价格。

【难度】2　　**【考点】**垄断厂商的短期均衡

【答案】厂商利润

$$\begin{aligned}\pi &=P_1Q_1+P_2Q_2-TC_1-TC_2\\ &=(120-2Q_1-0.5Q_2)Q_1+(100-Q_2-0.5Q_1)Q_2-50Q_1-0.5Q_2^2\\ &=70Q_1-2Q_1^2-Q_1Q_2+100Q_2-1.5Q_2^2\end{aligned}$$

利润最大化的一阶条件为：

$$\frac{\partial\pi}{\partial Q_1}=70-4Q_1-Q_2=0$$

$$\frac{\partial\pi}{\partial Q_2}=100-Q_1-3Q_2=0$$

联立解得：

$$Q_1=10,\ Q_2=30$$

所以 $P_1=120-2\times10-0.5\times30=85$，$P_2=100-30-0.5\times10=65$。

【提示】以上是用数学方法求解，如果用经济学方法，也就是 $MR=MC$ 的方法求解，不是不可以，但是容易出错。

有的学生认为 $TR_1=P_1Q_1=(120-2Q_1-0.5Q_2)Q_1$，所以 $MR_1=120-4Q_1-0.5Q_2$，再令 $MR_1=MC_1$ 来求解即可。这样做就错了。

本题中，由于 TR_1 和 TR_2 中都包括了 Q_1，所以 $MR_1=\frac{\partial TR_1}{\partial Q_1}+\frac{\partial TR_2}{\partial Q_1}$，这才是真正的 MR_1。同理，真正的 $MR_2=\frac{\partial TR_1}{\partial Q_2}+\frac{\partial TR_2}{\partial Q_2}$。

编者一直强调，经济学计算题一般建议优先考虑使用数学方法来解。数学方法比经济学方法更能“以不变应万变”，说得直白点就是更傻瓜式，既简单又不容易出错。

9. 假定某垄断厂商生产一种产品，其总成本函数为 $TC=0.5Q^2+10Q+5$，市场的反需求函数为 $P=70-2Q$。

（1）求该厂商实现利润最大化时的产量、产品价格和利润量。

（2）如果要求该垄断厂商遵从完全竞争厂商利润最大化的原则，那么，该厂商的产量、产品价格和利润量又是多少？

（3）试比较（1）和（2）的结果，你可以得到什么结论？

【难度】2　　**【考点】**垄断厂商的短期均衡；不同市场结构的经济效益比较

【答案】（1）由反需求函数可知 $MR=70-4Q$，由总成本函数可知 $MC=Q+10$。

利润最大化条件为 $MR=MC$，即 $70-4Q=Q+10$，解得：

$$Q=12$$

所以 $P=70-2\times 12=46$，利润量 $\pi=PQ-TC=46\times 12-(0.5\times 12^2+10\times 12+5)=355$。

（2）如果遵从完全竞争厂商利润最大化的原则，则有 $P=MC$，即 $70-2Q=Q+10$，解得：

$$Q=20$$

所以 $P=70-2\times 20=30$，利润量 $\pi=30\times 20-(0.5\times 20^2+10\times 20+5)=195$。

（3）比较（1）和（2）可知，完全竞争时，厂商的产量更高，价格更低，利润更少。显然，完全竞争市场更有效率，垄断市场更缺乏效率。

10. 已知某垄断竞争厂商的长期总成本函数为 $LTC=0.001Q^3-0.51Q^2+200Q$；如果该产品的生产集团内的所有厂商都按相同的比例调整价格，那么，每个厂商的份额需求曲线 D 为 $P=238-0.5Q$。求：

（1）该厂商长期均衡时的产量与价格。

（2）该厂商长期均衡时主观需求曲线 d 上的需求的价格点弹性值。（保留整数部分。）

（3）如果该厂商的主观需求曲线 d 是线性的，推导该厂商长期均衡时的主观需求函数。

【难度】2　　**【考点】**垄断竞争厂商的需求曲线；垄断竞争厂商的均衡

【答案】（1）根据长期总成本函数可得长期平均成本函数和长期边际成本函数分别为：$LAC=0.001Q^2-0.51Q+200$，$LMC=0.003Q^2-1.02Q+200$。与份额需求曲线相对应的反需求函数为 $P=238-0.5Q$。

在垄断竞争厂商实现利润最大化的长期均衡时有 $P=AR=LAC$，代入有关参数可得：$0.001Q^2-0.51Q+200=238-0.5Q$，求解可得 $Q=200$（已舍去负值）。把 $Q=200$ 代入份额需求函数可得：$P=238-0.5\times 200=138$。所以，该垄断竞争厂商实现利润最大化的长期均衡时的产量 $Q=200$，价格 $P=138$。

> **【提示】**如果通过 $P=238-0.5Q$ 求出 MR，再用 $MR=LMC$ 来求解，是不对的，因为 MR 不能用份额需求曲线计算，需用主观需求曲线计算。

（2）将 $Q=200$ 代入长期边际成本函数 LMC 可得：$LMC=0.003\times 200^2-1.02\times 200+200=116$。因为厂商实现长期利润最大化时必有 $MR=LMC$，所以，亦有 $MR=116$。再根据公式 $MR=P\left(1-\frac{1}{e_d}\right)$ 可得：$116=138\left(1-\frac{1}{e_d}\right)$，求解可得 $e_d=\frac{138}{22}\approx 6$。

所以，厂商实现长期均衡时主观需求曲线 d 上的需求的价格点弹性 $e_d \approx 6$。

（3）令该厂商的线性主观需求曲线 d 的函数形式为 $P=A-BQ$，其中，A 表示该线性需求曲线 d 的纵截距，$-B$ 表示斜率。

根据线性需求曲线的点弹性的几何意义，有 $e_d=\frac{P}{A-P}$，其中，P 表示线性需求曲线 d 上某一点所对应的价格水平。于是，在该厂商实现长期均衡时，由 $e_d=\frac{P}{A-P}$ 可得：$\frac{138}{22}=\frac{138}{A-138}$，求解可得 $A=160$。

此外，根据几何意义，在该厂商实现长期均衡时，线性主观需求曲线 d 的斜率的绝对值可以表示为：$B=\frac{A-P}{Q}=\frac{160-138}{200}=0.11$。于是，该垄断竞争厂商实现长期均衡时的线性主观需求函数为：$P=A-BQ=160-0.11Q$，或者 $Q=\frac{160-P}{0.11}$。

11. 在某垄断竞争市场，代表性厂商的长期总成本函数为 $LTC=5Q^3-200Q^2+2\ 700Q$，反需求函数为 $P=2\ 200A-100Q$。

求长期均衡时代表性厂商的产量和产品价格，以及 A 的数值。

【难度】 2　　**【考点】** 垄断竞争厂商的均衡

【答案】 根据长期总成本函数可得长期平均成本函数和长期边际成本函数分别为：$LAC=5Q^2-200Q+2\ 700$，$LMC=15Q^2-400Q+2\ 700$。

在垄断竞争厂商实现利润最大化的长期均衡时有 $P=AR=LAC$，代入有关参数可得：

$$5Q^2-200Q+2\ 700=2\ 200A-100Q \quad ①$$

在垄断竞争厂商实现利润最大化的长期均衡时有 $MR=LMC$，代入有关参数可得：

$$15Q^2-400Q+2\ 700=2\ 200A-200Q \quad ②$$

联立式①、式②，求解可得 $Q=10$，$A=1$，将 Q、A 的值代入市场的反需求函数可得 $P=LAC=5\times10^2-200\times10+2\ 700=1\ 200$。

12. 某寡头行业有两个厂商，厂商 1 的成本函数为 $C_1=8Q_1$，厂商 2 的成本函数为 $C_2=0.8Q_2^2$，该市场的反需求函数为 $P=152-0.6Q$。

求该寡头市场的古诺模型解。

【难度】 2　　**【考点】** 古诺模型

【答案】 厂商 1 的利润函数为 $\pi_1=P\cdot Q_1-C_1=152Q_1-0.6(Q_1+Q_2)Q_1-8Q_1$，整理得 $\pi_1=-0.6Q_1^2+144Q_1-0.6Q_2Q_1$，利润最大化时有 $\partial\pi/\partial Q_1=-1.2Q_1+144-0.6Q_2=0$，求解可得 $Q_1=120-0.5Q_2$。

厂商 2 的利润函数为 $\pi_2=P\cdot Q_2-C_2=152Q_2-0.6(Q_1+Q_2)Q_2-0.8Q_2^2$，整理可得 $\pi_2=-1.4Q_2^2+152Q_2-0.6Q_2Q_1$，利润最大化时有 $\partial\pi/\partial Q_2=-0.6Q_1+152-2.8Q_2=0$，求解可得 $2.8Q_2=152-0.6Q_1$。

联立求解可得 $Q_2=32$，$Q_1=104$。

13. 某寡头行业有两个厂商，厂商1为领导者，其成本函数为 $C_1=13.8Q_1$，厂商2为追随者，其成本函数为 $C_2=20Q_2$，该市场的反需求函数为 $P=100-0.4Q$。求该寡头市场的斯塔克伯格模型解。

【难度】 2　　**【考点】** 斯塔克伯格模型

【答案】 追随者的利润为 $\pi_2=P\cdot Q_2-C_2=100Q_2-0.4(Q_1+Q_2)Q_2-20Q_2$，整理可得 $\pi_2=80Q_2-0.4Q_1Q_2-0.4Q_2^2$，利润最大化条件为 $\partial\pi_2/\partial Q_2=80-0.4Q_1-0.8Q_2=0$，求解可得 $Q_2=100-0.5Q_1$。

领导者的利润为 $\pi_1=P\cdot Q_1-C_1=100Q_1-0.4(Q_1+Q_2)Q_1-13.8Q_1$，将追随者的反应函数代入并整理可得 $\pi_1=46.2Q_1-0.2Q_1^2$，利润最大化的条件为 $d\pi_1/dQ_1=46.2-0.4Q_1=0$，求解可得 $Q_1=115.5$，将其代入追随者的反应函数可得 $Q_2=100-0.5\times115.5=42.25$。将 $Q_1=115.5$、$Q_2=42.25$ 代入市场的反需求函数，得市场价格 $P=100-0.4\times(115.5+42.25)=36.9$。

所以，此题的斯塔克伯格解为：

$$Q_1=115.5 \quad Q_2=42.25 \quad P=36.9$$

14. 某寡头厂商的广告对其需求的影响为：

$$P=88-2Q+2\sqrt{A}$$

对其成本的影响为：

$$C=3Q^2+8Q+A$$

式中，A 为广告费用。

(1) 求在无广告的情况下，利润最大化时的产量、价格与利润。

(2) 求在有广告的情况下，利润最大化时的产量、价格、广告费用和利润。

(3) 比较 (1) 与 (2) 的结果。

【难度】 2　　**【考点】** 垄断厂商的短期均衡

【答案】（1）若无广告，即 $A=0$，则根据需求函数可得边际收益为 $MR=88-4Q$；根据成本函数可得边际成本为 $MC=6Q+8$。利润最大化条件为 $MR=MC$，代入有关参数可得 $88-4Q=6Q+8$，求解可得 $Q=8$，代入需求函数可得 $P=88-2Q=72$，利润 $\pi=P\cdot Q-C=320$。

（2）若有广告，即 $A>0$，则寡头厂商的利润为 $\pi=(88-2Q+2\sqrt{A})Q-(3Q^2+8Q+A)$，整理可得 $\pi=-5Q^2+80Q+2\sqrt{A}Q-A$，利润最大化的一阶条件为 $\partial\pi/\partial Q=-10Q+80+2\sqrt{A}=0$，$\partial\pi/\partial A=QA^{-1/2}-1=0$，联立求解可得 $Q=10$，$A=100$，代入需求函数可得 $P=88$，利润 $\pi=400$。

（3）由（1）、（2）的计算结果可知，在有广告的情况下，产量、价格、利润都提高了。

15. 假定某寡头市场有两个厂商生产同种产品，市场的反需求函数为 $P=100-Q$，两厂商的成本函数分别为 $TC_1=20Q_1$，$TC_2=0.5Q_2^2$。

(1) 假定两厂商按古诺模型行动，求两厂商各自的产量和利润量，以及行业的总利润量。

(2) 假定两厂商联合行动组成卡特尔，追求共同利润最大化，求两厂商各自的产量和利润量，以及行业的总利润量。

(3) 比较 (1) 与 (2) 的结果。

【难度】2　　**【考点】**古诺模型；不同市场结构的经济效益比较

【答案】(1) 厂商 1 的利润为：

$$\begin{aligned}\pi_1&=PQ_1-TC_1=(100-Q_1-Q_2)Q_1-20Q_1\\&=80Q_1-Q_1^2-Q_1Q_2\end{aligned}$$

厂商 1 利润最大化的一阶条件为：

$$\frac{\partial\pi_1}{\partial Q_1}=80-2Q_1-Q_2=0 \qquad ①$$

厂商 2 的利润为：

$$\begin{aligned}\pi_2&=PQ_2-TC_2=(100-Q_1-Q_2)Q_2-0.5Q_2^2\\&=100Q_2-Q_1Q_2-1.5Q_2^2\end{aligned}$$

厂商 2 利润最大化的一阶条件为：

$$\frac{\partial\pi_2}{\partial Q_2}=100-Q_1-3Q_2=0 \qquad ②$$

联立式①、式②解得：$Q_1=28$，$Q_2=24$。所以有：

$$\begin{aligned}&P=100-Q_1-Q_2=100-28-24=48\\&\pi_1=PQ_1-TC_1=48\times28-20\times28=784\\&\pi_2=PQ_2-TC_2=48\times24-0.5\times24^2=864\\&\pi=\pi_1+\pi_2=784+864=1\,648\end{aligned}$$

(2) 组成卡特尔后，卡特尔的利润为：

$$\begin{aligned}\pi&=P(Q_1+Q_2)-TC_1-TC_2=(100-Q_1-Q_2)(Q_1+Q_2)-20Q_1-0.5Q_2^2\\&=-Q_1^2+80Q_1-1.5Q_2^2+100Q_2-2Q_1Q_2\end{aligned}$$

利润最大化的一阶条件为：

$$\frac{\partial\pi}{\partial Q_1}=-2Q_1+80-2Q_2=0$$

$$\frac{\partial\pi}{\partial Q_2}=-2Q_1+100-3Q_2=0$$

联立解得：$Q_1=20$，$Q_2=20$。所以有：

$P=100-Q_1-Q_2=100-20-20=60$
$\pi_1=PQ_1-TC_1=60\times20-20\times20=800$
$\pi_2=PQ_2-TC_2=60\times20-0.5\times20^2=1\ 000$
$\pi=\pi_1+\pi_2=800+1\ 000=1\ 800$

（3）比较（1）、（2）的结果可知，与古诺模型相比，在卡特尔下，厂商的利润都增加了，总利润自然也增加了。但市场代价是产量下降、产品价格上涨。可见，卡特尔的市场效率低于古诺模型。

【提示】在（1）中，有一种解法是在求出厂商 1、2 的利润最大化条件后，再分别从式①、式②整理出厂商 1、2 的反应函数：

$$Q_1=40-\frac{1}{2}Q_2$$

$$Q_2=\frac{100}{3}-\frac{1}{3}Q_1$$

然后联立反应函数求解。这种解法用于教学是不错的，可以帮助学生梳理思路，但考试时这么做则过于死板，会浪费时间，因为式①、式②其实就是反应函数，虽然"长相"不一样，但本质相同，或者套用高数里的术语，可以说它们是反应函数的隐函数。

16. 假定某寡头厂商面临一条弯折的需求曲线，产量在 0～30 单位范围内时需求函数为 $P=60-0.3Q$，产量超过 30 单位时需求函数为 $P=66-0.5Q$；该厂商的短期总成本函数为 $STC=0.005Q^3-0.2Q^2+36Q+200$。

（1）求该寡头厂商利润最大化的均衡产量和均衡价格。

（2）假定该厂商成本增加，导致总成本函数变为 $STC=0.005Q^3-0.2Q^2+50Q+200$，求该寡头厂商利润最大化的均衡产量和均衡价格。

（3）对以上（1）和（2）的结果作出解释。

【难度】2　　**【考点】**寡头市场的特征；斯威齐模型

【答案】（1）该寡头厂商面临如图 7-4 所示的需求曲线：

由题意及图 7-4 可知，在 $Q\leqslant30$ 时，$MR=60-0.6Q$，在 $Q=30$ 时，$MR=60-0.6\times30=42$。

在 $Q\geqslant30$ 时，$MR=66-Q$，在 $Q=30$ 时，$MR=66-30=36$。

MR 间断部分的范围为 36～42。

由 STC 曲线可知 $SMC=0.015Q^2-0.4Q+36$。

在 $Q=30$ 时，$SMC=0.015\times30^2-0.4\times30+36=37.5$。

由上可见，在 $Q<30$ 和 $Q>30$ 时，MR 与 SMC 都不相等，即 $SMC=37.5$ 位于边际收益曲线间断部分的范围之内，也即寡头厂商利润最大化的均衡产量 $Q=30$。

此时 $P=60-0.3Q=60-0.3\times30=51$，或者 $P=66-0.5Q=66-0.5\times30=51$。

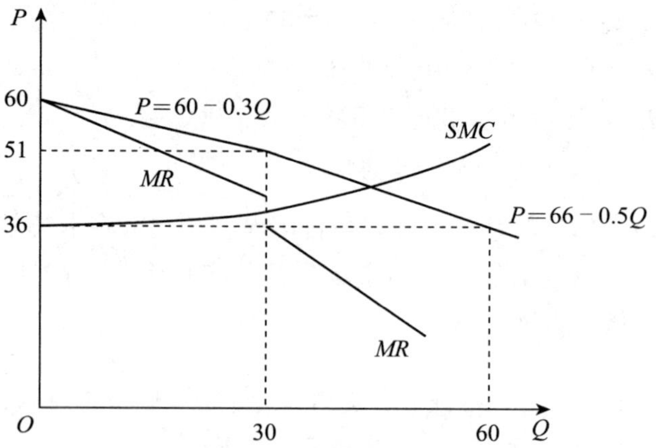

图 7-4　寡头厂商的需求曲线

（2）成本增加后，$SMC=0.015Q^2-0.4Q+50$。

在 $Q=30$ 时，$SMC=0.015\times30^2-0.4\times30+50=51.5$。

由于 $Q=30$ 时，$SMC>MR=42$，因此可知，$Q=30$ 不是均衡产量，而 $Q>30$ 时，SMC 更大而 MR 更小，就更不是均衡产量，所以均衡产量在 $Q<30$ 处。

$Q<30$ 时，按 $MR=SMC$ 可得：

$$60-0.6Q=0.015Q^2-0.4Q+50$$

解得：均衡产量 $Q=20$（已舍去无意义的负值）。

此时价格 $P=60-0.3\times20=54$。

（3）在（1）中，$Q=30$ 时，MR 曲线出现了 36～42 的间断，这种情况导致寡头厂商出现价格刚性现象，只要 SMC 的变化幅度使得在 $Q=30$ 时，$36\leqslant SMC\leqslant42$，厂商的均衡产量就一直是 $Q=30$，均衡价格就一直是 $P=51$。但如果 SMC 的变化幅度较大，导致在 $Q=30$ 时，$SMC>42$ 或者 $SMC<36$，则就打破了这一刚性的影响范围。

【提示】第（1）小题的一个简便思考方式是，将两段 MR 用竖线连接起来，如图 7-5 所示，这样思路就简单多了。

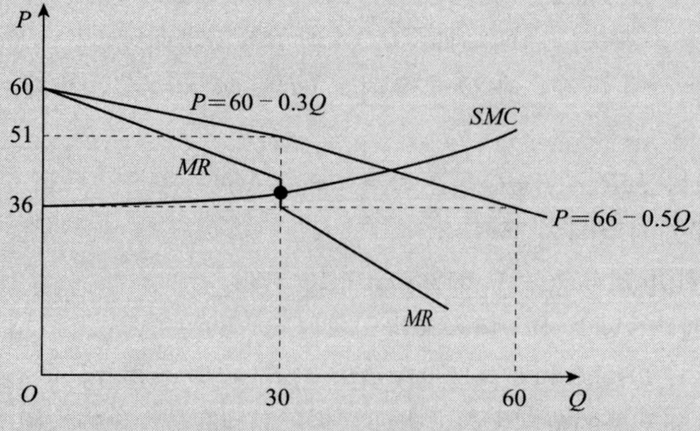

图 7-5　寡头厂商的 MR 与 SMC 曲线

三、论述题

17. 试述古诺模型的主要内容和结论。

【难度】 1 **【考点】** 古诺模型

【答案】（1）在分析寡头市场的厂商行为的模型时，必须首先掌握每一个模型的假设条件。古诺模型的假设是：第一，两个寡头厂商都是对方行为的消极追随者，也就是说，每一个厂商都是在对方确定了利润最大化的产量的前提下，再根据留给自己的市场需求份额来决定自己的利润最大化产量的；第二，市场的需求曲线是线性的，而且两个厂商都准确地知道市场的需求状况；第三，两个厂商生产和销售相同的产品，且生产成本为零，于是，它们所追求的利润最大化目标也就成了收益最大化目标。

（2）在（1）中的假设条件下，对古诺模型的分析所得出的结论为：令市场容量或机会产量为 $O\overline{Q}$，则每个寡头厂商的均衡产量为 $\frac{1}{3}O\overline{Q}$，行业的均衡产量为 $\frac{2}{3}O\overline{Q}$。如果将以上结论推广到 m 个寡头厂商的场合，则每个寡头厂商的均衡产量为 $\frac{1}{m+1}O\overline{Q}$，行业的均衡总产量为 $\frac{m}{m+1}O\overline{Q}$。

（3）关于古诺模型，关键是理解并运用每一个寡头厂商的反应函数。首先，从每个寡头厂商各自追求自己利润最大化的行为模型中求出每个厂商的反应函数。所谓反应函数就是每一个厂商的最优产量都是其他厂商产量的函数，即 $Q_i=f(Q_j)$，i，$j=1$，2，…，m，且 $i\neq j$。其次，将所有厂商的反应函数联立，组成一个方程组，并求解多个厂商的产量。最后，所求出的多个厂商的产量就是古诺模型的均衡解。

整个古诺模型的求解过程，始终体现了该模型对单个厂商的行为假设：每一个厂商都是消极地以自己的产量去适应对方已确定的利润最大化的产量。

18. 弯折的需求曲线模型是如何解释寡头市场上的价格刚性现象的?

【难度】 1 **【考点】** 斯威齐模型

【答案】（1）在现实经济生活中，某些寡头市场的价格相当稳定，即价格呈刚性。美国经济学家斯威齐提出了寡头市场的斯威齐模型，解释了寡头市场上所存在的价格具有相对稳定性的现象。

（2）斯威齐模型的假定条件是：如果一个寡头厂商提价，则其竞争对手并不会提价，以保持市场份额，因而提价的寡头厂商的销售量的减少是很多的；如果一个寡头厂商降价，则其竞争对手会将价格降到相同的水平，以避免市场份额的减少，因而该寡头厂商的销售量的增加是很有限的。由此形成了有特点的需求曲线——弯折的需求曲线。

（3）如图 7－6 所示，图中包含某寡头厂商的一条 dd 需求曲线和一条 DD 需求曲线。dd 需求曲线表示该寡头厂商变动价格而其他寡头厂商保持价格不变时该寡头厂商的需求状况，DD 需求曲线表示行业内所有寡头厂商都以相同的方式改变价格时该厂商的需求状况。假定开始时的市场价格为 dd 需求曲线和 DD 需求曲线的交点 E 所决定的 P^*，那么，根据该模型的假定条件，该垄断厂商由 E 点出发，提价所面临的需求曲线是 dd 需求曲线左上方的 dE 段，降价所面临的需求曲线是 DD 需求曲线右下方的 ED 段，于是，这两段共同构成的该寡头厂商的需求曲线为 dED。显然，这是一条弯折的需求曲线，折点是 E 点。

由于需求曲线有弯折点，所以对应的边际收益曲线也就成为间断的两段：MR_1、MR_2。两者结合在一起，便构成了寡头厂商的间断的边际收益曲线，其间断部分为垂直虚线 FG。在图 7-6 中，当边际成本 MC 曲线位于 F、G 两点之间的任何一个位置上时，厂商的最大利润所对应的产量和价格都保持不变。也就是说，当成本在一定范围内变动时，厂商的产量和价格都是相对稳定的，总收益（价格与产量的乘积）也是不变的。成本下降（例如由 MC_1 下降到 MC_3）而收益不变，那么利润（总收益与总成本的差额）将增加。

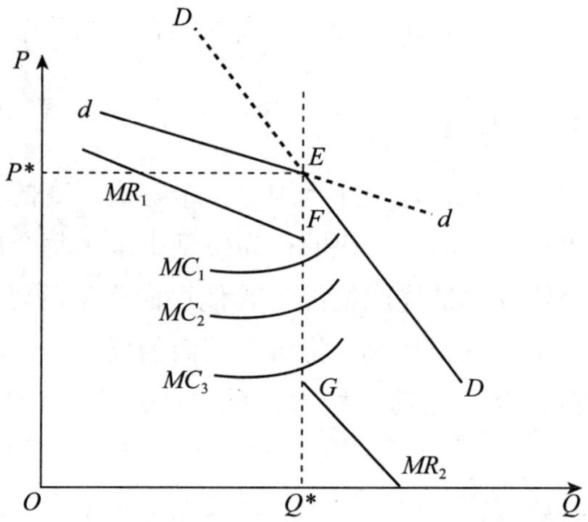

图 7-6 斯威齐模型

(4) 综上所述，在一定条件下，寡头厂商变动价格往往有弊无利，因此，寡头厂商一般不轻易进行价格竞争，而是把竞争重点放在改进技术、降低成本上。故而寡头市场上刚性价格经常存在。

补充训练

1. 如果边际收益等于零，那么（　　）。(中山大学 2013)

A. 总收益递减　　B. 需求曲线具有单位弹性

C. 总收益最小化　　D. 需求曲线富有弹性

2. 对于垄断企业来说（　　）。(中央财经大学 2013)

A. 由于垄断企业具有操纵价格的能力，因此它实行价格歧视时总是造成资源配置的无效率

B. 垄断企业不存在供给曲线

C. 垄断企业为了最大化自己的利润，也要按照 $MR=MC$ 的原则来决定自己的产量

D. 如果垄断企业在短期中能够获得正利润，在长期中也有可能获得正利润

3. 对于成本为正的垄断企业而言，在其均衡价格与产量处进一步降低价格并相应调整产量，（　　）。（中国科大 2013）

A. 企业总收入将增加　　B. 企业总收入将减少

C. 企业利润将增加　　D. 企业边际收入将增加

4. 某垄断者在两个分割的市场出售产品，两个市场的需求函数分别为 $Q_1=10-3P_1$，$Q_2=10-10P_2$。利润最大化的厂商会选择（　　）。（重庆大学 2016）

A. $P_1>P_2$　　B. $P_1<P_2$

C. $P_1=P_2$　　D. 无法确定

5. 位于长期均衡点上的垄断竞争厂商的长期平均成本曲线处于（　　）。（暨南大学 2018）

A. 上升阶段　　B. 下降阶段

C. 水平阶段　　D. 以上三种情况都有可能

6. 厂商之间关系最密切的市场是（　　）。（上海海事大学 2016）

A. 完全竞争市场　　B. 寡头垄断市场

C. 垄断竞争市场　　D. 完全垄断市场

7. 在伯特兰模型中，价格竞争使得厂商的价格接近于（　　）。（华东师大 2010）

A. 平均成本　　B. 平均固定成本

C. 平均变动成本　　D. 边际成本

8. 什么是二级价格歧视？请画图说明，并举出现实一例。（浙江财经大学 2016）

9. 一厂商有两个工厂，各自的成本由下列两式给出：

工厂 1：$C_1(Q_1)=10Q_1^2$，工厂 2：$C_2(Q_2)=20Q_2^2$。

厂商面临如下需求曲线：$P=700-5Q$，式中，Q 为总产量，即 $Q=Q_1+Q_2$。

（1）计算利润最大化时的 Q_1、Q_2 和 P。

（2）假设工厂 1 的劳动成本增加而工厂 2 的劳动成本没有增加，厂商该如何调整工厂 1 和工厂 2 的产量？如何调整总产量的价格？（武汉大学 2013）

10. 一个村庄缺水，必须去很远处打水。一村民特瑞在自家发现了一口古井，他花 32 000 美元修好了古井并安装了一个自动售水装置，以后售水不需要任何成本。他发现当水价为每桶 8 美元时，一桶都卖不出去，水价和收益（月）的变化如下（见表 7-1）：

表 7-1

水价（美元）	8	7	6	5	4	3	2	1	0
边际收益（美元）	0	700	500	300	100	−100	−300	−500	−700

（1）特瑞如果按照利润最大化原则定价，几个月能收回成本 32 000 美元？（不计利息。）

（2）如果政府花 32 000 美元买下古井，按照社会福利最大化原则定价，水价应该为多少？每月售出多少水？（清华大学 2011）

11. 根据市场研究，某个垄断性唱片公司获得了以下有关其新 CD 的需求和生产成本的信息：价格 $P=1\ 000-10Q$；总收益 $TR=1\ 000Q-10Q^2$；边际收益 $MR=1\ 000-20Q$；边际成本 $MC=100+10Q$。其中，Q 表示可以出售的 CD 数量，而 P 是用美分表示的价格。

（1）试求使公司利润最大化的价格和数量。

（2）试求能实现社会福利最大化的价格和数量。

（3）计算垄断带来的无谓损失。

（4）假设除了以上成本以外，还要向录制唱片的乐师支付报酬。这个公司在考虑以下四种方案：

①一次性付费 2 000 美元。

②利润的 50%。

③每售出一张 CD 支付 50 美分。

④收益的 50%。

对于以上四种方案，分别计算使利润最大化的价格和数量。在这些付酬计划之中，如果有的话，哪一种能改变垄断引起的无谓损失？解释原因。（浙江大学 2013）

12. 某垄断厂商的边际成本 $MC=40$，该厂商面临的需求曲线 $Q=240-P$。

（1）求该垄断厂商均衡时的价格、产量和利润。

（2）假设有第二个厂商加入该市场，且与第一个厂商有着相同的边际成本，求该市场的古诺模型解。

（3）假设第一个厂商为斯塔克伯格领导者，求该双寡头市场的均衡解。（暨南大学 2013）

13. 假定某一线性需求函数，当 $P=2$ 元时，$Q=40\ 000$，当 $P=3$ 元时，$Q=30\ 000$。固定成本为 20 000 元，可变成本为 1.6 元/件。试求：

（1）收益函数；

（2）当 $P=4$ 元时的利润；

（3）最大利润。（深圳大学 2015）

14. 假定一个企业家拥有两个生产相同产品的工厂，两个工厂的生产函数均为 $q_i=\sqrt{K_iL_i}$，$i=1$，2。两个工厂的初始资本存量分别为 $K_1=25$，$K_2=100$。单位 L 和 K 的要素价格 w 和 v 均为 1。

（1）企业家要使短期成本最小化，产出在两个工厂之间该如何分配？

（2）企业家要使长期成本最小化，产出在两个工厂之间该如何分配？（中国人民大学 2011）

15. 假定有两个相同的厂商处于古诺均衡中，边际成本均大于零。证明：在均衡点市场需求曲线的弹性一定大于 1/2。（中国人民大学 2019）

16. 假设某大宗商品的国际需求函数为 $Q=a-p$，两个寡头公司 1 和 2 向该市场提供同质产品，拥有不变的边际生产成本，分别为 c_1 和 c_2，且有 $a>c_2>c_1$。

（1）若两个寡头公司展开古诺竞争，则各自的纳什均衡产量 q_1 和 q_2 是多少？

（2）若两个公司的供给能力充足而展开伯特兰竞争，则各自的纳什均衡价格策略是什么？（中国人民大学 2015）

17. 假设某厂商是一个生产相同产品的双寡头之一，它和其竞争对手进行生产的边际成本都等于 0，该厂商的产量是 Q_1，其竞争对手的产量是 Q_2。市场的反需求函数为 $P=30-Q$，其中 $Q=Q_1+Q_2$。

（1）假设该厂商与其竞争对手只进行一次博弈，而且必须同时宣布产量，那么它会生产多少 Q_1？利润是多少？

（2）如果该厂商必须先宣布其产量，那么它会生产多少？它会认为它的竞争对手生产多少？这时该厂商和其竞争对手的利润各是多少？（南京大学 2017）

18. 假设三星和 LG 是在电视面板市场中互相竞争的两个企业。三星生产 LCD 面板，其产品的需求函数是 $q_S=50\ 000-100p_S+100p_L$；LG 生产等离子面板，其产品的需求函数是 $q_L=50\ 000-100p_L+100p_S$。进一步假设三星的边际成本恒定为 50，LG 的边际成本恒定为 80。请回答如下问题：

（1）给定三星面板的任意价格 p_S，LG 的最优价格是多少？

（2）如果三星和 LG 进行同步定价，请求解出市场的伯特兰-纳什均衡。

（3）如果三星选择首先定价，然后 LG 作为跟随者再进行定价，那么在这个博弈中，均衡产量和价格分别是多少？（中山大学 2014）

19. 假设北京的互联网服务由北京电信独家提供。北京电信有两类客户。第一类客户是在当地经营的企业，在目前的价格水平上企业需求的价格弹性为 1.25；第二类客户是当地居民，在目前的价格水平上居民需求的价格弹性是 4。北京电信目前的定价为：对企业客户每单位终端为 50 元，对居民客户每单位终端为 17.5 元。请证明北京电信目前的定价不是最优定价。（对外经贸大学 2013）

20. 某厂商的生产函数为 $Q=\min\{L/3, K\}$，生产要素市场为完全竞争市场，劳动的价格 $w=1$，资本的价格 $r=5$。该厂商在两个需求价格弹性不同的市场实行三级价格歧视：在年龄大于 65 岁的老年人消费市场的需求函数为 $Q=500P^{-2}$；在年龄小于 65 岁的青壮年消费市场的需求函数为 $Q=50P^{-3}$。请求出该厂商在两个市场的均衡价格和均衡产量。（北京大学 2011）

21. 为什么完全垄断厂商产品的最优价格不仅高于成本，而且与需求价格弹性负相关？（南京大学 2017）

22. “一个利润最大化、没有受到管制的垄断企业不会在需求曲线缺乏弹性的部分定价。”这一说法对吗？请根据你的答案给出解释。（中山大学 2017）

23. 在一个垄断市场上，市场需求曲线为 $D(P)=100/P$，垄断厂商的成本函数为 $C(y)=y^2$（其中，y 为垄断厂商的产量，P 为产品的市场价格）。该垄断厂商的最优产量是多少？（浙江大学 2009）

24. 对又来面庄有两个独立核算的部门：面条作坊 A 和小面餐馆 B。面条作坊 A 制作生面条，用来供应小面餐馆 B 开店。面条作坊 A 的边际成本为：$MC=0.5Q$（Q 为生面条的产量，假定把生面条加工成熟面条的过程中无任何损耗），市场上还有无数家面条作坊。不管面条作坊 A 生产多少生面条，都不会影响市场价格：每单位 2 元。小面餐馆 B 把单位生面条加工成熟面条需要另加成本 4 元。已知该餐馆面临的熟面条需求方程为$P=18-Q$，式中，Q 为熟面条的产量。

（1）面条作坊 A 的最优产量和价格分别是多少？

（2）小面餐馆 B 应该购买的生面条总数是多少？该数量是否与面条作坊 A 的最优产量一致？

假定面条作坊 A 生产出来的生面条是一种特殊产品（该产品没有其他生产者），专门供应给小面餐馆 B。

（3）小面餐馆 B 应向面条作坊 A 购买多少生面条？

（4）面条作坊 A 应该向小面餐馆 B 供应多少生面条？价格为多少？（重庆大学 2014）

25. 一个垄断厂商生产某种产品的成本函数为：$C=5+3Q$。其产品在两个地理上分割的市场上销售。这两个市场对该产品的需求函数分别为：$P_1=15-Q_1$，$P_2=25-2Q_2$。

（1）该垄断厂商将针对两个市场制定何种价格策略？两个市场各自能销售多少产品？厂商能实现多少总利润？在两个市场上分别会造成多少福利损失？

（2）假设企业被禁止使用价格歧视策略，那么该企业将采取何种价格策略？能够在两个市场上各自销售多少产品？在两个市场上总共能实现多少利润？在两个市场上分别会造成多少福利损失？（中国人民大学 2017）

26. 假设一个垄断企业的边际成本恒为零，市场中有两类数量相同的消费者，第一类消费者的需求为 $q=12-p$，第二类消费者的需求为 $q=4-p$，请回答以下问题：

（1）如果垄断企业没有进行歧视定价，那么该商品的价格将是多少？

（2）如果企业进行歧视定价，那么针对不同类型的消费者，商品的价格分别是多少？

（3）计算没有价格歧视情况下的交易好处。

（4）计算有价格歧视情况下的交易好处。

（5）政府是否应该禁止价格歧视？（中山大学 2012）

27. 寡头厂商如何阻止别的厂商进入行业？（南京大学 2016）

28. 假设矿物 A 的供给由 20 家矿场控制，其中每家矿场的最高产量为 10 000

吨，且每家矿场的边际成本为 0。假设市场上对 A 的需求为 $Q=10\ 000-1\ 000P$，其中 P 是每吨矿物 A 的价格。

（1）如果这些矿场决定合谋，联合制定价格且平均分配产量，请问最优价格应该等于多少？最后它们总共可以卖出多少吨矿物 A?

（2）请问（1）中求出的价格是稳定的吗？如果不是，那么稳定的价格是多少？请解释你的结论。（南京大学 2015）

29. 市场由一个价格领导者和一个价格追随者构成，产品是同质的，请画图说明均衡的确定。（中山大学 2014）

30. 试比较完全竞争市场和垄断市场的经济效率。（江西财经大学 2016）

参考答案

1. **【难度】** 1　　**【考点】** 垄断厂商的需求曲线和收益曲线

【答案】 B。由 $MR=P\left(1-\frac{1}{e_d}\right)=0$ 可知 $e_d=1$。

2. **【难度】** 1　　**【考点】** 垄断厂商的短期均衡；垄断厂商的供给曲线；垄断厂商的长期均衡；价格歧视

【答案】 BCD。垄断企业实行一级价格歧视时，资源的配置是有效率的。

3. **【难度】** 2　　**【考点】** 垄断厂商的短期均衡

【答案】 A。这里成本为正即边际成本 $MC>0$，在均衡价格与产量处，$MR=MC>0$，而价格 P 下降必然导致产量 Q 增加，在 $MR>0$ 的时候，Q 增加导致 TR 增加。

4. **【难度】** 2　　**【考点】** 价格歧视

【答案】 A。依题意可得两个市场的反需求函数为 $P_1=\frac{10}{3}-\frac{1}{3}Q_1$，$P_2=1-\frac{1}{10}Q_2$，由此可知两条需求曲线的横截距都是 $Q=10$，但纵截距不同，D_1 的纵截距为 $P=\frac{10}{3}$，D_2 的纵截距为 $P=1$。

如图 7-7 所示，设 $P=P_0$（且 $P_0<1$），由弹性的几何意义可知，D_1 曲线上对应点的需求价格弹性 $e_{d1}=\frac{OP_0}{AP_0}$，D_2 曲线上对应点的需求价格弹性 $e_{d2}=\frac{OP_0}{BP_0}$，所以有 $e_{d1}<e_{d2}$。实施三级价格歧视的原则是 $MR_1=MR_2=MC$。由于 $MR=P\left(1-\frac{1}{e_d}\right)$，所以当 $MR_2=P_2\left(1-\frac{1}{e_{d2}}\right)=MC$ 且 $P_1=P_2$ 时，必有 $MR_1=P_1\left(1-\frac{1}{e_{d1}}\right)<MC$，$P_1$ 需要上调才能实现 $P_1\left(1-\frac{1}{e_{d1}}\right)=MC$ 的市场均衡，所以两个市场均衡时必有 $P_1>P_2$。

如果 $P_0>1$，则市场2没有成交量，相当于 P_2 不存在，可以理解为 $P_2=0$，此时更加有 $P_1>P_2$。

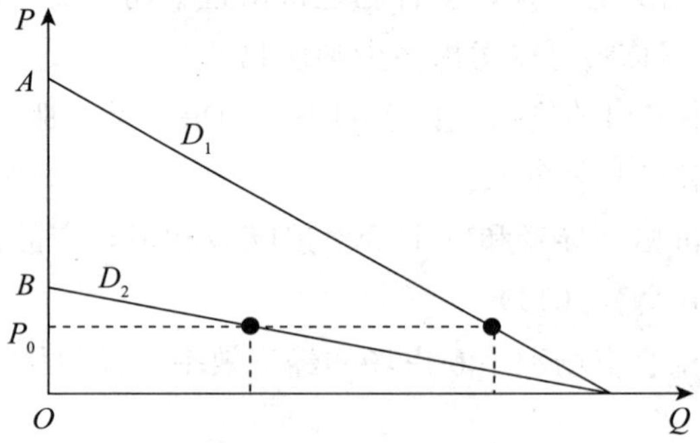

图7-7　两个市场的需求价格弹性

5.【**难度**】1　　【**考点**】垄断竞争厂商的均衡

【**答案**】B。垄断竞争厂商在长期均衡时有 $P=LAC$，所以必有需求曲线与 LAC 曲线相切。由于需求曲线是向右下方倾斜的，所以切点必然在 LAC 曲线最低点的左侧，此时 LAC 处于下降阶段。

6.【**难度**】1　　【**考点**】寡头市场的特征

【**答案**】B。在完全竞争市场上，每个厂商都很小，可以认为一个厂商的行动对其他厂商完全不造成影响，大家的关系也就一点儿也不密切。垄断市场（即完全垄断市场）上只有一个厂商，没有"厂商之间"一说。垄断竞争市场上有很多厂商，厂商之间互相都有影响，关系有些密切。寡头市场（即寡头垄断市场）上只有几个寡头厂商，每个厂商的策略都需要根据其他厂商的行为或反应不断调整，因此寡头市场上厂商之间的关系最密切。

7.【**难度**】1　　【**考点**】伯特兰模型

【**答案**】D。伯特兰模型的关键假设就是产品完全同质。例如有两个雪糕店，它们销售的雪糕品牌、雪糕店与消费者的距离、销售员的个人魅力、两个雪糕店的企业信用等都一样。此时它们唯一可以用来争夺市场的筹码就是压价，并且只要比对手多压低一点儿价格，就可以夺得100%的市场份额。所以最终结果就是都将价格压低到 $P=MC$ 的水平，此时两个雪糕店都不愿意再压价了，再压价就亏损了。

【**提示**】伯特兰模型在以前的市场中比较少见，但在互联网市场中比较多见，例如支付宝和微信支付，就很接近这个伯特兰模型。详细分析可微信扫描二维码查看。

8.【**难度**】2　　【**考点**】价格歧视

【**答案**】二级价格歧视是指垄断者对某特定消费者，按其购买数量的不同制定不同的价格，以获得更多生产者剩余的一种方法。当消费者的购买量较少时，生产者对产品的定价较高，当消费者的购买量增加时，由于边际效用递减，生产者针对增加的消费量的产品定价也逐级递减。与一级价格歧视不同，二级价格歧视不要求每一单位产品的定价都等于消费者的保留价格。

如图 7-8 所示，垄断企业规定购买量为 Q_1 时，每单位产品的价格为 P_1；购买量扩大为 Q_2 时，针对（Q_2-Q_1）的增加部分，价格降到 P_2；购买量增加到 Q_3 时，针对（Q_3-Q_2）的增加部分，价格又降到 P_3。这种定价方式与在 Q_3 处实行单一价格 P_3 相比，垄断者的利润会因此而增加。在实行单一价格 P_3 时，总收益 $TR=P_3\times Q_3$，即图中深色阴影部分的面积；实行二级价格歧视后，总收益 $TR=P_1\times Q_1+P_2\times(Q_2-Q_1)+P_3\times(Q_3-Q_2)$，即图中深色阴影部分＋浅色阴影部分的面积。由此可见，二级价格歧视比任何一个单一定价所带来的生产者剩余都更多。

二级价格歧视在现实生活中的例子有快递收费，快递公司在给快递服务定价时，第 1 公斤的收费较高，从第 2 公斤开始则收费较低，但从第 2 公斤开始每公斤的收费一般都是一样的，价格只有两个梯级。由于一级价格歧视要求针对每一单位收取不同的价格，因此快递收费不属于一级价格歧视，属于二级价格歧视。

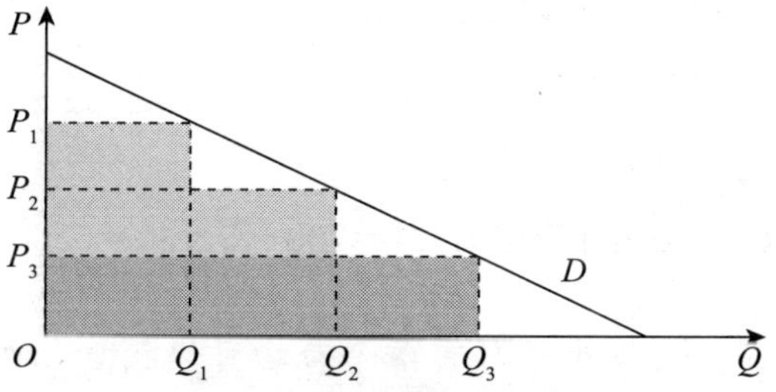

图 7-8 二级价格歧视

【提示】社会公共事业中水电部门针对水电使用量的不同收取不同的价格，这不属于二级价格歧视。例如上海市居民用水的价格是这样计算的：第一阶梯（0～220m³）：3.45 元/m³；第二阶梯（220～300m³）：4.83 元/m³；第三阶梯（300m³ 以上）：5.83 元/m³。以上以 1 个自然年为核算单位。这种定价方式是递增的而非递减的，其目的是为了节约水资源而非增加生产者剩余，所以不属于二级价格歧视。

9.**【难度】**2 **【考点】**垄断厂商的短期均衡

【答案】(1) 解法一：

厂商的利润为：

$$\pi=TR-TC=(700-5Q_1-5Q_2)(Q_1+Q_2)-10Q_1^2-20Q_2^2$$

利润最大化的一阶条件为：

$$\frac{\partial\pi}{\partial Q_1}=700-30Q_1-10Q_2=0$$

$$\frac{\partial \pi}{\partial Q_2}=700-10Q_1-50Q_2=0$$

解得：$Q_1=20$，$Q_2=10$。

所以，$Q=Q_1+Q_2=20+10=30$，$P=700-5\times 30=550$。

解法二：

该厂商的边际成本分别为：

$$MC_1=20Q_1,\ MC_2=40Q_2$$

该厂商的收益为：

$$TR=(700-5Q_1-5Q_2)(Q_1+Q_2)=700Q_1-5Q_1^2-10Q_1Q_2-5Q_2^2+700Q_2$$

所以边际收益分别为：

$$MR_1=700-10Q_1-10Q_2,\ MR_2=700-10Q_1-10Q_2$$

厂商利润最大化的条件为 $MR_1=MC_1$，$MR_2=MC_2$，即：

$$700-10Q_1-10Q_2=20Q_1$$
$$700-10Q_1-10Q_2=40Q_2$$

解得：$Q_1=20$，$Q_2=10$。

所以，$Q=Q_1+Q_2=20+10=30$，$P=700-5\times 30=550$。

【提示】有两个工厂可以生产与有两个市场可以销售，两种情况有点像“镜像”关系，在利润最大化时必然有 $MR=MC_1=MC_2$，或者 $MR_1=MR_2=MC$。如果觉得思路堵塞，理不清楚的话，就用解法一，这种纯数学方法是万能解法，不容易出错。

（2）由于工厂 1 的劳动成本增加而工厂 2 的劳动成本不变，即 MC_1 增加而 MC_2 不变，因此厂商应该减少工厂 1 的产量，增加工厂 2 的产量，但由于总成本会因为工厂 1 的成本上升而上升，导致总的供给曲线左移，所以总产量减少，价格上升。

【提示】本题容易犯两个错误。

错误一：$TR=(700-5Q)Q=700Q-5Q^2$，所以 $MR=700-10Q$，然后按照 $MR=MC_1$ 和 $MR=MC_2$ 的原则得出：

$$700-10Q_1=20Q_1,\ 700-10Q_2=40Q_2$$

解得：$Q_1=23.33$，$Q_2=14$。

这种解法的错误在于把总产量 Q 和 Q_1、Q_2 混淆了。

但如果使用解法一（纯数学方法），就不容易犯这种错误。解经济学的计算题，纯数学方法比经济学方法更不容易出错。

错误二：在第（2）问中，认为厂商会减少工厂 1 的产量，增加工厂 2 的产量，并且保持总产量不变、价格不变，维持原来的收益。这种解法的错误在于，忘记了总成本是上升的，而这会导致总的供给曲线左移，所以最终应该是总产量减少，价格上升。读者可以用 $C_1(Q_1)=20Q_1^2$ 来代入其中验证，最终结果是 $Q_1=Q_2=35/3$，$Q=Q_1+Q_2=70/3<30$。

10.【难度】2　　【考点】垄断厂商的短期均衡

【答案】(1) 根据题意，当水价超过 8 美元时，月边际收益均为 0，所以从水价 8 美元开始计算。当水价等于 8 美元时，月总收益为 0，对水的需求量为 0 桶；当水价为 7 美元时，月总收益为 700 美元，对水的需求量为 100 桶；当水价为 6 美元时，月总收益为 1 200 美元，对水的需求量为 200 桶。依此类推，得到以下需求表（见表 7－2）：

表 7－2

价格（美元）	8	7	6	5	4	3	2	1
边际收益（美元）	0	700	500	300	100	−100	−300	−500
总收益（美元）	0	700	1 200	1 500	1 600	1 500	1 200	700
需求量（桶）	0	100	200	300	400	500	600	700

显然，这是垄断厂商的需求函数。我们很容易求得该需求函数为 $Q=800-100P$，于是得反需求函数为 $P=8\quad 0.01Q$，总收益函数为 $TR-PQ=8Q-0.01Q^2$，于是边际收益函数为 $MR=8-0.02Q$，垄断厂商利润最大化的条件为 $MR=MC$，而本题 $MC=0$，于是利润最大化时有 $8-0.02Q=0$，因此需求量为 $Q=400$，代入反需求函数得价格为 $P=4$。

因此，利润最大化时的水价为 4 美元，每月收益为 1 600 美元，因为成本为 32 000 美元，所以需要 32 000/1 600=20 个月才能收回成本。

(2) 社会福利最大化的条件为价格等于边际成本，即 $P=MC$，而本题中 $MC=0$，所以水的价格应该定为每桶 0 元，将 $P=0$ 代入需求函数即得此时每月的需求量为 800 桶，因此每月售出 800 桶水。

【提示】本题涉及的对自然垄断厂商的政府管制、市场福利的知识点，不在本章范围内。

11.【难度】2　　【考点】垄断厂商的短期均衡

【答案】(1) 利润最大化时，$MR=MC$，故有 $1\,000-20Q=100+10Q$，求得 $Q=30$，$P=700$。

（2）社会福利最大化时，$P=MC$，故有 $1\ 000-10Q=100+10Q$，求得 $Q=45$，$P=550$。

（3）当 $Q=30$ 时，$MC=100+10\times30=400$，社会福利净损失 $=\frac{1}{2}\times(700-400)\times(45-30)=2\ 250$。

（4）采用方案①时，该厂商的 MR 曲线、MC 曲线、市场需求曲线都没有变化，因此产量与价格都不变，依然为 30 与 700。

采用方案②时，该厂商的 MR 曲线、MC 曲线、市场需求曲线都没有变化，因此产量与价格都不变，依然为 30 与 700。

采用方案③时，厂商的 MR 曲线不变，MC 曲线变为 $MC=100+10Q+50=150+10Q$，由 $MR=MC$ 可求得 $Q=28.3$，$P=717$。

采用方案④时，厂商的 TR 曲线变为 $TR'=(1\ 000Q-10Q^2)\times1/2=500Q-5Q^2$，$MR'=500-10Q$，由 $MR'=MC$ 求得 $Q=20$，$P=800$。

显然，第①、②种方案没有改变产量与价格，因此也没有改变垄断引起的无谓损失；第③、④种方案减少了产量，提升了价格，因此增加了垄断引起的无谓损失。

12.**【难度】**2　　**【考点】**垄断厂商的短期均衡；古诺模型；斯塔克伯格模型

【答案】（1）由 $Q=240-P$ 求得反需求曲线 $P=240-Q$。

$MR=240-2Q=MC=40$，解得 $Q=100$，$P=240-100=140$。

$$\pi=TR-TC=140\times100-40\times100=10\ 000$$

（2）假设第一个厂商的产量为 Q_1，第二个厂商的产量为 Q_2，则有 $Q=Q_1+Q_2$。

$$\pi_1=PQ_1-TC_1=(240-Q_1-Q_2)Q_1-40Q_1$$
$$=200Q_1-Q_1^2-Q_1Q_2$$
$$\frac{\partial\pi_1}{\partial Q_1}=200-2Q_1-Q_2=0$$

即厂商 1 的反应函数为 $Q_1=100-0.5Q_2$。

同理可求得厂商 2 的反应函数为 $Q_2=100-0.5Q_1$。

联立可求得：$Q_1=Q_2=200/3$。

（3）如果厂商 1 为斯塔克伯格领导者，则厂商 2 为追随者。由（2）知厂商 2 的反应函数为 $Q_2=100-0.5Q_1$。

$$\pi_1=PQ_1-TC_1=[240-Q_1-(100-0.5Q_1)]Q_1-40Q_1$$
$$=100Q_1-0.5Q_1^2$$

厂商 1 利润最大化的一阶条件为：

$$\frac{d\pi_1}{dQ_1}=100-Q_1=0$$
$$Q_1=100$$
$$Q_2=100-0.5Q_1=50$$

【提示】本题其实不够严谨，应该增加一个“固定成本为 0”的假设前提。

13.【难度】3　　【考点】垄断厂商的需求曲线和收益曲线；垄断厂商的短期均衡

【答案】（1）设需求函数为 $Q=a-bP$，则有：

$$40\ 000=a-2b$$
$$30\ 000=a-3b$$

联立解得 $a=60\ 000$，$b=10\ 000$，所以需求函数为 $Q=60\ 000-10\ 000P$，反需求函数则为 $P=6-Q/10\ 000$。

收益函数 $TR(Q)=PQ=(6-Q/10\ 000)Q=-\dfrac{1}{10\ 000}Q^2+6Q$。

（2）由题意可知，总成本为 $TC=20\ 000+1.6Q$。

当 $P=4$ 元时，$Q=60\ 000-10\ 000\times4=20\ 000$。

此时，总收益 $TR=PQ=4\times20\ 000=80\ 000$ 元，总成本 $TC=20\ 000+1.6\times20\ 000=52\ 000$ 元，利润 $\pi=TR-TC=80\ 000-52\ 000=28\ 000$ 元。

（3）利润函数为 $\pi=TR-TC=-\dfrac{1}{10\ 000}Q^2+6Q-(20\ 000+1.6Q)=-\dfrac{1}{10\ 000}Q^2+4.4Q-20\ 000$。

利润最大化的一阶条件为：

$$d\pi/dQ=-\frac{1}{5\ 000}Q+4.4=0$$

解得：$Q=22\ 000$。

此时 $d^2\pi/dQ^2=-\dfrac{1}{5\ 000}<0$，所以 $Q=22\ 000$ 是利润最大化的充要条件。

最大利润 $\pi_{max}=-\dfrac{1}{10\ 000}\times22\ 000^2+4.4\times22\ 000-20\ 000=28\ 400$ 元。

14.【难度】3　　【考点】垄断厂商的短期均衡

【答案】（1）短期内，每个工厂的固定投入的数量是确定的，所以它们的生产函数就变为：$q_1=5(L_1)^{1/2}$，$q_2=10(L_2)^{1/2}$。

于是两个工厂各自的短期成本函数为：

$$STC_1(q_1)=25+q_1^2/25$$
$$STC_2(q_2)=100+q_2^2/100$$

工厂 1 的边际成本为 $SMC_1(q_1)=\dfrac{2}{25}q_1$；

工厂 2 的边际成本为 $SMC_2(q_2)=q_2/50$。

企业家的总成本最小化时有 $SMC_1(q_1)=SMC_2(q_2)$，即：$2q_1/25=q_2/50$。解得 $q_1=q_2/4$，即产量在两个工厂之间分配的比例为 1∶4。设总产量为 Q，则工厂 1

的产量为 $Q/5$，工厂 2 的产量为 $4Q/5$。

（2）由于两个工厂的生产函数完全相同，故在长期，在产出总量不变的条件下，总产出在两个工厂之间如何分配都不会影响企业的总成本。

【提示】一个垄断厂商拥有两个相互独立的生产工厂和一个垄断厂商拥有两个相互独立的销售市场，情况类似于镜像关系。前者的均衡条件是 $MR=MC_1=MC_2$，后者的均衡条件是 $MR_1=MR_2=MC$，可以发现，本质上，依然是两个独立的工厂/市场分别要实现 $MR=MC$。

15. **【难度】**3　　**【考点】**古诺模型

【答案】设这两个相同的厂商的不变成本均为 F，边际成本均为 $c(c>0)$，产量分别为 q_1、q_2，总产量为 $Q=q_1+q_2$；设市场需求曲线为 $P=b-aQ=b-aq_1-aq_2(a>0，b>0)$。

厂商 1 的利润 $\pi_1=(b-aq_1-aq_2)q_1-F-cq_1$。

厂商 1 利润最大化的一阶条件为：

$$\partial\pi_1/\partial q_1=b-2aq_1-aq_2-c=0 \quad ①$$

同理，可得厂商 2 利润最大化的一阶条件为：

$$\partial\pi_2/\partial q_2=b-aq_1-2aq_2-c=0 \quad ②$$

联立式①、式②，解得：

$$q_1=q_2=\frac{b-c}{3a}$$

因此有 $Q=q_1+q_2=\dfrac{2(b-c)}{3a}$，$P=b-a\times\dfrac{2(b-c)}{3a}=\dfrac{b+2c}{3}$。

此时需求曲线的弹性为：

$$e_d=-\frac{\mathrm{d}Q}{\mathrm{d}P}\cdot\frac{P}{Q}=\frac{1}{a}\cdot\frac{\frac{b+2c}{3}}{\frac{2(b-c)}{3a}}=\frac{b+2c}{2(b-c)}=\frac{1}{2}+\frac{3c}{2(b-c)}>\frac{1}{2}$$

所以在均衡点市场需求曲线的弹性一定大于 1/2。

【提示】通过利润最大化条件，可以解得厂商 1、2 的反应函数分别为：$q_1=\dfrac{b-c-aq_2}{2a}$、$q_2=\dfrac{b-c-aq_1}{2a}$。但这一步不仅没必要，反而会导致联立后的计算量更大。事实上这两个反应函数跟利润最大化条件本质上完全相同，而且，它们也只是过渡功能。

16. **【难度】**2　　**【考点】**古诺模型；伯特兰模型

【答案】（1）由需求函数可反解出价格：$p=a-(q_1+q_2)$。

寡头公司 1、2 的总收益分别为：

$$TR_1=pq_1=[a-(q_1+q_2)]q_1,\ TR_2=pq_2=[a-(q_1+q_2)]q_2$$

边际收益分别为：

$$MR_1=a-2q_1-q_2,\ MR_2=a-q_1-2q_2$$

由利润最大化条件及 $MC_1=c_1$、$MC_2=c_2$ 可得，寡头公司 1、2 的反应函数分别为：

$$c_1=a-2q_1-q_2,\ c_2=a-q_1-2q_2$$

联立上述反应函数，可得寡头公司 1、2 的纳什均衡产量分别为：

$$q_1=(a-2c_1+c_2)/3,\ q_2=(a-2c_2+c_1)/3$$

（2）根据伯特兰竞争模型，厂商为价格的接受者，且有 $p=MC$。

因为 $c_2>c_1$，如果寡头公司 1 将价格 p 设定在 $c_1\leqslant p<c_2$ 范围内，寡头公司 1 由于边际成本较低仍然能获得利润，而寡头公司 2 将不会进行生产。如果寡头公司 2 将价格设定在不低于 c_2 的范围内，寡头公司 1 就能获得全部的消费者。因此寡头公司 1 的纳什均衡是 $c_1\leqslant p<c_2$，寡头公司 2 的纳什均衡是退出市场。

17. **【难度】**2　　**【考点】**古诺模型；斯塔克伯格模型

【答案】（1）该厂商的利润为：

$$\pi_1=PQ_1\quad 0=(30-Q_1-Q_2)Q_1$$

利润最大化的一阶条件为：

$$\partial\pi_1/\partial Q_1=30-2Q_1-Q_2=0 \qquad ①$$

同理，其竞争对手的利润为：

$$\pi_2=PQ_2-0=(30-Q_1-Q_2)Q_2$$

利润最大化的一阶条件为：

$$\partial\pi_2/\partial Q_2=30-Q_1-2Q_2=0 \qquad ②$$

联立式①、式②解得：$Q_1=10$，$Q_2=10$。

$$\pi_1=(30-Q_1-Q_2)Q_1=(30-10-10)\times 10=100$$

（2）如果该厂商必须先宣布其产量，则该厂商知道其竞争对手利润最大化的条件为（1）中的式②，整理得其竞争对手的反应函数：

$$Q_2=15-\frac{1}{2}Q_1$$

所以，该厂商的利润为：

$$\pi_1=PQ_1-0=(30-Q_1-Q_2)Q_1$$
$$=\left[30-Q_1-\left(15-\frac{1}{2}Q_1\right)\right]Q_1$$
$$=\left(15-\frac{1}{2}Q_1\right)Q_1$$

该厂商利润最大化的一阶条件为：

$$\mathrm{d}\pi_1/\mathrm{d}Q_1=15-Q_1=0$$

解得：$Q_1=15$。

其竞争对手的产量为 $Q_2=15-\frac{1}{2}Q_1=15-\frac{1}{2}\times15=7.5$。

市场价格 $P=30-(Q_1+Q_2)=30-(15+7.5)=7.5$

$\pi_1=PQ_1-0=7.5\times15-0=112.5$

$\pi_2=PQ_2-0=7.5\times7.5=56.25$

【提示】(1) 属于古诺模型，(2) 属于斯塔克伯格模型。

18. **【难度】**2　　**【考点】**伯特兰模型；价格领导模型

【答案】(1) 已知三星面板的价格 p_S，边际成本 $MC_L=80$，则 LG 的利润为：

$$\pi_L=(p_L-MC_L)q_L$$
$$=(p_L-80)\times(50\ 000-100p_L+100p_S)$$

利润最大化的一阶条件为：

$$\partial\pi_L/\partial p_L=50\ 000-100p_L+100p_S-100(p_L-80)$$
$$=58\ 000-200p_L+100p_S=0$$

解得 LG 的最优价格为：

$$p_L=290+0.5p_S$$

(2) 伯特兰模型假设两个寡头厂商生产的产品完全同质，且低价者获得全部市场份额，所以，两个厂商会争相降价，直到 $p=MC$。

所以，伯特兰-纳什均衡为：

$$p_S=MC_S=50,\ p_L=MC_L=80$$

由于 $p_S<p_L$，三星获得全部市场份额，$q_S=50\ 000-100\times50+100\times80=53\ 000$，$q_L=0$。

不过，从题干的设定来看，本小题可能是出现了笔误，命题人的原意很可能是要考生求古诺-纳什均衡。如果是求古诺-纳什均衡，就应该按以下方式求解。

如果三星和 LG 进行同步定价，则 LG 利润最大化的一阶条件为：

$$\partial\pi_L/\partial p_L = 58\,000 - 200p_L + 100p_S = 0 \quad ①$$

同理可得，三星利润最大化的一阶条件为：

$$\partial\pi_S/\partial p_S = 55\,000 - 200p_S + 100p_L = 0 \quad ②$$

联立式①、式②，可解得古诺-纳什均衡为：

$$p_S = 560,\ p_L = 570$$

所以：

$$q_S = 50\,000 - 100\times 560 + 100\times 570 = 51\,000$$

$$q_L = 50\,000 - 100\times 570 + 100\times 560 = 49\,000$$

【提示】上面由式①、式②分别可推导出：

$$p_L = 290 + 0.5p_S \quad ③$$

$$p_S = 275 + 0.5p_L \quad ④$$

以上是两个厂商的标准反应函数。但为节省时间，考试时可以不写到这一步，因为式①、式②和式③、式④本质上是同样的逻辑关系，式①、式②也是反应函数，只不过是“隐函数”。

考试的时间能省就省，180 分钟对于绝大多数考生来说都是不够用的。

（3）由以上式①得 LG 的反应函数为：

$$p_L = 290 + 0.5p_S \quad ⑤$$

三星的利润为：

$$\begin{aligned}\pi_S &= (p_S - MC_S)q_S \\ &= (p_S - 50)\times(50\,000 - 100p_S + 100p_L) \\ &= (p_S - 50)\times[50\,000 - 100p_S + 100(290 + 0.5p_S)] \\ &= (p_S - 50)\times(79\,000 - 50p_S) \quad ⑥\end{aligned}$$

利润最大化的一阶条件为：

$$\partial\pi_S/\partial p_S = 79\,000 - 50p_S - 50(p_S - 50) = 81\,500 - 100p_S = 0$$

解得：$p_S = 815$。

所以：

$$p_L = 290 + 0.5p_S = 290 + 0.5\times 815 = 697.5$$

$$q_S = 50\,000 - 100\times 815 + 100\times 697.5 = 38\,250$$

$$q_L = 50\,000 - 100\times 697.5 + 100\times 815 = 61\,750$$

【提示】不可以把式⑤代入式②来解 p_S，因为式②的假设前提是 p_L 与 p_S 没有函数关系，即 p_L 是外生变量，但本小题是按斯塔克伯格模型求解，p_L 与 p_S 是有函数关系的。

把式⑤代入式②，解出来的是 $p_S=560$，这是古诺均衡解。

19.【难度】2　　【考点】价格歧视

【答案】设企业客户群体的边际收益为 MR_1，居民客户群体的边际收益为 MR_2。

$$MR_1=P_1\left(1-\frac{1}{e_{d1}}\right)=50\times\left(1-\frac{1}{1.25}\right)=10$$

$$MR_2=P_2\left(1-\frac{1}{e_{d2}}\right)=17.5\times\left(1-\frac{1}{4}\right)=13.125$$

垄断企业的三级价格歧视策略必须使 $MR_1=MR_2=MC$，由于北京电信在两个独立市场上 $MR_1\neq MR_2$，因此定价不是最优定价。

20.【难度】2　　【考点】价格歧视

【答案】生产函数 $Q=\min\{L/3,K\}$ 是固定投入比例的生产函数，即总有 $L/3=K$，所以厂商长期生产的扩展线方程就是 $L/3=K$，于是长期而言有 $Q=L/3=K$，长期成本函数为

$$C=wL+rK=L+5K=3Q+5Q=8Q$$
$$MC=8$$

在老年人消费市场，由 $Q_1=500P_1^{-2}$ 得需求价格弹性 $e_{d1}=-\frac{\mathrm{d}Q_1}{\mathrm{d}P_1}\cdot\frac{P_1}{Q_1}=2$。

$$MR_1=P_1\left(1-\frac{1}{e_{d1}}\right)=P_1\times 1/2$$

由 $MR_1=MC$ 得：

$$P_1\times 1/2=8$$
$$P_1=16$$
$$Q_1=500\times 16^{-2}$$

同理，在青壮年消费市场，由 $Q_2=50P_2^{-3}$ 得需求价格弹性 $e_{d2}=-\frac{\mathrm{d}Q_2}{\mathrm{d}P_2}\cdot\frac{P_2}{Q_2}=3$。

$$MR_2=P_2\left(1-\frac{1}{e_{d2}}\right)=P_2\times 2/3$$

由 $MR_2=MC$ 得：

$$P_2\times 2/3=8$$

$P_2=12$

$Q_2=500\times12^{-3}$

【提示】 需求函数 $Q=aP^{-N}$ 的需求价格弹性系数为常数 N，这一点前文已提示多次。

21.**【难度】** 2　　**【考点】** 垄断厂商的需求曲线和收益曲线；垄断厂商的短期均衡

【答案】 如图 7－9 所示，(完全) 垄断厂商面对的是向右下方倾斜的需求曲线，垄断厂商按照 $MR=MC$ 的原则确定均衡产量后，市场价格 $P=P_0>MC$。

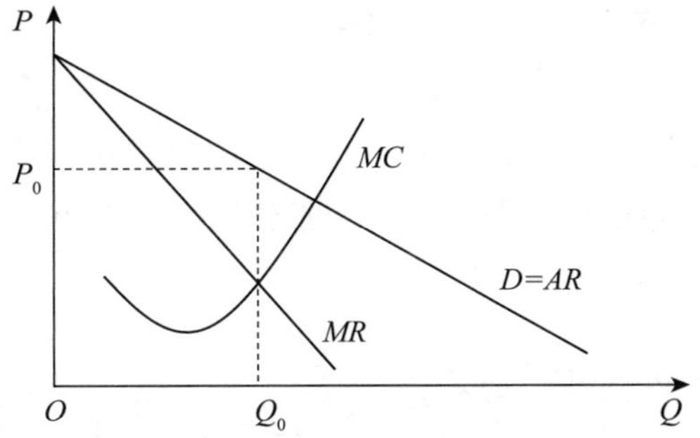

图 7－9　垄断厂商的短期均衡

具体数学证明如下：

垄断厂商的边际收益 $MR=\frac{dTR}{dQ}=\frac{dPQ}{dQ}=P+Q\frac{dP}{dQ}=P\left(1+\frac{dP}{dQ}\cdot\frac{Q}{P}\right)=P\left(1-\frac{1}{e_d}\right)$，其中，$e_d$ 为大于零的正数。

垄断厂商利润最大化的条件是 $MR=MC$，即 $P\left(1-\frac{1}{e_d}\right)=MC$。

所以，垄断厂商在短期均衡时，有 $P=\frac{MC}{1-\frac{1}{e_d}}$。

由于 $1-\frac{1}{e_d}<1$，所以 $P>MC$，即垄断厂商产品的最优价格高于成本。

同时，$\frac{dP}{de_d}=-\frac{MC}{\left(1-\frac{1}{e_d}\right)^2(e_d)^2}<0$

所以价格与需求价格弹性负相关。

22.**【难度】** 1　　**【考点】** 垄断厂商的短期均衡

【答案】 这一说法是对的。

由于 $TR=PQ$，所以 $MR=\frac{dTR}{dQ}=\frac{dPQ}{dQ}=P+Q\frac{dP}{dQ}=P\left(1+\frac{dP}{dQ}\cdot\frac{Q}{P}\right)=P\left(1-\frac{1}{e_d}\right)$。在需求曲线缺乏弹性的部分有 $e_d<1$，此时 $MR<0$，由于 $MC\geqslant0$，所

以此时必有 $MR \neq MC$，也就是没有实现利润最大化。

按照实现利润最大化的条件 $MR=MC$ 可知，此时 $MR \geqslant 0$，从而有 $e_d \geqslant 1$，即企业会在需求曲线富有弹性至少是具有单位弹性的部分定价。

23.【难度】2　　【考点】垄断厂商的短期均衡

【答案】市场反需求函数为 $P=100/y$，垄断厂商的利润函数为：

$$\pi=Py-C(y)=Py-y^2=100-y^2$$

利润最大化的一阶条件为：

$$\frac{\mathrm{d}\pi}{\mathrm{d}y}=0$$

解得：$y=0$。

但由于 $y=0$ 不现实，此时市场无销量，厂商自然也没有收入，所以该厂商会生产最小单位的产量。假设最小单位是 1，那么就生产 1 单位，此时 $C(1)=1$，Py 固定为 100，$\pi=100-1=99$。

【提示】(1) 以下解法是错的：

$\pi=Py-C(y)=Py-y^2$，利润最大化的一阶条件为：$\frac{\mathrm{d}\pi}{\mathrm{d}y}=P-2y=0$。

该解法错误的原因在于，P（$=100/y$）也是 y 的函数，求导时不能把 P 当成常数。

(2) 这道题目很“诡异”，但这种“诡异”的题目越来越受名校命题人的青睐，因为很多名校还喜欢考查考生的基础知识以外的综合素质，这种题目恰好合适。

24.【难度】2　　【考点】垄断厂商的短期均衡

【答案】为避免混淆，面条作坊 A 的生面条价格用 p 表示、产量用 q 表示，小面餐馆 B 的熟面条价格用 P 表示、产量用 Q 表示，但由于把生面条加工成熟面条的过程中无任何损耗，所以有 $q=Q$。

(1) 面条作坊 A 的价格 p 固定为 $p=2$。

A 按照 $MC=p$ 的原则决定产量，即：$0.5q=2$，解得：

$$q=4$$

(2) 小面餐馆 B 的生产成本 $TC=2Q+4Q=6Q$，所以 $MC=6$。

$$MR=18-2Q$$

按照 $MR=MC$ 的原则，即：$18-2Q=6$，解得：

$$Q=6$$

$Q>q$，该数量与面条作坊的最优产量不一致。

(3) 此时面条作坊 A 是一个垄断者，它没有固定的供给曲线。

对于小面餐馆 B 而言，假设生面条的进货价格为 p，则 $MC=p+4$。

按照 $MR=MC$ 的原则，有：

$$18-2Q=p+4$$

解得：$p=14-2Q=14-2q$。

这就是面条作坊 A 的需求曲线，面条作坊 A 的边际收益 $MR=14-4q$。

按照 $MR=MC$ 的原则，对于面条作坊 A 而言，有：

$$14-4q=0.5q$$

解得：$q=28/9$。

即面条作坊 A 会将产量控制在 $q=28/9$，小面餐馆 B 应向面条作坊 A 购买 $q=28/9$ 单位生面条。

（4）面条作坊 A 应该向小面餐馆 B 供应 $q=28/9$ 单位生面条。

供货价格 $p=14-2q=14-2\times 28/9=70/9$。

25.【难度】2　　【考点】垄断厂商的短期均衡；价格歧视

【答案】（1）设市场 1 的价格为 P_1，市场 2 的价格为 P_2，厂商的利润为：

$$\begin{aligned}\pi &=P_1Q_1+P_2Q_2-C=(15-Q_1)Q_1+(25-2Q_2)Q_2-(5+3Q_1+3Q_2)\\ &=12Q_1-Q_1^2+22Q_2-2Q_2^2-5\end{aligned}$$

厂商利润最大化的一阶条件为：

$$\frac{\partial\pi}{\partial Q_1}=12-2Q_1=0$$

$$\frac{\partial\pi}{\partial Q_2}=22-4Q_2=0$$

解得：$Q_1=6$，$Q_2=5.5$。

所以 $P_1=15-6=9$，$P_2=25-2\times 5.5=14$。

由于 $P_1\neq P_2$，可知垄断厂商将针对两个市场实行三级价格歧视，市场 1 和市场 2 分别能销售 $Q_1=6$ 和 $Q_2=5.5$ 单位产品（见图 7-10）。

$$总利润\ \pi=9\times 6+14\times 5.5-[5+3\times(6+5.5)]=91.5$$

市场 1 的福利损失相当于$\triangle A_1B_1C_1$的面积，设 $P_1=MC$，即 $15-Q_1=3$，解得 $Q_1=12$，所以市场 1 的福利损失$=(12-6)\times(9-3)/2=18$。

市场 2 的福利损失相当于$\triangle A_2B_2C_2$的面积，设 $P_2=MC$，即 $25-2Q_1=3$，解得 $Q_2=11$，所以市场 2 的福利损失$=(11-5.5)\times(14-3)/2=30.25$。

（2）如果企业被禁止使用价格歧视策略，那么该企业只能采取统一定价的策略。

此时企业面临的需求曲线为两个市场的叠加，由题意可知：

$$Q_1=15-P，0\leqslant P\leqslant 15$$

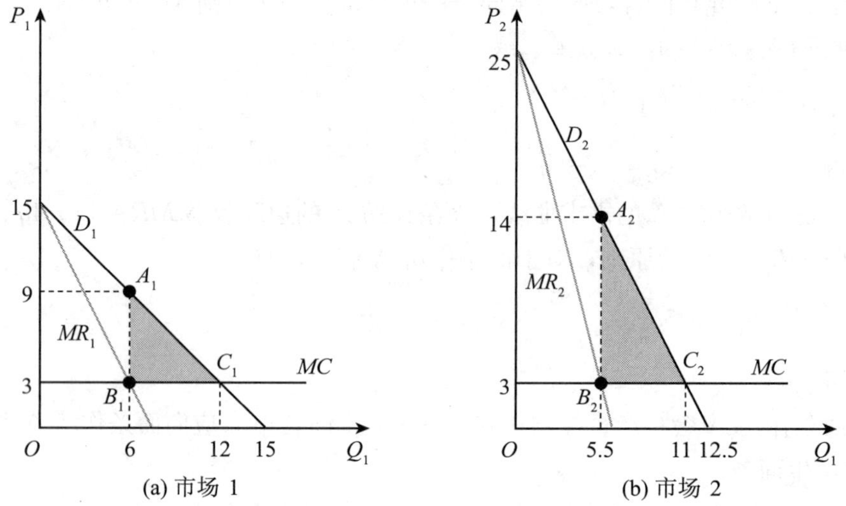

图 7-10　垄断厂商的市场定价及福利损失（1）

$Q_2=12.5-0.5P$，$0\leqslant P\leqslant 25$

所以有：

$$Q=\begin{cases}27.5-1.5P & 0\leqslant P\leqslant 15\\ 12.5-0.5P & 15<P\leqslant 25\end{cases}$$

需求曲线如图 7-11 所示。

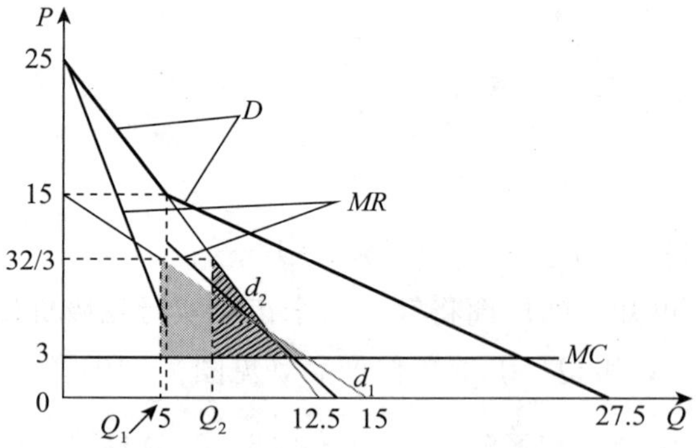

图 7-11　垄断厂商的市场定价及福利损失（2）

反需求曲线为：

$$P=\begin{cases}\dfrac{55}{3}-\dfrac{2}{3}Q & 0\leqslant P\leqslant 15,\ 5\leqslant Q\leqslant 27.5\\ 25-2Q & 15<P\leqslant 25,\ 0\leqslant Q<5\end{cases}$$

由反需求曲线可得 MR 曲线为：

$$MR=\begin{cases}\dfrac{55}{3}-\dfrac{4}{3}Q & 5\leqslant Q\leqslant 27.5\\ 25-4Q & 0\leqslant Q<5\end{cases}$$

$C=5+3Q$，所以 $MC=\mathrm{d}C/\mathrm{d}Q=3$，厂商利润最大化的条件为 $MR=MC=3$。

当 $0\leqslant Q<5$ 时，$MR=25-4Q=3$，解得 $Q=5.5$，不符合 Q 的取值范围，舍去；当 $5\leqslant Q\leqslant 27.5$ 时，$MR=\dfrac{55}{3}-\dfrac{4}{3}Q=3$，解得 $Q=11.5$，此时均衡价格 $P=\dfrac{55}{3}-\dfrac{2}{3}\times 11.5=\dfrac{32}{3}$。两个市场的销量分别为：

$$Q_1=15-\frac{32}{3}=\frac{13}{3}$$

$$Q_2=12.5-0.5\times\frac{32}{3}=\frac{43}{6}$$

两个市场共实现的利润为：

$$\pi=PQ-C=\frac{32}{3}\times 11.5-(5+3\times 11.5)=\frac{499}{6}$$

$$\text{市场 1 的福利损失}=\left(12-\frac{13}{3}\right)\times\left(\frac{32}{3}-3\right)/2=\frac{529}{18}$$

$$\text{市场 2 的福利损失}=\left(11-\frac{43}{6}\right)\times\left(\frac{32}{3}-3\right)/2=\frac{529}{36}$$

【提示】当两个市场需求曲线叠加时，必须考虑是否为分段函数。

26. **【难度】**2　　**【考点】**垄断厂商的短期均衡；价格歧视

【答案】(1) 如果垄断企业没有进行歧视定价，那么市场的总需求方程是：

$$q=\begin{cases}q_1=12-p & p>4\\ q_1+q_2=16-2p & p\leqslant 4\end{cases}$$

所以反需求函数为：

$$p=\begin{cases}12-q & q<8\\ 8-0.5q & q\geqslant 8\end{cases}$$

边际收益为：

$$MR=\begin{cases}12-2q & q<8\\ 8-q & q\geqslant 8\end{cases}$$

由于 $MC=0$，令 $MR=MC$ 得：$MR=0$。

当 $q<8$ 时，有 $12-2q=0$，解得 $q=6$，此时 $p=12-6=6$，利润 $\pi=pq-TC=6\times 6-0=36$；

当 $q \geqslant 8$ 时，有 $8-q=0$，解得 $q=8$，此时 $p=8-0.5\times 8=4$，利润 $\pi=pq-TC=8\times 4-0=32$。

由于 $36>32$，所以垄断厂商的均衡价格 $p=6$，均衡产量 $q=6$。

(2) 第一类消费者市场的反需求曲线为 $p_1=12-q_1$，从而边际收益 $MR_1=12-2q_1$；同理可得第二类消费者市场的边际收益 $MR_2=4-2q_2$。

由 $MR_1=MC=0$ 得 $12-2q_1=0$，解得 $q_1=6$，所以 $p_1=12-6=6$；

由 $MR_2=MC=0$ 得 $4-2q_2=0$，解得 $q_2=2$，所以 $p_2=4-2=2$。

(3) 在没有价格歧视的情况下，消费者剩余为图 7－12 中阴影部分的面积：

$$CS=CS_1=(12-6)\times 6/2=18$$

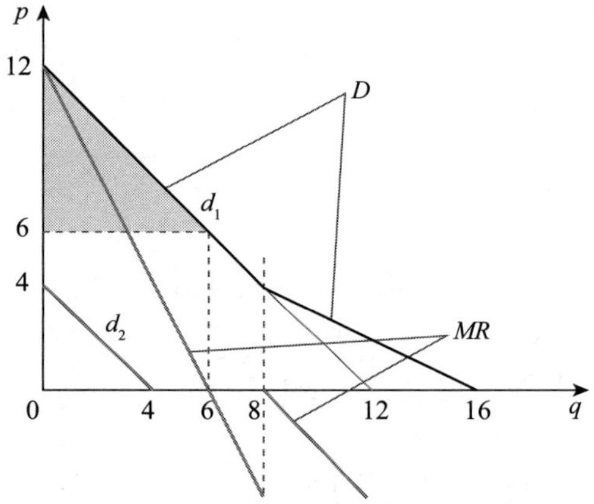

图 7－12　没有价格歧视时的市场均衡

因为企业的边际成本为零，所以企业卖出去的产品的收益就是企业的生产者剩余，生产者剩余为：

$$PS=PS_1=6\times 6=36$$

(4) 在有价格歧视的情况下，消费者剩余为图 7－13 中两个阴影部分的面积之和：

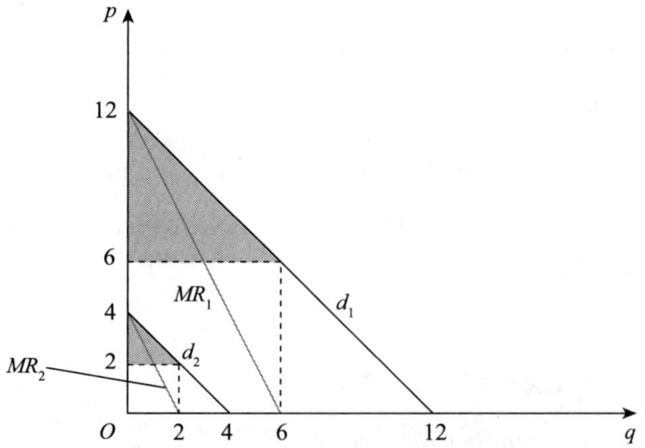

图 7－13　有价格歧视时的市场均衡

$$CS'=CS_1+CS_2=(12-6)\times 6/2+(4-2)\times 2/2=18+2=20$$

生产者剩余为：

$$PS'=PS_1+PS_2=6\times 6+2\times 2=40$$

（5）如果没有价格歧视，社会总福利$=CS+PS=18+36=54$；如果有价格歧视，社会总福利$=CS'+PS'=20+40=60$。

可见，有价格歧视时社会总福利更大，政府不应该禁止价格歧视。

【提示】在任何时候，要计算两个市场需求之和，都要考虑是否为分段函数。

27. **【难度】**2　　**【考点】**寡头市场的特征

【答案】寡头厂商主要有四个阻止别的厂商进入的障碍。

（1）市场最佳规模。假设寡头行业只有两个厂商，且成本结构相同。如图7-14所示，D 曲线代表寡头行业的市场需求曲线，AC 曲线代表行业内两个厂商的平均成本曲线。假设这两个厂商各拥有市场的一半，那么它们的需求曲线均为 D'，即在各个价格水平下，两个厂商各自所面临的需求量均为市场总需求量的一半。D'曲线与 AC 曲线相交，表示两个厂商可以在价格高于平均成本的情况下进行生产。这时新进入一个厂商，假设新进入者的成本结构与前两个厂商相同，并且三个厂商平分市场，那么三个厂商各自的需求曲线均为 D''。D''曲线表示在各个价格水平上，每个厂商面临的需求量为 D 曲线所示总需求量的 1/3。这时三个厂商都无法生存。所以，如果市场相对较小，那么已有厂商的存在本身就构成新厂商进入的障碍。

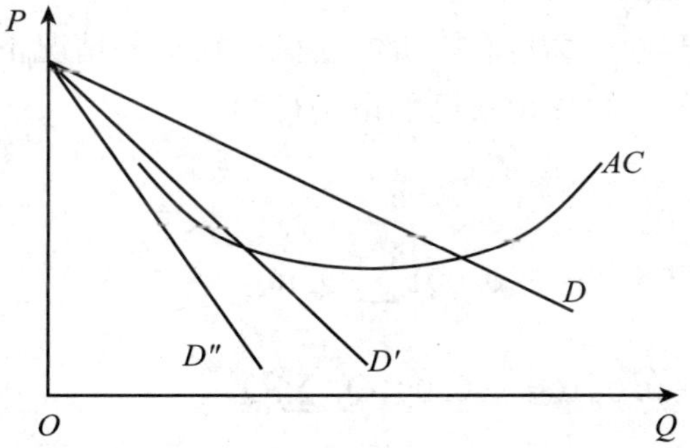

图 7-14　市场最佳规模阻碍了新厂商进入市场

（2）固定投入。寡头行业中建立一个企业常常需要大量复杂的机器设备，而且固定支出十分高昂，有些甚至达到上亿元之巨。另外还需要专业的技术人员，建立分配渠道和配套服务设施。所有这些，都使得厂商必须大规模经营，这又进一步提高了对厂商拥有雄厚资本实力的要求。必须具有雄厚资本这一条必然使得许多意欲进入者望而却步。

（3）自然资源控制。许多行业的生产中所需主要原料的供给渠道很少，这些渠道一旦为某些厂商所占有，就极难改变。在这种场合，意欲进入者即便在资本实力等方面具备了条件，也无法通过自然资源这一关。

（4）人为障碍。人为障碍主要包括专利权和限制性价格策略。专利权限制了新进入者的生产经营，成为遏制新进入者的一个重要人为障碍。限制性价格策略是指，为了防止新厂商进入，原有厂商放弃短期利润，凭借已有的实力，暂时把价格定在低于均衡价格的水平上，使新厂商无法在此价格下经营。限制性价格的高低如何，一般视行业进入的难易而定。

28. **【难度】**2　　**【考点】**垄断厂商的短期均衡；寡头市场的特征；古诺模型

【答案】（1）共谋（即合谋）后的矿场相当于一个垄断厂商，由需求函数可知反需求函数为 $P=10-0.001Q$，所以 $MR=10-0.002Q$。

由 $MR=MC$ 得：$10-0.002Q=0$。

解得：$Q=5\ 000$，即它们总共可以卖出 5 000 吨矿物 A。

$$\text{最优价格 } P=10-0.001\times 5\ 000=5$$

（2）以 20 家矿场中的某家典型矿场为例，设它为矿场 1（另外 19 家矿场分别为矿场 2，矿场 3，…，矿场 20），按照（1）的方案，矿场 1 获得的产量份额 $q_1=Q/20=5\ 000/20=250$（吨）。

所以 $\pi_1=Pq_1-0=5\times 250-0=1\ 250$。

此时，如果矿场 1 将矿物 A 的价格从 5 降到 4，由于产品是同质的，矿场 1 将获得全部的市场，此时销量 $Q=10\ 000-1\ 000\times 4=6\ 000$，矿场 1 的利润 $\pi_1=PQ-0=4\times 6\ 000-0=24\ 000$，远大于遵守规则的利润，因此它有降价的动机，（1）中求出的价格不是稳定的。

与矿场 1 同理，其他矿场也有降价的动机。在这种情况下，所有矿场都需要考虑其他矿场的反应，然后再作出自己的市场行为。

对于矿场 1 而言：

$$\begin{aligned}\pi_1&=PQ_1-0=(10-0.001\sum_{i=1}^{20}Q_i)Q_1\\&=10Q_1-0.001Q_1^2-0.001Q_1\sum_{i=2}^{20}Q_i\end{aligned}$$

矿场 1 利润最大化的一阶条件为：

$$\frac{\partial \pi_1}{\partial Q_1}=10-0.002Q_1-0.001\sum_{i=2}^{20}Q_i=0$$

整理得：$Q_1=5\ 000-0.5\sum_{i=2}^{20}Q_i$。

由于所有矿场的成本都一样，所以必然有 $Q_1=Q_2=Q_3=\cdots=Q_{20}$。

所以，$Q_1=5\ 000-0.5\times 19Q_1$。

解得：$Q_1\approx 476.19$。

市场价格 $P=10-0.001\times 20\times 476.19\approx 0.48$。

此时市场达到古诺均衡，任何矿场都没有动机提高或降低价格，因此价格是稳定的。

29.【难度】1　　【考点】价格领导模型

【答案】如图 7－15 所示，D 表示市场需求曲线，S_F 表示价格追随者的供给曲线（即价格追随者的边际成本曲线）。价格领导者必须确定它的需求曲线 D_D，如图所示，这正好是市场需求量和价格追随者的供给量之间的差距。例如，如果价格 $P=P_1$，则价格追随者的供给量与市场需求量相等，价格领导者就什么也卖不掉；如果价格 $P=P_2$，则价格追随者不供给任何产品，所以价格领导者面临的就是市场需求曲线。在$P_2<P<P_1$时，价格领导者面临的需求曲线为 D_D。

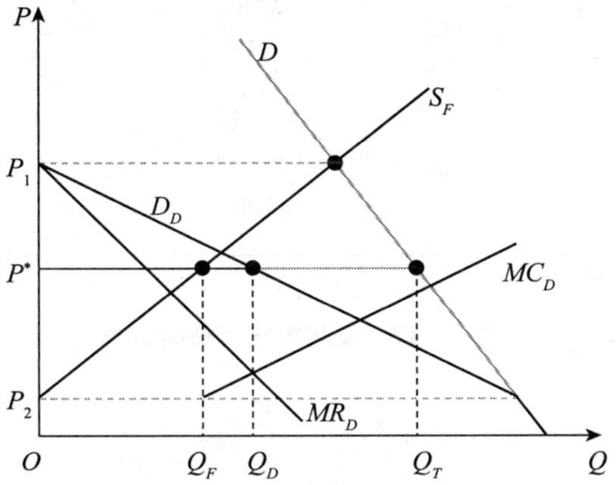

图 7－15　价格领导者的定价过程

对应于 D_D 的是价格领导者的边际收益曲线 MR_D。假设价格领导者的边际成本曲线为 MC_D，根据利润最大化原则，价格领导者会确定价格为 P^*，自己的产量为 Q_D。此时，价格追随者出售的数量为 Q_F或（Q_T-Q_D），市场总销量为 Q_T。

30.【难度】2　　【考点】不同市场结构的经济效益比较

【答案】如图 7－16 所示，在完全竞争市场条件下，厂商的需求曲线是一条水平线，在完全竞争厂商处于长期均衡时，水平的需求曲线与 LAC 曲线相切于LAC 曲线的最低点。此时，产品的均衡价格最低，它等于最低的长期平均成本，产品的

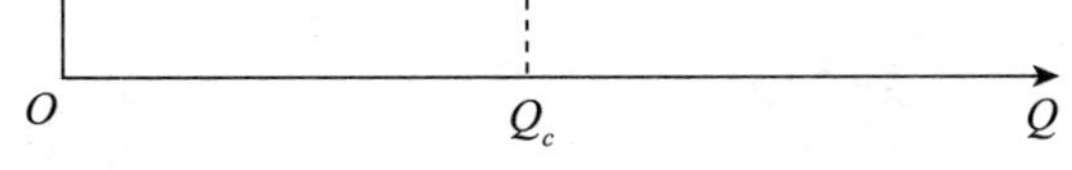

图 7－16　完全竞争市场的长期均衡

均衡产量最高。完全竞争厂商长期均衡时经济利润 $\pi=0$。

如图 7－17 所示，在垄断市场上，厂商的需求曲线是向右下方倾斜的，而且厂商在长期内可以获得利润，所以，在垄断厂商处于长期均衡时，向右下方倾斜的、相对比较陡峭的需求曲线与 LAC 曲线相交，产品的均衡价格最高，且大于生产的平均成本，产品的均衡产量最低。

综上，完全竞争市场的均衡产量大于垄断市场，均衡价格低于垄断市场，因此完全竞争市场效率更高。

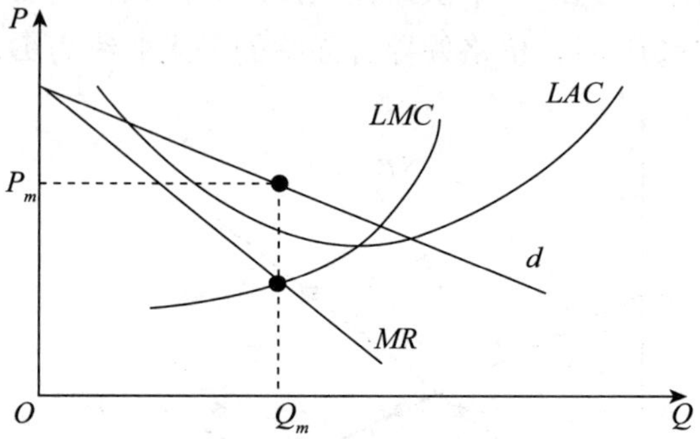

图 7－17　垄断市场的长期均衡

第八章

生产要素价格的决定

学习精要

一、 学习重点

1. 完全竞争厂商使用生产要素的原则
2. 完全竞争厂商对生产要素的需求曲线
3. 要素供给原则
4. 劳动供给曲线
5. 土地的供给曲线
6. 租金、准租金和经济租金
7. 洛伦兹曲线和基尼系数

二、 知识脉络图

- 生产要素价格的决定
  - 需求
    - 完全竞争厂商使用生产要素的原则
      - 使用要素的边际收益：边际产品价值
      - 使用要素的边际成本：要素价格
      - 使用要素的原则：边际产品价值＝要素价格
    - 完全竞争厂商对生产要素的需求曲线
    - 完全竞争市场的要素需求曲线
  - 供给
    - 要素供给原则：$\mathrm{d}U/\mathrm{d}L = W \times \mathrm{d}U/\mathrm{d}Y$
    - 劳动供给曲线
    - 土地的供给曲线
    - 租金、准租金、经济租金
    - 资本的供给曲线和利息的决定
    - 洛伦兹曲线和基尼系数

三、 理论精要

知识点一 生产要素理论概述

生产要素理论是关于生产要素价格和使用量决定的理论。生产要素理论是分配论的一个重要组成部分，但并不构成分配论的全部内容。

生产要素分为土地、劳动、资本和企业家才能，生产要素价格分别为地租、工资、利息和利润。

生产要素价格取决于其边际生产力、边际成本、供给等因素。

当使用要素的边际成本和边际收益相等时，厂商在要素使用上达到利润最大化。

生产要素价格决定的主要理论基础是边际生产率分配论，即在其他条件不变和边际生产力递减的前提下，一种生产要素的价格取决于其边际生产力。

知识点二 完全竞争厂商使用要素的原则

完全竞争要素市场的基本性质包括：要素的供求双方人数都很多；要素没有任何区别；要素供求双方都具有完全信息；要素可以充分自由地流动。

完全竞争厂商指同时处于完全竞争产品市场和完全竞争要素市场上的厂商。

不完全竞争厂商包括三种情况：

（1）在产品市场上完全竞争，但在要素市场上不完全竞争。

（2）在要素市场上完全竞争，但在产品市场上不完全竞争。

（3）在产品市场和要素市场上都不完全竞争。

基本假定：完全竞争厂商只使用一种生产要素，生产单一产品，追求最大利润。

使用要素的边际收益——要素的边际产品价值，指增加一单位要素所增加的收益，用 VMP 表示，其数学表达式是 $VMP=MP\times P$，其中 P 为完全竞争产品市场确定的产品价格，MP 为要素的边际产量（又称边际产品或边际生产率）。由于边际产量递减，所以要素的边际产品价值曲线是一条向右下方倾斜的曲线。如果产品价格恰好等于 1，则边际产品价值退化为边际产品。

使用要素的边际成本 W 表示完全竞争厂商增加使用一单位生产要素所增加的成本，即要素价格，为一个常数。

完全竞争厂商使用要素的原则是 $VMP=MP\times P=W$。

【提示】注意区分要素的边际收益和边际收益，要素的边际收益是相对于要素而言的，等于要素的边际产量乘以边际收益，而边际收益是相对于产量而言的。

知识点三　完全竞争厂商的要素需求曲线

完全竞争厂商对生产要素的需求函数指在其他条件不变时，完全竞争厂商对要素的需求量与要素价格之间的关系。

要素需求函数可以表示为 $W=MP\times P$。由于边际生产力递减，随着要素价格的上升，厂商对要素的最佳使用量即需求量将下降，即完全竞争厂商的要素需求曲线是一条向右下方倾斜的曲线。

假定：

（1）要素的边际产品曲线不受要素价格变化的影响。

（2）产品价格不受要素价格变化的影响。

那么，在使用一种生产要素的情况下，完全竞争厂商对要素的需求曲线与要素的边际产品价值曲线恰好重合。

知识点四　完全竞争行业的要素需求曲线

要素价格变化导致所有厂商调整其供给曲线，从而产品的均衡价格也将调整，即要素价格变化传导到产品市场，影响产品价格。

在研究完全竞争行业的要素需求曲线时，单个厂商的边际产品价值曲线不再代表其要素需求曲线，因此，完全竞争行业的要素需求曲线并不是边际产品价值曲线的水平相加，而是考虑到所有厂商调整后的需求曲线的水平相加。

经过行业调整的单个完全竞争厂商的要素需求曲线仍然是向右下方倾斜的，但比边际产品价值曲线要陡峭一些。

知识点五　要素供给概述

原始要素（劳动、土地和资本）的所有者是消费者，中间要素（钢材、设备）的所有者是生产者。

中间要素的供给按照生产者利润最大化的方法分析，原始要素的供给按照消费者效用最大化的方法分析。

中间要素的供给与一般产品的供给相同。

原始要素供给的显著特点是：消费者拥有的要素数量在一定时期内总是既定不变。

要素供给问题即消费者在一定的要素价格水平下，将其全部既定资源在“要素供给”和“保留自用”两种用途上进行分配以获得最大效用。

消费者效用最大化的条件是作为要素供给的资源的边际效用与作为保留自用的资源的边际效用相等。

要素供给的效用是一种间接效用，要素供给通过收入与效用相联系，其数学表达式为 $\mathrm{d}U/\mathrm{d}L=\mathrm{d}U/\mathrm{d}Y\times\mathrm{d}Y/\mathrm{d}L$，表示要素供给量增加一单位所带来的消费者效用增量。在完全竞争市场中消费者要素供给的边际效用为 $\mathrm{d}U/\mathrm{d}L=W\times\mathrm{d}U/\mathrm{d}Y$。

为了分析的方便，假定自用资源的效用都是直接的，用 l 表示自用资源的数量，则自用资源的边际效用为 $\mathrm{d}U/\mathrm{d}l$。

效用最大化条件为 $\mathrm{d}U/\mathrm{d}L=\mathrm{d}U/\mathrm{d}l$，在完全竞争市场中简化为 $\dfrac{\mathrm{d}U/\mathrm{d}l}{\mathrm{d}U/\mathrm{d}Y}=W$。

在效用函数 $U(Y,\ l)$ 具有凸性的假定下，可以通过无差异曲线分析效用最大化问题。要素价格变化形成价格扩展线，从价格扩展线可以推导出要素供给曲线。

消费者的效用函数为 $U(Y,\ l)$，一般来说 $\mathrm{d}U/\mathrm{d}Y$ 即收入的边际效用为一个常数，$\mathrm{d}U/\mathrm{d}l$ 却依赖于要素的性质，如对于时间，$\mathrm{d}U/\mathrm{d}l>0$，对于无用途的土地，$\mathrm{d}U/\mathrm{d}l=0$。

知识点六　劳动供给曲线及工资的决定

劳动供给曲线由两段组成，第一段是向右上方倾斜的曲线，第二段是向后弯曲的曲线。即在工资较低时，随着工资的上升，消费者被较高的工资吸引将减少闲暇，增加劳动供给；当消费者的劳动供给量达到最大时，继续增加工资，劳动供给量反而会减少。

劳动供给量随工资变化的关系即劳动供给曲线可以用闲暇需求量随闲暇价格变化的关系即闲暇需求曲线来说明。

对闲暇的需求受替代效应和收入效应两方面的影响。替代效应使闲暇需求量与工资反方向变化。

对于一般商品来说，价格上升意味着消费者实际收入下降；对于闲暇来说，价格上升意味着实际收入增加，因为消费者此时享有同样的闲暇即提供同样的劳动量可以获得更多的收入。因此，收入效应使闲暇需求量与工资同方向变化。

随着工资的上升，闲暇需求量取决于替代效应和收入效应的相对大小。如果替代效应大于收入效应，闲暇需求量随工资增加而减少；如果替代效应小于收入效应，闲暇需求量随工资增加而增加。

对一般商品（吉芬品除外）而言，收入效应通常小于替代效应，因为单种商品的价格变动通常对消费者收入并不造成很大影响，但却非常容易引起消费者的替代行为。由于消费者的大部分收入来自劳动供给，所以假定其他因素不变，工资的上升会大大提高消费者的收入水平，即工资变化的收入效应较大。当劳动供给量较大时，工资变化的收入效应可能超过替代效应。

尽管单个消费者的劳动供给曲线可能会向后弯曲，但由于高工资会吸引新工人进入劳动市场，因此劳动的市场供给曲线一般仍然向右上方倾斜。

劳动需求曲线和劳动供给曲线的交点是劳动市场的均衡点，该均衡点决定了均衡工资和均衡劳动数量。

知识点七 土地供给曲线及地租

经济学上的土地泛指一切自然资源。土地的自然供给是固定不变的，不会随着土地价格的变化而变化。

一般来说，土地的消费性使用只占土地的一个很微小的部分，而时间的消费性使用占全部时间的一个较大部分。假定不考虑土地的消费性使用这个微小部分，即不考虑土地所有者自用土地的效用，则自用土地的边际效用等于零。

效用函数简化为$U=U(Y)$，即效用只取决于土地收入，效用最大要求土地收入最大，土地收入最大要求土地供给最大，因此土地供给曲线为一条垂直线。

土地供给曲线是一条垂直线，源于假定土地只有一种用途即生产性用途，即土地生产性用途的机会成本为零。一般地，任意一种资源，如果只能用于某种用途，而无其他用途，则该资源对该种用途的供给曲线就一定是垂直的。

由于土地供给曲线垂直且固定不变，所以地租完全由土地的需求曲线决定。地租产生的根本原因在于土地的稀少，供给不能增加。

地租指垂直的土地供给曲线与土地需求曲线所决定的土地服务的价格。由于土地供给曲线垂直且固定不变，所以地租完全由土地需求曲线决定，而与土地供给曲线无关，随着需求曲线的上升而上升，随着需求曲线的下降而下降。

地租产生的根本原因在于土地的稀少，供给不能增加；如果给定了不变的土地供给，则地租产生的直接原因就是土地需求曲线的右移。

知识点八 租金、准租金和经济租金

租金指供给数量固定不变的一般资源的服务价格。地租是当所考虑的资源为土地时的租金，租金是一般化的地租。

准租金指对供给量暂时固定的生产要素的支付，即固定生产要素的收益。准租金为总固定成本与经济利润之和。当经济利润为零时，准租金便等于总固定成本。当厂商亏损时，准租金小于总固定成本。

有许多要素的收入尽管从整体上看不同于租金，但其收入的一部分却可能类似于租金，即如果从该要素的全部收入中减去这一部分并不会影响要素的供给，这一部分要素收入被称为经济租金。经济租金为要素收入与其机会成本之差。

经济租金取决于要素供给曲线的形状，要素供给曲线越陡峭，经济租金部分就越大。特别地，当供给曲线垂直时，全部要素收入均变为经济租金，因此租金只是经济租金的一个特例。如果要素供给曲线为水平的，则经济租金为零。

【补充】对于准租金和经济租金的概念，很多读者都很抓狂，比较明朗的梳理可关注微信公众号“王海滨老师”，点击菜单栏中的“精品文章/精品文章合集/3分钟，我给你理清准租金和经济租金!”，或微信扫描二维码查看。

知识点九　资本的供给曲线和利息的决定

资本指由经济制度本身生产出来并被用作投入要素以便进一步生产更多的商品和劳务的物品。

资本供给问题就是消费者长期消费决策问题，即消费与储蓄问题。由于利率变化对储蓄有替代效应和收入效应，因此储蓄即资本的供给曲线是一条类似于劳动供给曲线的向后弯曲的曲线。

在短期内，储蓄对资本存量影响较小，假定资本存量固定不变。利息由资本供给曲线和资本需求曲线共同决定。

知识点十　洛伦兹曲线和基尼系数

洛伦兹曲线指人口累计百分比和收入累计百分比的对应关系。洛伦兹曲线的弯曲程度反映了收入分配的不平等程度，弯曲程度越大，收入分配就越不平等。

洛伦兹曲线与对角线之间的部分 A 叫做不平等面积；当收入分配达到完全不平等时，洛伦兹曲线成为折线，折线与对角线之间的部分 $A+B$ 就是完全不平等面积。基尼系数指不平等面积与完全不平等面积之比，是衡量一个国家贫富差距的指标，即$G=\dfrac{A}{A+B}$。

知识点十一　西方经济学分配论存在的问题

边际生产率分配论不能成立，资本存在衡量问题；资本家负效用问题；收入分配理论含有强烈的时代意识色彩；边际生产率分配论不完整，没有说明社会条件得以形成的原因。

习题解析

一、简答题

1. 说明生产要素理论在微观经济学中的地位。

【难度】2　　**【考点】**生产要素理论概述

【答案】（1）生产要素理论是关于生产要素价格和使用量决定的理论。生产要素理论是分配论的一个重要组成部分，但并不构成分配论的全部内容。

（2）产品的价格和数量的决定通常被看成所谓的“价值”理论，由于讨论范围局限于产品市场本身，所以对价格决定的论述并不完全。这是因为，首先，在讨论产品的需求曲线时，假定了消费者的收入水平为既定的，但并未说明收入是如何决定的；其次，在推导产品的供给曲线时，假定了生产要素的价格为既定的，但并未说明要素的价格是如何决定的。

由于消费者的收入水平在很大程度上取决于其拥有的要素的价格和出售量，所以价值理论的上述两点不完全性可以概括为缺乏对要素价格和使用量决定的讨论。因此，生产要素理论可以看成是产品理论的自然延伸和发展。

2. 试述完全竞争厂商及市场在存在和不存在行业调整情况下的要素需求曲线。

【难度】2　　**【考点】**完全竞争厂商的要素需求曲线；完全竞争行业的要素需求曲线

【答案】在完全竞争条件下，厂商对要素的需求曲线向右下方倾斜，即随着要素价格的下降，厂商对要素的需求量将增加。如果不考虑厂商所在行业中其他厂商的调整，则该厂商的要素需求曲线就恰好与其边际产品价值曲线重合。

（1）不存在行业调整。

如图 8-1（a）所示，根据厂商实现均衡的 $MR=MC$ 原则，在要素市场上 MR 是 $VMP=P\cdot MP$，MC 是边际要素成本（即每增加一单位要素使用量所增加的要素总成本）$MFC=w$，因此，$MR=MC$ 在要素市场上表现为 $VMP=MFC$，即 $P\cdot MP=w$ 或 $VMP=w$。

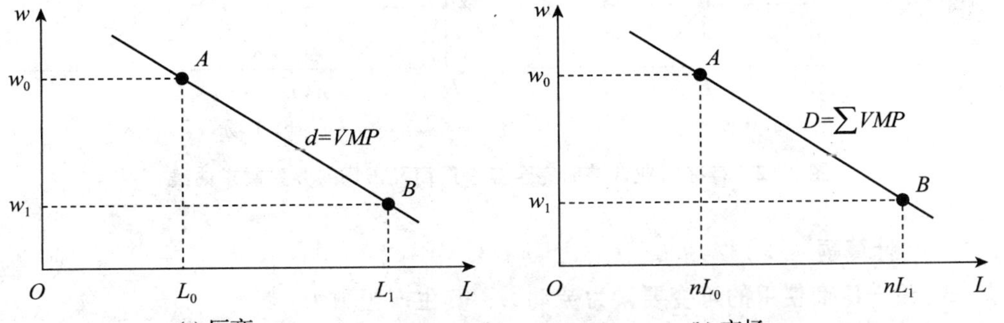

图 8-1　不存在行业调整时完全竞争厂商及市场的要素需求曲线

当 $w=w_0$ 时，由 $w_0=VMP$ 的原则可知，要素使用量是 L_0；同理，当 $w=w_1$ 时，由 $w_1=VMP$ 的原则可知，要素使用量是 L_1。由此可知，(L_0, w_0)、(L_1, w_1) 均为要素需求曲线上的点，即图中的 A、B 点，连接 A、B 点可得要素需求曲线 d。d 曲线与 VMP 曲线是完全重合的。

如果不存在行业调整，则市场需求曲线为所有厂商需求曲线的叠加，即 $D=\sum d=\sum VMP$，如图 8－1（b）所示。

（2）存在行业调整。

如果考虑厂商所在行业中其他厂商的调整，则该厂商的要素需求曲线将不再与 VMP 曲线重合。这是因为，随着要素价格的变化，如果整个行业所有厂商都调整自己的要素使用量从而都改变自己的产量，则产品的市场价格就会发生变化。产品价格的变化会反过来使每个厂商的 VMP 曲线都发生变化。于是，厂商的要素需求曲线将不再等于其 VMP 曲线。在这种情况下，厂商的要素需求曲线叫做“行业调整曲线”。行业调整曲线仍然向右下方倾斜，但比边际产品价值曲线要陡峭一些。

如图 8－2（a）所示，假设在初始状态下 $w=w_0$，此时市场上产品价格 $P=P_0$，$VMP=P_0 \cdot MP$，曲线上的 A 点是均衡点，要素使用量为 $L=L_0$。但当要素价格下降为 $w=w_1$ 时，每个厂商均计划将要素使用量调整到 $L=L_2$，但由于多个厂商同时增加要素使用量，意味着市场的供给量增加。虽然单个厂商增加供给量不影响市场均衡价格，但多个厂商同时增加供给量就会影响市场价格，市场均衡价格会从 $P=P_0$ 下降为 $P=P_1$，此时 $VMP=P_1 \cdot MP$，新的 VMP 曲线处于原 VMP 曲线的下方，并且厂商的要素使用量为 $L=L_1$。可见，对于市场而言，要素需求量不再是原 VMP 曲线，而是 d_m 曲线，d_m 曲线斜率的绝对值更大。

要素的市场需求曲线则由每个厂商调整后的 d_m 曲线叠加而成，如图 8－2（b）所示。

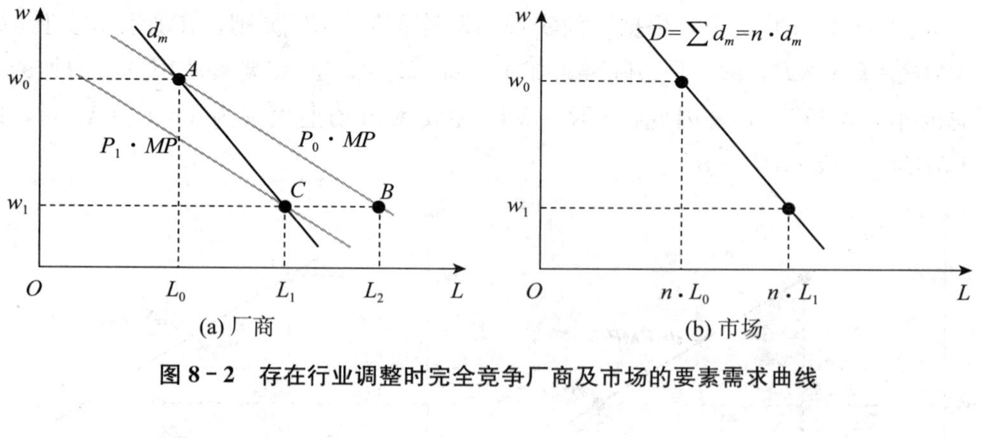

图 8－2　存在行业调整时完全竞争厂商及市场的要素需求曲线

二、计算题

3. 设一厂商使用的可变要素为劳动 L，其生产函数为：

$$Q=-0.01L^3+L^2+38L$$

式中，Q 为每日产量，L 为每日投入的劳动小时数，所有市场（劳动市场及产品市场）都是完全竞争的，单位产品价格为 0.10 美元，小时工资为 5 美元，厂商要求利润最大化。问厂商每天要雇用多少小时劳动？

【难度】 2　　**【考点】** 完全竞争厂商使用要素的原则

【答案】 根据生产函数可得边际产量函数为 $MP_L=-0.03L^2+2L+38$。厂商利润极大化的条件为 $W=P\times MP_L$。代入有关参数可得 $5=0.10\times(-0.03L^2+2L+38)$，化简可得 $(L-60)(3L-20)=0$，求解得到均衡劳动时间 $L=60$ 或 $L=20/3$。$\mathrm{d}MP_L/\mathrm{d}L=-0.06L+2$，当 $L=20/3$ 时，$\mathrm{d}MP_L/\mathrm{d}L=1.6>0$，即边际产量处于递增阶段，厂商没有达到最大利润，舍去。当 $L=60$ 时，$\mathrm{d}MP_L/\mathrm{d}L=-1.6<0$，利润达到最大值。故厂商每天要雇用 60 小时劳动。

4. 已知劳动是唯一的可变要素，生产函数为 $Q=A+10L-5L^2$，产品市场是完全竞争的，劳动价格为 W，试说明：

（1）厂商对劳动的需求函数。

（2）厂商对劳动的需求量与工资反方向变化。

（3）厂商对劳动的需求量与产品价格同方向变化。

【难度】 2　　**【考点】** 完全竞争厂商的要素需求曲线

【答案】（1）完全竞争厂商的要素使用原则是 $VMP=MP\times P=W$。根据生产函数可得边际产量为 $MP=10-10L$，代入均衡条件有 $(10-10L)\times P=W$，化简可得劳动需求函数 $L=1-\dfrac{W}{10P}$。

（2）劳动需求量对工资求导数可得 $\mathrm{d}L/\mathrm{d}W=-\dfrac{1}{10P}<0$，即劳动需求量与工资反方向变化。

（3）劳动需求量对产品价格求导数可得 $\mathrm{d}L/\mathrm{d}P=\dfrac{W}{10P^2}>0$，即劳动需求量与产品价格同方向变化。

5. 某完全竞争厂商雇用一个劳动日的价格为 10 元，其生产情况如表 8-1 所示。当产品价格为 5 元时，它应雇用多少个劳动日？

表 8-1

劳动日数	3	4	5	6	7	8
产出数量	6	11	15	18	20	21

【难度】 1　　**【考点】** 完全竞争厂商使用要素的原则

【答案】 完全竞争厂商的要素使用原则是边际产品价值等于工资率。完全竞争厂商的边际产品价值如表 8-2 所示。

表 8-2

劳动日数	3	4	5	6	7	8
边际产量	—	5	4	3	2	1
VMP	—	25	20	15	10	5

劳动工资率为 10 元，从表 8-2 中可以知道，只有当劳动日为 7 个时，边际产品价值才为 10 元，因此完全竞争厂商应雇用 7 个劳动日。

6. 某劳动市场的供求曲线分别为 $D_L=4\ 000-50W$，$S_L=50W$。请问：

(1) 均衡工资为多少?

(2) 假如政府对工人提供的每单位劳动征税 10 美元，则新的均衡工资为多少?

(3) 实际上对单位劳动征收的 10 美元税收由谁支付?

(4) 政府征收到的税收总额为多少?

【难度】2　　**【考点】**劳动供给曲线及工资的决定

【答案】（1）根据题意，劳动需求曲线和劳动供给曲线分别为 $D_L=4\ 000-50W$，$S_L=50W$。劳动市场均衡条件为 $D_L=S_L$，代入有关参数可得 $4\ 000-50W=50W$，求解可得均衡工资为 $W=40$（美元）。

（2）若政府对工人提供的每单位劳动征收 10 美元的税收，则劳动供给曲线变为 $S'_L=50(W-10)$，劳动需求曲线 $D_L=4\ 000-50W$ 不变。劳动市场均衡条件为 $S'_L=D_L$，代入有关参数可得 $50(W-10)=4\ 000-50W$，求解可得新的均衡工资为 $W=45$（美元）。

（3）尽管政府向劳动提供者征税，但厂商也承担了部分税额，所以，实际上对单位劳动征收的 10 美元税收由厂商和工人两方分担。

征税后，厂商购买每单位劳动要支付的工资为 45 美元，而不是征税前的 40 美元，两者间的差额 5 美元为厂商为每单位劳动支付的税收额。工人提供每单位劳动得到 45 美元，但仅能留下 35 美元，因其中 10 美元作为税收上交政府，他们实际得到的单位工资与征税前的 40 美元相比减少了 5 美元，这 5 美元即为他们提供单位劳动实际支付的税收额。所以，厂商和工人恰好平均承担了政府征收的 10 美元税款。

（4）征税后的均衡劳动雇用量为 $Q_L=50(W-10)=50\times(45-10)=1\ 750$，则政府收到的总税款为 $10\times1\ 750=17\ 500$（美元）。

7. 某消费者的效用函数为 $U=lY+l$，其中，l 为闲暇，Y 为收入（他以固定的工资率出售其劳动所获得的收入）。求该消费者的劳动供给函数。他的劳动供给曲线是不是向上倾斜的?

【难度】2　　**【考点】**劳动供给曲线及工资的决定

【答案】设该消费者拥有的固定时间为 T，其中用于工作的时间为 H，则有 $l=T-H$。再设工资率为 w，则有 $Y=wH$。

$$U(Y,\ l)=lY+l=(T-H)\times wH+(T-H)=TwH-wH^2+T-H$$

$$\frac{\partial U}{\partial H}=Tw-2wH-1=0$$

解得：$H=\frac{T}{2}-\frac{1}{2w}$，这就是劳动供给曲线。

由于$\frac{\mathrm{d}H}{\mathrm{d}w}=\frac{1}{2w^2}>0$，所以工作的时间与工资率正向变化，即劳动供给曲线是向上倾斜的。

8. 一厂商生产某产品，其单价为 15 元，月产量为 200 单位，产品的平均可变成本为 8 元，平均不变成本为 5 元。试求准租金和经济利润。

【难度】 1　　**【考点】** 租金、准租金和经济租金

【答案】 准租金是对供给量暂时固定的生产要素的支付，为总收入减去总可变成本，因此，准租金为 200×(15－8)＝1 400（元）。经济利润为准租金减去总固定成本，因此经济利润为 1 400－200×5＝400（元）。所以准租金和经济利润分别为 1 400元和 400 元。

【提示】 对于准租金和经济租金的概念，很多读者都很抓狂，编者在微信公众号里进行了详细解释，并附有考研真题演练，可以为你理清。请微信扫描二维码查看。

三、论述题

9. 试述消费者的要素供给原则。

【难度】 1　　**【考点】** 要素供给概述

【答案】（1）消费者的目的是实现效用最大化。消费者把生产要素提供给市场，可以获得收入，而收入本身就可以给他带来效用；消费者把生产要素保留自用，比如把时间用于闲暇，是因为闲暇本身就可以给消费者带来效用。所以消费者实际上是在要素的两种用途之间进行权衡。现在的问题变为，消费者把多少生产要素提供给市场又把多少生产要素保留自用的时候，可以实现效用最大化。

（2）消费者要素供给的原则就是他实现效用最大化的条件，从基数效用论的角度出发，这个条件可以表述为：消费者提供给市场的要素的边际效用和消费者保留自用的要素的边际效用相等。因为如果提供给市场的要素的边际效用大于保留自用的要素的边际效用，那么消费者增加要素的供给、减少保留自用的资源数量将能够使他的总效用增加；如果提供给市场的要素的边际效用小于保留自用的要素的边际效用，那么理性的消费者将会减少提供给市场的要素，增加保留自用的要素，从而增加自己的总效用。最终的均衡状态必然是消费者从提供给市场的要素和保留自用的要素中获得的边际效用相等。

10. 如何从要素供给原则推导要素供给曲线?

【难度】 1　　**【考点】** 要素供给概述

【答案】（1）消费者要素供给的原则就是他实现效用最大化的条件，从基数效用论的角度出发，这个条件可以表述为：消费者提供给市场的要素的边际效用和消费者保留自用的要素的边际效用相等，即要素供给原则$\frac{dU}{dl}=W\times\frac{dU}{dY}$。因此，给定一个要素价格 W，可以得到一个最优的自用资源数量 l。

（2）在资源总量既定的条件下，给定一个最优的自用资源数量 l，又可以得到一个最优的要素供给量 L。要素供给价格 W 与要素供给量 L 的关系即代表了要素供给曲线。

11. 劳动供给曲线为什么向后弯曲？

【难度】1　　**【考点】**劳动供给曲线及工资的决定

【答案】（1）劳动供给的实质是消费者对其拥有的既定资源的分配。在每天固定的 24 小时中，一部分时间作为闲暇来享受，直接增加了消费者的效用；其余时间用来劳动，带来收入从而增加了消费者的效用。因此，劳动供给问题其实是消费者在闲暇和劳动收入（其实是劳动收入所购买的其他所有消费品）这两个“商品”之间进行选择的问题。

（2）消费者对闲暇的需求也像对其他商品的需求一样，工资变化具有替代效应和收入效应。替代效应是指，如果工资上涨，闲暇这个商品的“价格”就会变得昂贵（机会成本上升），于是消费者减少对闲暇的消费，增加劳动的供给。收入效应是指，工资上涨了之后，消费者的收入增加，随着收入的增加，消费者会增加对“闲暇”这种商品的消费，从而造成劳动供给的减少。因此，随着工资（即闲暇的价格）的上涨，消费者对闲暇的消费究竟是下降还是上升要取决于这两种效应的相对大小。如果替代效应大于收入效应，则闲暇的需求量随着工资的上涨而下降；反之，闲暇的需求量会随着工资的上涨而上升。

（3）当工资较低时，提高工资对消费者收入的影响比较大，即劳动收入的增加给消费者带来的效用比较大，此时替代效应大于收入效应，消费者的劳动供给量随着工资的提高而增加。在这个阶段，劳动供给曲线向右上方倾斜。但是，工资上涨对劳动供给的吸引力是有限的，当工资提高到一定程度（图 8－3 中的 W_1）时，消费者的收入已经足够多了，因为边际效用递减原理，再增加收入给消费者带来的边

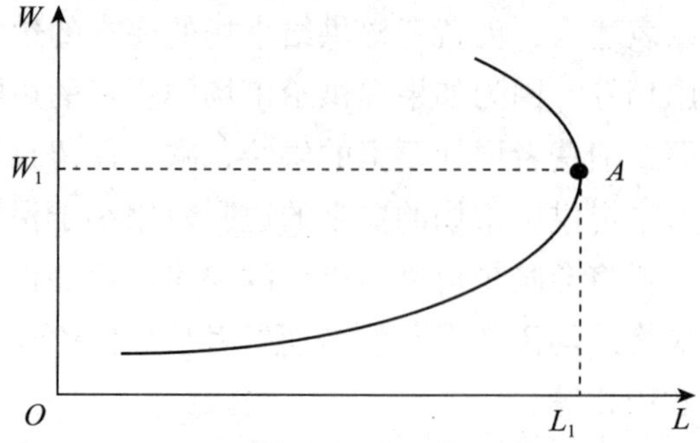

图 8－3　劳动供给曲线

际效用是非常少的，少到小于闲暇带来的效用。此时增加工资，消费者的劳动供给量非但不会增加，反而会减少，劳动供给曲线向左上方倾斜。于是劳动供给曲线从工资 W_1 处起开始向后弯曲。

12. 土地的供给曲线为什么垂直?

【难度】1　　**【考点】**土地供给曲线及地租

【答案】(1) 土地的供给曲线是垂直的，即土地使用价格（地租）的变化不影响土地的供给量。这并不是因为自然赋予的土地数量是固定不变的，而是因为假定土地只有一种生产性用途，而没有其他用途，即土地生产性用途的机会成本为零。

(2) 事实上，任何一种资源，如果只能用于某种用途，而无其他用途，即在该用途上机会成本为零，则即使该资源价格下降，它也不会转移到其他方面，即供给量不会减少，从而供给曲线是垂直的。

(3) 如果土地对其所有者确实有某些消费性用途（如打猎、做网球场或建造私人花园等），则土地供给曲线就可能不垂直，而会略微向右上方倾斜。

13. 试述资本的供给曲线。

【难度】1　　**【考点】**资本的供给曲线和利息的决定

【答案】(1) 资本的数量是可变的，因此，资本供给问题首先是如何确定最优的资本拥有量的问题。

(2) 最优资本拥有量的问题可以归结为确定最优储蓄量的问题，即对当前消费和将来消费进行跨期选择的问题。

(3) 根据对当前消费和将来消费的分析，可以得出如下结论：随着利率水平的上升，一般来说，储蓄也会被诱使增加，从而贷款供给曲线向右上方倾斜；当利率处于很高的水平时，贷款供给曲线也可能向后弯曲。

14. "劣等土地上永远不会有地租"这一说法对吗?

【难度】1　　**【考点】**土地供给曲线及地租

【答案】(1) 这一说法不对。

(2) 根据西方经济学，地租产生的根本原因在于土地的稀少，供给不能增加；如果给定了不变的土地供给，则地租产生的直接原因就是土地的需求曲线右移。土地需求曲线右移是因为土地的边际生产力提高或土地产品（如粮食）的需求增加从而价格提高。假定技术不变，则地租就会由于土地产品价格的上升而产生，且随着产品价格的上升而不断上涨。因此，即使是劣等土地，也会产生地租。

15. 为什么说西方经济学的生产要素理论是庸俗的分配论?

【难度】1　　**【考点】**西方经济学分配论存在的问题

【答案】(1) 根据西方经济学的生产要素理论，要素所有者是按照要素贡献的大小得到要素的报酬的，这就从根本上否定了在资本主义社会中存在剥削。除此之外，西方经济学的生产要素理论还存在一些具体的缺陷。

(2) 西方经济学的生产要素理论建立在边际生产力的基础之上。然而，在许多情况下，边际生产力却难以成立。例如，资本代表一组形状不同、功能各异的实物，缺乏一个共同的衡量单位，因此，资本的边际生产力无法成立。

（3）西方经济学的要素供给理论不是一个完整的理论，因为它只给出了在一定的社会条件下，各种人群或阶级得到不同收入的理由，而没有说明一定的社会条件得以形成的原因。

16. 我们知道，完全竞争厂商的要素使用原则是 $MP \cdot P=W$。这里，P 和 W 分别是产品和要素的价格，MP 是要素的边际产品。试说明，在卖方垄断条件下，上述要素使用原则会发生哪些变化。

【难度】 2　　**【考点】** 超出教材范围

【答案】 无论是什么厂商，利润最大化的原则均是边际成本等于边际收益，无论产品市场还是要素市场都是如此。不过，不同厂商以及不同市场（产品市场或要素市场）的边际收益和边际成本结构不一样。

卖方垄断厂商是指在产品市场上处于垄断地位的厂商，该厂商面临向右下方倾斜的产品需求曲线，所以在产品市场上的边际收益（注意，不是要素的边际收益）$MR=\frac{\mathrm{d}TR}{\mathrm{d}Q}$。卖方垄断厂商使用要素的边际收益叫做边际收益产品，简称 MRP，指每增加一单位要素（L）使用量后，厂商总收益（TR）的增加量，所以可以表示为 $MRP=\frac{\mathrm{d}TR}{\mathrm{d}L}$。其中 L 对 TR 的影响是间接的，L 先是影响产量 Q，然后 Q 影响总收益 TR，所以，$MRP=\frac{\mathrm{d}TR}{\mathrm{d}Q}\cdot\frac{\mathrm{d}Q}{\mathrm{d}L}$。式中，$\frac{\mathrm{d}TR}{\mathrm{d}Q}$ 为厂商在产品市场上的边际收益 MR，$\frac{\mathrm{d}Q}{\mathrm{d}L}$ 为厂商生产时的边际产品（也叫边际产量）MP_L，所以 $MRP=MR\times MP_L$。

如果卖方垄断厂商在要素市场上是完全竞争者，则其要素价格为 W，即每一单位要素的边际成本为 W。

按照边际收益等于边际成本的原则，在卖方垄断条件下，上述要素使用原则会变为：$MR\times MP_L=W$。

17. 我们知道，在产品市场上，垄断卖方的产品供给曲线是不存在的。试说明，在要素市场上，垄断买方的要素需求曲线也不存在。

【难度】 2　　**【考点】** 超出教材范围

【答案】 要素需求曲线表示的是，对于每一个要素价格，都有唯一的要素需求量与之对应，但买方垄断厂商的要素市场上不存在这样一个一一对应的关系。

如图 8-4 所示，假设起初要素供给曲线为 $W_0(L)$，对应的边际要素成本为 MFC_0，MFC_0 和 VMP 曲线的交点决定了要素使用量为 L_0，要素价格为 W_0。

但如果要素供给曲线为 $W_1(L)$，边际要素成本为 MFC_1，MFC_1 曲线与 VMP 曲线的交点决定了要素使用量为 L_1，要素价格却也是 W_0。

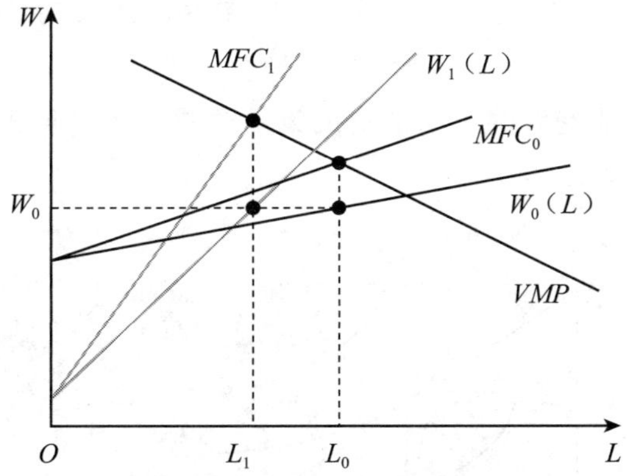

图 8－4　买方垄断的要素市场不存在要素需求曲线

同一个要素价格 W_0，对应着两个不同的要素需求量 L_0 和 L_1，可见，垄断买方的要素需求曲线也不存在。

【提示】 买方垄断厂商即要素市场上唯一的购买者，与产品市场上的垄断厂商之间的关系类似于“镜像”关系。第七章解释了为什么垄断厂商的边际收益 $MR<$ 产品价格 P，同理，也可以解释为什么买方垄断厂商的边际要素成本 $MFC>$ 要素价格 W。读者可以自己尝试证明，或者微信扫描二维码查看图文证明过程及买方垄断厂商和垄断厂商的横向对比分析。

18. 为什么说租金或地租是经济租金的一种特例?

【难度】 1　　**【考点】** 租金、准租金和经济租金

【答案】（1）地租是土地供给固定时的土地服务价格，因而地租只与固定不变的土地有关。供给固定不变的一般资源的服务价格称为租金。换句话说，地租是当所考虑的资源为土地时的租金，而租金则是一般化的地租。

（2）供给固定意味着，要素价格的下降不会减少该要素的供给量。或者更进一步，要素收入的减少不会减少该要素的供给量。据此，也可以将租金看成是这样一种要素收入：其数量的减少不会引起要素供给量的减少。有许多要素的收入尽管从整体上看不同于租金，但其收入的一部分却可能类似于租金，即如果从该要素的全部收入中减去这一部分，并不会影响要素的供给。这一部分要素收入被称为经济租金。

（3）经济租金的几何解释类似于生产者剩余，即等于要素供给曲线以上、要素价格以下的部分。这部分是要素的“超额”收益，即使去掉也不会影响要素的供给量。

（4）经济租金的大小取决于要素供给曲线的形状。供给曲线越陡峭，经济租金部分就越大。特别是，当供给曲线垂直时，全部要素收入均变为经济租金，它恰好等于租金或地租。

由此可见，租金实际上是经济租金的一种特例，即要素供给曲线垂直时的经济租金，而经济租金则是更为一般的概念，它不仅适用于供给曲线垂直的情况，也适

用于供给曲线不垂直的一般情况。在另一个极端上，如果供给曲线为水平的，则经济租金完全消失。

19. 图 8-5 是某消费者的长期消费决策示意图。试说明其中各个符号、各条曲线以及整个图形的含义。

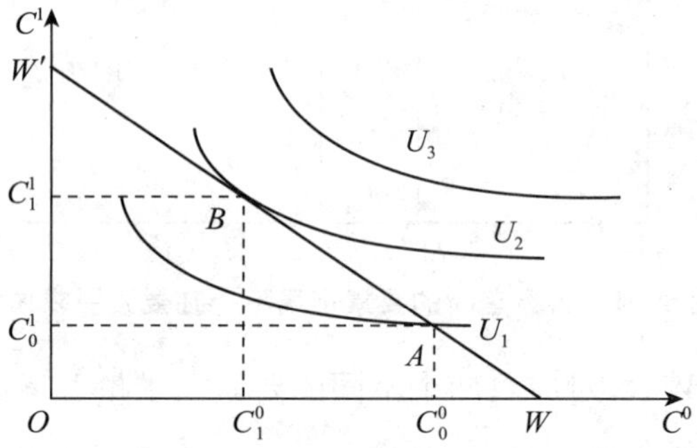

图 8-5

【难度】 1　　**【考点】** 资本的供给曲线和利息的决定

【答案】 (1) 图中的假定是，只有一种商品、只有今年和明年两个时期并且消费者可以借出或借入商品。

(2) 图中横轴 C^0 代表今年消费的商品量，纵轴 C^1 代表明年消费的商品量。U_1、U_2 和 U_3 是消费者的三条无差异曲线。无差异曲线在这里表示的是给消费者带来同等满足的今年消费的商品量和明年消费的商品量的各种组合。A 点（C_0^0，C_0^1）是消费者的初始状态，即他今年得到的商品量为 C_0^0，明年将得到的商品量为 C_0^1。过 A 点的 $W'W$ 是预算线。

(3) 预算线与无差异曲线 U_2 的切点 B 是消费者的均衡位置，即他的长期最优消费决策是：今年消费 C_1^0，明年消费 C_1^1。将初始状态 A 与均衡状态 B 比较一下即知，处于 A 点的消费者尽管今年拥有的商品量为 C_0^0，但决定只消费其中的一部分即 C_1^0，而将另一部分（$C_0^0-C_1^0$）储蓄起来，并按市场利率借出去，从而能够在明年将消费从 C_0^1 提高到 C_1^1。

20. 图 8-6 是关于洛伦兹曲线的示意图。试根据该图，说明以下各项的含义。

(1) 45°线 *OL*。

(2) 曲线 *ODL*。

(3) 折线 *OHL*。

(4) 不平等面积。

(5) 完全不平等面积。

(6) 基尼系数。

【难度】 1　　**【考点】** 洛伦兹曲线和基尼系数

【答案】 (1) 45°线 OL 是完全平等的洛伦兹曲线。

(2) 曲线 ODL 是一般（即既非完全平等又非完全不平等）的洛伦兹曲线。

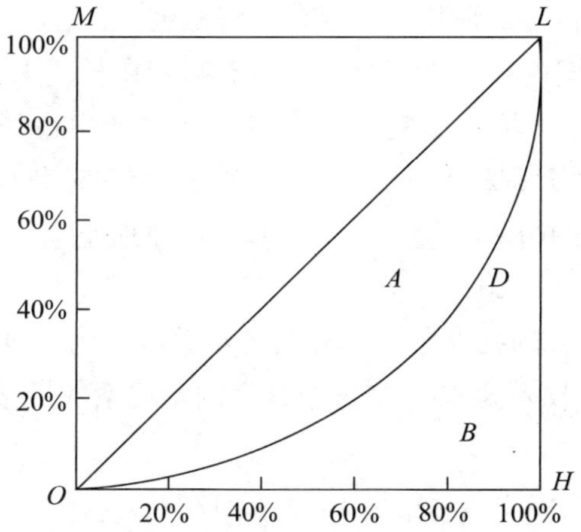

图 8-6

(3) 折线 OHL 是完全不平等的洛伦兹曲线。

(4) A 是不平等面积。

(5) $A+B$ 是完全不平等面积。

(6) 基尼系数为 $G=A/(A+B)$。

补充训练

1. 在生产要素的分类上，马歇尔在萨伊要素三分法的基础上增加了哪种要素？(　　)(上海社科院 2015)

A. 资本　　B. 土地　　C. 企业家才能　　D. 组织

2. 某工人在工资率为每小时 5 美元时每周挣 200 美元，在工资率为每小时 7 美元时每周挣 245 美元，由此可以断定(　　)。(暨南大学 2013)

A. 收入效应起着主要作用　　B. 替代效应起着主要作用

C. 两效应都未发生作用　　D. 无法确定

3. 随着工资率的不断提高，在(　　)的条件下，劳动供给曲线向后弯曲。(华东师大 2008)

A. 收入效应与替代效应方向相同　　B. 收入效应与替代效应方向相反

C. 替代效应大于收入效应　　D. 收入效应大于替代效应

4. 假定一个厂商处于完全竞争市场环境中，当其投入要素的价格为 6 元，该投入要素的边际产量为 1/3 时，厂商获得最大的利润，则厂商生产的产品的价格是(　　)。(暨南大学 2013)

A. 2 元　　B. 18 元　　C. 1.8 元　　D. 9 元

5. 下列判断哪一句是错误的？(　　)(同济大学 2017)

A. 经济租金属于长期分析，而准租金属于短期分析

B. 经济租金系对某些特定要素而言，而经济利润则是对整个厂商来说的

C. 厂商存在经济利润，则其要素存在经济租金

D. 一种要素在短期内存在准租金，并不意味着在长期中也存在经济利润

6. 一个厂商在劳动市场上是完全竞争者，而在产出市场上是垄断者。已知它面临的市场需求曲线为 $P=200-Q$，厂商在产量为 60 时获得最大利润，若市场工资率为 1 200，则劳动的边际产量是（　　）。（南京航空航天大学 2014）

A. 60　　B. 20　　C. 15　　D. 80

7. 假定在一个 30 人的社会中，该社会的年总收入为 900，其中 10 人的年收入为 10，其他 20 人的年收入为 40，则这个社会的基尼系数最接近于（　　）。（北京航空航天大学 2014）

A. 7/9　　B. 2/9　　C. 1/2　　D. 3/4

8. （判断题）如果休闲是一种劣等品，那么工资的提高会导致劳动供给上升。（中山大学 2013）

9. 要素使用原则与利润最大化原则有何联系？（暨南大学 2010）

10. 为什么厂商在产品市场中的竞争状况会影响其对劳动的需求价格弹性？（对外经贸大学 2014）

11. 利用厂商短期成本曲线图分析准租金。（扬州大学 2019）

12. 画出货币资本的供给曲线，并回答货币资本的供给是什么因素的函数。（北京邮电大学 2017）

13. 市场有两个行业：服装行业和钢铁行业。服装行业的生产函数为 $y_c=l_c$，钢铁行业的生产函数为 $y_s=24l_s^{0.5}-2l_s$，l_c 与 l_s 分别是服装与钢铁行业的劳动人数。市场总人数为 25，而且所有人都会进入某个行业。假设服装行业与钢铁行业都是完全竞争行业，产品价格都是 1。

（1）假定劳动市场完全竞争，求 l_c 和 l_s 以及均衡工资。

（2）假定钢铁工人组成一个强大的工会，拥有向钢铁行业提供劳动的垄断权，工会的目标是使本行业工人的总收入最大化，求 l_c 和 l_s 以及钢铁行业和服装行业的工资。

（3）假定两个行业的工人共同组成一个强大的工会，可以垄断地向两个行业提供劳动，工会的目标是使所有工人的总收入最大化，求 l_c 和 l_s 以及两个行业的工资。（西安交大 2011）

14. 某厂商所处的产品市场和要素市场都是完全竞争市场，其短期生产函数为 $Q=f(L, K)$，其中 L 是可变生产要素，K 是固定生产要素，两要素的价格分别为 P_L、P_K。在某产量 Q_0 处，该厂商工人的边际产量 MP_L 等于其平均产量 AP_L。此时该厂商的利润是多少？为什么？（东北财大 2010）

15. 请画图说明在下述不同的市场结构下，最低工资法对失业的可能影响。

（1）劳动市场是完全竞争的。

（2）劳动市场是买方垄断的。（中山大学 2017）

16. 作图分析完全竞争条件下厂商对一种生产要素的需求曲线是怎样确定的。（南京大学 2014）

参考答案

1.【难度】1　　【考点】生产要素理论概述

【答案】C。马歇尔的著作《经济学原理》在萨伊的生产三要素的基础上扩充了组织要素（企业家才能），形成了劳动、资本、土地和企业家才能四位一体的生产要素。

2.【难度】1　　【考点】劳动供给曲线及工资的决定

【答案】A。工资率为 5 美元/小时时每周工作 200/5＝40 小时，工资率为 7 美元/小时时每周工作 245/7＝35 小时。替代效应是工资上涨时减少闲暇增加劳动时间，收入效应则相反，显然，这里是收入效应起着主要作用。

3.【难度】1　　【考点】劳动供给曲线及工资的决定

【答案】D。随着工资率的不断提高，劳动供给曲线向后弯曲，这表明工资变动的总效应为负。由于工资提高，替代效应使闲暇消费减少、劳动供给增加，收入效应使闲暇消费增加、劳动供给减少，所以要使总效应为负，必然有收入效应大于替代效应。

4.【难度】1　　【考点】完全竞争厂商使用要素的原则

【答案】B。完全竞争厂商的要素投入原则为 $P\times MP=W$，因此，$P=W/MP=6/(1/3)=18$。

5.【难度】2　　【考点】租金、准租金和经济租金

【答案】C。准租金是对供给量暂时固定的生产要素的支付，显然是短期分析。经济租金决定要素是否要供应到这个行业。如果要素获得了经济租金，则不离开这个行业，否则就要离开这个行业。注意，不是离开这个企业而是离开这个行业，因为只要有其他企业愿意支付经济租金，就算要素获得了经济租金，那么就不会离开这个行业。所以 A 是对的。

所有租金（经济租金、准租金、地租等）都属于要素报酬，而不是对厂商而言的，所以 B 也是对的。

短期内存在准租金是很正常的，但从要素报酬的角度来看，长期内经济利润都是零，即使垄断厂商也是如此。假设地球上只有一个油井，拥有该油井的公司就属于独家垄断厂商。假设如果不计油井的准租金，该厂商获得寻常意义上的经济利润 π 美元/年，这就意味着这个油井的市场价值是 π 美元/年，这就是油井的准租金。如果把油井的准租金剔除，垄断厂商的经济利润就为零。所以 D 也是对的。

在短期内，厂商可能拥有经济利润，但短期内没有经济租金一说，所以 C 的说法是错的。

6.【难度】1　　【考点】要素供给概述

【答案】C。根据市场需求曲线可得 $MR=200-2Q=80$。利用卖方垄断市场均衡条件 $MR\cdot MP_L=w$ 可得劳动的边际产量为：$MP_L=w/MR=1\,200/80=15$。

7.【难度】1　　【考点】洛伦兹曲线和基尼系数

【答案】B。前 10 个人的总收入为 100，所以洛伦兹曲线为图 8－7 中的折线，B 为图中的阴影区域，$S_B=\frac{1}{2}\times10\times100+\frac{1}{2}(100+900)\times(30-10)=10\ 500$，$S_{A+B}=\frac{1}{2}\times30\times900=13\ 500$，所以 $S_A=S_{A+B}-S_B=13\ 500-10\ 500=3\ 000$，$G=\frac{A}{A+B}=\frac{3\ 000}{13\ 500}=\frac{2}{9}$。

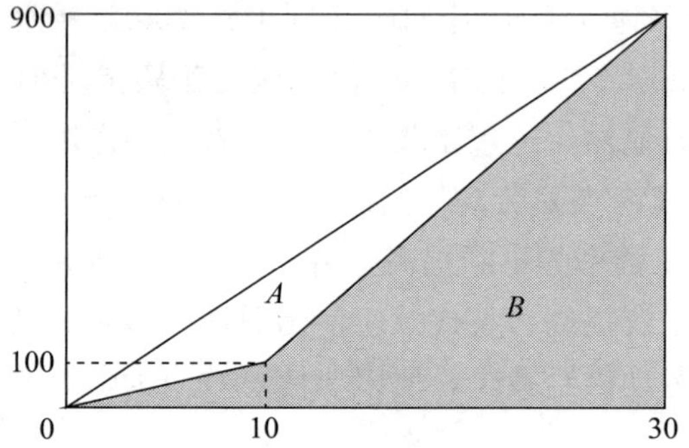

图 8－7　基尼系数

8.【难度】2　　【考点】劳动供给曲线及工资的决定

【答案】正确。无论休闲是何种商品，工资提高的替代效应都是休闲的消费减少，劳动时间增加从而劳动收入的消费增加。如果休闲是劣等品，则工资提高的收入效应也是休闲的消费减少。所以，此时休闲是一定减少的，也就是劳动时间一定增加，劳动供给上升。

9.【难度】2　　【考点】生产要素理论概述

【答案】要素使用原则与利润最大化（产量）原则是一致的。

对完全竞争厂商来说，假设资本固定不变，劳动为可变要素，其最优要素使用量必须满足 $VMP=w$ 的条件。而 $VMP=P\cdot MP_L$，即要素使用原则为 $P\cdot MP_L=w$，或者写成 $P=w/MP_L$。由于 $\frac{w}{MP_L}=\frac{w}{\mathrm{d}Q/\mathrm{d}L}=w\frac{\mathrm{d}L}{\mathrm{d}Q}=\frac{\mathrm{d}TVC}{\mathrm{d}Q}=\frac{\mathrm{d}TC}{\mathrm{d}Q}=MC$，因此上述要素使用原则实际上就可写为 $P=MC$，而这恰恰就是完全竞争厂商确定利润最大化产量的原则。

就卖方垄断厂商和买方垄断厂商来讲也是如此。

卖方垄断厂商使用要素的原则为 $MRP_L=w$，而 $MRP_L=MR\cdot MP_L$，所以有 $MR=w/MP_L=MC$，这正是利润最大化产量所满足的条件。

买方垄断厂商使用要素的原则为 $VMP=MFC$，其中，$VMP=P\cdot MP_L$，$MFC=MC\cdot MP_L$，两边同时消去一个 MP_L，即得 $P=MC$，这也正好是作为产品市场上的一个完全竞争者的买方垄断厂商赖以确定其利润最大化产量的依据。

10.【难度】2　　【考点】完全竞争厂商的要素需求曲线

【答案】厂商对劳动的需求曲线是由劳动的边际收益产品 MRP_L 决定的。MRP_L 指在其他生产要素的投入量固定不变时追加一单位的劳动要素投入所带来的收益。它等于要素的边际产品（MP_L）与产品的边际收益（MR）的乘积，即 $MRP_L=MP_L\times MR$。

假设要素市场是完全竞争市场，要素为劳动，要素报酬即工资为 w，厂商对要素的使用原则是 $w=MRP_L$，要素需求曲线与 MRP_L 重合。

如果产品市场是完全竞争市场，则厂商有 $MR=P$，MR 曲线为一条水平线，故 $MRP_L=MP_L\times P$ 的斜率绝对值较小，对要素的需求价格弹性也就较大；如果产品市场是垄断市场，则厂商的 MR 曲线是向下倾斜的，故 MRP_L 的斜率绝对值较大，对要素的需求价格弹性也就较小。

所以厂商在产品市场中的竞争状况会影响其对劳动的需求价格弹性，垄断性越强则对劳动的需求价格弹性越小。

11.【难度】2　　【考点】租金、准租金和经济租金

【答案】在现实生活中，有些生产要素尽管在长期中可变，但在短期中却是固定的。例如，由于厂商的生产规模在短期不能变动，其固定生产要素对厂商来说就是固定供给的：它不能从现有的用途中退出而转到收益较高的其他用途中去，也不能从其他相似的生产要素中得到补充。这些生产要素的服务价格在某种程度上也类似于租金，通常被称为“准租金”。所谓准租金就是对供给量暂时固定的生产要素的支付，即固定生产要素的收益。

准租金可以用厂商的短期成本曲线来加以分析。参见图 8-8，假定产品价格为 P_0，则厂商将生产 Q_0。这时的可变总成本为 $OGBQ_0$ 的面积，它代表了厂商对生产 Q_0 所需的可变生产要素量必须作出的支付。固定生产要素得到的则是剩余部分 GP_0CB 的面积，即图中阴影部分的面积，这就是准租金。

如果从准租金 GP_0CB 中减去总固定成本 $GDEB$，则得到经济利润 DP_0CE。可见，准租金为总固定成本与经济利润之和。当经济利润为 0 时，准租金便等于总固定成本。当然，准租金也可能小于总固定成本——当厂商有经济亏损时。

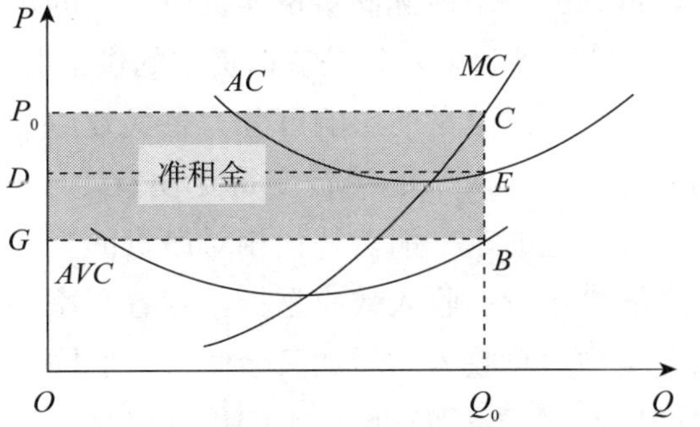

图 8-8　准租金

【补充】 对于准租金和经济租金的概念，很多读者都很抓狂，比较明朗的梳理可关注微信公众号“王海滨老师”，点击菜单栏中的“精品文章/精品文章合集/3分钟，我给你理清准租金和经济租金!”，或微信扫描二维码查看。

12. **【难度】** 2　　**【考点】** 资本的供给曲线和利息的决定

【答案】 与土地和劳动的情况不同，资本所有者的资本数量是可变的。如果资本所有者的原有资本存量为 K_0，但最优资本量为 K^*，则当 $K_0<K^*$ 时，资本所有者可通过储蓄来增加其资本持有量，反之则进行负储蓄。因此，资本所有者的资本供给问题可以归结为如何将既定收入在消费和储蓄两方面进行分配的问题。

资本所有者进行储蓄或者负储蓄的目的在于长期消费的最优化。如图 8－9 所示，假设消费者今年可得到的商品量（或收入）为 C_0^0，明年将得到的商品量（或收入）为 C_0^1，再设市场利率为 r，则消费者有一个长期消费均衡点。设均衡点为 B，对应的今年消费量为 C_1^0，明年的消费量为 C_1^1，则消费者的储蓄量为（$C_0^0-C_1^0$），这部分就是消费者的货币资本的供给量。

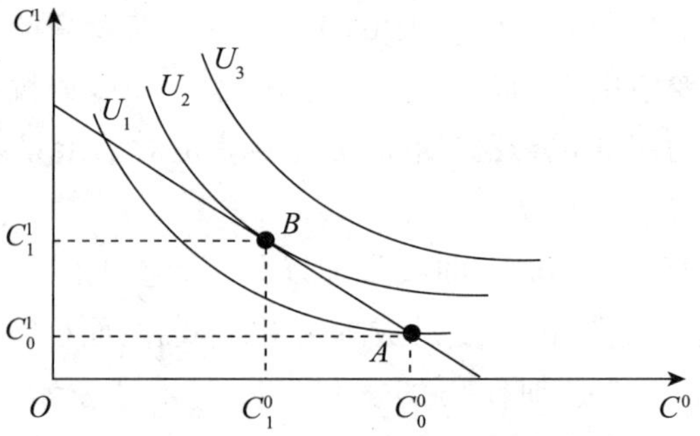

图 8－9　长期消费决策

给定一个利率 r，消费者会有一个最优的储蓄量即货币资本供给量，如果利率 r 发生变动，利率 r 上升，则长期消费决策中的预算线绕 A 点顺时针转动，并与另一条无差异曲线相切，得到另一个最优储蓄量即货币资本的供给量。将不同的利率 r 与对应的最优资本供给量连接起来，就是货币资本的供给曲线，如图 8－10 所示。

利率对储蓄量即货币资本供给量的影响可分为替代效应和收入效应。其中，替代效应是指，随着利率的上升，未来的消费变得更便宜，于是人们减少当前消费，增加未来消费，即用相对便宜的未来消费替代相对昂贵的当前消费，这使得人们增加储蓄也就是货币资本的供给量。收入效应是指，随着利率的上升，能够供给货币资本的人们的总收入会增加，总收入的增加又会使得人们同时增加当前和未来的消费，也就是当前消费增加，储蓄量即货币资本的供给量减少。一般来说，当利率比较低时，替代效应比较明显，因此利率上升使得货币资本的供给量增加；利率较高时，收入效应比较明显，因此利率上升使得货币资本的供给量减少。两种效应的综合作用使得货币资本的供给曲线呈后弯的形状。

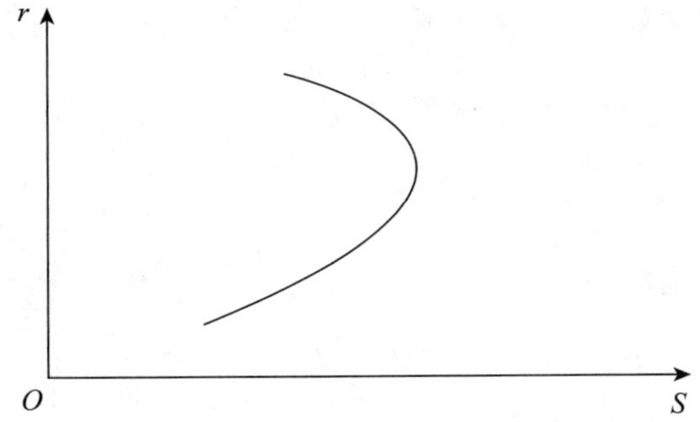

图 8-10 货币资本的供给曲线

由前面的分析可知，货币资本的供给是利率 r 的函数。

13.**【难度】**3　　**【考点】**完全竞争厂商使用要素的原则；要素供给概述

【答案】（1）因为劳动市场完全竞争，故设服装行业和钢铁行业的工资为 $w_c=w_s=w$，服装行业的生产函数为 $y_c=l_c$，所以服装行业工人的边际产量 $MP=1$，因为产品价格为 1，所以服装行业工人的边际产品价值 $VMP=P\cdot MP=1$，又因为劳动市场完全竞争，所以有 $VMP=w_c=w_s=w=1$。

对于钢铁行业，工人的边际产量 $MP=12l_s^{-0.5}-2$，边际产品价值 $VMP=P\cdot MP=12l_s^{-0.5}-2=1$，所以得 $l_s^{-0.5}=1/4$，因此 $l_s=16$。又因为 $l_c+l_s=25$，所以 $l_c=9$。

（2）此时服装行业因为没有发生变化，所以 $VMP=w_c=1$，但是钢铁行业发生了变化，产品市场依然是完全竞争市场而劳动市场不再是完全竞争市场，钢铁行业的利润函数为 $\pi_s=p_sy_s-l_sw_s=24l_s^{0.5}-2l_s-l_sw_s$。假设给定了钢铁行业工人的工资，则根据利润最大化的一阶条件，有：

$$\frac{\partial \pi_s}{\partial l_s}=12l_s^{-0.5}-2-w_s=0\Rightarrow w_s=12l_s^{-0.5}-2$$

可以把上式看成是钢铁行业对工人工资的一个反应函数。

此时工会的目标是最大化收入函数 $R_s=l_sw_s$，我们把反应函数 $w_s=12l_s^{-0.5}-2$ 代入该目标函数，得：

$$R_s=l_s(12l_s^{-0.5}-2)=12l_s^{0.5}-2l_s$$

则根据收入最大化的一阶条件，有：

$$\frac{\mathrm{d}R_s}{\mathrm{d}l_s}=6l_s^{-0.5}-2=0\Rightarrow l_s=9$$

因为 $l_c+l_s=25$，所以 $l_c=16$，钢铁行业的工人工资 $w_s=12l_s^{-0.5}-2=2$。

（3）此时工会的目标函数为

$$R = l_c w_c + l_s w_s$$

服装行业的利润函数为

$$\pi_c = p_c y_c - l_c w_c = l_c - l_c w_c$$

$\dfrac{\partial \pi_c}{\partial l_c} = 1 - w_c = 0$，得 $w_c = 1$。

钢铁行业的利润函数为

$$\pi_s = p_s y_s - l_s w_s = 24 l_s^{0.5} - 2 l_s - l_s w_s$$

由（2）中的计算结果可知

$$w_s = 12 l_s^{-0.5} - 2$$

又因为 $l_s + l_c = 25$，即 $l_c = 25 - l_s$，因此工会的目标函数变为

$$R = l_c w_c + l_s w_s = 25 - l_s + 12 l_s^{0.5} - 2 l_s = 25 - 3 l_s + 12 l_s^{0.5}$$

$\dfrac{\mathrm{d}R}{\mathrm{d}l_s} = -3 + 6 l_s^{-0.5} = 0$，解得 $l_s = 4$。

因此，$l_c = 25 - 4 = 21$，$w_s = 12 \times 4^{-0.5} - 2 = 4$。

14.【难度】2　　【考点】完全竞争厂商使用要素的原则

【答案】短期总成本函数为：$TC(Q) = TVC(Q) + TFC = P_L \times L + P_K \times \overline{K}$，厂商的总收益等于其产品价格和产品数量的乘积，即 $TR(Q) = P \times f(L, K) = P \times Q_0$，则厂商的利润函数为：$\pi = TR(Q) - TC(Q)$。

要素市场是完全竞争市场，则厂商使用要素的原则是 $P_L = P \times MP_L$。又因为在某产量 Q_0 处，该厂商工人的边际产量 MP_L 等于其平均产量 AP_L，即 $MP_L = AP_L = \dfrac{Q_0}{L}$，则 $P_L = P \times \dfrac{Q_0}{L}$。厂商的利润为：$\pi = TR(Q) - TC(Q) = P \times Q_0 - P_L \times L - P_K \times \overline{K} = -P_K \times \overline{K}$。

15.【难度】2　　【考点】完全竞争厂商使用要素的原则

【答案】（1）劳动市场是完全竞争的时候，厂商利润最大化的原则为 $VMP = w$，其中 VMP 为厂商的边际产品价值曲线，w 为要素市场的工资。

如图 8-11（a）所示，假设在初始状态时市场均衡工资水平为 w_1，则厂商的要素需求量为 L_1。政府实施最低工资法后，规定工资不得低于 w_2（必然有 $w_2 > w_1$，否则没必要实行最低工资法），于是厂商的要素需求量为 L_2，劳动雇用量减少了（$L_1 - L_2$）。

但在实施最低工资法之后，由于工资提高了，市场的劳动供给量因而增加了。如图 8-11（b）所示，假设市场均衡工资和劳动雇用量分别是 w_1 和 L_1；实施最低工资法后，劳动需求量减少为 L_2，但劳动供给量增加为 L_3，非自愿失业量为（$L_3 - L_2$）。

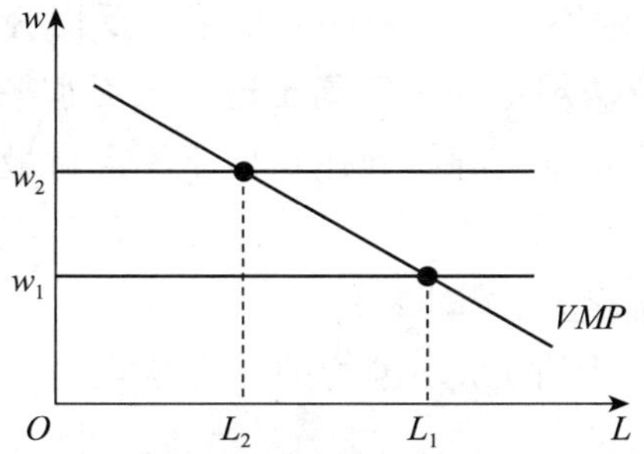

(a) 单个厂商的要素需求

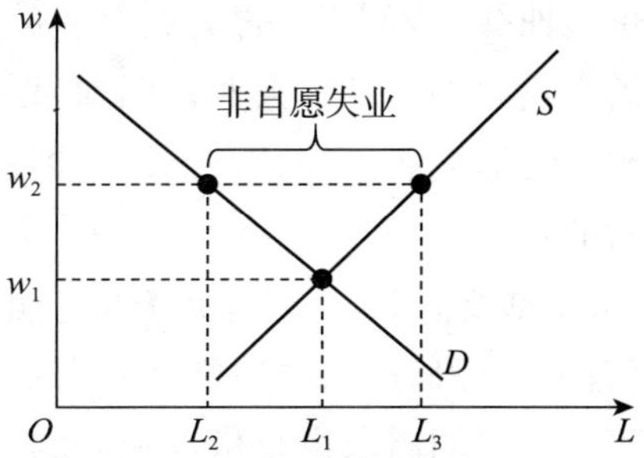

(b) 市场的要素需求

图 8-11　最低工资法的影响（1）

综上，实施最低工资法后，劳动雇用量减少了（L_1-L_2），但由于劳动供给量增加了，整个市场的非自愿失业量为（L_3-L_2）。

（2）劳动市场是买方垄断的时候，情况则比较复杂，最低工资法可能不仅不会减少雇用量，反而会增加雇用量。

如图 8-12（a）所示，卖方垄断厂商按照 $VMP=MFC$ 的原则确定雇用量，所以雇用量为 L_1。假设政府实施最低工资法，规定工资不得低于 $w_2(w_2>w_1)$。如图 8-12（b）所示，则供给曲线在 $L\leqslant L_2$时为水平线，所以 MFC 也是水平线，两者重叠；在$L>L_2$时，供给曲线 S 为初始的向右上方倾斜的曲线，故 MFC 曲线也为初始的向右上方倾斜的曲线。

此时，厂商按照 $VMP=MFC$ 的原则，确定雇用量为 L_2，且有 $L_2>L_1$，所以，最低工资法可能不仅不会减少雇用量，反而会增加雇用量。此时劳动的意愿供给量也是 L_2，市场不存在失业。

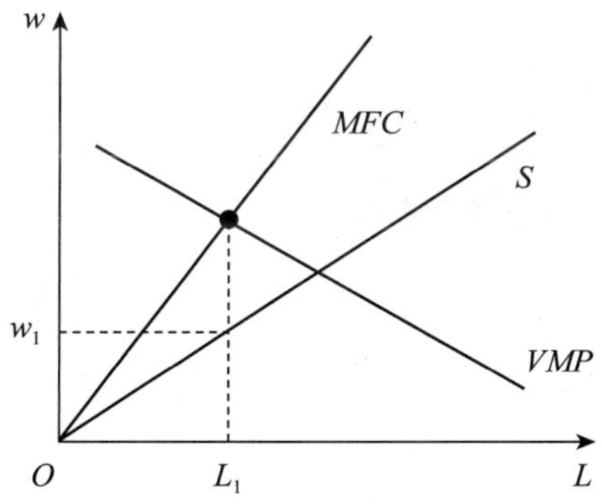

(a) 单个厂商的要素需求（1）

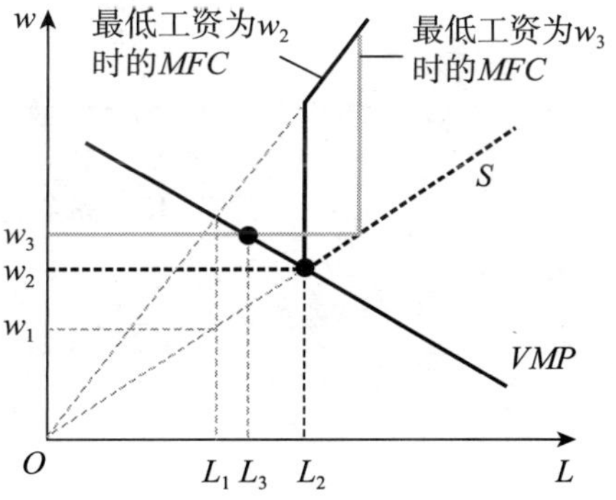

(b) 单个厂商的要素需求（2）

图 8-12　最低工资法的影响（2）

但如果最低工资继续上调，调到 w_3，则劳动雇用量又会减少，减少为 L_3，并且，只要 w_3足够高，L_3就有可能小于 L_1。此时劳动的意愿供给量大于 L_3，市场存在非自愿失业。

综上所述，如果最低工资法规定的工资不高于劳动供给曲线（S）和厂商边际产品价值曲线（*VMP*）的交点对应的工资，则不会减少劳动需求量，反而会增加劳动需求量，不会导致失业；但如果最低工资法规定的工资高于这一工资水平，则会引起非自愿失业，并且，如果高到一定程度，则会导致雇用量低于不实行最低工资法时的水平。

16.**【难度】**2　　**【考点】**完全竞争厂商的要素需求曲线

【答案】任何厂商的决策都是依据 $MR=MC$ 的原则进行的，完全竞争厂商对一种可变要素的需求也是依据相同的原则进行的。

以劳动为例，在完全竞争的要素市场上，每增加一单位要素使用的边际成本（*MC*）为边际要素成本：$MFC=w$（要素价格）；在完全竞争的产品市场上，每增加一单位要素使用的边际收益（*MR*）为边际产品价值：$VMP=P\cdot MP$（*P*：产品价格；*MP*：要素的边际产量）。

厂商均衡时满足 $MR=MC$ 原则，在这里 *MR* 是 $VMP=P\cdot MP$，*MC* 是 $MFC=w$，因此，$MR=MC$ 在要素市场上表现为 $VMP=MFC$，即 $P\cdot MP=w$。

如图 8-13 所示，当 $w=w_0$ 时，由 $w_0=P\cdot MP$ 的原则可知，要素使用量是 L_0；同理，当 $w=w_1$ 时，由 $w_1=P\cdot MP$ 的原则可知，要素使用量是 L_1。因此可知，(L_0, w_0)、(L_1, w_1) 均为要素需求曲线上的点，即图中的 *A*、*B* 点，连接 *A*、*B* 点可得要素需求曲线 *d*。*d* 曲线与 *VMP* 曲线是完全重合的。

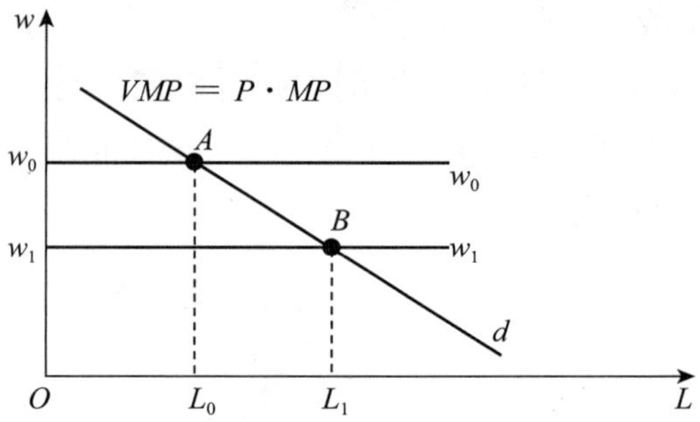

图 8-13　完全竞争厂商的要素需求曲线

第九章

一般均衡论和福利经济学

学习精要

一、 学习重点

1. 局部均衡和一般均衡
2. 实证经济学和规范经济学
3. 帕累托最优
4. 交换的帕累托最优条件
5. 生产的帕累托最优条件
6. 生产可能性曲线
7. 生产和交换的帕累托最优条件
8. 完全竞争和帕累托最优状态
9. 阿罗的不可能性定理

二、 知识脉络图

- 一般均衡论和福利经济学
  - 一般均衡
    - 局部均衡和一般均衡
    - 瓦尔拉斯的拍卖者假定
  - 实证经济学和规范经济学
  - 经济效率
    - 帕累托标准
    - 帕累托最优状态
    - 帕累托改进
  - 交换的帕累托最优条件：边际替代率相等
  - 生产的帕累托最优条件：边际技术替代率相等
  - 生产和交换的帕累托最优条件：边际替代率等于边际转换率

三、 理论精要

知识点一 局部均衡和一般均衡

局部均衡分析研究的是单个（产品或要素）市场，其方法是把所考虑的某个市场从相互联系的构成整个经济体系的市场全体中取出来单独加以研究。

在局部分析中，该市场商品的需求和供给仅仅被看成是其本身价格的函数，其他商品的价格则被假定为不变，这些不变价格只影响所研究商品的供求曲线的位置；得到的结论是，该市场的需求和供给曲线共同决定了市场的均衡价格和均衡数量。

在一般分析中，每一商品的需求和供给都不仅取决于该商品本身的价格，而且取决于所有其他商品的价格。每一商品的价格都不能单独决定，而必须和其他商品的价格联合决定。

当整个经济的价格体系恰好使所有商品都供求相等时，市场就达到了一般均衡。

某种产品价格的变化将通过替代品、互补品等波及其他产品市场；某种要素价格的变化也将通过替代要素、互补要素波及其他要素市场；产品市场和要素市场之间也是相互联系、相互影响的。

知识点二 瓦尔拉斯的拍卖者假定

一般均衡体系存在稳定均衡解，而且满足经济效率的要求，即存在一组价格，使得每个市场的供求都相等。

达到一般均衡的方法是“试探过程”，即拍卖者制度。

瓦尔拉斯假定市场上存在一位“拍卖者”。该拍卖者的任务是寻找并确定能使市场供求一致的均衡价格。

拍卖者寻找均衡价格的方法是：拍卖者首先随意报出一组价格，家庭和厂商根据该组价格申报自己的需求和供给。

如果所有市场供求均一致，则拍卖者就将该组价格固定下来，家庭和厂商就在该组价格上成交。

如果供求不一致，则家庭和厂商可以抽回自己的申报，而不必在错误的价格上进行交易。同时，拍卖者修正自己的价格，报出另一组价格。如果新报出的价格仍然不是均衡价格，则重复上述过程，直到找到均衡价格为止。

知识点三　实证经济学和规范经济学

实证经济学研究实际经济体系是怎样运行的，它对经济行为作出有关假设，根据假设分析和陈述经济行为及其后果，并试图对结论进行检验。

实证经济学研究经济现象“是什么”“为什么”“会如何”。

规范经济学指按照一定的社会价值判断标准对一个经济体系的运行进行评价，并进一步说明一个经济体系应当怎样运行，以及为此提出相应的经济政策。

福利经济学就是一种规范经济学，它是在一定的社会价值判断标准的条件下研究整个经济的资源配置与个人福利的关系，以及与此有关的各种政策问题。

知识点四　帕累托最优

帕累托标准是指如果至少有一人认为 A 优于 B，而没有人认为 A 劣于 B，则认为从社会的角度看亦有 A 优于 B。

帕累托改进是指既定的资源配置状态的改变使得至少有一个人的境况变好，而没有使任何人的境况变坏。

帕累托最优状态是指对于某种既定的资源配置状态，所有的帕累托改进均不存在，即在该状态上，任意改变都不可能使至少一个人的境况变好而又不使任何人的境况变坏。

帕累托最优状态又被称为经济效率，满足帕累托最优状态就是具有经济效率；反之，不满足帕累托最优状态就是缺乏经济效率。

【提示】帕累托最优并不意味着最理想。例如，一个人拥有社会上100%的资源，其他所有人没有任何资源，这也属于帕累托最优状态。

知识点五　交换的帕累托最优条件

交换的埃奇渥斯盒状图的水平长度表示整个经济中第一种产品的数量，垂直高度表示第二种产品的数量。

在交换的埃奇渥斯盒状图中，任意一点如果处在消费者 A 和 B 的两条无差异曲线的切点上，则它就是帕累托最优状态，并被称为交换的帕累托最优状态。

交换的契约曲线或效率曲线指代表交换的帕累托最优状态的无差异曲线的切点的轨迹。它表示两种产品在两个消费者之间的所有最优分配的集合。

交换的帕累托最优条件为：对于两个消费者来说，两种产品的边际替代率相等。交换的帕累托最优状态条件公式为 $MRS_{XY}^{A}=MRS_{XY}^{B}$。

当边际替代率不相等时，产品的分配未达到帕累托最优。

知识点六　生产的帕累托最优条件

生产的埃奇渥斯盒状图的水平长度表示整个经济中第一种要素的数量，垂直高度表示第二种要素的数量。

在生产的埃奇渥斯盒状图中，任意一点如果处在生产者 C 和 D 的两条等产量曲线的切点上，则它就是帕累托最优状态，并被称为生产的帕累托最优状态。

生产的契约曲线或效率曲线指代表生产的帕累托最优状态的所有等产量曲线的切点的轨迹。它表示两种要素在两个生产者之间的所有最优分配的集合。

生产的帕累托最优条件为：对于两个生产者来说，两种要素的边际技术替代率相等。生产的帕累托最优状态条件公式为 $MRTS_{LK}^{C}=MRTS_{LK}^{D}$。

知识点七　生产可能性曲线

生产可能性曲线是最优产出量集合的几何表示。生产可能性曲线可以从生产的契约曲线推导得出，即把生产的契约曲线上的点所代表的产量描绘在产量空间中。

一般来说，生产可能性曲线向右下方倾斜和向右上方凸出。

设产出 X 的变动量为 ΔX，产出 Y 的变动量为 ΔY，则 $|\Delta Y/\Delta X|$ 表示产品 X 对产品 Y 的边际转换率 MRT。边际转换率衡量 1 单位产品 X 转换为产品 Y 的比率。

生产可能性曲线的斜率的绝对值表示产品的边际转换率。

由于要素的边际报酬递减，所以产品的边际转换率递增。

$MRT=|\mathrm{d}Y/\mathrm{d}X|=\left|\dfrac{\mathrm{d}Y}{\mathrm{d}(L+K)}\times\dfrac{\mathrm{d}(L+K)}{\mathrm{d}X}\right|=\left|\dfrac{\mathrm{d}Y}{\mathrm{d}(L+K)}\Big/\dfrac{\mathrm{d}X}{\mathrm{d}(L+K)}\right|$，由于 $\dfrac{\mathrm{d}Y}{\mathrm{d}(L+K)}$、$\dfrac{\mathrm{d}X}{\mathrm{d}(L+K)}$分别为要素的边际生产力，存在递减规律，所以随着产出 X 的增加、产出 Y 的减少，$\dfrac{\mathrm{d}Y}{\mathrm{d}(L+K)}$ 递增，$\dfrac{\mathrm{d}X}{\mathrm{d}(L+K)}$ 递减，从而 $MRT=|\mathrm{d}Y/\mathrm{d}X|$ 递增。

生产可能性曲线上每一点都表示在现有资源和技术条件下整个经济所能达到的最大产出组合。生产可能性曲线右上方的区域是在现有资源和技术条件下不可能达到的区域。生产可能性曲线左下方的区域是生产无效率区域，即在现有资源和技术条件下没有达到最大产出。

如果资源数量增加和技术进步，则生产可能性曲线将向右上方移动。

知识点八　生产和交换的帕累托最优条件

生产和交换的帕累托最优条件是指产品的边际替代率等于边际转换率。生产和交换的帕累托最优状态条件公式为 $MRS_{XY}=MRT_{XY}$。

知识点九　完全竞争和帕累托最优状态

完全竞争均衡包括：

（1）边际替代率等于产品价格之比，满足交换的帕累托最优。

（2）边际技术替代率等于要素价格之比，满足生产的帕累托最优。

（3）产品价格等于边际成本，从而边际替代率等于产品的边际成本之比，由于边际成本等于要素价格与边际产量之比，因而边际替代率等于边际产量之比；边际转换率等于边际产量之比，从而边际替代率等于边际转换率。

知识点十　社会福利函数

效用可能性曲线表示消费者所有最优效用水平组合的集合，说明在一个消费者的效用水平给定之后，另一个消费者所可能达到的最大效用水平。

效用可能性曲线向右下方倾斜。

在效用可能性曲线右上方的区域，是在既定的资源和技术条件下所无法达到的，可以看成是“效用不可能”区域；在效用可能性曲线左下方的区域，是“无效率”区域，即在既定的资源和技术条件下，经济没有达到它可能达到的最优效用水平组合。

“无效率”点的存在或者是由于交换的无效率，或者是由于生产的无效率，或者是由于生产和交换的无效率。

社会福利函数是社会所有个人的效用水平的函数。

社会福利函数取决于环境、制度、文化、信仰、道德、风俗、习惯等因素。

加法型社会福利函数表示社会所有成员的效用总和，也被称为功利主义的社会福利函数。加法型社会福利函数表示社会福利的大小只取决于社会成员的效用总和，而与其分配无关。

乘法型社会福利函数又被称为贝努利-纳什社会福利函数，表示社会所有成员的效用之积。乘法型社会福利函数比功利主义的社会福利函数更加重视收入的分配和平等问题。

罗尔斯社会福利函数更加重视提高社会上境况最差的那些人的生活水平，表示社会成员最低的效用水平。

在很多情况下，效率与公平是相互矛盾的：一方面，为了提高效率，有时必须忍受更大程度的不公平；另一方面，为了增进公平，有时又必须牺牲更多的效率。

收入分配原则是指效率优先，兼顾公平（减少和消除不合理的收入，促进机会均等，限制某些行业、某些个人的垄断性收入，实现生存权利和消灭贫穷）。

收入再分配政策有税收政策、政府支出及其他政策。

知识点十一　阿罗的不可能性定理

在非独裁的情况下，不可能存在适用于所有个人偏好类型的社会福利函数。

习题解析

一、简答题

1. 局部均衡分析与一般均衡分析的关键区别在什么地方?

【难度】1　　**【考点】**局部均衡和一般均衡

【答案】(1) 局部均衡是指在其他市场条件不变的情况下，单个产品市场或单个要素市场存在的均衡。局部均衡分析方法可以用来分析和研究许多实际问题。一般均衡则是指包括所有产品和要素市场在内的整个经济社会存在的均衡。一般均衡论的创始者是瓦尔拉斯。该理论强调各种市场之间的相互依存关系。

(2) 局部均衡论和一般均衡论的关键区别在于：局部均衡论研究单一市场的均衡状态，一般均衡论研究所有产品市场和要素市场的均衡状态。

(3) 局部均衡分析是把所考虑的某个市场从相互联系的构成整个经济体系的市场全体中“取出”而单独加以研究。在这种研究中，该市场商品的需求和供给仅仅被看成是其本身价格的函数，其他商品的价格则被假设为固定不变，而这些不变价格的高低只影响所研究商品的供求曲线的位置。所得到的结论是：该市场的需求和供给曲线共同决定了市场的均衡价格和均衡数量。

一般均衡分析是把所有相互联系的各个市场看成是一个整体来加以研究。因此，在一般均衡论中，每一商品的需求和供给都不仅取决于该商品本身的价格，而且取决于所有其他商品（如替代品和互补品）的价格。每一商品的价格都不能单独地决定，而必须和其他商品的价格联合决定。当整个经济的价格体系使所有的商品都供求相等时，市场就达到了一般均衡。

2. 试评论瓦尔拉斯的拍卖者假定。

【难度】2　　**【考点】**瓦尔拉斯的拍卖者假定

【答案】(1) 一般均衡体系存在稳定均衡解，而且满足经济效率的要求，即存在一组价格，使得每个市场的供求都相等。达到一般均衡的方法是“试探过程”，即拍卖者制度。

(2) 瓦尔拉斯假定市场上存在一位“拍卖者”。该拍卖者的任务是寻找并确定能使市场供求一致的均衡价格。

拍卖者寻找均衡价格的方法是：拍卖者首先随意报出一组价格，家庭和厂商根据该组价格申报自己的需求和供给。如果所有市场供求均一致，则拍卖者就将该组价格固定下来，家庭和厂商就在该组价格上成交。如果供求不一致，则家庭和厂商可以抽回自己的申报，而不必在错误的价格上进行交易。同时，拍卖者修正自己的价格，报出另一组价格。如果新报出的价格仍然不是均衡价格，则重复上述过程，直到找到均衡价格为止。

（3）拍卖者假定意味着，在拍卖者最终喊出能使市场供求相等的价格以前，参与交易者只能报出他们愿意出售和购买的数量，但不能据此进行实际的交易。只有当拍卖者喊出的价格恰好使得供求相等时，交易各方才可以实际成交。

（4）拍卖者假定是瓦尔拉斯均衡即一般均衡论赖以成立的基础。但是，拍卖者假定与实际情况并不完全相符，在实际情况中，拍卖者找到一组均衡价格可能要花费较长时间，交易双方可能没有耐心等待均衡价格，而在双方基本满意的价格上成交，从而没有达到一般均衡。

3. 试说明福利经济学在西方微观经济学中的地位。

【难度】2　　**【考点】**实证经济学和规范经济学

【答案】（1）福利经济学可以说是西方微观经济学论证“看不见的手”原理的最后一个环节，其目的在于说明：完全竞争模型可以导致帕累托状态，而这一状态对整个社会来说又是配置资源的最优状态。

（2）西方的微观经济学可以分为两个部分，即实证经济学和规范经济学。实证经济学研究实际经济体系是怎样运行的，它对经济行为作出有关假设，根据假设分析和陈述经济行为及其后果，并试图对结论进行检验。简言之，实证经济学回答“是什么”的问题。此外，西方经济学家还试图回答“应当是什么”的问题，即他们试图从一定的社会价值判断标准出发，根据这些标准，对一个经济体系的运行进行评价，并进一步说明一个经济体系应当怎样运行，以及为此提出相应的经济政策，这便属于所谓规范经济学的内容。

（3）福利经济学就是一种规范经济学，具体来说，福利经济学是在一定的社会价值判断标准的条件下，研究整个经济的资源配置与福利的关系，以及与此有关的各种政策问题。

4. 什么是帕累托最优？达到帕累托最优需要具备什么样的条件？

【难度】1　　**【考点】**帕累托最优

【答案】（1）如果对于某种既定的资源配置状态，任何改变都不可能使至少一个人的境况变好而又不使任何人的境况变坏，则称这种资源配置状态为帕累托最优状态。

（2）达到帕累托最优需具备三个条件：交换的最优条件、生产的最优条件、生产和交换的最优条件。交换的最优条件指任意两种产品对任何消费者来说边际替代率都相等。生产的最优条件指任意两种生产要素的边际技术替代率对使用这两种要素生产产品的任意生产者来说都是相等的。生产和交换的最优条件指任意两种产品的边际转换率均等于它们的边际替代率。

5. 为什么说交换的最优条件加生产的最优条件不等于交换和生产的最优条件？

【难度】2　　**【考点】**生产和交换的帕累托最优条件

【答案】（1）交换的帕累托最优条件为：对于任意两个消费者来说，两种产品的边际替代率相等，即交换的帕累托最优状态条件公式为：$MRS_{XY}^{A}=MRS_{XY}^{B}$。

生产的帕累托最优条件为：对于任意两个生产者来说，两种要素的边际技术替代率相等，即生产的帕累托最优状态条件公式为：$MRTS_{LK}^{C}=MRTS_{LK}^{D}$。

生产和交换的帕累托最优条件为：产品的边际替代率等于边际转换率，即生产和交换的帕累托最优状态条件公式为：$MRS_{XY}=MRT_{XY}$。

（2）由生产可能性曲线的性质可知，生产可能性曲线上任一点都满足生产的帕累托最优条件，如图 9-1 中的 B 点。B 点表示一对产出的最优组合，从而可以构建一个交换的埃奇渥斯盒。根据交换的帕累托最优条件分析方法，该埃奇渥斯盒对应的交换契约曲线上的任一点均为交换的帕累托最优状态。

因此，给定生产契约曲线上的一点，即给定一个生产的帕累托最优状态，就有一条交换的契约曲线，即有无穷多个交换的帕累托最优状态与之对应。

（3）在这无穷多个交换的帕累托最优状态中，从独立的角度来看，任意一点既满足生产的帕累托最优条件，也满足交换的帕累托最优条件，但是并不一定满足生产和交换的帕累托最优条件。如图 9-1 所示，交换契约曲线上 C 点处的切线 T 与生产可能性曲线上 B 点的切线 S 可能平行，也可能不平行，即产品转换率与边际替代率可能相等，也可能不相等。

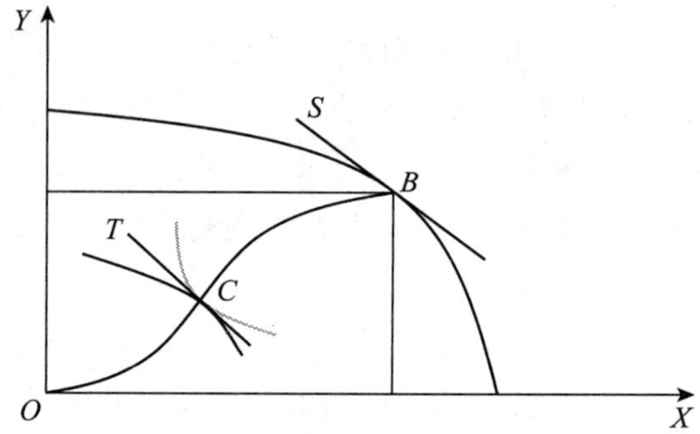

图 9-1　生产和交换的帕累托最优条件

6. 为什么完全竞争的市场机制可以导致帕累托最优状态？

【难度】2　　**【考点】**完全竞争和帕累托最优状态

【答案】（1）福利经济学的基本结论是：任何竞争均衡都是帕累托最优状态，即完全竞争的市场机制可以导致帕累托最优状态。

（2）在一些假定条件下，完全竞争经济存在着一般均衡状态，即存在一组价格，使得所有商品的需求和供给都恰好相等。在完全竞争条件下，每个消费者和每个生产者均是价格的接受者，他们将在既定的价格条件下实现自己的效用最大化和利润最大化。

（3）在完全竞争经济的一般均衡状态下，对任意消费者来说，边际替代率都等于产品价格之比，即满足交换的帕累托最优。对任意生产者来说，边际技术替代率都等于要素价格之比，即满足生产的帕累托最优。

将生产者和消费者综合起来看，产品价格等于边际成本，从而边际替代率等于产品的边际成本之比，由于边际成本等于要素价格与边际产量之比，从而边际替代率等于边际产量之比；而边际转换率等于边际产量之比，从而边际替代率等于边际转换率，即满足生产和交换的帕累托最优。因此，完全竞争的市场机制可以导致帕累托最优状态。

7. 一般而言，生产可能性曲线为什么向右下方倾斜？为什么向右上方凸出？

【难度】2　　**【考点】**生产可能性曲线

【答案】（1）生产可能性曲线向右下方倾斜是因为，在最优产出组合中，两种最优产出的变化方向是相反的：一种产出的增加必然伴随着另一种产出的减少。这种反向变化说明了两种最优产出之间的一种“转换”关系，即可以通过减少某种产出的数量来增加另一种产出的数量，因此生产可能性曲线又被称为产品转换曲线。生产可能性曲线斜率的绝对值代表了产品的边际转换率。

（2）生产可能性曲线向右上方凸出，也可描述为产品的边际转换率递增，即随着一种产品的增加，该产品转换为另一产品的边际转换率在增大。

产品的边际转换率递增的原因在于要素的边际报酬递减规律。产品的边际转换率 $MRT=|\mathrm{d}Y/\mathrm{d}X|=\left|\dfrac{\mathrm{d}Y}{\mathrm{d}(L+K)}\times\dfrac{\mathrm{d}(L+K)}{\mathrm{d}X}\right|=\left|\dfrac{\mathrm{d}Y}{\mathrm{d}(L+K)}\Big/\dfrac{\mathrm{d}X}{\mathrm{d}(L+K)}\right|$，由于 $\dfrac{\mathrm{d}Y}{\mathrm{d}(L+K)}$、$\dfrac{\mathrm{d}X}{\mathrm{d}(L+K)}$分别为要素的边际生产力，存在递减规律，所以随着产出 X 的增加、产出 Y 的减少，$\dfrac{\mathrm{d}Y}{\mathrm{d}(L+K)}$ 递增，$\dfrac{\mathrm{d}X}{\mathrm{d}(L+K)}$ 递减，从而 $MRT=|\mathrm{d}Y/\mathrm{d}X|$ 递增，即生产可能性曲线向右上方凸出。

8. 阿罗的不可能性定理说明了什么问题？

【难度】2　　**【考点】**阿罗的不可能性定理

【答案】（1）阿罗的不可能性定理表明：在非独裁的情况下，不可能存在适用于所有个人偏好类型的社会福利函数。

（2）理性的个人偏好具备完全性、可传递性和非饱和性等特征。对于社会福利函数，阿罗认为它必须是四个条件的集合：1）无约束的定义域，即应当包含个人在社会状态集中的偏好关系的一切可能组合。2）帕累托原则，即当所有个人都认为 A 优于 B 时，社会偏好也认为 A 优于 B。3）偏好独立性，即集体偏好之间的排序与非比较项无关。4）非独裁性，即不存在某个个人的偏好就是社会偏好。经济学家阿罗用较高深的数学证明，完全满足前三个条件的决策只有独裁，也就是说，不可能同时满足四个条件。

（3）阿罗的不可能性定理意味着，不能从不同个人的偏好合理地形成所谓的社会偏好。换句话说，一般意义上的社会福利函数并不存在。这表明，西方经济学未能彻底解决资源配置问题。

9. 如果对于生产者甲来说，以要素 L 替代要素 K 的边际技术替代率等于3，对于生产者乙来说，以要素 L 替代要素 K 的边际技术替代率等于2，那么有可能发生

什么情况?

【难度】2　　**【考点】**生产的帕累托最优条件

【答案】（1）由题意可知，对生产者甲、乙来说，L、K 两种要素的边际技术替代率不相等，因此产品的生产未达到帕累托最优，存在帕累托改进。

（2）根据题意，对生产者甲来说，在保持其产量不变的情况下愿意增加 1 单位的劳动而放弃不多于 3 单位的资本；对生产者乙来说，在保持其产量不变的情况下愿意增加 2 单位的资本而放弃不多于 1 单位的劳动。

因此，生产者甲、乙可以就 L、K 要素进行交换，生产者乙放弃 1 单位的劳动给生产者甲，而生产者甲得到 1 单位的劳动后愿意放弃 3 单位的资本，在补偿生产者乙所需要的 2 单位的资本后还有 1 单位资本的剩余（两生产者的产量均未发生改变），现在这剩余的 1 单位资本不管是给生产者甲还是给生产者乙都能提高产量，实现帕累托改进。调整直到 L 和 K 在两生产者之间的边际技术替代率相等即 $MRTS_{LK}^{甲}=MRTS_{LK}^{乙}$，即实现帕累托最优。

10. 假定整个经济原来处于一般均衡状态，如果现在由于某种原因，商品 X 的市场供给增加，试考察：

（1）X 的替代品市场和互补品市场会有什么变化?

（2）在生产要素市场上会有什么变化?

（3）收入的分配会有什么变化?

【难度】2　　**【考点】**局部均衡和一般均衡

【答案】（1）如果商品 X 的市场供给 S_X 增加，按局部均衡分析，则其价格 P_X 下降，需求量 Q_X 增加。由于在实际生活中，各个部门和各个市场是相互依存、相互制约的，商品 X 市场的变化会对经济的其余部分产生影响，这种影响越大，就越不适用局部均衡分析。因此，需用一般均衡分析来考察商品 X 市场的变化与经济中其他部门的相互影响。由于商品 X 的价格下降，人们会提高对其互补品的需求，降低对其替代品的需求，互补品的价格和数量将上升，而替代品的价格和数量将下降。

（2）在商品市场中的上述变化会影响到生产要素市场。因为它导致了对生产商品 X 及其互补品的生产要素的需求增加，因此又引起了生产商品 X 及其互补品的要素价格和数量的上升。它同时又导致对商品 X 的替代品的需求下降，因此又引起生产商品 X 的替代品的生产要素的价格和数量的下降。这些变化被替代生产要素的价格的相对变化所削弱。

（3）由于以上所述的变化，不同生产要素的收入及收入的分配也发生变化。商品 X 及其互补品的投入要素的所有者因对其要素的需求增加，其收入便随着要素价格的上升而增加。商品 X 的替代品的投入要素的所有者因对其要素的需求减少，其收入便随着要素价格的下降而减少。这些变化转而又或多或少地影响到对包括商品 X 在内的所有最终商品的需求，这样，所有生产要素的派生需求都受到影响。这一过程一直持续到所有商品市场和生产要素市场又同时重新稳定下来，此时整个经济又一次达到一般均衡状态。

二、计算题

11. 设某经济只有 a、b 两个市场。a 市场的需求和供给函数分别为 $Q_{da}=13-2P_a+P_b$ 和 $Q_{sa}=-4+2P_a$，b 市场的需求和供给函数分别为 $Q_{db}=20+P_a-P_b$ 和 $Q_{sb}=-5+4P_b$。

(1) 试求当 $P_b=1$ 时，a 市场的局部均衡。

(2) 试求当 $P_a=1$ 时，b 市场的局部均衡。

(3) ($P_a=1$，$P_b=1$) 是否代表一般均衡?

(4) ($P_a=5$，$P_b=3$) 是不是一般均衡价格?

(5) 一般均衡价格和一般均衡产量为多少?

【难度】 2　　**【考点】** 局部均衡和一般均衡

【答案】(1) 当 $P_b=1$ 时，a 市场的需求函数和供给函数分别变为 $Q_{da}=14-2P_a$，$Q_{sa}=-4+2P_a$。当 $Q_{da}=Q_{sa}$ 时，a 市场处于局部均衡，求解可得均衡价格和均衡产量分别为 $P_a=4.5$，$Q_a=5$。

(2) 当 $P_a=1$ 时，b 市场的需求函数和供给函数分别变为 $Q_{db}=21-P_b$，$Q_{sb}=-5+4P_b$。当 $Q_{db}=Q_{sb}$ 时，b 市场处于局部均衡，求解可得均衡价格和均衡产量分别为 $P_b=26/5$，$Q_b=79/5$。

(3) 当 $P_a=1$，$P_b=1$ 时，a 市场的需求和供给分别为 $Q_{da}=12$，$Q_{sa}=-2$，b 市场的需求和供给分别为 $Q_{db}=20$，$Q_{sb}=-1$，a、b 两个市场的需求都不等于供给，因此不能代表一般均衡。

(4) 当 $P_a=5$，$P_b=3$ 时，a 市场的需求和供给分别为 $Q_{da}=6$，$Q_{sa}=6$，b 市场的需求和供给分别为 $Q_{db}=22$，$Q_{sb}=7$，b 市场的需求不等于供给，因此不能代表一般均衡。

(5) 一般均衡时有 $Q_{da}=Q_{sa}$，$Q_{db}=Q_{sb}$，代入有关参数可得 $13-2P_a+P_b=-4+2P_a$，$20+P_a-P_b=-5+4P_b$，联立求解可得 $P_a=110/19$，$P_b=117/19$，代入需求和供给函数可得 a 市场的需求和供给分别为 $Q_{da}=144/19$，$Q_{sa}=144/19$，b 市场的需求和供给分别为 $Q_{db}=373/19$、$Q_{sb}=373/19$。

所以，a、b 两个市场的一般均衡价格分别为 $P_a=110/19$，$P_b=117/19$，a、b 两个市场的一般均衡产量分别为 $Q_a=144/19$，$Q_b=373/19$。

12. 设某经济的生产可能性曲线满足如下资源函数（或成本函数）:

$$c=(x^2+y^2)^{1/2}$$

式中，c 为参数。如果根据生产可能性曲线，当 $x=3$ 时，$y=4$，试求生产可能性曲线的方程。

【难度】 2　　**【考点】** 生产可能性曲线

【答案】 将 $x=3$、$y=4$ 代入成本函数 $c=(x^2+y^2)^{1/2}$，可得 $c=5$，生产可能性曲线的方程为 $5=(x^2+y^2)^{1/2}$，或者为 $y=(25-x^2)^{1/2}$。

13. 设某经济的生产可能性曲线为 $y=\frac{1}{2}(100-x^2)^{1/2}$，试说明:

（1）该经济可能生产的最大数量的 x 和最大数量的 y。

（2）生产可能性曲线向右下方倾斜。

（3）生产可能性曲线向右上方凸出。

（4）边际转换率递增。

（5）点（$x=6$，$y=3$）的性质。

【难度】 2　　**【考点】** 生产可能性曲线

【答案】（1）由题中所给的生产可能性曲线的方程可知，当 $y=0$ 时，x 最大为 10；当 $x=0$ 时，y 最大为 5。

（2）由 $y=(100-x^2)^{1/2}/2$ 可得，$\mathrm{d}y/\mathrm{d}x=-\frac{x}{2}(100-x^2)^{-1/2}<0$，因此生产可能性曲线向右下方倾斜。

（3）由 $\mathrm{d}y/\mathrm{d}x=-\frac{x}{2}(100-x^2)^{-1/2}<0$ 可得，$\mathrm{d}^2y/\mathrm{d}x^2=-\frac{1}{2}x^2(100-x^2)^{-3/2}-\frac{1}{2}(100-x^2)^{-1/2}<0$，因此生产可能性曲线向右上方凸出。

（4）根据边际转换率的定义有 $MRT=|\mathrm{d}y/\mathrm{d}x|=\frac{x}{2}(100-x^2)^{-1/2}$，即边际转换率为生产可能性曲线斜率的绝对值，而 $\frac{\mathrm{d}MRT}{\mathrm{d}x}=\frac{1}{2}x^2(100-x^2)^{-3/2}+\frac{1}{2}(100-x^2)^{-1/2}>0$，所以边际转换率递增。

（5）根据 $y=(100-x^2)^{1/2}/2$，当 $x=6$ 时，$y=4>3$，因此点（$x=6$，$y=3$）处于生产无效率区域。

14. 设 a、b 两个消费者消费 x、y 两种产品。两个消费者的效用函数均为 $u=xy$。消费者 a 消费的 x 和 y 的数量分别用 x_a 和 y_a 表示，消费者 b 消费的 x 和 y 的数量分别用 x_b 和 y_b 表示。$e(x_a=10,\ y_a=50,\ x_b=90,\ y_b=270)$ 是相应的埃奇渥斯盒状图中的一点。

（1）试确定：在 e 点处，消费者 a 的边际替代率。

（2）试确定：在 e 点处，消费者 b 的边际替代率。

（3）e 点满足交换的帕累托最优吗？

（4）如果不满足，应如何调整才符合帕累托改进的要求？

【难度】 2　　**【考点】** 交换的帕累托最优条件

【答案】（1）根据效用函数 $u=xy$ 可得边际替代率 $MRS_{xy}=MU_x/MU_y=y/x$。将消费者 a 的消费组合（$x_a=10$，$y_a=50$）代入上述边际替代率公式，可得 $MRS_{xy}^a=50/10=5$，此即 e 点处消费者 a 的边际替代率。

（2）将消费者 b 的消费组合（$x_b=90$，$y_b=270$）代入边际替代率公式，可得 $MRS_{xy}^b=270/90=3$，此即 e 点处消费者 b 的边际替代率。

（3）在 e 点处，由于 $MRS_{xy}^a\neq MRS_{xy}^b$，所以 e 点不满足交换的帕累托最优条件。

（4）在 e 点处，$MRS_{xy}^{a}=5$ 意味着消费者 a 愿意放弃 5 单位 y 交换 1 单位 x；$MRS_{xy}^{b}=3$ 意味着消费者 b 愿意放弃 1 单位 x 交换 3 单位 y。因此，若消费者 a 用大于等于 3 单位但小于等于 5 单位的 y 向消费者 b 交换 1 单位 x，则两人中至少有一人的福利可得到提高。即，在交换比率 $3x\leqslant y\leqslant 5x$ 的范围内，消费者 a 增加 x 的消费、减少 y 的消费，消费者 b 增加 y 的消费、减少 x 的消费，消费者 a 用 y 与消费者 b 的 x 相交换，直至 $MRS_{xy}^{a}=MRS_{xy}^{b}$。

15. 设 c、d 两个生产者拥有 l、k 两种要素。两个生产者的生产函数分别为：$Q=2k+3l+lk$，$Q=20l^{1/2}k^{1/2}$。生产者 c 使用的 l、k 的数量分别用 l_c、k_c 表示，生产者 d 使用的 l、k 的数量分别用 l_d、k_d 表示。两种要素的总量分别为 $\bar{l}$ 和 $\bar{k}$，即有 $l_c+l_d=\bar{l}$，$k_c+k_d=\bar{k}$。试确定：

（1）生产者 c 的边际技术替代率。

（2）生产者 d 的边际技术替代率。

（3）用生产者 c 使用的 l_c、k_c 来表示的生产契约曲线。

（4）用生产者 d 使用的 l_d、k_d 来表示的生产契约曲线。

【难度】 2　　**【考点】** 生产的帕累托最优条件

【答案】（1）生产者 c 的生产函数为 $Q=2k+3l+lk$，则其边际技术替代率为 $MRTS_{lk}^{c}=\left(\dfrac{\partial Q/\partial l}{\partial Q/\partial k}\right)_c=\dfrac{3+k}{2+l}=\dfrac{3+k_c}{2+l_c}$。

（2）生产者 d 的生产函数为 $Q=20l^{1/2}k^{1/2}$，则其边际技术替代率为 $MRTS_{lk}^{d}=\left(\dfrac{\partial Q/\partial l}{\partial Q/\partial k}\right)_d=\dfrac{k}{l}=\dfrac{k_d}{l_d}$。

（3）生产的帕累托最优条件为 $MRTS_{lk}^{c}=MRTS_{lk}^{d}$，代入有关参数可得 $\dfrac{3+k_c}{2+l_c}=\dfrac{k_d}{l_d}$，联立 $l_c+l_d=\bar{l}$，$k_c+k_d=\bar{k}$，求解可得用 l_c、k_c 表示的生产契约曲线 $k_c=\dfrac{3+\bar{k}}{2+\bar{l}}l_c+\dfrac{2\bar{k}-3\bar{l}}{2+\bar{l}}$。

（4）生产的帕累托最优条件为 $MRTS_{lk}^{c}=MRTS_{lk}^{d}$，代入有关参数可得 $\dfrac{3+k_c}{2+l_c}=\dfrac{k_d}{l_d}$，联立 $l_c+l_d=\bar{l}$，$k_c+k_d=\bar{k}$，求解可得用 l_d、k_d 表示的生产契约曲线 $k_d=\dfrac{3+\bar{k}}{2+\bar{l}}l_d$。

16. 设某经济只生产 x、y 两种产品。它们的生产函数分别为：

$$x=C_x^{1/2}，\quad y=\frac{1}{2}C_y^{1/2}$$

式中，C_x、C_y 分别是用于生产 x、y 的资源（或成本）。全部资源的总量为 100。试求该经济的生产可能性曲线。

【难度】 1　　**【考点】** 生产可能性曲线

【答案】依题意可知，$C_x+C_y=100$。由生产函数可得：

$$C_x=x^2, C_y=4y^2$$

将这两个式子代入前面的约束条件，可得生产可能性曲线：

$$x^2+4y^2=100$$

17. 设某经济的生产可能性曲线为

$$ax+by=c$$

式中，a、b 和 c 均大于 0。试回答：

(1) 该经济可能生产的最大数量的 x 和最大数量的 y 分别是多少？

(2) 该生产可能性曲线是向右下方倾斜的吗？

(3) 该生产可能性曲线是向右上方凸出的吗？

(4) 边际转换率是递增的吗？

(5) 点 $(x=b, y=c/b)$ 位于生产可能性曲线上吗？

【难度】2　　【考点】生产可能性曲线

【答案】(1) 当 $y=0$ 时，$ax=c$，解得可能生产的最大数量的 $x=c/a$。当 $x=0$ 时，$by=c$，解得可能生产的最大数量的 $y=c/b$。

(2) 生产可能性曲线可写为 $y=\frac{c}{b}-\frac{a}{b}x$。

$$\frac{\mathrm{d}y}{\mathrm{d}x}=-\frac{a}{b}<0$$

所以该生产可能性曲线是向右下方倾斜的。

(3) $\frac{\mathrm{d}^2y}{\mathrm{d}x^2}=0$，由此可知，该生产可能性曲线既不凸也不凹，是一条直线。

(4) 边际转换率 $MRT=\left|\frac{\mathrm{d}y}{\mathrm{d}x}\right|=\frac{a}{b}$，是固定值，所以不是递增的。

(5) 将 $x=b$ 代入生产可能性曲线得：

$$y=\frac{c}{b}-\frac{a}{b}\cdot b=\frac{c}{b}-a$$

由于 $\frac{c}{b}-a<\frac{c}{b}$，故点 $(x=b, y=c/b)$ 不位于生产可能性曲线上，这一点在生产可能性曲线之外。

18. 设某经济的生产可能性曲线为

$$(x+1)(y+1)=10$$

试说明：

(1) 该经济可能生产的最大数量的 x 和最大数量的 y。

（2）生产可能性曲线的倾斜方向。

（3）生产可能性曲线的凹凸方向。

（4）边际转换率的变化方向。

（5）点（$x=3$，$y=1.5$）的性质。

【难度】2　　**【考点】**生产可能性曲线

【答案】（1）设 $y=0$，则有 $x+1=10$，解得最大数量的 $x=9$。

设 $x=0$，则有 $y+1=10$，解得最大数量的 $y=9$。

（2）生产可能性曲线可改写为 $y=\frac{10}{x+1}-1$。

$$\frac{\mathrm{d}y}{\mathrm{d}x}=-\frac{10}{(x+1)^2}<0$$

所以生产可能性曲线向右下方倾斜。

（3）$\frac{\mathrm{d}^2 y}{\mathrm{d}x^2}=\frac{20}{(x+1)^3}>0$，由此可知该生产可能性曲线斜率递增（也就是斜率绝对值递减），即凸向原点。

（4）边际转换率 $MRT=\left|\frac{\mathrm{d}y}{\mathrm{d}x}\right|=\frac{10}{(x+1)^2}$，$MRT$ 的斜率$=\frac{\mathrm{d}MRT}{\mathrm{d}x}=-\frac{20}{(x+1)^3}<0$，所以边际转换率是递减的。

（5）将 $x=3$ 代入生产可能性曲线得：

$$y=\frac{10}{3+1}-1=1.5$$

由此可知，点（$x=3$，$y=1.5$）恰好位于生产可能性曲线上，生产是有效率的。

19. 设某经济的生产可能性曲线和社会效用函数分别为

$$x^2+y^2=100，u=xy$$

a（$x=6$，$y=8$）、b（$x=8$，$y=6$）是生产可能性曲线上的两点。试回答：

（1）a 点是不是一般均衡点？

（2）如果不是，经济将向何方调整？

（3）b 点是不是一般均衡点？

（4）如果不是，经济将向何方调整？

【难度】2　　**【考点】**生产可能性曲线；社会福利函数

【答案】（1）在 a 点，生产可能性曲线上的 $MRT=\left|\frac{\mathrm{d}y}{\mathrm{d}x}\right|=\frac{x}{(100-x^2)^{1/2}}=\frac{6}{(100-6^2)^{1/2}}=\frac{3}{4}$。

$u=6\times8=48$，无差异曲线上的 $MRS=\left|\frac{\mathrm{d}y}{\mathrm{d}x}\right|=\frac{48}{x^2}=\frac{48}{6^2}=\frac{4}{3}$。

因为 $MRS \neq MRT$，所以 a 点不是一般均衡点。

（2）在 a 点，边际替代率过高，即 x 偏少 y 偏多；边际转换率过低，也是因为 x 偏少 y 偏多。所以应该增加 x，减少 y。

（3）在 b 点，生产可能性曲线上的 $MRT=\left|\frac{\mathrm{d}y}{\mathrm{d}x}\right|=\frac{x}{(100-x^2)^{1/2}}=\frac{8}{(100-8^2)^{1/2}}=\frac{4}{3}$。

$u=8\times6=48$，无差异曲线上的 $MRS=\left|\frac{\mathrm{d}y}{\mathrm{d}x}\right|=\frac{48}{x^2}=\frac{48}{8^2}=\frac{3}{4}$。

因为 $MRS \neq MRT$，所以 b 点也不是一般均衡点。

（4）在 b 点，边际替代率过低，即 x 偏多 y 偏少；边际转换率过高，也是因为 x 偏多 y 偏少。所以应该增加 y，减少 x。

20. 设某经济的生产可能性曲线和社会效用函数分别为

$$\boldsymbol{y=\frac{1}{2}(100-x^2)^{1/2},\ u=(xy)^{1/2}}$$

试回答：

（1）相对价格（$P_x=1$，$P_y=4$）是不是一般均衡价格？

（2）如果不是，相对价格将如何调整？

【难度】3　　**【考点】**生产可能性曲线；社会福利函数

【答案】（1）由生产可能性曲线可知 $MRT_{xy}=\left|\frac{\mathrm{d}y}{\mathrm{d}x}\right|=\frac{1}{2}x(100-x^2)^{-1/2}$。

由相对价格可知，在实现交换的帕累托最优时，有 $MRS_{xy}=P_x/P_y=1/4$。

生产与交换的帕累托最优条件是 $MRT_{xy}=MRS_{xy}$，即：

$$\frac{1}{2}x(100-x^2)^{-1/2}=1/4$$

解得 $x=2\sqrt{5}$，此时，$y=\frac{1}{2}[100-(2\sqrt{5})^2]^{1/2}=2\sqrt{5}$。

当 $x=2\sqrt{5}$、$y=2\sqrt{5}$ 时，社会产品禀赋 $=xP_x+yP_y=2\sqrt{5}\times1+2\sqrt{5}\times4=10\sqrt{5}$。

所以预算线为

$$x+4y=10\sqrt{5} \tag{①}$$

由效用函数可知，$MRS_{xy}=\frac{MU_x}{MU_y}=\frac{\frac{1}{2}x^{-1/2}y^{1/2}}{\frac{1}{2}x^{1/2}y^{-1/2}}=\frac{y}{x}$。

在实现交换的帕累托最优时，有 $MRS_{xy}=P_x/P_y$，即有：

$$\frac{y}{x}=\frac{1}{4} \tag{②}$$

联立式①、式②解得：$x=5\sqrt{5}$，$y=\frac{5}{4}\sqrt{5}$。

如图 9－2 所示，生产的最优数量组合为（$2\sqrt{5}$，$2\sqrt{5}$），即 A 点；但消费的最优数量组合为（$5\sqrt{5}$，$\frac{5}{4}\sqrt{5}$），即 B 点。社会没有达到一般均衡，所以相对价格（$P_x=1$，$P_y=4$）不是一般均衡价格。

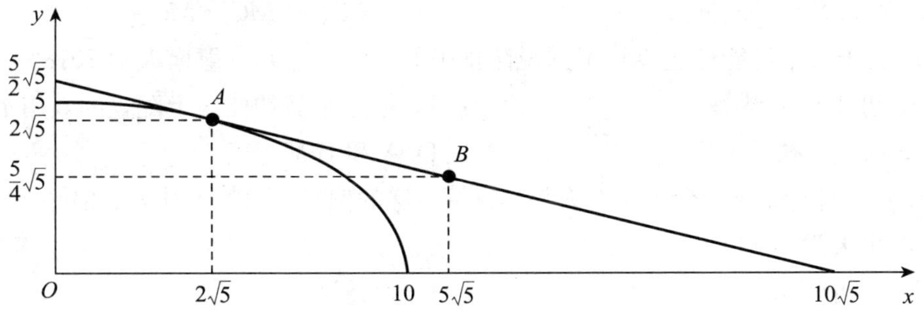

图 9－2　帕累托最优和一般均衡点

（2）由于 x 的最优消费数量为 $5\sqrt{5}$，大于最优生产量 $2\sqrt{5}$，所以 x 的价格会上升；y 的最优消费数量为 $\frac{5}{4}\sqrt{5}$，小于最优生产量 $2\sqrt{5}$，所以 y 的价格会下降。因此，相对价格 P_x/P_y 会上升，这种上升会使得预算线顺时针旋转，进而使得 A 点向右下方移动，B 点向左上方移动，最终可以达到一般均衡。

补充训练

1. 下列属于规范分析的表述的是（　　）。（上海社科院 2016）

A. 鼓励私人购买汽车有利于促进我国汽车工业的发展

B. 随着收入水平的提高，拥有汽车的人越来越多

C. 由于我国居民收入水平低，大多数人还买不起汽车

D. 个人汽车拥有量的增多，给我国居民的出行带来了交通隐患

2. 如果有 A 和 B 两个消费者，对于消费者 A 来说，以商品 X 替代商品 Y 的边际替代率为 5，对于消费者 B 来说，以商品 X 替代商品 Y 的边际替代率为 3，那么 A 和 B 之间会发生的交换情况是（　　）。（同济大学 2017）

A. A 用 X 与 B 交换 Y　　　　B. A 用 Y 与 B 交换 X

C. A、B 之间不进行任何交换　　　　D. 以上均不正确

3. 假设所有市场均是完全竞争的。当达到一般均衡时下列哪个结论不一定成立？（　　）（上海海事大学 2017）

A. 任意两个消费者关于任意两种商品的边际替代率都相等

B. 任意两个厂商关于任意两种要素的边际技术替代率都相等

C. 任意消费者对于任意两种商品的边际替代率都等于边际转换率

D. 任意两个消费者对于同一种商品的边际效用都相等

4. 一个有效率的经济，不仅要以最低成本生产商品，而且生产的商品组合必须与人们的购买意愿一致，即要做到（　　）。（对外经贸大学 2014，对外经贸大学 2016）

A. $MRS_{XY}=MTR_{XY}$　　B. $MRS_{XY}=P_X/P_Y$

C. $MRTS_{XY}=w/r$　　D. $MRT_{XY}=MC_X/MC_Y$

5. 关于效用可能性边界，下列说法正确的是（　　）。（暨南大学 2018）

A. 可能有正斜率　　B. 描述了契约曲线上配置的效用水平

C. 取决于初始配置　　D. A 和 B 都正确

6. 投票悖论是指社会上所有人都具有可传递的偏好，而整个社会的偏好（　　）。（上海海事大学 2011）

A. 不可传递　　B. 可传递

C. 具有一致性　　D. 以上都不对

7. 下列命题错误的是（　　）。（暨南大学 2014）

A. 瓦尔拉斯均衡是动态均衡

B. 埃奇渥斯盒状图中契约曲线上的点皆有效

C. 阿罗的不可能性定理证明可能不存在社会福利函数

D. 任意帕累托最优都可由一套竞争价格实现

8. 假设在一个 2×2 的交换经济中，消费者 A 和 B 交换两种商品 x 和 y，消费者 A 的效用函数是 $u_A(x_A,y_A)=\sqrt{x_Ay_A}$，消费者 B 的效用函数是 $u_B(x_B,y_B)=\sqrt{x_By_B}$。他们拥有的两种商品的初始禀赋分别是 $W_A(40, 60)$ 和 $W_B(40, 40)$。标准化商品 x 的价格 $P_x=1$，商品 y 的价格为 P。

（1）计算消费者 A 和 B 对两种商品 x 和 y 的需求函数。

（2）计算该交换经济的均衡价格及均衡配置。（中国人民大学 2013）

9. 假定消费者 A、B 的效用函数分别为 $U_A=X^{\alpha}Y$，$U_B=X^{\beta}Y$。如果消费者 A 拥有的商品 X 的禀赋为 $\overline{X}$，拥有的商品 Y 的禀赋为 0；消费者 B 拥有的商品 X 的禀赋为 0，拥有的商品 Y 的禀赋为 $\overline{Y}$。试推导 A、B 的交换契约曲线方程。（南开大学 2013）

10. 在两种商品相交换的经济体中，两个人（a，b）有如下的效用函数：$U_a(X_a)=\ln X_{1a}+2\ln X_{2a}$，$U_b(X_b)=2\ln X_{1b}+\ln X_{2b}$。假定 a 最初的资源禀赋 $R_a=(9, 3)$，即 a 拥有 9 个 X_1 和 3 个 X_2；而 b 最初的资源禀赋为 $R_b=(12, 6)$，即 b 拥有 12 个 X_1 和 6 个 X_2。定义两种商品 X_1 和 X_2 的价格之比 $P_1/P_2=\rho$，并标准化商品 2 的价格 $P_2=1$。证明：均衡价格水平 $\rho^*=0.5$。（中国人民大学 2011）

11. 考虑一个 2×2 交换经济，两种商品为 x 和 y，两个消费者为 A 和 B，消费者 A 的效用函数为 $u_A=x_Ay_A$，初始禀赋为 $w_A=(2, 2)$；消费者 B 的效用函数为 $u_B=x_By_B^2$，初始禀赋为 $w_B=(3, 3)$。一个决策者断言 $(x_A, y_A)=(4, 1)$ 和 $(x_B, y_B)=(1, 4)$，以及 $p_x=p_y=1$ 是竞争均衡。

(1) 决策者断言的均衡配置是初始禀赋的帕累托改进吗？请解释。

(2) 在该价格下，请分别求出消费者 A 和 B 的最优消费向量 (x_A^*, y_A^*) 和 (x_B^*, y_B^*)。

(3) 根据前面的计算，决策者断言的配置向量和价格是竞争均衡吗？如果不是，请计算竞争均衡。(中国人民大学 2016)

12. 用埃奇渥斯盒状图表示交换可实现互惠贸易的情形。(北京交大 2013)

13. 考虑一个拥有两个消费者和两种商品的纯交换经济。消费者 A 的效用函数为 $U^A(x_1, x_2)=3\log x_1+\log x_2$，初始禀赋为 $\omega^A=(0, 8)$；消费者 B 的效用函数为 $U^B(x_1, x_2)=\min\{x_1, x_2\}$，初始禀赋为 $\omega^B=(8, 0)$。

(1) 请构造一个埃奇渥斯盒状图来清晰地描述上述纯交换经济。

(2) 假设商品 1 的市场价格是 3，商品 2 的市场价格是 1，请计算此时消费者 A 的最优消费量。

(3) 请判断在第 (2) 问的价格体系下，该经济是否达到了帕累托最优的竞争均衡状态。如果达到了，请给出证明或解释；如果没有达到，请说明价格应该如何调整才能趋于帕累托最优的竞争均衡状态。(中山大学 2013)

14. “为了达到帕累托最优状态，任何使用两种投入要素的两个厂商，即使它们生产的产品很不相同，在这两种要素间的边际技术替代率也必须相等。”这一说法正确吗？为什么？(山东大学 2016)

15. 假定鲁滨逊·克鲁索生产与消费鱼 (F) 和椰子 (C)。同时假定在一定时期内他决定工作 200 小时，并且对于他来说花时间捕鱼和采集椰子无差异。鲁滨逊捕鱼的生产函数为 $F=\sqrt{l_F}$，而他采集椰子的生产函数为 $C=\sqrt{l_C}$，其中 l_F 和 l_C 分别是他投入到捕鱼和采集椰子中的小时数，从而有：$U=\sqrt{F\cdot C}$。

(1) 如果鲁滨逊不能与其他人交换，他将如何配置劳动？F 与 C 的最优水平是多少？他的效用是多少？鱼替代椰子的 MRT 是多少？

(2) 假设可以进行贸易，且鲁滨逊能以 $P_F/P_C=2/1$ 的价格比率进行贸易。如果他仍然按照 (1) 中的产量生产鱼与椰子，在给定上述贸易机会的情况下，他会作出什么样的消费选择？他的新的效用水平将是多少？

(3) 如果鲁滨逊调整他的生产以利用世界价格的优势，(2) 中的答案会有什么变化？(南京大学 2009)

16. 假设有两个人 A 和 B，每个人分别有 10 小时的劳动，可以用来生产大炮 (x) 和黄油 (y)。假设两个人的效用函数分别为 $U_A=x^{0.3}y^{0.7}$，$U_B=x^{0.5}y^{0.5}$。进一步假设这里个人并不在意他们生产的是 x 还是 y，并且每种商品的生产函数分别

是 $x=2l$ 和 $y=3l$，其中 l 是投入到每一种商品生产中的总劳动。请问：

（1）价格比率 P_x/P_y 等于多少？

（2）在该价格比率之下，A 和 B 分别需要多少 x 和 y？（假设工资等于 1。）

（3）根据（2）中计算出的需求，应该在 x 和 y 之间如何分配劳动？（南京大学 2013）

参考答案

1. **【难度】**1　　**【考点】**实证经济学和规范经济学

【答案】A。实证经济学是描述客观事物，规范经济学是主观价值判断。B、C、D 都属于描述客观事实或者客观规律，A 是对利弊的判断，属于规范经济学的范畴。

2. **【难度】**2　　**【考点】**交换的帕累托最优条件

【答案】B。解法一：A 的边际替代率为 5，表示如果 A 以低于 5 单位的 Y 换得 1 单位 X，就增加了他的个人福利；B 的边际替代率为 3，表示如果 B 以 1 单位 X 换得超过 3 单位的 Y，就增加了他的个人福利。因此，只要可以以 1 单位 X 换得不少于 3 单位但不超过 5 单位的 Y，对 A 和 B 两个消费者来说，就会增加各自的福利，因此这样的交换对于 A 和 B 来说都是必要的和有利的。

解法二：假设对于 A 来说，$MU_X=5$ 元钱，$MU_Y=1$ 元钱，对于 B 来说 $MU_X=3$ 元钱，$MU_Y=1$ 元钱，以上假设不违反题干条件。此时一眼可以看出，消费者 A 比消费者 B 更需要 X，所以选 B。这一解法适合在考场上使用。

3. **【难度】**2　　**【考点】**完全竞争和帕累托最优状态

【答案】D。达到一般均衡时以下三个条件成立：①在交换方面，任何一对商品之间的边际替代率对任何使用这两种商品的个人来说都相等，即 $MRS_{XY}^{A}=MRS_{XY}^{B}$；②在生产方面，任何一对生产要素之间的边际技术替代率对于用这两种投入要素生产的所有商品都相等，即 $MRTS_{LK}^{X}=MRTS_{LK}^{Y}$；③在生产和交换方面，任何一对商品间的生产的边际转换率都等于消费这两种商品的每个个人的边际替代率，即 $MRS_{XY}^{A}=MRS_{XY}^{B}=MRT_{XY}$。

4. **【难度】**2　　**【考点】**生产和交换的帕累托最优条件

【答案】A。利用生产可能性曲线和效用可能性曲线可以得到生产和交换的帕累托最优状态。在生产和交换方面，任何一对商品间的生产的边际转换率都等于消费这两种商品的每个个人的边际替代率，即 $MRSX_{Y}^{A}=MRSX_{Y}^{B}=MRT_{XY}$。只要 MRT 与 MRS 不相等，重新配置资源就会使消费者受益。只有 $MRS=MRT$ 时，生产才能既满足消费者的需要，又使资源达到有效配置，达到生产和交换的帕累托最优状态。因此选 A。

5. **【难度】**2　　**【考点】**社会福利函数

【答案】B。由于效用水平的高低本来就是一个序数概念，而不能用基数来测量，故用来表示效用水平的数值是“随意”的——只要我们用大的数字代表较大的效用即可。这意味着效用可能性边界（即效用可能性曲线）的位置和凹凸性都是“随意”的，不过肯定不会有正斜率，正斜率意味着可以同时增加双方的效用，这与效用可能性曲线的定义不符，A 错误。效用可能性边界与初始配置没有什么关系，C 错误。效用可能性曲线是交换的契约曲线上每一点所代表的总效用的集合，B 正确。

6. **【难度】** 1　　**【考点】** 阿罗的不可能性定理

【答案】 A。根据阿罗的不可能性定理，在上述给定的具有“可传递性”的单个人的偏好类型中，按照投票的大多数规则，不能得出合理的社会偏好次序。

7. **【难度】** 2　　**【考点】** 帕累托最优；社会福利函数；阿罗的不可能性定理

【答案】 B。交换的契约曲线上的点，只是达到分配的最优，生产的契约曲线上的点，只是达到生产的最优，它们并不是生产和交换同时最优，只有符合 $MRS_{xy}=MRT_{xy}$ 的点才同时符合生产和交换的最优，是帕累托有效的。

8. **【难度】** 2　　**【考点】** 交换的帕累托最优条件；局部均衡和一般均衡

【答案】（1）A 与 B 的初始禀赋可以表示为：

$$I_A=x_A\times P_x+y_A\times P_y=40+60P$$
$$I_B=x_B\times P_x+y_B\times P_y=40+40P$$

由 C-D 函数的特征可知，消费者 A 在消费者均衡时有：

$$x_A\times P_x=x_A=I_A/2=20+30P \qquad ①$$
$$y_A\times P_y=Py_A=I_A/2=20+30P \qquad ②$$

由式①、式②可整理得消费者 A 对商品 x 和 y 的需求函数：

$$x_A=20+30P$$
$$y_A=30+20/P$$

同理，消费者 B 在消费者均衡时有：

$$x_B\times P_x=x_B=I_B/2=20+20P \qquad ③$$
$$y_B\times P_y=Py_B=I_B/2=20+20P \qquad ④$$

由式③、式④可整理得消费者 B 对商品 x 和 y 的需求函数：

$$x_B=20+20P$$
$$y_B=20+20/P$$

【提示】 C-D 函数的分配规律在这里继续有效。这一解题技巧应用极广，务必熟练应用。

具体证明过程，以及更多应用示例，可关注微信公众号“王海滨老师”，点击菜单栏“精品文章/精品文章合集/C-D 函数题的秒杀技巧【重点!】”，或微信扫描二维码查看。

（2）由式①、式②可得：$x_A=Py_A$。

由式③、式④可得：$x_B=Py_B$。

依题意又有 $x_A+x_B=40+40=80$，将 $x_A=Py_A$、$x_B=Py_B$代入得：

$$P(y_A+y_B)=80 \quad ⑤$$

依题意还有：

$$y_A+y_B=60+40=100 \quad ⑥$$

联立式⑤、式⑥得：$P=0.8$。

所以：

$$x_A=20+30\times 0.8=44$$
$$y_A=30+20/0.8=55$$
$$x_B=20+20\times 0.8=36$$
$$y_B=20+20/0.8=45$$

9.**【难度】**2　　**【考点】**交换的帕累托最优条件

【答案】解法一：

$$MRS_{XY}^{A}=\frac{MU_X}{MU_Y}=\frac{\alpha X^{\alpha-1}Y}{X^{\alpha}}=\frac{\alpha Y_A}{X_A}$$
$$MRS_{XY}^{B}=\frac{MU_X}{MU_Y}=\frac{\beta X^{\beta-1}Y}{X^{\beta}}=\frac{\beta Y_B}{X_B}$$

由于在交换的契约曲线上有 $MRS_{XY}^{A}=MRS_{XY}^{B}$，故有$\frac{\alpha Y_A}{X_A}=\frac{\beta Y_B}{X_B}$。

又因为 $X_B=\overline{X}-X_A$，$Y_B=\overline{Y}-Y_A$，故交换的契约曲线为$\frac{\alpha Y_A}{X_A}=\frac{\beta(\overline{Y}-Y_A)}{\overline{X}-X_A}$。

解法二：

设 X、Y 的价格分别为 P_X、P_Y，A 和 B 的禀赋分别为：

$$I_A=\overline{X}\times P_X+0\times P_Y=\overline{X}P_X$$
$$I_B=0\times P_X+\overline{Y}\times P_Y=\overline{Y}P_Y$$

由 C-D 函数的特性可知，A 在消费者均衡时有：

$$X_A\times P_X=\frac{\alpha}{\alpha+1}\cdot\overline{X}P_X$$

整理得：$X_A=\frac{\alpha}{\alpha+1}\cdot\overline{X}$。

$$Y_A\times P_Y=\frac{1}{\alpha+1}\cdot\overline{X}P_X$$

整理得：$Y_A=\frac{1}{\alpha+1}\overline{X}\frac{P_X}{P_Y}$。

联立得：

$$\frac{Y_A}{X_A}=\frac{1}{\alpha}\frac{P_X}{P_Y} \quad ①$$

同理，B在消费者均衡时有：

$$X_B\times P_X=\frac{\beta}{\beta+1}\cdot\overline{Y}P_Y$$

整理得：$X_B=\frac{\beta}{\beta+1}\cdot\overline{Y}\frac{P_Y}{P_X}$。

$$Y_B\times P_Y=\frac{1}{\beta+1}\cdot\overline{Y}P_Y$$

整理得：$Y_B=\frac{1}{\beta+1}\overline{Y}$。

联立得：

$$\frac{Y_B}{X_B}=\frac{1}{\beta}\frac{P_X}{P_Y} \quad ②$$

联立式①、式②得交换的契约曲线：

$$\frac{\alpha Y_A}{X_A}=\frac{\beta Y_B}{X_B}=\frac{\beta(\overline{Y}-Y_A)}{\overline{X}-X_A}$$

【提示】解法一是常规解法，解法二继续使用C-D函数的分配特征，但在这道题里，解法二并没有明显地简化计算效果，放在这里只是扩展一下读者的思路。

10. **【难度】**3　　**【考点】**交换的帕累托最优条件

【答案】解法一：依题意可知，消费者a的禀赋$=9\rho+3$，消费者b的禀赋$=12\rho+6$。

消费者a在均衡时有：$\frac{MU_1}{\rho}=\frac{MU_2}{1}$，即$\frac{\frac{1}{X_{1a}}}{\rho}=\frac{\frac{2}{X_{2a}}}{1}$，整理得：

$$X_{2a}=2\rho X_{1a} \quad ①$$

消费者a的预算约束为：

$$\rho X_{1a}+X_{2a}=9\rho+3 \quad ②$$

联立式①、式②，得：

$$X_{1a}=3+1/\rho，X_{2a}=6\rho+2$$

消费者 b 在均衡时有 $\frac{MU_1}{\rho}=\frac{MU_2}{1}$，即 $\frac{\frac{2}{X_{1b}}}{\rho}=\frac{\frac{1}{X_{2b}}}{1}$，整理得：

$$X_{2b}=\frac{\rho}{2}X_{1b} \qquad ③$$

消费者 b 的预算约束为：

$$\rho X_{1b}+X_{2b}=12\rho+6 \qquad ④$$

联立式③、式④，得：

$$X_{1b}=8+4/\rho,\ X_{2b}=4\rho+2$$

由初始禀赋可知，有 $X_{1a}+X_{1b}=9+12=21$，即 $3+1/\rho+8+4/\rho=21$，解得 $\rho=0.5$。

【提示】这是最常规的解法。

第 1 步：先按照两个消费者的均衡条件及预算约束求出各自的均衡解，这个均衡解里含有相对价格（本题是 ρ）。

第 2 步：选取一个商品（X_1 或 X_2 均可），把两个消费者对该商品的最优消费量加起来，必然等于禀赋总量（X_1 或 X_2 的总量），然后就可以解出相对价格。

解法二：根据帕累托最优条件 $MRS_{12}^a=MRS_{12}^b$ 以及消费者均衡条件 $MRS_{12}=P_1/P_2$，可得：

$$\frac{\frac{1}{X_{1a}}}{\frac{2}{X_{2a}}}=\frac{\frac{2}{X_{1b}}}{\frac{1}{X_{2b}}}=P_1/P_2=\rho \qquad ①$$

由消费者 a 和 b 的初始禀赋可得：

$$X_{1b}=21-X_{1a} \qquad ②$$

$$X_{2b}=9-X_{2a} \qquad ③$$

由式①得：$4X_{1a}X_{2b}=X_{2a}X_{1b}$，将式②、式③代入并整理得：

$$12X_{1a}-7X_{2a}=X_{1a}X_{2a} \qquad ④$$

因为最优点和初始禀赋点连线的斜率的绝对值就是价格比率，因此有以下方程：

$$(X_{2a}-3)/(9-X_{1a})=P_1/P_2=X_{2a}/(2X_{1a})$$

整理得：

$$2X_{1a}+3X_{2a}=X_{1a}X_{2a} \qquad ⑤$$

结合式④、式⑤得 $X_{1a}=X_{2a}$，于是：$\rho^*=P_1/P_2=X_{2a}/(2X_{1a})=0.5$。

【提示】这种解法的关键是利用“最优点和初始禀赋点连线的斜率的绝对值就是价格比率”。

这一原理见图 9-3，A 点为初始禀赋点，B 点为最优点。对于消费者 a 而言，直线 AB 相当于 a 的预算线，因此其斜率的绝对值 $=P_1/P_2$。或者这样理解：消费者 a 用 4(=9－5) 单位 X_1 交换了 2(=5－3) 单位 X_2，所以 $4P_1=2P_2$，整理得 $P_1/P_2=2/4$，也就是斜率 $=P_1/P_2$。

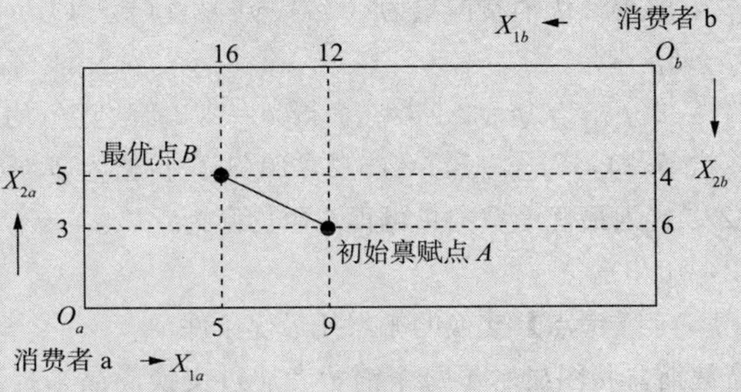

图 9-3　交换的帕累托最优

11. **【难度】**3　　**【考点】**交换的帕累托最优条件

【答案】(1) 在初始禀赋下，$u_A=x_Ay_A=2\times 2=4$，$u_B=x_By_B^2=3\times 3^2=27$；按照该决策者的断言，则 $u_A=x_Ay_A=4\times 1=4$，$u_B=x_By_B^2=1\times 4^2=16$。

可见，相对于初始配置，该决策者断言的配置在不减少也不增加消费者 A 效用的前提下减少了消费者 B 的效用，所以，决策者断言的均衡配置不是初始禀赋的帕累托改进。

(2) 消费者 A 面临的效用最大化问题如下：

$$\max\ u_A=x_Ay_A$$
$$\text{s.t.}\ \ x_A+y_A\leqslant 2+2=4$$

解得：$x_A=2$，$y_A=2$。

消费者 B 面临的效用最大化问题如下：

$$\max\ u_B=x_By_B^2$$
$$\text{s.t.}\ \ x_B+y_B\leqslant 3+3=6$$

解得：$x_B=2$，$y_B=4$。

故消费者 A 和 B 的最优消费向量 (x_A^*，y_A^*) 和 (x_B^*，y_B^*) 分别为 (2，2) 和 (2，4)。

(3) 在竞争均衡的条件下，需要满足：对于每个生产者来说达到利润最大化，对于每个消费者来说达到效用最大化，对于整个市场来说达到出清状态。由 (2)

可知，在 $p_x=p_y=1$ 时，消费者的最优消费量分别为（2，2）和（2，4），此时市场没有出清，所以决策者断言的状态不是竞争均衡状态。

设商品价格分别为 p_x、p_y，消费者 A、B 面临的效用最大化问题分别如下：

$$\max u_A=x_Ay_A$$
$$\text{s.t.}\ x_Ap_x+y_Ap_y\leqslant 2p_x+2p_y$$
$$\max u_B=x_By_B^2$$
$$\text{s.t.}\ x_Bp_x+y_Bp_y\leqslant 3p_x+3p_y$$

令 $p=p_x/p_y$，解得最优消费向量为 $(x_A,\ y_A)=[(p+1)/p,\ p+1]$，$(x_B,\ y_B)=[(p+1)/p,\ 2p+2]$。

市场出清条件：$2(p+1)/p=2+3=5$，得 $p=2/3$。故竞争均衡为：消费向量 $(x_A,\ y_A)=(5/2,\ 5/3)$，$(x_B,\ y_B)=(5/2,\ 10/3)$，价格为 $p_x/p_y=2/3$。

把 $p_x/p_y=2/3$ 代入最优消费向量可得竞争均衡为：$(x_A,\ y_A)=(5/2,\ 5/3)$，$(x_B,\ y_B)=(5/2,\ 10/3)$。

12.**【难度】**1　　**【考点】**交换的帕累托最优条件

【答案】埃奇渥斯盒状图显示了每个消费者通过交换商品来提高自己的满意程度的可能性。图 9-4 描述了一个埃奇渥斯盒状图，其中横轴表示食品的数量，纵轴表示衣服的数量，食品总共有 10 单位，衣服总共有 6 单位。此时有两个消费者詹姆斯和卡伦，詹姆斯持有的商品从原点 O_J 算起，卡伦持有的衣服从 O_K 算起，U_J 为詹姆斯的无差异曲线，U_K 为卡伦的无差异曲线。若 A 点表示初始的资源配置，则 U_J^1 和 U_K^1 围成的阴影区域描述了所有可能的互惠贸易。

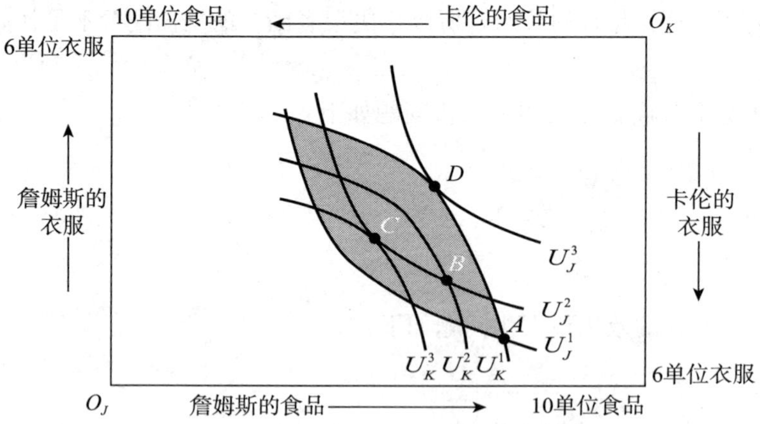

图 9-4　交换可实现互惠贸易的情形

原因在于，初始禀赋点为 A 点，在可能贸易集中取一点，如 B 点，此时詹姆斯的效用从 U_J^1 增加到 U_J^2，卡伦的效用从 U_K^1 增加到 U_K^2，交换使双方都受益，尽管 B 点并非最有效率的点（因为从 B 点移动到 C 点，卡伦的效用可进一步增加且詹姆斯的效用不变）。同样，在可能贸易集的边界上取一点 D 点，此时卡伦的效用依旧为U_K^1，但詹姆斯的效用从U_J^1增加到U_J^3。交换可在使一方不受损的情况下使另一方受益。

综上可知，由初始时交换双方的初始无差异曲线围成的可能贸易集表示所有可能的互惠贸易，该集合中（包括边界）的所有组合点都能在使一方不受损的情况下至少使另一方受益。

13.**【难度】**2　　**【考点】**帕累托最优；交换的帕累托最优条件

【答案】(1) 该纯交换经济的埃奇渥斯盒状图如图9-5所示。由消费者A和消费者B的初始禀赋可得出埃奇渥斯盒状图的长和宽以及禀赋点。由消费者A和消费者B的效用函数可得出两人的无差异曲线。由于消费者B的效用函数为固定比例的效用函数，在消费者均衡时有$U^B=x_1=x_2$，所以契约曲线必然为消费者B无差异曲线上转折点的轨迹。

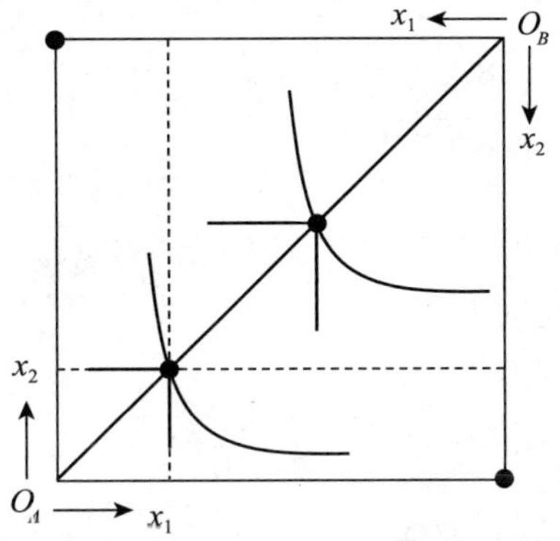

图9-5　纯交换经济的埃奇渥斯盒状图

(2) 由于$P_1=3$，$P_2=1$，所以消费者A的财富$M^A=3\times0+1\times8=8$。

消费者A的效用函数可正单调变换为：$U^{A\prime}(x_1, x_2)=e^{3\log x_1+\log x_2}=x_1^3x_2$。

消费者A的效用函数为C-D函数，因此，消费者会将收入的$\frac{3}{3+1}=\frac{3}{4}$用于购买$x_1$，将收入的$\frac{1}{3+1}=\frac{1}{4}$用于购买$x_2$，即：

$$x_1=\frac{\frac{3}{4}\times M^A}{P_1}=\frac{\frac{3}{4}\times8}{3}=2$$

$$x_2=\frac{\frac{1}{4}\times M^A}{P_2}=\frac{\frac{1}{4}\times8}{1}=2$$

【提示】(1) 本小题使用了效用函数正单调变换后不改变消费者偏好的规律，这样可以简化计算。正单调变换属于中级微观经济学的知识，如果不熟悉，也可以直接使用原效用函数求解，结果一样。

（2）本小题继续使用C－D函数的分配规律。

（3）在中国的很多数学教材里，$\log x$ 一般表示以10为底的对数，但平狄克的微观经济学教材将这个对数表示为以e为底的对数，也就是我们常见的 $\ln x$（从这一特征可以推测，中山大学的命题参考了较多平狄克的教材）。如果我们把 $\log x$ 理解为以10为底的对数，并不影响题目的解答，在进行正单调变换时用10代替e即可。

（3）在第（2）问的价格体系下，该经济达到了帕累托最优的竞争均衡状态。假定 $P_2=1$，$P_1=p$，则消费者A在效用最大化时有：

$$x_1^A=\frac{\frac{3}{4}\times M^A}{p}=\frac{\frac{3}{4}\times 8}{p}=\frac{6}{p}$$

$$x_2^A=\frac{\frac{1}{4}\times M^A}{P_2}=\frac{\frac{1}{4}\times 8}{1}=2$$

消费者B的财富 $M^B=p\times 8+1\times 0=8p$。

消费者B在效用最大化时有：

$$x_1^B=x_2^B$$

$$px_1^B+1\times x_2^B=8p$$

联立解得：$x_1^B=x_2^B=\dfrac{8p}{p+1}$。

由于 x_1 总量为8，所以有 $x_1^A+x_1^B=8$，即：

$$\frac{6}{p}+\frac{8p}{p+1}=8$$

解得：$p=3$。

所以，该经济达到了帕累托最优的竞争均衡状态。均衡状态为 $(x_1^A, x_2^A)=(2, 2)$，$(x_1^B, x_2^B)=(6, 6)$。

【提示】第（3）问在求消费者B的消费者均衡时使用了这样的结论：如果效用函数 $U(x_1, x_2)=\min\{ax_1, bx_2\}$，则在消费者均衡时有 $ax_1=bx_2=U$。

这一结论可以当成定理直接使用。在考试时使用该定理不仅可以节约计算时间，而且不容易因计算失误而出错。

关于更多特殊效用函数消费者均衡的总结和应用技巧，可关注微信公众号“王海滨老师”，点击菜单栏中的“视频课/经济学强化班/第3－4讲　消费者均衡”，或微信扫描二维码观看。

14.【难度】2　　【考点】生产的帕累托最优条件

【答案】这一说法是正确的。

生产的帕累托最优状态位于等产量曲线的切点，而在该切点上，两条等产量曲线的斜率相等。

等产量曲线斜率的绝对值又被称为两种要素的边际技术替代率（要素 L 代替要素 K 的边际技术替代率）。因此，生产的帕累托最优状态的条件可以表示为：要使两种要素 L 和 K 在两个生产者 C 和 D 之间的分配达到帕累托最优状态，则对于这两个生产者来说，这两种要素的边际技术替代率必须相等。如对于生产者 C 和 D 来说，L 代替 K 的边际技术替代率分别用 $MRTS_{LK}^{C}$ 和 $MRTS_{LK}^{D}$ 来表示，则生产的帕累托最优状态条件的公式就是：

$$MRTS_{LK}^{C}=MRTS_{LK}^{D}$$

所以只要使用相同的两种生产要素，无论厂商生产什么，即使生产很不一样的商品，也必须使所使用的两种生产要素的边际技术替代率相等。

15.【难度】2　　【考点】交换的帕累托最优条件；生产的帕累托最优条件；生产可能性曲线；生产和交换的帕累托最优条件

【答案】（1）依题意可知，$l_F=F^2$，$l_C=C^2$，且 $l_F+l_C=200$，所以有 $F^2+C^2=200$，这就是生产可能性曲线，从而可得边际转换率为 $MRT_{FC}=-\frac{\mathrm{d}C}{\mathrm{d}F}=\frac{F}{C}$。

而对于鲁滨逊而言，其边际替代率为：$MRS_{FC}=\frac{\partial U/\partial F}{\partial U/\partial C}=\frac{C}{F}$。

为了确保效率，有 $MRS=MRT$，即 $F/C=C/F$，从而有 $F=C$，代入生产可能性曲线可以解得：$C=F=10$。

$$l_F=F^2=10^2=100,\ l_C=C^2=10^2=100$$

鲁滨逊此时获得的效用 $U=\sqrt{F\cdot C}=10$。

边际转换率为：$MRT=1$。

（2）在开放贸易的情况下，$P_F/P_C=2/1$。

消费者均衡条件为 $MRS_{FC}=P_F/P_C$，即 $C/F=2/1$，解得：

$$C=2F \qquad ①$$

因为鲁滨逊仍然按照（1）中的产量生产鱼与椰子，所以 $C=F=10$。

设 $P_C=P$，则 $P_F=2P$，此时鲁滨逊的禀赋 $=P_C\times C+P_F\times F=P\times 10+2P\times 10=30P$。

所以他的预算约束为 $P_C\times C+P_F\times F=P\times C+2P\times F=30P$，即：

$$C+2F=30 \qquad ②$$

联立式①、式②可得：$F=7.5$，$C=15$。

鲁滨逊的新效用水平 $U=\sqrt{7.5\times15}=\sqrt{112.5}$，贸易使得鲁滨逊的效用提高了。

(3) 如果鲁滨逊调整生产以利用世界价格的优势，则有 $MRT_{FC}=MRS_{FC}$，即 $F/C=P_F/P_C=2/1$，可得 $F=2C$，代入生产可能性曲线有：

$$(2C)^2+C^2=200$$

解得：$C=\sqrt{40}$，$F=\sqrt{160}$。

此时，鲁滨逊的总收入 $=2\times\sqrt{160}+1\times\sqrt{40}=10\sqrt{10}$。

所以预算约束为

$$2\times F+1\times C=10\sqrt{10} \quad ③$$

联立式①、式③可得：$F=\dfrac{5\sqrt{10}}{2}$，$C=5\sqrt{10}$。

鲁滨逊的新效用水平 $U=\sqrt{\dfrac{5\sqrt{10}}{2}\times5\sqrt{10}}=\sqrt{125}$，调整生产使得鲁滨逊的效用进一步提高了。

16.**【难度】**3　　**【考点】**交换的帕累托最优条件；生产的帕累托最优条件；生产可能性曲线；生产和交换的帕累托最优条件

【答案】(1) 设 A 用于生产 x、y 的时间分别为 l_x^A、l_y^A，B 用于生产 x、y 的时间分别为 l_x^B、l_y^B，则根据生产函数有：

$$x=2(l_x^A+l_x^B) \quad ①$$

$$y=3(l_y^A+l_y^B) \quad ②$$

同时，由于两个人的生产时间都是 10 小时，所以有：

$$l_x^A+l_y^A=10 \quad ③$$

$$l_x^B+l_y^B=10 \quad ④$$

联立式①、式②、式③、式④可得生产可能性曲线为：

$$3x+2y=120 \quad ⑤$$

边际转换率 $MRT_{xy}=-\dfrac{\mathrm{d}y}{\mathrm{d}x}=\dfrac{3}{2}$，$MRT_{xy}$ 是固定不变的常数。

由于达到帕累托最优时有 $\dfrac{P_x}{P_y}=MRT_{xy}$，所以 $\dfrac{P_x}{P_y}=\dfrac{3}{2}$。

(2) 由于工资等于 1，且 A 和 B 的工作时间都是 10 小时，因此 A 和 B 的收入均是 10。

根据 C－D 函数的特征可知，A 用于 x 的支出是 3，用于 y 的支出是 7，B 用于 x 的支出是 5，用于 y 的支出是 5，所以有 $xP_x=3+5=8$，$yP_y=7+5=12$。即：

$$x=8/P_x \quad ⑥$$

$$y=12/P_y \tag{7}$$

将式⑥、式⑦代入式⑤可得：

$$\frac{24}{P_x}+\frac{24}{P_y}=120 \tag{8}$$

将$\frac{P_x}{P_y}=\frac{3}{2}$代入式⑧可解得：$P_x=\frac{1}{2}$，$P_y=\frac{1}{3}$。

因此，A需要的$x_A=3\div\frac{1}{2}=6$，A需要的$y_A=7\div\frac{1}{3}=21$，B需要的$x_B=5\div\frac{1}{2}=10$，B需要的$y_B=5\div\frac{1}{3}=15$。

(3) x的总需求量$x=x_A+x_B=6+10=16$，y的总需求量$y=y_A+y_B=21+15=36$，所以有：

$$2(l_x^A+l_x^B)=16$$
$$3(l_y^A+l_y^B)=36$$

解得，分配给x的劳动时间$l_x^A+l_x^B=8$，分配给y的劳动时间$l_y^A+l_y^B=12$。

【提示】 继续使用C-D函数的特性。

第十章

博弈论初步

学习精要

一、 学习重点

1. 纳什均衡
2. 混合策略均衡
3. 完全信息动态博弈与纳什均衡的精炼

二、 知识脉络图

- 博弈论初步
  - 博弈论的基本概念
  - 完全信息静态博弈
    - 纯策略均衡
      - 纳什均衡的基本概念
      - 寻找纳什均衡的方法
      - 纳什均衡的存在性、唯一性、稳定性和最优性
    - 混合策略均衡
  - 完全信息动态博弈

三、 理论精要

知识点一　博弈论的基本概念及纳什均衡

博弈论是研究在策略性环境中如何进行策略性决策和采取策略性行动的科学。

策略性环境指每一个人进行的决策和采取的行动都会对其他人产生影响。策略性决策和策略性行动指每个人都要根据其他人的可能反应来决定自己的决策和行动。

博弈的三个基本要素：参与人、参与人的策略及参与人的支付（也称收益）。

在每个支付组合中，所有支付相加之和等于零则称为零和博弈，否则为非零和博弈。根据参与人拥有策略的数量，博弈可分为有限博弈和无限博弈。根据参与人在实施策略上是否有时间的先后，博弈可分为静态博弈（或同时博弈）和动态博弈（或序贯博弈）。

纳什均衡指参与人的这样一种策略组合，在该策略组合上，任何参与人单独改变策略都不会得到好处。

寻找纳什均衡的方法为条件策略下划线法。

条件策略下划线法是指在支付矩阵中每个参与人的条件策略所对应的支付下面画线，如果支付组合中每个支付都有下划线，则该支付组合代表的策略组合即为纳什均衡。

在完全信息静态博弈中，（纯策略的）纳什均衡既可能存在，也可能不存在。

在纳什均衡存在的条件下，它既可能是唯一的，也可能不是唯一的。

如果纳什均衡存在，它既可能是稳定的，也可能是不稳定的。

如果纳什均衡存在，它既可能是最优的，也可能不是最优的。

【提示】纳什均衡的唯一性和最优性是有关系的，纳什均衡不具有唯一性必然导致不具有最优性。纳什均衡和消费者均衡（或生产者均衡）是不同的，纳什均衡是多人决策，消费者均衡（或生产者均衡）是单人决策。

纳什均衡表明“均衡”并不等价于“最优”。均衡是经济主体没有动力去改变的状态。对于单人决策，没有动力去改变就是最优；对于多人决策，经济主体单独没有动力改变是“均衡”，但是经济主体可能有动力联合改变，当经济主体没有动力联合改变时则达到“最优”。

纳什均衡是“最优”或“非最优”的，是针对参与人而非整个社会而言的。对整个社会而言，纳什均衡有可能对社会有利，也有可能对社会不利。

知识点二　二人同时博弈的一般理论

二人同时博弈（两个策略）的每个参与人都有 9 种可能的支付矩阵，整个博弈有 81 种可能的支付矩阵。

全部纳什均衡可分为五种类型：第一种：四个均衡；第二种：三个均衡；第三种：两个均衡；第四种：一个均衡；第五种：零个均衡。

【提示】在第八版教材中本知识点被删除，但课后习题却涉及本知识点，故这里也保留本知识点的要点。关于本知识点的详细讲解，可微信扫描二维码查看。

知识点三　混合策略均衡

混合策略指赋予纯策略的概率向量。

纯策略可以是有限的，由于概率取值的无限性，以有限的纯策略为基础的混合策略一定是无限的。

混合策略组合为（$(p_1,\ p_2)$，$(q_1,\ q_2)$）。

期望支付是指对于每一个混合策略组合，参与人都有一个期望支付即支付的期望值。

条件混合策略是指在其他参与人选择既定的混合策略的条件下，某个参与人所选择的可以使其期望支付最大的混合策略。

混合策略的纳什均衡指参与人条件混合策略曲线的交点。

纯策略纳什均衡为混合策略纳什均衡的一个特例。

知识点四　完全信息动态博弈与纳什均衡的精炼

完全信息动态博弈的纳什均衡也不具有唯一性。

纳什均衡的精炼指从所有的纳什均衡中寻找到最有可能实现的纳什均衡。

逆向归纳法的步骤如下所示：第一步，先从博弈的最后阶段的每一个决策点开始，确定相应参与人此时所选择的策略，并把参与人所放弃的其他策略删除，从而得到原博弈的一个简化博弈；第二步，对简化博弈重复步骤一的程序，直到最后得到原博弈的一个最简博弈，即原博弈的解。

逆向归纳策略指由逆向归纳法倒推得到的最优策略组合。

逆向归纳策略总是纳什均衡，但纳什均衡并不一定是逆向归纳策略。

习题解析

一、简答题

1. 什么是纳什均衡？纳什均衡一定是最优的吗？

【难度】1　　**【考点】**博弈论的基本概念及纳什均衡

【答案】（1）纳什均衡指参与人的这样一种策略组合：在该策略组合上，任何参与人单独改变策略都不会得到好处。如果参与人的条件策略组合恰好相同，每个参与人都不再单独改变策略，那么整个博弈就达到了均衡。

“单独改变策略”指任何一个参与人在所有其他参与人都不改变策略的情况下改变自己的策略；“不会得到好处”指任何一个参与人在单独改变策略后自己的支付都不会增加。

（2）如果纳什均衡存在，则它既可能是最优的，也可能不是最优的。纳什均衡不具有唯一性，因此也不具有最优性。

2. 在只有两个参与人且每个参与人都只有两个策略可供选择的情况下，纯策略的纳什均衡最多可有几个？为什么？

【难度】2　　**【考点】**二人同时博弈的一般理论

【答案】（1）二人同时博弈的纯策略纳什均衡最多可有4个。

（2）如果只有两个参与人且每个参与人都只有两个策略，那么策略组合只有4个，因此纯策略的纳什均衡最多只有4个。

【提示】在第五版教材中是有“二人同时博弈的一般理论”一节的，但在第六、七、八版教材中已经删除。编者将第五版教材中的这一节内容抄录到了微信公众号里，读者可微信扫描二维码查看。

3. 在只有两个参与人且每个参与人都只有两个策略可供选择的情况下，纯策略的纳什均衡可能有三个。试举一例说明。

【难度】2　　**【考点】**二人同时博弈的一般理论

【答案】（1）二人同时博弈的全部纯策略纳什均衡可分为五种类型：第一种，四个纯策略纳什均衡；第二种，三个纯策略纳什均衡；第三种，两个纯策略纳什均衡；第四种，一个纯策略纳什均衡；第五种，零个纯策略纳什均衡。

（2）如表10-1所示的二人博弈具有三个纯策略纳什均衡。

表10-1　三个纯策略纳什均衡

		参与人乙	
		左	右
参与人甲	上	1，3	2，3
	下	1，5	2，4

三个纯策略纳什均衡为（上，左），（上，右），（下，左）。

4. 在只有两个参与人且每个参与人都只有两个策略可供选择的情况下，如何找到所有的纯策略纳什均衡？

【难度】1　　**【考点】**博弈论的基本概念及纳什均衡

【答案】（1）寻找纳什均衡的方法为条件策略下划线法。

（2）条件策略下划线法的步骤为：第一步，把整个支付矩阵分解为各参与人的支付矩阵；第二步，在参与人甲的支付矩阵中，找出每一列的最大者，并在其下画线；第三步，在参与人乙的支付矩阵中，找出每一行的最大者，并在其下画线；第四步，将已经画好线的参与人甲的支付矩阵和参与人乙的支付矩阵合并起来；第五步，在带有下划线的整个支付矩阵中，找到两个数字下都有下划线的支付组合，则该支付组合代表的策略组合就是纯策略纳什均衡。

5. 设有A、B两个参与人。对于参与人A的每个策略，参与人B的条件策略有没有可能不止一个？试举一例说明。

【难度】2　　**【考点】**博弈论的基本概念及纳什均衡

【答案】(1) 参与人B的条件策略有可能不止一个。

(2) 条件策略指在其他参与人选定策略的条件下，某个参与人的最优策略。表10-2的二人同时博弈，在参与人A选择“上”时，参与人B的条件策略有“左”或“右”；同理，在参与人B选择“左”时，参与人A的条件策略有“上”或“下”。

表10-2　多个条件策略的二人同时博弈

		参与人B	
		左	右
参与人A	上	1，3	2，3
	下	1，5	2，4

6. 如果无论其他人选择什么策略，某个参与人都只选择某个策略，则该策略就是该参与人的绝对优势策略（简称占优策略、优势策略）。试举一例说明某个参与人具有某个优势策略的情况。

【难度】2　　**【考点】**博弈论的基本概念及纳什均衡

【答案】根据题中对绝对优势策略的定义，在表10-3的二人同时博弈中，参与人B的绝对优势策略为“右”，即无论参与人A选择“上”还是选择“下”，参与人B都选择“右”。

表10-3　具有优势策略的二人同时博弈

		参与人B	
		左	右
参与人A	上	1，2	2，3
	下	1，3	2，4

7. 混合策略博弈与纯策略博弈有什么不同？

【难度】1　　**【考点】**混合策略均衡

【答案】(1) 纯策略博弈指所有参与人对策略的选择都是“确定”的，即总是以100%的可能性选择某个策略。这意味着，当某个参与人在选择某个策略的时候，他不能同时又选择其他策略。

(2) 混合策略博弈指所有参与人以一定的可能性选择某个策略，又以另外的可能性选择另外一些策略，即所有参与人选择的都是一个概率向量。

（3）综上所述，混合策略博弈与纯策略博弈的不同在于，混合策略博弈的参与人选择的是一个概率向量，而纯策略博弈的参与人选择的是某个策略。

8. 条件混合策略与条件策略有什么不同?

【难度】1　　**【考点】**混合策略均衡

【答案】（1）条件策略指在其他参与人选定策略的条件下，某个参与人的最优策略。

（2）条件混合策略指在其他参与人选择既定的混合策略的条件下，某个参与人所选择的可以使其期望支付最大的混合策略。

（3）综上所述，条件混合策略与条件策略的不同在于，条件策略是一个纯策略，条件混合策略是一个概率向量。

9. 混合策略纳什均衡与纯策略纳什均衡有什么不同?

【难度】1　　**【考点】**混合策略均衡

【答案】混合策略纳什均衡指参与人条件混合策略曲线的交点。混合策略纳什均衡与纯策略纳什均衡的不同在于，混合策略纳什均衡是一个概率组合，纯策略纳什均衡是一个纯策略组合。

10. 设某个纯策略博弈的纳什均衡是有限的。试问：相应的混合策略博弈的纳什均衡会是无限的吗？试举一例说明。

【难度】2　　**【考点】**混合策略均衡

【答案】当纯策略博弈的纳什均衡是有限的时，相应的混合策略博弈的纳什均衡可能是无限的。

如图 10－1 所示，甲、乙厂商的条件混合策略曲线在右上 e_1 到 e_2 的部分是重叠的，重叠部分的每一点都是混合策略博弈的纳什均衡，有无穷多个。

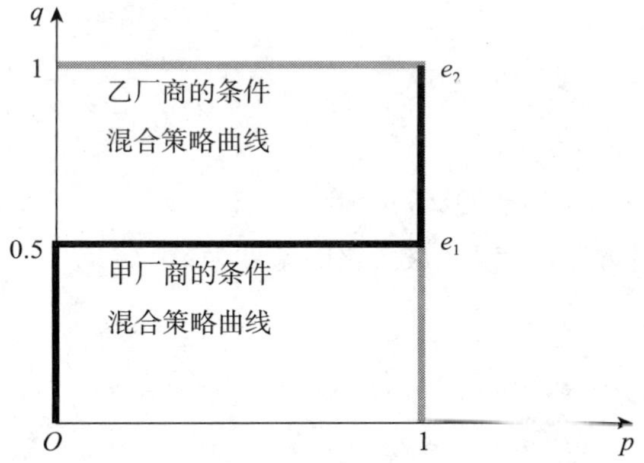

图 10－1　混合策略均衡

11. 在动态博弈中，纳什均衡与逆向归纳策略有什么不同?

【难度】1　　**【考点】**完全信息动态博弈与纳什均衡的精炼

【答案】（1）逆向归纳策略总是纳什均衡，但纳什均衡并不一定是逆向归纳策略。

（2）逆向归纳策略指用逆向归纳法倒推得到的最优策略组合。在完全信息动态博弈中，纳什均衡不具有唯一性，部分纳什均衡很不合理，因此需要对纳什均衡进行精炼，即从多个纳什均衡中找到最有可能实现的纳什均衡。逆向归纳策略是一种纳什均衡的精炼。

二、论述题

12. 设某个纯策略博弈的纳什均衡不存在。试问：相应的混合策略博弈的纳什均衡会存在吗？试举一例说明。

【难度】 1　　**【考点】** 混合策略均衡

【答案】 在纯策略纳什均衡不存在时，该博弈会存在混合策略纳什均衡。

如表 10－4 的二人同时博弈不存在纯策略纳什均衡，但存在混合策略纳什均衡。

表 10－4

			参与人乙	
			q	$1-q$
			左	右
参与人甲	p	上	4，6	9，1
	$1-p$	下	7，3	2，8

由表 10－4 可知，

$$\begin{aligned} E_{甲} &= 4pq+9p(1-q)+7(1-p)q+2(1-p)(1-q) \\ &= 7p-10pq+5q+2 \\ &= p(7-10q)+5q+2 \end{aligned}$$

由甲的期望支付可知，使 $E_{甲}$ 最大化的条件为：

$$p=\begin{cases} 1 & q<0.7 \\ [0,1] & q=0.7 \\ 0 & q>0.7 \end{cases}$$

同理可得：$E_{乙}=5q(2p-1)-7p+8$。

由乙的期望支付可知，使 $E_{乙}$ 最大化的条件为：

$$q=\begin{cases} 0 & p<0.5 \\ [0,1] & p=0.5 \\ 1 & p>0.5 \end{cases}$$

甲、乙的条件混合策略曲线如图 10－2 所示，两条曲线的交点 e 代表了混合策略博弈的纳什均衡。在 e 点，$p=0.5$，$q=0.7$，所以该混合策略博弈的纳什均衡为（（0.5，0.5），（0.7，0.3））。

13. 在图 10－3 简化的博弈树模型中，确定纳什均衡和逆向归纳策略。

【难度】 2　　**【考点】** 完全信息动态博弈与纳什均衡的精炼

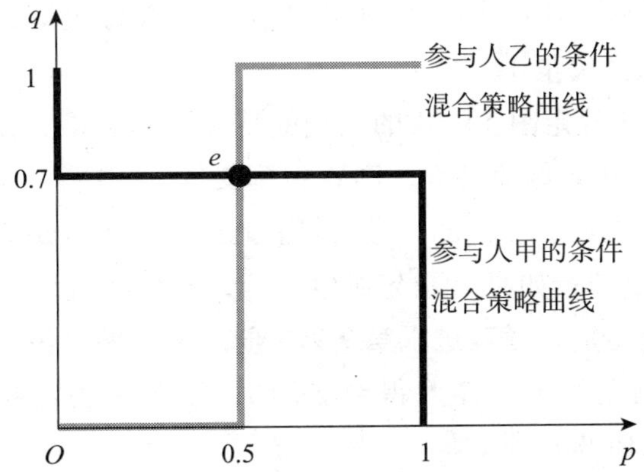

图 10-2　混合策略均衡

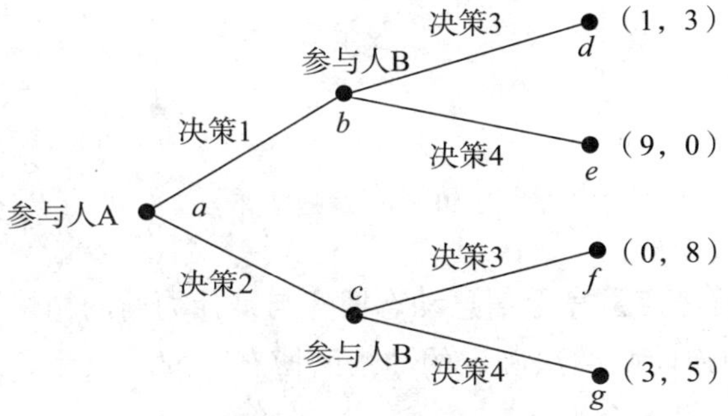

图 10-3　A-B 博弈

【答案】(1) 纳什均衡为（决策 1，决策 3）。如果参与人 B 单独改变策略，则策略组合变为（决策 1，决策 4），参与人 B 的支付将从 3 下降为 0；如果参与人 A 单独改变策略，则策略组合变为（决策 2，决策 3），参与人 A 的支付将从 1 下降为 0。于是，参与人 A、B 都没有单独改变策略的动机。

【提示】也可以把博弈树改写成支付矩阵来分析纳什均衡，以本题为例，改写为如下支付矩阵（见表 10-5）：

表 10-5

		参与人 B	
		决策 3	决策 4
参与人 A	决策 1	<u>1</u>，<u>3</u>	<u>9</u>，0
	决策 2	0，<u>8</u>	3，5

由条件策略下划线法可知，只有一个纳什均衡（决策 1，决策 3）。
这种方法相对而言，更明朗一些。

(2) 逆向归纳策略为（决策 1，决策 3）。首先，参与人 B 做决策，当参与人 A 选择决策 1 时，参与人 B 选择决策 3；当参与人 A 选择决策 2 时，参与人 B 选择决策 3，因此参与人 B 总是选择决策 3。其次，参与人 A 做决策，给定参与人 B 选择决策 3，参与人 A 选择决策 1。

14. 用逆向归纳法确定图 10－4 的“蜈蚣博弈”的结果。在该博弈中，第 1 步是 A 做决策：如果 A 决定结束博弈，则 A 得到支付 1，B 得到支付 0；如果 A 决定继续博弈，则博弈进入第 2 步，由 B 做决策。此时，如果 B 决定结束博弈，则 A 得到支付 0，B 得到支付 2；如果 B 决定继续博弈，则博弈进入第 3 步，又由 A 做决策。如此等等，直到最后，博弈进入第 9 999 步，由 A 做决策。此时，如果 A 决定结束博弈，则 A 得到支付 9 999，B 得到支付 0；如果 A 决定继续博弈，则 A 得到支付 0，B 得到支付 10 000。

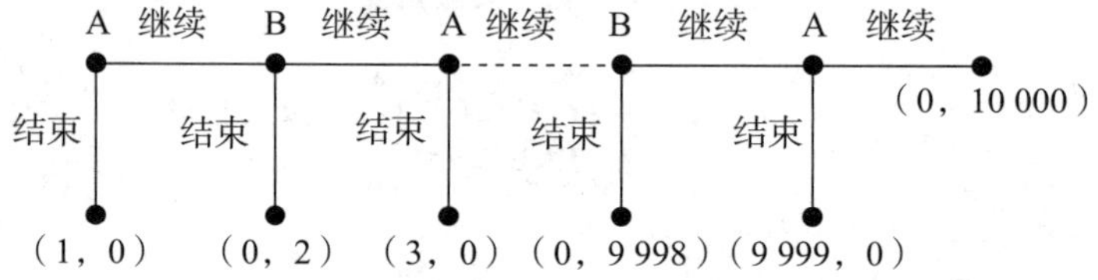

图 10－4　蜈蚣博弈

【难度】2　　**【考点】**完全信息动态博弈与纳什均衡的精炼

【答案】（1）用逆向归纳法确定的“蜈蚣博弈”的结果为，A 在第 1 步就选择结束博弈，相应的支付组合为（1，0）。

（2）根据逆向归纳法，在第 9 999 步博弈中，A 做决策，A 结束博弈的支付为 9 999，继续的支付为 0，因此 A 的决策肯定是选择结束。在第 9 998 步博弈中，B 做决策，由于 A 在第 9 999 步选择结束，此时 B 选择结束的支付为 9 998，B 选择继续的支付为 0，因此 B 肯定选择结束。依此类推，在第 2 步博弈中，B 肯定选择结束，从而在第 1 步博弈中，A 选择结束。于是，A 得到支付 1，B 得到支付 0。

15. 在图 10－5 的情侣博弈中，如果将第二个支付向量（0，0）改为（0，1.5），纳什均衡和逆向归纳策略会有什么变化？改为（0，1）呢？

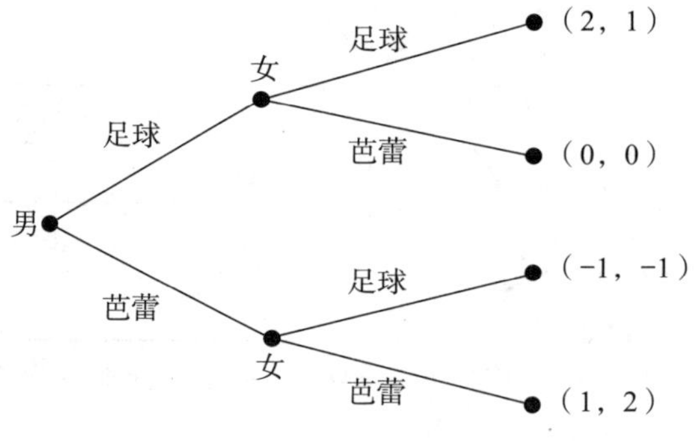

图 10－5　情侣博弈

【难度】2　　**【考点】**完全信息动态博弈与纳什均衡的精炼

【答案】(1) 如表 10-6 所示，第二个支付向量为 (0，0) 时，由条件策略下划线法可知，有两个纳什均衡，即（足球，足球）和（芭蕾，芭蕾）。

表 10-6

		女	
		足球	芭蕾
男	足球	2，1	0，0
	芭蕾	−1，−1	1，2

如果男方选择足球，则女方也选择足球；如果男方选择芭蕾，则女方也选择芭蕾。男方在确定女方的反应后，会选择足球，因为选择芭蕾的支付为 1，选择足球的支付为 2。所以逆向归纳策略为（足球，足球）。

(2) 如表 10-7 所示，将第二个支付向量改为 (0，1.5) 后，由条件策略下划线法可知，有一个纳什均衡，即（芭蕾，芭蕾）。

表 10-7

		女	
		足球	芭蕾
男	足球	2，1	0，1.5
	芭蕾	−1，−1	1，2

无论男方选择足球还是芭蕾，女方都会选择芭蕾。男方在确定女方的反应后，会选择芭蕾。所以逆向归纳策略是（芭蕾，芭蕾）。

(3) 如表 10-8 所示，将第二个支付向量改为 (0，1) 后，由条件策略下划线法可知，有两个纳什均衡，即（足球，足球）和（芭蕾，芭蕾）。

表 10-8

		女	
		足球	芭蕾
男	足球	2，1	0，1
	芭蕾	−1，−1	1，2

此时逆向归纳法失效：当男方选择芭蕾时，女方也选择芭蕾，从而，男方可得到支付 1；但当男方选择足球时，女方既可以选择足球，也可以选择芭蕾，如果女方选择足球，则男方可以得到更大的 2，如果女方选择芭蕾，则男方只能得到更小的 0。

【提示】(1) 逆向归纳法与寡头市场中的斯塔克伯格模型类似。领导者（先决策者）必须知道追随者（后决策者）确定的反应函数（反应行为），然后再以此为前提，作出自己的最优选择。

(2) 利用支付矩阵一样可以分析逆向归纳策略。以第二个支付向量是 (0，0) 为例，男方面临两个确定的纳什均衡，自己的支付分别是 2 和 1。由于男方有先动优势，自然就选择支付为 2 的那个，也就是（足球，足球）。当第二个支付向量为（0，1）时，男方面临两个纳什均衡，但其中（足球，足球）是不确定的，因为男方选择足球时，女方也有可能选择芭蕾。因此，男方选择芭蕾稳定得到 1，选择足球则既可能得到 2 也可能得到 0，于是逆向归纳法失效。

16. 在只有两个参与人且每个参与人都有三个策略可供选择的情况下，纯策略纳什均衡最多可有几个？

【难度】1　　**【考点】**博弈论的基本概念及纳什均衡

【答案】在这种情况下，两个参与人共同的支付矩阵有 3×3＝9 个，纯策略纳什均衡最多的情况是这 9 个都是纳什均衡，所以最多可能有 9 个。

17. 设有两个参与人 x 和 y。x 有两个纯策略 x_1 和 x_2，y 有两个纯策略 y_1 和 y_2。当 y 选择 y_1 和 y_2 时，x 选择 x_1 得到的支付分别为 x_{11} 和 x_{12}，选择 x_2 得到的支付分别为 x_{21} 和 x_{22}；当 x 选择 x_1 和 x_2 时，y 选择 y_1 得到的支付分别为 y_{11} 和 y_{21}，选择 y_2 得到的支付分别为 y_{12} 和 y_{22}。

（1）试给出相应的博弈矩阵。

（2）这种博弈矩阵的表示是唯一的吗？为什么？

【难度】1　　**【考点】**博弈论的基本概念及纳什均衡

【答案】（1）博弈矩阵如下（见表 10－9）：

表 10－9

		y	
		y_1	y_2
x	x_1	x_{11}，y_{11}	x_{12}，y_{12}
	x_2	x_{21}，y_{21}	x_{22}，y_{22}

（2）博弈矩阵不是唯一的，因为可以将 x 和 y 的位置互换，互换后的博弈矩阵如下（见表 10－10）：

表 10－10

		x	
		x_1	x_2
y	y_1	y_{11}，x_{11}	y_{21}，x_{21}
	y_2	y_{12}，x_{12}	y_{22}，x_{22}

18. 根据表 10－11 的二人同时博弈模型求：

（1）参与人 A 与 B 的期望支付。

（2）参与人 A 与 B 的条件混合策略。

（3）纳什均衡。

表 10-11

			B 的策略	
			q_1	$1-q_1$
			左策略	右策略
A 的策略	p_1	上策略	3，2	1，1
	$1-p_1$	下策略	0，0	2，3

【难度】 2　　**【考点】** 混合策略均衡

【答案】（1）A 的期望支付为：

$$\begin{aligned}E_A&=3p_1q_1+p_1(1-q_1)+0+2(1-p_1)(1-q_1)\\&=3p_1q_1+p_1-p_1q_1+2-2q_1-2p_1+2p_1q_1\\&=-p_1+4p_1q_1-2q_1+2\\&=p_1(4q_1-1)-2q_1+2\end{aligned}$$

B 的期望支付为：

$$\begin{aligned}E_B&=2p_1q_1+p_1(1-q_1)+0+3(1-p_1)(1-q_1)\\&=2p_1q_1+p_1-p_1q_1+3-3q_1-3p_1+3p_1q_1\\&=4p_1q_1+3-3q_1-2p_1\\&=q_1(4p_1-3)-2p_1+3\end{aligned}$$

（2）A 的条件混合策略为：

$$p_1=\begin{cases}0 & q_1<0.25\\ [0,1] & q_1=0.25\\ 1 & q_1>0.25\end{cases}$$

B 的条件混合策略为：

$$q_1=\begin{cases}0 & p_1<0.75\\ [0,1] & p_1=0.75\\ 1 & p_1>0.75\end{cases}$$

（3）如图 10-6 所示，混合策略纳什均衡有 3 个：原点(0，0)，e_1(0.75，0.25)，e_2(1，1)。

【提示】 求混合策略均衡有一种简便解法。以本题为例，设 A 选择上策略、下策略的概率分别为 p_1、$1-p_1$，B 选择左策略、右策略的概率分别为 q_1、$1-q_1$，则有：

A 选择上策略的期望支付为：$E_A^{上}=3q_1+(1-q_1)=2q_1+1$。

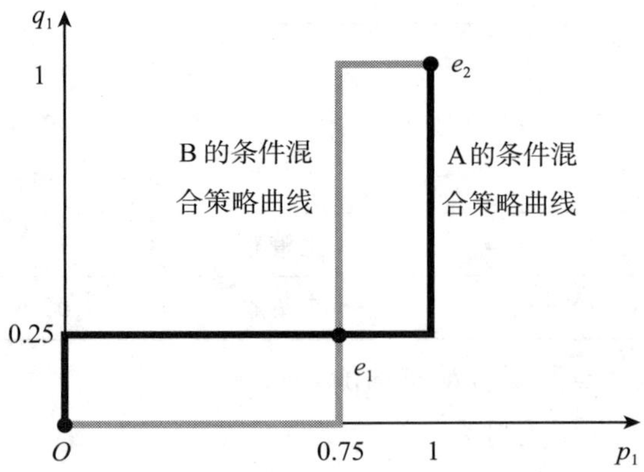

图 10-6　混合策略均衡

A 选择下策略的期望支付为：$E_A^{下}=0+2(1-q_1)=2-2q_1$。

当 A 选择上策略或下策略无差异时，有 $E_A^{上}=E_A^{下}$，即 $2q_1+1=2-2q_1$，解得$q=0.25$。

同理，有：

B 选择左策略的期望支付为：$E_B^{左}=2p_1+0=2p_1$。

B 选择右策略的期望支付为：$E_B^{右}=p_1+3(1-p_1)=3-2p_1$。

当 B 选择左策略或右策略无差异时，有 $E_B^{左}=E_B^{右}$，即 $2p_1=3-2p_1$，解得 $p_1=0.75$。

所以，混合策略纳什均衡为（A 以 0.75 的概率选择上策略，B 以 0.25 的概率选择左策略）。

这一简便解法适合考试，可以节约时间，但弊端就是解不出纯策略纳什均衡，所以，使用这种解法时，必须使用条件策略下划线法把纯策略纳什均衡——（上策略，左策略）和（下策略，右策略）——求出来。

这一简便解法的详细解读和更多相关真题训练，详见微信公众号“王海滨老师”，点击菜单栏“精品文章/精品文章合集/博弈中混合策略均衡的秒杀技巧”，或微信扫描二维码查看。

19. 根据表 10-12 的二人同时博弈模型求：

（1）参与人 A 与 B 的期望支付。

（2）参与人 A 与 B 的条件混合策略。

（3）纳什均衡。

表 10-12

			B的策略	
			q_1	$1-q_1$
			左策略	右策略
A的策略	p_1	上策略	3，0	2，1
	$1-p_1$	下策略	3，2	1，1

【难度】2　　**【考点】**混合策略均衡

【答案】(1) A的期望支付为：

$$\begin{aligned}E_A&=3p_1q_1+2p_1(1-q_1)+3(1-p_1)q_1+(1-p_1)(1-q_1)\\&=3p_1q_1+2p_1-2p_1q_1+3q_1-3p_1q_1+1-q_1-p_1+p_1q_1\\&=p_1-p_1q_1+2q_1+1\\&=p_1(1-q_1)+2q_1+1\end{aligned}$$

B的期望支付为：

$$\begin{aligned}E_B&=0+p_1(1-q_1)+2(1-p_1)q_1+(1-p_1)(1-q_1)\\&=p_1-p_1q_1+2q_1-2p_1q_1+1-q_1-p_1+p_1q_1\\&=q_1-2p_1q_1+1\\&=q_1(1-2p_1)+1\end{aligned}$$

(2) A的条件混合策略为：

$$p_1=\begin{cases}1 & q_1<1\\ [0,1] & q_1=1\end{cases}$$

B的条件混合策略为：

$$q_1=\begin{cases}1 & p_1<0.5\\ [0,1] & p_1=0.5\\ 0 & p_1>0.5\end{cases}$$

(3) 如图10-7所示，混合策略纳什均衡有两个类型：一是e_1点（1，0），二是线段e_2（[0，0.5]，1）。

20. 根据图10-8的博弈树模型求：

(1) 纳什均衡。

(2) 逆向归纳策略。

【难度】1　　**【考点】**完全信息动态博弈与纳什均衡的精炼

【答案】(1) 纳什均衡有两个，分别是（决策1，决策3）和（决策2，决策4）。

(2) 逆向归纳策略为（决策1，决策3）。

21. 根据图10-9的博弈树模型求：

(1) 纳什均衡。

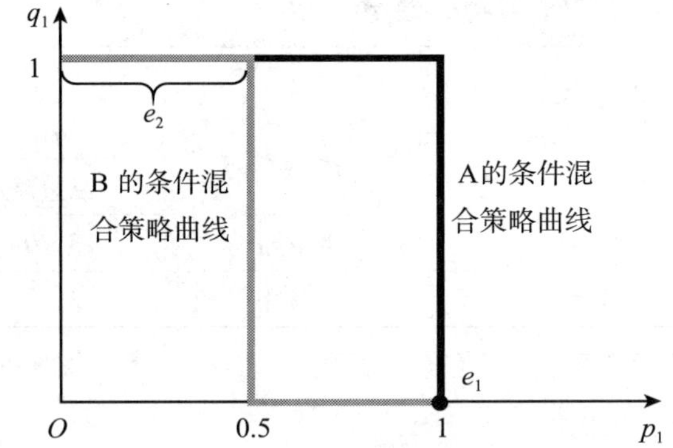

图 10-7　混合策略均衡

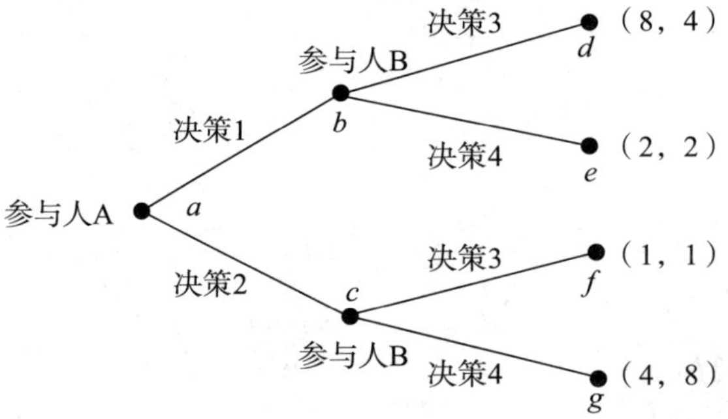

图 10-8

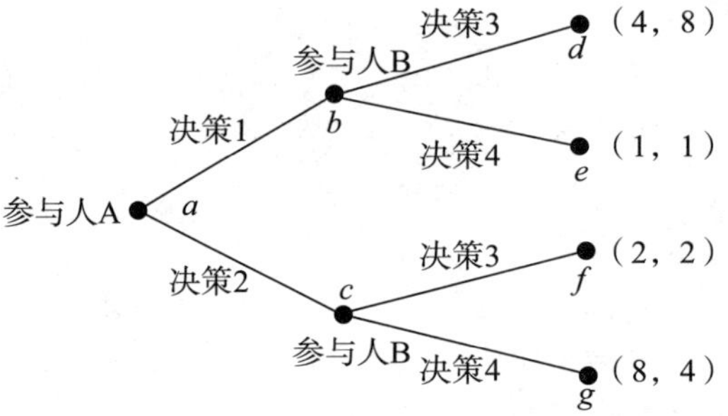

图 10-9

(2)逆向归纳策略。

【难度】 1　　**【考点】** 完全信息动态博弈与纳什均衡的精炼

【答案】(1)纳什均衡有两个，分别是(决策 1，决策 3)和(决策 2，决策 4)。

(2)逆向归纳策略为(决策 2，决策 4)。

补充训练

1. 两个参与人 A 和 B 进行博弈，A 的策略为 D 和 U，B 的策略为 L 和 R，他们博弈的收益矩阵如表 10-13 所示。其中，逗号前面的数值是 A 的收益，逗号后

面的数值是B的收益。关于该博弈的纳什均衡，下列说法正确的是（　　）。（北京航空航天大学2014）

A. 该博弈不存在纳什均衡

B. 该博弈的纯策略纳什均衡解仅有1个

C. A选择U、B选择L是该博弈的纳什均衡解

D. A选择U、B选择R是该博弈的纳什均衡解

表 10－13

		B	
		L	R
A	U	5，6	2，5
	D	4，1	6，2

2. 考虑一个两人博弈，博弈参与人A选择 $a\in[0，4]$，博弈参与人B选择 $b\in[0，4]$。博弈参与人A的支付函数为 $u(a，b)=ba-2a^2$，博弈参与人B的支付函数为 $v(b，a)=b/a-b^2/2$。该博弈的纳什均衡策略组合为 $(a^*，b^*)=$（　　）。（电子科大2016）

A. (4，4)　　B. (0，0)

C. (1/2，1/2)　　D. (1/2，2)

3. 表10－14博弈中的混合策略均衡是（　　）。（上海财大2007）

表 10－14　行动主体1、2的支付矩阵

		2	
		U	D
1	A	8，3	0，0
	B	0，0	6，4

A. 1选A的概率是3/7，选B的概率是4/7；2选U的概率是3/7，选D的概率是4/7

B. 1选A的概率是4/7，选B的概率是3/7；2选U的概率是4/7，选D的概率是3/7

C. 1选A的概率是4/7，选B的概率是3/7；2选U的概率是3/7，选D的概率是4/7

D. 1选A的概率是1/2，选B的概率是1/2；2选U的概率是1/2，选D的概率是1/2

4. 在一条狭窄的巷子里，两个年轻人骑着自行车相向而行。每人都有两个策略，即或者选择“冲过去”或者选择“避让”。如果选择“避让”，不管对方选择什么策略，他得到的收益都是0。如果其中一人选择“冲过去”的策略，若对方选择“避让”，那么他得到的收益是9；若对方不避让，那么他得到的收益是－36。这个

博弈有两个纯策略纳什均衡和（　　）。（上海财大 2008）

A. 一个混合策略纳什均衡，即两人都以 80%的概率选择“避让”，以 20%的概率选择“冲过去”

B. 两个混合策略纳什均衡，即每个年轻人轮流选择“避让”或者“冲过去”

C. 一个混合策略纳什均衡，即一人以 80%的概率选择“避让”，另一人以 20%的概率选择“冲过去”

D. 一个混合策略纳什均衡，即两人都以 40%的概率选择“避让”，以 60%的概率选择“冲过去”

5. 考虑如图 10－10 所示的博弈树，该博弈的子博弈精炼均衡策略组合为（　　）。（电子科大 2016）

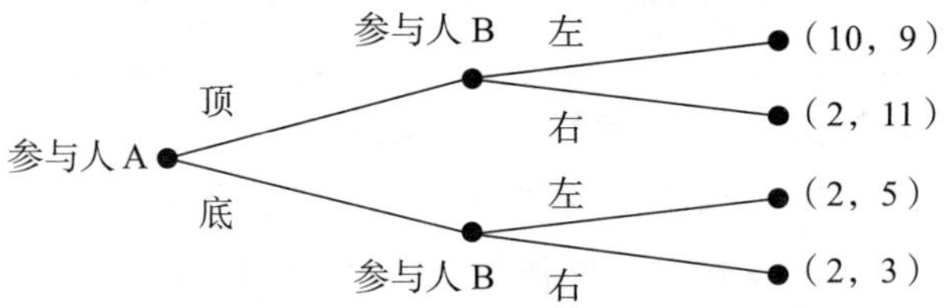

图 10－10

A. （顶，左）和（底，右）

B. （顶，右）和（底，左）

C. （顶，右）

D. （顶，左）

6. 假设两个厂商 A 和 B 之间就做广告与不做广告展开博弈，它们的博弈矩阵如表 10－15 所示（单位：百万元）。

表 10－15　广告博弈

		厂商 B	
		做广告	不做广告
厂商 A	做广告	100，100	300，0
	不做广告	0，300	200，200

现假设博弈是可重复的，但只进行 5 次，两个厂商均采取“以牙还牙”的对策，厂商 A 在第一回合不做广告，对于厂商 B 则有两种情况：在第一次做广告或不做广告。试分别计算这两种情况下厂商 B 的累积利润，并判断厂商 B 该采取何种行动。（东南大学 2005）

7. （名词解释）纳什均衡与帕累托最优状态（北京大学 2004）

8. 两个厂商按伯特兰模型博弈，单方降价则获得垄断利润 Π，另一方利润为零，反之亦然。若串谋制定垄断价格，则各自获得垄断利润 $\Pi/2$。

（1）画出该囚徒困境博弈的矩阵图，求纳什均衡解。

（2）若两厂商进行 T 次有限次重复博弈，求子博弈纳什均衡解。

（3）若两厂商都要获得垄断利润，应该怎么做？采取什么策略？（北京大学 2005）

9. 在货币政策博弈当中，博弈双方货币当局和工会的策略分别是：是否增加货币供给和是否提高工资。其支付矩阵（用货币测度的好处）如表 10－16 所示。

表 10－16 货币政策博弈

		政府	
		不增加货币供给	增加货币供给
工会	不提高工资	6，6	1，8
	提高工资	8，1	2，2

说明：

（1）单期静态博弈的结果。

（2）根据跨期博弈讨论“规则”及其信誉。（中央财经大学 2003）

10. 中新网 2012 年 2 月 7 日报道，在中国第三届大学生艺术展演活动中央媒体见面会上，浙江省教育厅厅长刘希平再次表达了改革教育的决心。早在两年前，在浙江省教育厅举办的课业减负相关会议上，刘希平就痛批“应试绑架了教育”，倡导开展教育减负的改革。2010 年 8 月，浙江省教育厅就减轻义务教育阶段中小学生过重课业负担下发通知，制定了“六个严格”和“六项制度”，对中小学课时、课程开设、规范考试、学生休息时间等都做了严格的规定。两年后，当被问到减负工作成效如何时，刘希平感叹，顽疾难治，但决心不改，帮助孩子减负需要教育人持之以恒。“在减负的道路上，那么多年来我们可以说是屡战屡败、屡败屡战，但要改变应试教育的危害，减轻学生负担是必须做的第一步，我们绝不可以退让。”

试用博弈论分析目前的应试教育现象。（暨南大学 2013）

11. 假设政府与流浪者之间存在如下社会福利博弈（见表 10－17）：

表 10－17 社会福利博弈

		流浪者	
		寻找工作	游手好闲
政府	救济	（3，2）	（—1. 3）
	不救济	（—1，1）	（0，0）

请分析一下，在这场博弈中政府和流浪者各自有没有优势策略均衡，有没有纳什均衡，在此基础上说明优势策略均衡和纳什均衡的区别与联系。（复旦大学 2012）

12. 试论述囚徒困境对于经济学的意义。（清华大学 2004）

13. 论述博弈论的基本原理及主要均衡策略。（浙江大学 2004）

14. 在性别战博弈（game of battle of sex）中，参与人小丽和小勇的博弈矩阵见表 10－18：

表 10-18

		小勇	
		看拳击比赛	看芭蕾舞演出
小丽	看拳击比赛	1，4	0，0
	看芭蕾舞演出	0，0	4，1

请求解：

（1）该博弈的纯策略纳什均衡；

（2）该博弈的混合策略纳什均衡。（浙江财经大学 2019）

15. 两个厂商进行差别产品的价格竞争，其中一个的产量是 $q_1=12-2p_1+p_2$，另一个的产量是 $q_2=12-2p_2+p_1$，边际成本都为 0，固定成本都为 20。

（1）求纳什均衡中的价格和利润。

（2）二者若共谋，平分利润，求价格和利润。

（3）在短期，共谋能否成立？长期呢？（清华大学 2011）

16. 某外资企业计划在北京和上海建立生产基地，如果两个地区的地方政府都不推出税收返还政策，那么，外资企业将选择在北京建立一个大型生产基地，在上海建立一个小型生产基地，这将分别为两个地区带来 30 和 10 的税收收入。如果其中一个地方政府推出了返还 10 的税收政策，而另一个地方政府没有推出相应的政策，那么企业将把大型生产基地设立在具有税收优惠的地区。如果两个地方政府同时推出返还 10 的税收政策，那么企业的选择将与完全没有税收优惠时相同。

（1）建立一个博弈来描述上述地方政府的招商引资行为。

（2）求出上述博弈的纳什均衡。（暨南大学 2012）

17. 在电影《美丽心灵》中有一个酒吧约会的片段：3 个男生来到酒吧，酒吧中有 4 个女生，其中 1 个是金发女生，3 个是红发女生。假设男生和红发女生约会的效用是 1，而和金发女生约会的效用是 4。每个男生都要决定是和金发女生搭讪还是和红发女生搭讪。如果只有一个男生和金发女生搭讪，这个男生可以成功约到金发女生。如果有多个男生同时和金发女生搭讪，由于男生之间的竞争，他们都不会成功，并且不能约到红发女生。如果和红发女生搭讪，受到搭讪的红发女生拒绝，仍可以和其他红发女生约会，但不能被金发女生接受。每个女生都希望有男生约会，不会拒绝唯一和自己搭讪的男生。男生没有约会的效用为 0。每个男生都独立地决定自己的搭讪对象。

（1）构造一个博弈来分析男生的决策，写出每个男生的纯策略集合和他的支付函数。

（2）在你构造的博弈中，是否存在纯策略均衡？请说明。

（3）在你构造的博弈中，是否存在混合策略均衡？请说明。（中山大学 2016）

18. （1）假设企业 1 和企业 2 进行同时博弈，请找出 5 个博弈中具有多重均衡的博弈（见表 10-19～表 10-23），并给出均衡的描述。

(2) 如果两个企业进行的是序贯博弈，请找出 5 个博弈中企业 1 具有先动优势的博弈，并给出均衡的描述。(暨南大学 2013)

表 10-19 博弈Ⅰ

		企业 2	
		策略 Y	策略 Z
企业 1	策略 A	3，3	6，6
	策略 B	6，6	3，3

表 10-20 博弈Ⅱ

		企业 2	
		策略 Y	策略 Z
企业 1	策略 A	1，6	4，5
	策略 B	2，7	3，8

表 10-21 博弈Ⅲ

		企业 2	
		策略 Y	策略 Z
企业 1	策略 A	1，2	5，6
	策略 B	3，4	7，8

表 10-22 博弈Ⅳ

		企业 2	
		策略 Y	策略 Z
企业 1	策略 A	1，8	6，4
	策略 B	5，7	2，3

表 10-23 博弈Ⅴ

		企业 2	
		策略 Y	策略 Z
企业 1	策略 A	1，5	4，6
	策略 B	2，8	3，7

参考答案

1. **【难度】** 2　　**【考点】** 博弈论的基本概念及纳什均衡

【答案】 C。在一个纳什均衡里，如果其他参与人均不改变各自的最优策略，任何一个参与人都不会改变自己的最优策略，即要求任何一个参与人在其他参与人的策略选择给定的条件下，其选择的策略也是最优的。本题中，当 A 选择 U 时，B

会选择 L，因为 6>5；当 A 选择 D 时，B 会选择 R，因为 2>1。当 B 选择 L 时，A 会选择 U，因为 5>4；当 B 选择 R 时，A 会选择 D，因为 6>2。因此，依据纳什均衡的定义，可知（U，L），（D，R）是该博弈的纯策略纳什均衡。

2. **【难度】** 2　　**【考点】** 博弈论的基本概念及纳什均衡

【答案】 D。A 的支付最大化条件为$\frac{\partial u}{\partial a}=b-4a=0$，整理得 $4a=b$；B 的支付最大化条件为$\frac{\partial v}{\partial b}=\frac{1}{a}-b=0$，整理得 $b=\frac{1}{a}$。联立解得：$a^*=1/2$，$b^*=2$。

3. **【难度】** 2　　**【考点】** 混合策略均衡

【答案】 C。设 1 选 A 的概率为 p，2 选 U 的概率为 q。混合策略均衡表明，在 2 以概率 q 选择 U、以概率（$1-q$）选择 D 时，1 选择 A 或 B 的支付是无差异的；同理，在 1 以概率 p 选择 A、以概率（$1-p$）选择 B 时，2 选择 U 或 D 的支付是无差异的。因此，可以列出等式

$$\begin{cases}8\times q+0\times(1-q)=0\times q+6\times(1-q), & \text{对 1 来说}\\ 3\times p+0\times(1-p)=0\times p+4\times(1-p), & \text{对 2 来说}\end{cases}$$

解得 $p=4/7$，$q=3/7$，所以选 C。

【提示】 本题使用了混合策略均衡的简便解法，这一解法在考试时可以极大地节约计算时间（也避免了因计算量太大而导致的计算失误），但也有一个弊端。

关于这一解法的详细介绍和弊端提醒，详见微信公众号“王海滨老师”，点击菜单栏中的“精品文章/精品文章合集/博弈中混合策略均衡的秒杀技巧”，或微信扫描二维码查看。

4. **【难度】** 2　　**【考点】** 混合策略均衡

【答案】 A。根据题中条件写出支付矩阵，如表 10-24 所示。

表 10-24　甲、乙两人的支付矩阵

			乙	
			c	$1-c$
			冲过去	避让
甲	r	冲过去	−36，−36	9，0
	$1-r$	避让	0，9	0，0

从支付矩阵可以看出，这个博弈有两个纯策略纳什均衡（9，0），（0，9）。设甲选择“冲过去”的概率为 r，乙选择“冲过去”的概率为 c，则甲的期望支付（即期望收益）$E_{甲}=-36rc+9r(1-c)+0\cdot c(1-r)+0\cdot(1-c)(1-r)$。假定 r 增加了 Δr，则甲的期望支付变化$=(-45c+9)\Delta r$。可见，当 $c=0.2$ 时，甲对于 r

在 0～1 中的选择无差异。同理，对乙的期望支付分析也可得到，当 $r=0.2$ 时，乙对于 c 在 0～1 中的选择无差异。即存在一个混合策略纳什均衡（0.2，0.2），选 A。

5.**【难度】**1　　**【考点】**完全信息动态博弈与纳什均衡的精炼

【答案】B。如果 A 选顶，则 B 会选右，最终支付为（2，11）；如果A 选底，则 B 会选左，最终支付为（2，5）。由此可知，A 无论选顶还是底，自己的支付都是 2，所以两个选择都是 A 的最优选择。子博弈精炼均衡策略组合为（顶，右）和（底，左）。

6.**【难度】**3　　**【考点】**完全信息动态博弈与纳什均衡的精炼

【答案】在第一回合厂商 A 不做广告，如果厂商 B 第一次做广告，厂商 B 的利润为 300；因为两个厂商均采取“以牙还牙”的对策，所以第二回合厂商 A 会对 B 的行为进行报复，做广告，此时 B 也做广告，利润为 100；在第三、四、五回合里 A、B 都做广告，B 的利润为 100。所以 B 的累积利润为：300＋100×4＝700。

如果厂商 B 第一次不做广告，厂商 B 的利润为 200；此时双方选择的都是合作策略，在此后的回合中双方都不会改变策略，所以 B 的累积利润为：200×5＝1 000。所以厂商 B 在一开始就应该采取合作策略，不做广告。

7.**【难度】**2　　**【考点】**博弈论的基本概念及纳什均衡

【答案】（1）纳什均衡指这样一种策略集，在这一策略集中，每个博弈参与人都确信，在给定竞争对手策略的情况下，他选择了最好的策略。也就是说，给定其他人的策略，任何个人都没有积极性去选择其他策略，从而这个均衡没有人有积极性去打破。

（2）帕累托最优也称帕累托最适度、帕累托最佳状态或帕累托最优原则等，是现代西方福利经济学中讨论实现生产资源的最优配置的理论。

帕累托最优状态是这样一种状态：在这种状态下，任何对该状态的改变都不可能使一部分人的福利增加，而又不使另一部分人的福利减少，这种状态就是一个非常有效率的状态。帕累托最优状态包括三个条件：1）交换的最优状态：人们持有的既定收入所购买的各种产品的边际替代率等于这些产品的价格比率；2）生产的最优状态：所有生产要素中任意两种生产要素的边际技术替代率对所有生产者都相等；3）生产和交换的一般最优状态：所有产品中任意两种产品的边际替代率都等于这两种产品在生产中的边际转换率。

如果所有的市场（产品市场和生产要素市场）均是完全竞争的，则市场机制的最终作用将会使生产资源达到最优配置。在帕累托最优这种理想的状态下，有限的生产资源得到最有效率的配置，产品的分配也使社会成员的总体福利最大。

（3）二者都揭示了市场配置的状态，但角度不同。纳什均衡是从博弈论角度考虑，帕累托最优则是从整个资源配置的角度考虑。纳什均衡不一定是帕累托最优，社会最优解往往不是纳什均衡解。

8.**【难度】**2　　**【考点】**博弈论的基本概念及纳什均衡；完全信息动态博弈与纳什均衡的精炼

【答案】(1) 该囚徒困境博弈的矩阵如表 10 - 25 所示。

表 10 - 25　厂商的支付矩阵

		厂商 B	
		降价	不降价
厂商 A	降价	0，0	Ⅱ，0
	不降价	0，Ⅱ	Ⅱ/2，Ⅱ/2

运用条件策略下划线法，纳什均衡解为（降价，降价），（不降价，降价），（降价，不降价）。

(2) 若两厂商进行 T 次有限次重复博弈，子博弈精炼纳什均衡解为（（降价，…，降价），（降价，…，降价））。

(3) 若两厂商都要获得垄断利润，则应该合作，采取（不降价，不降价）的策略。

9.【难度】2　　【考点】博弈论的基本概念及纳什均衡

【答案】(1) 当工会提高工资时，政府增加货币供给，政府得到的支付为 2，政府不增加货币供给，政府得到的支付为 1；当工会不提高工资时，政府增加货币供给，政府得到的支付为 8，政府不增加货币供给，政府得到的支付为 6。因此，无论工会提高工资与否，政府的最优策略都是增加货币供给，于是可以肯定政府会增加货币供给。

面对政府增加货币供给，工会的最优策略就是提高工资。所以，在货币政策博弈中，单期静态博弈的结果就是：政府增加货币供给，工会提高工资。显然此时政府、工会得到的支付都不是最大的。

(2) 在动态博弈的条件下，参与人的策略选择是相互影响的，由于博弈的参与人的行动有先有后，后行动者又能观察到先行动者的行为，其间就会产生一个可信性问题。后行动者可以承诺采取对先行动者有利的策略，也可以威胁先行动者以使先行动者不得不采取对后行动者有利的策略。承诺与威胁就存在一个可信性的问题。

在货币政策博弈中，当进行重复博弈时，如果工会和政府都有足够的理性，那么它们就会选择对双方来说都更有利的策略。如果是无限次博弈，显然博弈结果就会是工会不提高工资，政府不增加货币供给，双方得到的支付为（6，6）。如果重复次数不够，而双方又不够理性，结果就不容易相对于单次博弈有所改善。

10.【难度】2　　【考点】博弈论的基本概念及纳什均衡

【答案】(1) 我国目前的教育体系正面临应试教育的囚徒困境。

虽然大家都减负是社会最理想的状态，但却不是这一博弈的纳什均衡。究其根本原因还在于教育人才的选拔与应试结果关联太紧密。

以高中为例，假设社会上只有两个学校，学校面临着给学生减负还是不减负的决策，但它们的目标都是提高自己学校的升学率，它们决策的支付矩阵（以升学率表示）如下（见表 10 - 26）：

表 10 - 26

		学校 B	
		减负	不减负
学校 A	减负	中升学率，中升学率	低升学率，高升学率
	不减负	高升学率，低升学率	中升学率，中升学率

其中，若两个学校都减负或者都不减负，则大家都是平等竞争，双方的升学率都是国内平均数（目前为75%左右）。但是，如果一方减负，另一方不减负，则减负的一方升学率下降为低升学率，不减负的一方则上升为高升学率。

显然，（不减负，不减负）是两个学校博弈的纳什均衡解。

同样的分析方法也适用于家长、学生，以及其他学习阶段——例如小学、大学（以考研最为严重）——的学校、家长和学生。

所有学校、家长、学生以及政府部门都意识到了（减负，减负）是最理想的结果，但是，这一困境导致执行者们无法减负，最后都困在（不减负，不减负）的均衡上。

（2）改变这一局面将会是一个缓慢的过程，关键还得从人才选拔机制上着手，让市场自主选择人才，其结果必然是应试教育培养的学生不受欢迎。可喜的是，这一变化正在循序渐进地发生着。

目前网络上爆出的“民工工资比大学毕业生高”“月嫂工资比大学毕业生高”“大学生毕业即失业”等话题引起了学校、家长和学生对学习的思考，他们开始意识到应试教育培养的人才已经逐渐不受市场欢迎了，大家更在乎学生的综合素质。

这一变化会使得大学在培养学生时更注重学生的综合素质，同时，招生时也更注重综合素质。例如复旦大学、北京大学等名校的自主招生，就更多的是考核学生的综合素质，而不是考分。而研究生招生也越来越多地使用推免渠道。在上面的博弈例子中，在新的招生机制下，学校如果不减负，学生的综合素质上不去，升学率将下降，这就使得博弈均衡会逐渐转向（减负，减负）。

11.**【难度】**1　　**【考点】**博弈论的基本概念及纳什均衡

【答案】（1）当政府选择“救济”时，流浪者的优势策略为“游手好闲”；当政府选择“不救济”时，流浪者的优势策略为“寻找工作”。而当流浪者选择“寻找工作”时，政府的优势策略为“救济”；当流浪者选择“游手好闲”时，政府的优势策略为“不救济”。

因此，在这场博弈中政府和流浪者既没有优势策略均衡，也没有纳什均衡。

（2）一般来说，由博弈中的所有参与人的优势策略组合构成的均衡就是优势策略均衡。而纳什均衡指，如果其他参与人不改变策略，则任何一个参与人都不会改变自己的策略。

由此可见，优势策略均衡是比纳什均衡更强的一个博弈均衡概念。优势策略均衡要求任何一个参与人对于其他参与人的任何策略选择来说，其最优策略都是唯一的。而纳什均衡只要求任何一个参与人在其他参与人的策略选择给定的条件下，其选择的策略是最优的。所以，优势策略均衡一定是纳什均衡，而纳什均衡不一定就是优势策略均衡。

12.**【难度】**2　　**【考点】**博弈论的基本概念及纳什均衡

【答案】(1)"囚徒困境"是博弈论的一个经典案例。它是著名经济学家塔克最早修改而提出的一个例子。囚徒困境讲述的是这样一个故事：警察抓住两个偷窃的嫌疑犯，并分别把他们隔离在两个审讯室中进行审问。警察知道这两个人除此次人赃俱获的偷窃外，还犯有其他罪行，但缺乏足够的定罪证据。于是，警察想借此机会让嫌疑犯彻底坦白其罪行，其方法是分别私下告诉每一个嫌疑犯如下出路：如果只有他一人坦白而对方抵赖，那么，坦白者被释放，抵赖者被判 9 年徒刑；如果两人都坦白，各判 5 年；如果两人都抵赖，当然只能就现有证据各判 2 年。在这种情况下，每个嫌疑犯都只有"坦白"或"抵赖"两种策略选择，并面临四种可能的结局。表 10－27 刻画了这两个嫌疑犯面对的博弈。

(2) 在表 10－27 中，每格中前一个数字都代表 A 的支付（即被判的刑期），后一个数字都代表 B 的支付。这种博弈的结果将是：如果每个嫌疑犯都只是想使自己的利益最大化（即被判的刑期最短），且无法影响对方的行为，那么，唯一可能的答案就是两人都坦白交代，各自被判 5 年徒刑。因为在此案例中，当参与人力图使其损失最小化时，他就只能遵循"最小最大"的决策标准，即作出"最大损失中求取最小损失"的决策，参与人将选择那种能使可能的最大损失最小化的策略。对于嫌疑犯 A 来说，最大损失中求取最小损失的策略是"坦白"，对 B 来说，同等的策略也是"坦白"，从而建立起一种策略均衡。在这种均衡中，"坦白"是他们每个人的占优策略。

表 10－27　囚徒困境

		嫌疑犯 B	
		坦白	抵赖
嫌疑犯 A	坦白	5，5	0，9
	抵赖	9，0	2，2

(3) 其实在"囚徒困境"中，最好的结局是都"抵赖"，各被判 2 年徒刑，但这是不可能的。因为不论是嫌疑犯 A 还是 B，只要单独改取"坦白"的策略，就会由被判 2 年的徒刑改为被释放，因而存在着偷换策略的诱惑，处于不稳定的状态。如果 B 改取"坦白"的策略，刑期就可以从 2 年减为 0 年，因而也存在着偷换策略的诱惑，处于不稳定的状态。同样的道理也适用于 A。概言之，"抵赖"是一种劣策略。理性的参与人当然不会选择这种策略。

(4) 如果嫌疑犯在决定是否坦白之前可以交流信息，结果也不会有差异。假设他们认识到警察已经发现他们的隐瞒之事，但他们在被抓之前有几分钟时间进行理性的讨论。嫌疑犯 A 一开始就指出，虽然每个人都有一个占优策略，但"坦白"会导致一个帕累托无效率的结果，所以，为什么不一致否认罪行呢？嫌疑犯 B 也有此思想，并同意这样做。但是，两个小时后，他们最终都会背叛同盟，坦白认罪，形成各被判 5 年的结果。因为虽然有口头协议，但它却不具有约束力。每个嫌疑犯都希望对方抵赖，自己坦白而被释放。当他们都这样想并这么做时，就会形成（坦白，坦白）的策略组合，（坦白，坦白）的策略组合是一个纳什均衡。

（5）可以从上述讨论中得出一个重要的结论：占优策略均衡虽然是唯一可以预见到的结果，但这种策略组合却不一定是帕累托有效的策略组合。在“囚徒困境”中，（坦白，坦白）是帕累托无效率的策略组合，因为每个人都被判 5 年徒刑，并不是博弈参与人共同的最优结果。他们共同的最优结果应该是各被判 2 年，但这是无法实现的。于是，“囚徒困境”常常被经济学家作为一个经典案例来说明：自利的个体理性行为并没有导致社会的最佳结果，亦即个体理性与集体理性之间存在着深刻的冲突。

（6）当然，在重复博弈中，囚徒困境可能会出现非合作性的共谋。尽管每个嫌疑犯都冒着被其他嫌疑犯出卖的风险，但如果他选择不合作，就会失去获得长期合作收益的可能性，如果重复博弈的次数足够多，未来收益的损失就会超过短期背叛的收益，因此，可能会出现参与人彼此合作，采取帕累托有效的策略的情况。

13.【**难度**】2　　【**考点**】博弈论的基本概念及纳什均衡；完全信息动态博弈与纳什均衡的精炼

【**答案**】（1）博弈论是描述和研究行为者之间策略相互依存和相互作用的一种决策理论。博弈论被应用于政治、外交、军事、经济等研究领域。近 20 年来，博弈论在经济学中得到了更广泛的运用，博弈论的应用是微观经济学的重要发展。

在每个博弈中，都至少有两个参与人，每个参与人都有一组可选择的策略。作为博弈的结局，每个参与人都得到各自的支付。每个参与人的支付都是所有参与人各自所选择的策略共同作用的结果。博弈均衡指博弈中的所有参与人都不想改变自己的策略的这样一种状态。任何参与人单方面改变均衡策略都会降低自己的支付。

（2）博弈论的主要静态均衡策略有：

1）占优策略均衡。无论其他参与人采取什么策略，某参与人的唯一最优策略都是他的占优策略。也就是说，如果某个参与人具有占优策略，那么，无论其他参与人选择什么策略，该参与人确信自己所选择的唯一策略都是最优的。一般地说，由博弈中的所有参与人的占优策略组合所构成的均衡就是占优策略均衡。

2）纳什均衡。纳什均衡指如果其他参与人不改变策略，任何一个参与人都不会改变自己的策略。纳什均衡只要求任何一个参与人在其他参与人的策略选择给定的条件下，其选择的策略是最优的。

3）最大最小策略。最大最小策略是指博弈参与人所采取的策略是使自己能够获得的最小收入最大化。所谓最小收入是指采取某一策略所能获得的最小收入。最大最小策略是一种保守的策略而不是利润最大化的策略，博弈参与人往往是在信息不完全的情况下才采取最大最小策略。

4）反复博弈下的合作解。如果博弈是无限次重复的博弈，博弈的结果将是合作均衡。在有限次重复博弈中，博弈均衡解取决于重复次数与博弈参与人的理性程度。如果博弈重复次数很少，博弈参与人只具有有限的理性，则博弈只会出现竞争解而不是合作解。如果博弈次数很多，且博弈参与人具有完全的理性，则博弈将产生合作解，因为博弈双方的报复机会都有很多，任何一方的不合作行为都会引起对方的报复，给自己造成较大的期望损失。

（3）动态博弈条件下的策略行动。寡头企业在竞争中并不拘泥于和对手进行默契配合，以便均分高额利润，还往往采取一些其他策略来取得竞争优势。

1）先动优势。先动优势是指在博弈中首先作出策略决定的人可以获得较多的利益。一个重要的策略是“承诺”。承诺并不是仅仅口头上宣布做某件事情，而是包含着采取某些实质性的行动。承诺是竞争者诱使竞争对手按照自己的意图做决策以使自己获得更多利益的一种策略行动。

2）确实可信的威胁。在博弈中，博弈参与人可以通过对对手实施确实可信的威胁而使自己获得更多的利益。所谓确实可信的威胁是指博弈参与人不是仅仅恐吓对手而已，而是采取某种切实可行的措施使得这种威胁是可信的。

3）塑造形象。竞争者给自己塑造某种合适的形象往往也能给自己带来更多的利益。

4）阻止对手进入。一个垄断者可以设置障碍，阻止潜在竞争对手的进入。一个重要的策略性行动是扩大企业规模，形成超额生产能力。一旦竞争对手进入，就利用这些超额生产能力增加产量、压低价格。现行垄断者的这一策略性行动将会改变支付矩阵中自己的盈利数值。

14.**【难度】**2　　**【考点】**博弈论的基本概念及纳什均衡；混合策略均衡

【答案】（1）如表10-28所示，由条件策略下划线法可知，该博弈的纯策略纳什均衡为（看拳击比赛，看拳击比赛）和（看芭蕾舞演出，看芭蕾舞演出）。

表10-28

		小勇	
		看拳击比赛	看芭蕾舞演出
小丽	看拳击比赛	$\underline{1}$，$\underline{4}$	0，0
	看芭蕾舞演出	0，0	$\underline{4}$，$\underline{1}$

（2）该博弈的混合策略纳什均衡。

假定小丽以概率 p 选择看拳击比赛，以概率 $(1-p)$ 选择看芭蕾舞演出，小勇以概率 q 选择看拳击比赛，以概率 $(1-q)$ 选择看芭蕾舞演出，则有：

$$E_{\text{小丽看拳击}}=q\times1+(1-q)\times0=q$$
$$E_{\text{小丽看芭蕾舞}}=q\times0+(1-q)\times4=4-4q$$

令 $E_{\text{小丽看拳击}}=E_{\text{小丽看芭蕾舞}}$ 得：

$$q=4-4q$$

解得：$q=0.8$。

同理有：

$$E_{小勇看拳击}=p\times4+(1-p)\times0=4p$$
$$E_{小勇看芭蕾舞}=p\times0+(1-p)\times1=1-p$$

令 $E_{小勇看拳击}=E_{小勇看芭蕾舞}$ 得：

$$4p=1-p$$

解得：$p=0.2$。

混合策略纳什均衡为：$((p,\ 1-p),\ (q,\ 1-q))=[(0.2,\ 0.8),\ (0.8,\ 0.2)]$，即小丽以 0.2 的概率选择看拳击比赛、以 0.8 的概率选择看芭蕾舞演出，小勇以 0.8 的概率选择看拳击比赛、以 0.2 的概率选择看芭蕾舞演出。

15.【难度】2　　【考点】博弈论的基本概念及纳什均衡

【答案】(1) 厂商 1 和厂商 2 的利润函数分别为：

$$\pi_1=p_1q_1-20=p_1(12-2p_1+p_2)-20$$
$$\pi_2=p_2q_2-20=p_2(12-2p_2+p_1)-20$$

纳什均衡的必要条件是：

$$\partial\pi_1/\partial p_1=0$$
$$\partial\pi_2/\partial p_2=0$$

以此可得两厂商对对方价格的反应曲线为：

$$12-4p_1+p_2=0$$
$$12-4p_2+p_1=0$$

联立方程即可得到纳什均衡价格分别为 $p_1^*=p_2^*=4$，利润分别为 $\pi_1^*=\pi_2^*=12$。

(2) 二者若共谋，则价格相同，且两个厂商相当于合并成一个垄断厂商。设共谋的价格为 P，此时整个市场的需求曲线为各自的需求曲线之和：$Q=q_1+q_2=24-2P$。

总利润函数为：

$$\pi=PQ-40=P(24-2P)-40$$

利润最大化的一阶条件为：

$$\frac{\mathrm{d}\pi}{\mathrm{d}P}=24-4P=0$$

解得：$P=6$。

所以 $Q=24-2\times6=12$。

所以总利润 $\pi=6\times12-40=32$，$\pi_1=\pi_2=\pi/2=16$。

【提示】 也可以把需求函数改写为反需求函数 $P=12-0.5Q$，然后解出 $MR=12-Q$，令 $MR=MC$，即 $12-Q=0$，解得 $Q=12$，然后解出其他结果。

(3) 这是个博弈问题。假如一方采取共谋价格，则另外一方未必采取共谋价格。设厂商 2 采取共谋价格 6，此时厂商 1 面对的需求函数为：

$$q_1=12-2p_1+6=18-2p_1$$

厂商 1 的利润函数为：

$$\pi_1=p_1q_1-20=p_1(18-2p_1)-20$$

利润最大化的一阶条件为：

$$\frac{d\pi_1}{dp_1}=18-4p_1=0$$

解得厂商 1 的利润最大化价格 $p_1=4.5$，此时利润 $\pi_1=4.5\times(18-2\times4.5)-20=20.5$。

而厂商 2 的销量 $q_2=12-2\times6+4.5=4.5$，利润 $\pi_2=6\times4.5-20=7$。

对于厂商 2 来说也是如此。因此双方的支付矩阵如下（见表 10-29）：

表 10-29

		厂商 2	
		共谋	不共谋
厂商 1	共谋	16，16	7，20.5
	不共谋	20.5，7	12，12

由此可见，这是典型的囚徒困境，双方存在着合作的基础，因为合作可以使双方都得到帕累托改进，但是短期共谋是不可能的，因为低价是各自的最佳策略，一次博弈或者有限次重复博弈都不可能改变它们各自的策略。

但是长期而言，它们之间的博弈就变成了无限次重复博弈，在这个有唯一纯策略纳什均衡的无限次重复博弈中，只要双方足够重视未来利益且双方采取一定的触发惩罚策略，就可以达成共谋。

16. **【难度】** 2　　**【考点】** 博弈论的基本概念及纳什均衡；混合策略均衡

【答案】 (1) 这个博弈可以用表 10-30 来表示：

表 10-30

		上海	
		返还 10 税收	不返还税收
北京	返还 10 税收	20，0	20，10
	不返还税收	10，20	30，10

（2）纳什均衡指的是参与人的这样一个策略组合：在该策略组合上，任何参与人单独改变策略都不会得到好处。即如果在一个策略组合中，当所有其他人都不改变策略时，没有人会改变自己的策略，这个策略组合就是一个纳什均衡。

由条件策略下划线法可知，该博弈没有纯策略纳什均衡。

但可以寻找混合策略纳什均衡。设北京会以 p 的概率返还 10 税收，上海会以 q 的概率返还 10 税收，则如果北京返还税收，其得到的支付稳定为 20，即：

$$E^{B}_{\text{返还}}=20$$

如果北京不返还税收，其期望支付为：

$$E^{B}_{\text{不返还}}=10q+30(1-q)$$

令 $E^{B}_{\text{返还}}=E^{B}_{\text{不返还}}$ 得：$10q+30(1-q)=20$，解得：$q=0.5$。

如果上海选择返还税收，其期望支付为：

$$E^{S}_{\text{返还}}=0+20(1-p)=20-20p$$

如果上海选择不返还税收，其得到的支付稳定为 10，即：

$$E^{S}_{\text{不返还}}=10$$

令 $E^{S}_{\text{返还}}=E^{S}_{\text{不返还}}$ 得：$20-20p=10$，解得：$p=0.5$。

所以，该博弈有一个混合策略纳什均衡，即双方都以 0.5 的概率选择返还税收，以 0.5 的概率选择不返还税收。

【提示】本题又使用了混合策略均衡的简便解法，这一解法在考试时可以极大地节约计算时间（也避免了因计算量太大而导致的计算失误），但也有一个弊端。

关于这一解法的详细介绍和弊端提醒，详见微信公众号“王海滨老师”，点击菜单栏中的“精品文章/精品文章合集/博弈中混合策略均衡的秒杀技巧”，或微信扫描二维码查看。

17.**【难度】**2　　**【考点】**博弈论的基本概念及纳什均衡；混合策略均衡

【答案】（1）假设三个男生分别为 A、B、C，当 C 选择金发女生时，支付矩阵见表 10－31：

表 10－31　矩阵 1——C 选择金发女生

		B	
		金发	红发
A	金发	0，0，0	0，1，0
	红发	1，0，0	1，1，4

当 C 选择红发女生时，支付矩阵见表 10－32：

表 10-32　矩阵 2——C 选择红发女生

		B	
		金发	红发
A	金发	0，0，1	4，1，1
	红发	1，4，1	1，1，1

（2）由支付矩阵可知，纯策略均衡为（红发，红发，金发）、（红发，金发，红发）、（金发，红发，红发）。

【提示】 用条件策略下划线法寻找 C 的条件策略，是通过对比矩阵 1 和矩阵 2 中 C 的支付来确定的。例如，如果 A、B 都选金发女生，C 选金发女生（适用矩阵 1）的支付为 0，C 选红发女生（适用矩阵 2）的支付为 1，因 1>0，因此就在矩阵 2 中的 1 下面画线。

（3）设 A、B、C 选择金发女生的概率分别为 p、q、r，则支付矩阵为（见表 10-33 和表 10-34）：

表 10-33　矩阵 1——C 选择金发女生（r）

			B	
			q	$1-q$
			金发	红发
A	p	金发	0，0，0	0，1，0
	$1-p$	红发	1，0，0	1，1，4

表 10-34　矩阵 2——C 选择红发女生（$1-r$）

			B	
			q	$1-q$
			金发	红发
A	p	金发	0，0，1	4，1，1
	$1-p$	红发	1，4，1	1，1，1

$$E_{A金}=4(1-q)(1-r)$$
$$E_{A红}=1$$

令 $E_{A金}=E_{A红}$ 得：

$$4(1-q)(1-r)=1$$

解得：

$$(1-q)(1-r)=1/4$$

按对称原理可知，如果 $E_{B金}=E_{B红}$，则有：

$$(1-p)(1-r)=1/4$$

如果 $E_{C金}=E_{C红}$，则有：

$$(1-p)(1-q)=1/4$$

为了更简便，令 p'、q'、r'代替（$1-p$）、（$1-q$）、（$1-r$），则有：

$$q'r'=1/4$$
$$p'r'=1/4$$
$$p'q'=1/4$$

解得：$p'=q'=r'=\frac{1}{2}$，即：$p=q=r=1-\frac{1}{2}=\frac{1}{2}$，所以，有混合策略均衡。

【提示】本题又一次使用了混合策略均衡的简便解法。

18.**【难度】**2　　**【考点】**完全信息动态博弈与纳什均衡的精炼

【答案】(1) 博弈Ⅰ和博弈Ⅴ为具有多重均衡的博弈。其中博弈Ⅰ和博弈Ⅴ的均衡都为（策略B，策略Y）、（策略A，策略Z）。

在博弈Ⅰ中，先考虑企业1的策略选择。若企业2选择策略Y，则企业1的最优策略为B，此时支付组合为（6，6）；若企业2选择策略Z，则企业1的最优策略为A，此时支付组合为（6，6）。同理，再考虑企业2的策略选择。若企业1选择策略A，则企业2的最优策略为Z；若企业1选择策略B，则企业2的最优策略为Y。因此，纳什均衡为（策略B，策略Y）、（策略A，策略Z），对应的支付组合分别为（6，6）、（6，6）。

在博弈Ⅴ中，先考虑企业1的策略选择。若企业2选择策略Y，则企业1的最优策略为B，此时支付组合为（2，8）；若企业2选择策略Z，则企业1的最优策略为A，此时支付组合为（4，6）。同理，再考虑企业2的策略选择。若企业1选择策略A，则企业2的最优策略为Z；若企业1选择策略B，则企业2的最优策略为Y。因此，纳什均衡为（策略B，策略Y）、（策略A，策略Z），对应的支付组合分别为（2，8）、（4，6）。

(2) 序贯博弈又称动态博弈，是指一个参与人首先采取行动，另一个参与人再作出反应。分析这种博弈，必须从博弈的终结开始由后往前推算。企业1具有先动优势的博弈为博弈Ⅴ。

如图10-11所示，先考虑企业2的选择。若企业1选择策略A，则企业2的最优策略为Z，此时纳什均衡的支付组合为（4，6）；若企业1选择策略B，则企业2的最优策略为Y，此时纳什均衡的支付组合为（2，8）。如果企业1先选择策略A，则企业1得到的最终支付为4，先选择策略B则最终支付为2。

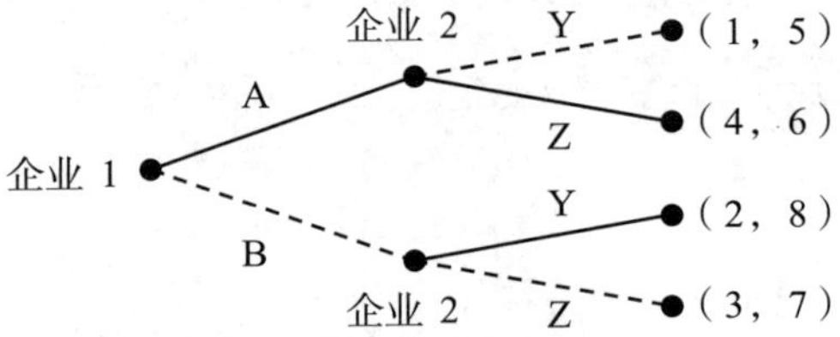

图 10－11　序贯博弈

企业 2 的威胁是不可置信的，如果它威胁企业 1，假设企业 1 选择策略 A，它将选择策略 Y，那么它自己的支付为 5，小于选择策略 Z 时的支付。

此时企业 1 具有先动优势，最终的均衡为（策略 A，策略 Z），对应的支付组合为（4，6）。

第十一章

市场失灵和微观经济政策

学习精要

一、 学习重点

1. 垄断与低效率
2. 对垄断的公共管制
3. 外部影响和资源配置失当
4. 科斯定理
5. 公共物品的最优数量
6. 公共物品与市场失灵
7. 信息的不完全和不对称
8. 逆向选择和道德风险
9. 委托—代理问题

二、 知识脉络图

- 市场失灵和微观经济政策
  - 不完全竞争
    - 垄断导致低效率
    - 寻租理论
    - 垄断管制
      - 边际成本定价法
      - 平均成本定价法
  - 外部影响
    - 外部影响的类型
      - 外部经济
      - 外部不经济
    - 外部影响导致资源配置失当
    - 外部影响的治理措施
      - 税收和津贴
      - 企业合并
      - 科斯定理
  - 公共物品
    - 非竞用性和非排他性
    - 最优数量
    - 市场失灵
  - 公共资源
  - 信息的不完全和不对称：逆向选择和道德风险

三、 理论精要

知识点一　市场失灵

市场失灵指现实的资本主义市场机制在很多场合不能导致资源的有效配置。导致市场失灵的情况有：不完全竞争、外部影响、公共物品及不完全信息。

知识点二　垄断与低效率

垄断厂商的利润最大化状况并没有达到帕累托最优状态。

实际上，只要市场不是完全竞争的，厂商面临的需求曲线不是一条水平线，而是向右下方倾斜的，则厂商的利润最大化原则就是边际收益等于边际成本，而不是价格等于边际成本。当价格大于边际成本时，消费者愿意为增加额外一单位产量所支付的数量超过了生产该单位产量所引起的成本，这样就出现了低效率的资源配置状态。

由于达成协议存在各种困难，潜在的帕累托改进难以得到实现。

寻租活动指非生产性的寻利活动。比如为了获得和维持垄断地位而向政府官员行贿，或者雇用律师向政府官员游说。

对单个寻租者而言，他愿意花费在寻租活动上的代价不会超过垄断地位可能给他带来的好处，否则就不值得了。

在寻租市场上，整个寻租活动的全部经济损失等于所有单个寻租者寻租活动的代价总和，整个寻租活动的经济损失远远大于传统垄断理论中的“纯损”三角形。

知识点三　对垄断的公共管制

对于一般垄断的情况（平均成本曲线具有向右上方倾斜的部分），如果政府的目标是提高效率，一般使用边际成本定价法，即 $P=MC$，此时实现了帕累托最优，垄断厂商仍然可以得到部分经济利润。

对于自然垄断的情况（AC 曲线不断下降，MC 曲线始终处于 AC 曲线下方），使用边际成本定价法时，厂商会出现亏损，此时一般使用平均成本定价法，即 $P=AC$，自然垄断厂商的利润为零。

知识点四　外部影响和资源配置失当

外部经济指经济主体从经济活动中得到的私人利益小于该经济活动所带来的社会利益。外部经济可分为生产的外部经济和消费的外部经济。

外部不经济指经济主体为经济活动付出的私人成本小于该经济活动所造成的社会成本。外部不经济可分为生产的外部不经济和消费的外部不经济。

外部影响将导致完全竞争条件下的资源配置偏离帕累托最优状态。

在存在外部经济的情况下，私人活动的水平常常低于社会所要求的最优水平；在存在外部不经济的情况下，私人活动的水平常常高于社会所要求的最优水平。

知识点五　治理外部影响的政策

治理外部影响的经济政策包括税收和津贴政策、内部化、明晰财产权。

对造成外部不经济的企业，国家应该征税，其数额等于该企业给社会造成的损失，从而使该企业的私人成本恰好等于社会成本。

对造成外部经济的企业，国家应该给予津贴，从而使该企业的私人利益恰好等于社会利益。

如果财产权是完全确定的并得到充分保障，则有些外部影响可能就不会发生。

知识点六　科斯定理

科斯定理指，只要财产权是明确的，并且其交易成本为零或者很小，则无论在开始时将财产权赋予谁，市场均衡的最终结果都是有效率的。

知识点七　公共物品的特征

排他性是指只有对商品支付价格的人才能够使用该商品。竞用性，又称竞争性，是指如果某人已经使用了某个商品，则其他人就不能再同时使用该商品。

公共物品指既不具有排他性也不具有竞用性的物品。公共资源指不具有排他性但具有竞用性的物品。

【总结】四种类型的物品如表 11－1 所示。

表 11－1 物品类型

		竞用性	
		是	否
排他性	是	私人物品 巧克力 手机 房屋	俱乐部物品（准公共物品） 宽带网 电 有线电视
	否	公共资源 野生蘑菇 环境 公海	公共物品 国防 阳光 空气

知识点八 公共物品的最优数量

由于公共物品具有非竞用性，公共物品的市场需求曲线不是个人需求曲线的水平相加，而是它们的垂直相加。

公共物品达到最优数量的条件是：边际社会收益（每个消费者的边际收益之和）等于边际成本。私人物品达到最优数量的条件是：每个消费者的边际收益等于边际成本。这个区别源于物品是否具有消费的竞用性特征。

集体选择指所有的参加者根据一定的规则通过相互协商来确定集体行动方案的过程。

集体选择的规则包括一致同意规则、多数规则、加权规则、否决规则。

一致同意规则指一个集体行动方案只有在所有参加者都认可的情况下才能够实施。

多数规则指一个集体行动方案必须得到所有参加者中的多数认可才能够实施。

在多数规则下，最终的集体选择结果可能不是唯一的，不同的投票秩序会导致不同的集体选择结果，使社会成员作出前后不一致甚至可能相互矛盾的决策。

加权规则指按实际得到的赞成票数（而非人数）的多少来决定集体行动方案。

否决规则的具体做法如下：首先让每个参加对集体行动方案投票的成员提出自己所认可的行动方案，汇总之后，再让每个成员从中否决自己所反对的那些方案。这样一来，最后剩下的没有被否决的方案就是所有成员都可以接受的集体选择结果了。如果有不止一个方案留了下来，就再借助于其他投票规则（如一致同意规则或多数规则等）来进行选择。

最优的集体选择规则的主要理论模型有成本模型和概率模型。

成本模型认为，任何集体选择规则都存在两类成本：决策成本和外在成本。决策成本和外在成本之和叫做相互依赖成本。

成本模型认为，理性的经济人将按最低的相互依赖成本决定集体选择规则。

概率模型认为，集体决策的结果偏离个人意愿的可能性达到最小。

知识点九　公共物品与市场失灵

实际上，公共物品的需求曲线是难以获得的，一方面，单个消费者难以准确陈述对公共物品的需求与价格的关系；另一方面，每个消费者都不会诚实地陈述对公共物品的偏好，都想当“搭便车者”。

市场本身提供的公共物品通常低于最优数量，即市场机制分配给公共物品的生产资源常常不足。

公共物品必须由政府提供，政府通常采用成本—收益分析方法投资公共物品。

知识点十　公共资源

公地的悲剧指公地将由于长期的超载放牧而日益衰落。

对于公地，如果每一个村民都能够毫无限制地使用公地，则实际的均衡奶牛数量将远远超过它的最优水平。

知识点十一　信息的不完全和不对称

信息不完全包括绝对意义上的不完全和相对意义上的不完全。

绝对意义上的信息不完全指，由于认识能力的限制，人们不可能知道在任何时候、任何地方发生的或即将发生的任何情况。

相对意义上的信息不完全指，市场经济本身不能够生产出足够的信息并有效地配置信息。

信息不对称指不同的经济主体缺乏信息的程度往往是不一样的。

知识点十二　逆向选择和道德风险

逆向选择指在买卖双方信息不对称的情况下，差的商品总是将好的商品驱逐出市场；或者说拥有信息优势的一方，在交易中总是趋向于作出尽可能有利于自己而不利于别人的选择。

道德风险指参与合同的一方所面对的另一方可能改变行为而损害本方利益的风险。

知识点十三　委托—代理问题

委托—代理问题指如何确保代理人利益与委托人利益的统一。解决委托—代理问题的策略有股票期权计划、工资报酬计划。

习题解析

一、简答题

1. 垄断是如何造成市场失灵的?

【难度】1　　**【考点】**垄断与低效率

【答案】(1) 垄断厂商的利润最大化原则是边际收益等于边际成本。由于垄断厂商的边际收益小于价格，因此，垄断厂商制定的价格大于边际成本。这表明，消费者愿意为增加额外一单位产量支付的数量超过了生产该单位产量所引起的成本，存在帕累托改进。

此外，由于达成协议存在各种困难，潜在的帕累托改进难以实现，于是整个经济便偏离帕累托最优状态，处于低效率之中。

(2) 为获得和维持垄断地位从而得到垄断利润的寻租活动是一种纯粹的浪费，这进一步加剧了垄断的低效率情况。

2. 外部影响的存在是如何干扰市场对资源的配置的?

【难度】1　　**【考点】**外部影响和资源配置失当

【答案】(1) 外部影响会使资源配置失当。微观经济学认为自由竞争的市场机制会使资源配置达到帕累托最优，其实是假设经济活动不存在“外部影响”，即单个经济活动主体的经济行为产生的私人利益和私人成本就是社会利益和社会成本。

(2) 但在现实生活中，私人利益和社会利益、私人成本和社会成本往往是不一致的。一项经济活动存在外部经济时，人们从该项活动中得到的私人利益小于社会利益，而存在外部不经济时，人们从事该项活动所付出的私人成本又小于社会成本，在这两种情况下，自由竞争条件下的资源配置都会偏离帕累托最优。

令 V_p、V_s、C_p 和 C_s 分别代表某人从事某项经济活动所能获得的私人利益、社会利益、私人成本和社会成本，再假设存在外部经济，即有 $V_p<V_s$，如果 $V_p<C_p<V_s$，则此人肯定不会进行该项活动。这表明资源配置没有达到帕累托最优，因为从上述两个不等式可以得出：$V_s-V_p>C_p-V_p$。这一新不等式说明，社会上由此得到的好处(V_s-V_p) 大于私人从事该项活动所受到的损失 (C_p-V_p)。可见，如果此人从事该项活动，则从社会上其他人所得到的好处中拿出一部分来补偿进行该项活动的人所受到的损失以后还有剩余，即可使其他人境况变好而没有任何人境况变坏。这说明，在存在外部经济的情况下，私人活动的水平常常低于社会所要求的最优水平。

相反，存在外部不经济时，有 $C_p<C_s$，再假定 $C_s>V_p>C_p$，则此人一定会进行该项活动。从上述两个不等式又可以得到 $C_s - C_p > V_p - C_p$。这一新不等式说明，进行了该项活动后，社会上其他人受到的损失大于此人得到的好处，从整个社会的角度看，是得不偿失的，因此私人活动的水平高于社会所要求的最优水平。

3. 公共物品为什么不能靠市场来提供?

【难度】1　　**【考点】**公共物品与市场失灵

【答案】(1) 在经济学中，一般根据排他性和竞用性对物品的类型进行区分。纯公共物品一般指同时具有消费上的非竞用性和非排他性的物品，具有非排他性但有竞用性的物品被称为公共资源，而具有排他性和竞用性的物品则为私人物品。

(2) 公共物品的两大特性如下：非竞用性是指在给定的生产水平下，向一个额外的消费者提供某商品的边际成本为零。这意味着共享消费的可能性，即一个个体的消费不减少其他个体可获得的消费量。竞用性源于商品本身的属性——成本属性，公共物品往往是高固定成本、低边际成本甚至边际成本为零的商品，于是私人市场上的均衡定价法即“平均成本＝边际成本＝边际收益＝价格”失效了，需要引进新的定价法则。

非排他性指无法将某商品据为己有而将其他人排除在消费之外，这意味着不能或很难对人们消费该商品收费。排他性不是物品的自然属性，而往往依赖于一个社会的法律架构和技术实现能力。具体而言，生产者之所以能向消费者收费，一方面是因为“法律”(一种公共契约) 赋予他对该商品的产权，另一方面是因为当时的技术能帮助他实现“占有”，易于实施的是对诸如椅子、面包的占有，技术难度较大的如用加密技术实现对软件或电视节目的占有。

(3) 对公共物品而言，或者无法设定产权，或者无法在当时的技术条件下实现“占有”，因此无法向消费者收取费用，生产者也就失去了供应这种商品的动力。可见，排他性是影响物品性质的关键因素。具有非排他性的物品才会因无从收费而产生外部影响，甚至成为公共资源或公共物品，从而造成市场配置机制的失灵，为政府管制提供了理由；而面对非竞用性，所需做的只是改变一下定价法则。

由于公共物品的非竞用性、非排他性的特点，十分容易产生“搭便车”(或称“免费乘车”) 的行为，进而导致“公地的悲剧”现象出现，因此公共物品的供给不能由市场解决。

4. 什么是公地的悲剧?

【难度】1　　**【考点】**公共资源

【答案】(1) 公共资源的特征是不具有排他性和具有竞用性，即公共资源一旦被生产出来就不能排除成员对公共资源的使用，并且某一成员使用公共资源将减少其他成员对公共资源的使用。

(2) 公地的悲剧指公地由于长期超载使用而日益衰落。公地具有公共资源的性质，即公地不具有排他性而具有竞用性，因此，每个成员都以自己的利益最大化为原则来使用公地。单个成员使用公地的边际成本等于边际社会成本，由于公地具有竞用性，某个成员使用公地的收益增加将使其他成员的收益减少，即单个成员使用公地的边际收益大于边际社会收益，由此导致实际的公地使用情况超过最优水平，即公地由于长期超载使用而日益衰落。

5. 什么是委托—代理问题？

【难度】 1　　**【考点】** 委托—代理问题

【答案】（1）委托—代理问题指委托人如何确保代理人按照自己的要求行事。委托人委托代理人处理与自己有关的一些事务，并支付报酬，但是代理人的利益往往与委托人的利益不一致，从而产生了委托—代理问题。

（2）解决委托—代理问题的困难在于委托人对代理人的行为及其可能造成的后果缺乏充分的了解，即信息不完全。如果委托人对代理人的行为及其可能造成的后果拥有完全信息，就可以通过详细的协议使得代理人按照自己的要求行事。

（3）"木马计"是解决委托—代理问题的一种常用方法，即委托人把自己的利益"植入"代理人的利益中，或者"搭载"到代理人的利益上，如股票期权计划、工资报酬计划。

6. 市场机制能够解决信息不完全和不对称问题吗？

【难度】 1　　**【考点】** 信息的不完全和不对称

【答案】（1）市场机制可以解决一部分信息不完全和不对称问题。例如，为了使利润最大化，生产者必须根据消费者的偏好进行生产，否则，生产出来的商品就可能卖不出去。生产者显然很难知道每个消费者的偏好的具体情况，不过，在市场经济中，这一类信息不完全并不会影响生产者的正确决策——因为生产者知道商品的价格。只要知道了商品的价格，生产者就可以由此计算出生产该商品的边际收益，从而就能够确定其利润最大化产量。

（2）市场价格机制不能够解决所有的信息不完全和不对称问题，这种情况在产品市场、生产要素市场上都是常见的现象。

（3）在市场机制不能解决问题时，就需要政府在信息方面进行调控。信息调控的目的主要是保证消费者和生产者能够得到充分和正确的市场信息，以便他们能够作出正确的选择。

二、计算题

7. 设一产品的市场需求函数为 $Q=500-5P$，成本函数为 $C=20Q$。试问：

（1）若该产品为一垄断厂商所生产，利润最大时的产量、价格和利润各为多少？

（2）要达到帕累托最优，产量和价格应为多少？

（3）社会纯福利在垄断性生产时损失了多少？

【难度】 2　　**【考点】** 垄断与低效率

【答案】（1）该产品为垄断厂商所生产时，市场需求函数即厂商的需求函数。于是，由 $Q=500-5P$ 可得 $P=100-0.2Q$，从而边际收益函数 $MR=100-0.4Q$；由成本函数 $C=20Q$ 可得边际成本 $MC=20$。

垄断厂商利润最大化的条件为 $MR=MC$，代入有关参数可得 $100-0.4Q=20$，求解可得 $Q=200$，代入需求函数可得 $P=60$，利润 $=P\times Q-20Q=8\ 000$。

（2）要达到帕累托最优，价格必须等于边际成本，即 $P=100-0.2Q=20=MC$，求解可得 $Q=400$，$P=20$。

（3）当 $Q=200$，$P=60$ 时，消费者剩余为：$CS=\int_0^{200}(100-0.2Q)\mathrm{d}Q-PQ=4\ 000$；当 $Q=400$，$P=20$ 时，消费者剩余为：$CS=\int_0^{400}(100-0.2Q)\mathrm{d}Q-PQ=16\ 000$。

社会福利的纯损失为：16 000－4 000－8 000＝4 000。这里 16 000－4 000＝12 000 是垄断造成的消费者剩余的减少量，其中 8 000 转化为垄断者的利润。

8. 在一个社区内有三个集团。它们对公共电视节目小时数 T 的需求曲线分别为：

$$W_1=100-T$$

$$W_2=150-2T$$

$$W_3=200-T$$

假定公共电视节目是一种纯粹的公共物品，它能以每小时 100 美元的不变边际成本被生产出来。

（1）公共电视节目有效率的小时数是多少？

（2）一个竞争性的私人市场会提供多少公共电视节目小时数？

【难度】2　　**【考点】**公共物品的最优数量

【答案】（1）公共电视节目是一种纯公共物品，社会总需求曲线为各消费者需求曲线的垂直加总。

由 $W_1=100-T$ 知 $W_1\leqslant 100$，$T_1\leqslant 100$，由 $W_2=150-2T$ 知 $W_2\leqslant 150$，$T_2\leqslant 75$，由 $W_3=200-T$ 知 $W_3\leqslant 200$，$T_3\leqslant 200$。

如图 11－1 所示，总需求曲线加总后为分段函数：

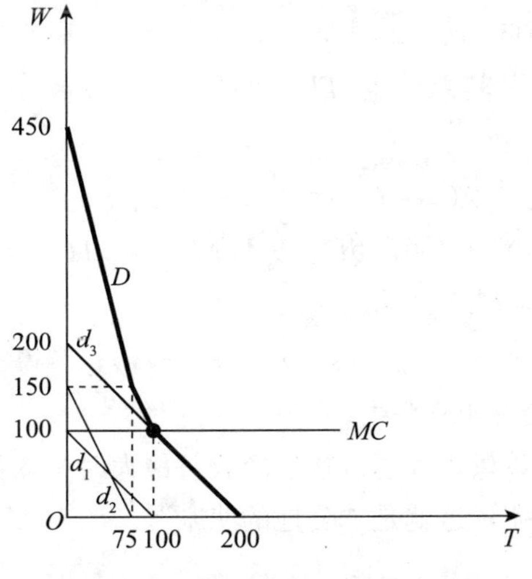

图 11－1　公共电视节目的需求曲线

$$W=\begin{cases}W_1+W_2+W_3=450-4T & T\leqslant 75\\ W_1+W_3=300-2T & 75<T\leqslant 100\\ W_3=200-T & 100<T\leqslant 200\end{cases}$$

需求曲线也可以改写为：

$$T=\begin{cases}200-W & W\leqslant 100\\ 150-W/2 & 100<W\leqslant 150\\ 112.5-W/4 & 150<W\leqslant 450\end{cases}$$

公共物品达到有效率的供给水平的条件是 $W=MC$，即 $W=100$，由此可知，在有效率的市场均衡状态下，有 $T=200-W=200-100=100$。即公共电视节目有效率的小时数是 $T=100$。

（2）在一个竞争性的私人市场中，每个集团会提供的公共电视节目小时数分别为：$100-T=100$，求解可得 $T_1=0$；$150-2T=100$，求解可得 $T_2=25$；$200-T=100$，求解可得 $T_3=100$。将 T_1、T_2、T_3 相加，得到 $T=0+25+100=125$，这就是竞争性的私人市场提供的公共电视节目小时数。

9. 设一个公共牧场的成本是 $C=5x^2+2\,000$，其中，x 是牧场上养的牛的数量。牛的价格为 $P=800$ 元。

（1）求牧场净收益最大时牛的数量。

（2）设该牧场有 5 户牧民，牧场成本由他们平均分担。这时牧场上将会有多少牛？这会引起什么问题？

【难度】1　　**【考点】**公共资源

【答案】（1）设牧场净收益为 π，则有 $\pi=TR-C=800x-(5x^2+2\,000)$，净收益最大化的一阶条件为 $\mathrm{d}\pi/\mathrm{d}x=800-10x=0$，解得 $x=80$。

（2）设其中典型牧民所养的牛的数量为 x_1，另外 4 户牧民所养的牛的数量分别为 x_2、x_3、x_4、x_5，则有 $x_1+x_2+x_3+x_4+x_5=x$。

对该典型牧民而言，其总收益 $TR_1=Px_1=800x_1$，边际收益 $MR_1=\mathrm{d}TR_1/\mathrm{d}x_1=800$。

该典型牧民的总成本 $TC_1=C/5=[5(x_1+x_2+x_3+x_4+x_5)^2+2\,000]/5=(x_1+x_2+x_3+x_4+x_5)^2+400$，边际成本 $MC_1=\partial TC_1/\partial x_1=2(x_1+x_2+x_3+x_4+x_5)$。

令 $MR_1=MC_1$ 得 $800=2(x_1+x_2+x_3+x_4+x_5)$，解得 $x_1+x_2+x_3+x_4+x_5=400$，即这时牧场上将会有 400 头牛。

由于实际养的牛的数量远远超过牧场净收益最大时牛的数量，这种过度放牧将会使得牧场最终一片荒芜，这就是“公地的悲剧”。

【补充】本题对“公地的悲剧”的解读比教材更直观、易懂。

10. 假设有 10 个人住在一条街上，每个人愿意为增加一盏路灯支付 4 美元，而不管已提供的路灯数量。若提供 x 盏路灯的成本函数为 $C(x)=x^2$，试求最优路灯安装盏数。

【难度】 1　　**【考点】** 公共物品的最优数量

【答案】 路灯属于公共物品，每人愿意为增加一盏路灯支付 4 美元，10 人共 40 美元，这可看成是对路灯的需求或边际收益，而装灯的边际成本函数为 $MC=2x$。令 $MR=MC$，即 $40=2x$，求解可得 $x=20$，即路灯的最优安装盏数。

11. 假定一个社会由 A 和 B 两个人组成。设生产某公共物品的边际成本为 120，A 和 B 对该公共物品的需求分别为 $q_A=100-P$ 和 $q_B=200-P$。

(1) 该公共物品的社会最优产出水平是多少?

(2) 若该公共物品由私人生产，其产出水平是多少?

【难度】 2　　**【考点】** 公共物品的最优数量

【答案】（1）整个社会对公共物品的需求曲线由 A、B 两人的需求曲线垂直相加而成，即有

$$\begin{array}{r} P=100-q_A \\ +P=200-q_B \\ \hline P^*=300-2q^* \end{array}$$

其中，最后一个式子就是整个社会对公共物品的需求曲线。由于生产公共物品的边际成本为 120，故令 $P^*=300-2q^*=120$，即可解得社会最优的产出量为 $q^*=90$。

（2）在一个竞争性的私人市场中，每个人会提供的公共物品为：$P_A=100-q_A=120$，且已知 $q_A\geqslant 0$，求解可得 $q_A=0$，即 A 不会生产该公共物品；$P_B=200-q_B=120$，求解可得 q_B-80。将$q_A=0$，$q_B=80$ 相加，得到 $q_A+q_B=80$，这就是竞争性的私人市场提供的公共物品总量。

【提示】 本题条件不够严谨，第（2）问应加上"竞争性市场"的条件，否则，在非竞争性市场里，私人生产者会按 $MR=MC$ 而不是 $P=MC$ 确定产量。

12. 假定某个社会有 A、B、C 三个厂商。A 的边际成本为 $MC=4q_A$（q_A 为 A 的产出），其产品的市场价格为 $P=16$ 元。此外，A 每生产一单位产品都将使 B 增加 7 元收益，使 C 增加 3 元成本。

(1) 在竞争性市场中，A 的产出应是多少?

(2) 社会最优的产出应是多少?

【难度】 2　　**【考点】** 公共物品的最优数量

【答案】（1）在竞争性市场中，A 的利润最大化条件为 $P=MC$，代入有关参数可得 $16=4q_A$，求解可得 $q_A=4$。

（2）A 进行生产的边际社会收益为 $P=16+7=23$，边际社会成本为 $MC=4q_A+3$，A 的利润最大化条件为 $P=MC$，代入有关参数可得 $23=4q_A+3$，求解可

得 $q_A=5$。

13. 一农场主的作物缺水。他需决定是否进行灌溉。若他进行灌溉，或者天下雨的话，作物带来的利润是 1 000 元，但若是缺水，利润只有 500 元。灌溉的成本是 100 元。农场主的目标是预期利润达到最大。

(1) 如果农场主相信下雨的概率是 50%，他会灌溉吗?

(2) 假如天气预报的准确率是 100%，农场主愿意为获得这种准确的天气信息支付多少费用?

【难度】2　**【考点】**信息的不完全和不对称

【答案】(1) 如果农场主认为下雨的概率是 50%，那么他不进行灌溉的话，获得 1 000 元利润的概率是 0.5，获得 500 元利润的概率是 0.5，因此他的预期利润将是$E(\pi)=0.5\times1\,000+0.5\times500=750$(元)；如果进行灌溉，他肯定会得到的净利润是作物带来的利润减去灌溉成本，即 $\pi=1\,000-100=900$（元）。因此，农场主会灌溉。

(2) 农场主不购买天气预报信息时，如上所述，他会灌溉并得到利润 900 元。假设农场主购买天气预报信息并支付 x 元费用。若天气预报告知天下雨，则不灌溉，于是可获利润 $\pi_1=1\,000-x$；若天气预报告知天不下雨，则灌溉，于是可获利润 $\pi_2=1\,000-100-x$。由于天气预报告知下雨的概率为 0.5，告知不下雨的概率也为 0.5，因此，在购买天气预报信息的情况下预期利润是 $E(\pi)=0.5\times\pi_1+0.5\times\pi_2=950-x$。农场主愿意支付的最高天气预报信息费用为 x，它使得是否购买天气预报信息情况下的利润无差异，即 $900=950-x$，解出 $x=50$(元)。

14. 设某个养蜂场的蜂蜜产量为 h，生产成本为 $C_h=h^2/100$，蜂蜜的价格为 2 元。在养蜂场的附近有一个苹果园，其苹果产量为 a，生产成本为 $C_a=a^2/100-h$，苹果的价格为 3 元。试问:

(1) 如果苹果园和养蜂场独立经营，它们的产量将各为多少?

(2) 如果苹果园和养蜂场合并起来，苹果和蜂蜜的产量将各为多少?

【难度】2　**【考点】**外部影响和资源配置失当

【答案】(1) 养蜂场的边际成本 $MC=h/50$，边际收益 $MR=P=2$，由 $MR=MC$ 得 $2=h/50$，解得养蜂场的产量 $h=100$。

苹果园的边际成本 $MC=a/50$，边际收益 $MR=P=3$，由 $MR=MC$ 得 $3=a/50$，解得苹果产量 $a=150$。

(2) 如果合并起来，则联合利润为:

$$\begin{aligned}\pi&=\pi_h+\pi_a=(3a-a^2/100+h)+(2h-h^2/100)\\&=3a-a^2/100+3h-h^2/100\end{aligned}$$

利润最大化的一阶条件为:

$$\frac{\partial\pi}{\partial a}=3-a/50=0$$

$$\frac{\partial \pi}{\partial h}=3-h/50=0$$

解得：$a=150$，$h=150$。

即，如果苹果园和养蜂场合并起来，苹果、蜂蜜的产量分别为 $a=150$、$h=150$。

15. 某小镇有 2 000 个人，第 i 个人的效用函数为 $u_i=x_i+\sqrt{y}$。这里，x_i 和 y 分别是第 i 个人消费的私人物品和公共物品。已知私人物品的价格是 1，公共物品的价格是 10。如果小镇上每个人的效用函数均相同，小镇的总效用等于每个人的效用之和，且小镇上所有人的总收入为 m（假定收入全部用于对私人物品和公共物品的消费），试求小镇的最优公共物品数量。

【难度】 2　　**【考点】** 公共物品的最优数量

【答案】 小镇上所有人对私人物品的支出总额为 $2\ 000\times1\times x_i=2\ 000x_i$，对公共物品的支出总额为 $10y$，所以预算约束为：

$$2\ 000x_i+10y=m$$

小镇上所有人的总效用函数为 $2\ 000u_i=2\ 000x_i+2\ 000\sqrt{y}$。

所以，小镇上所有人的规划为：

$$\max\ 2\ 000x_i+2\ 000\sqrt{y}$$
$$\text{s. t. } 2\ 000x_i+10y=m$$

构建拉格朗日辅助函数：$L=2\ 000x_i+2\ 000\sqrt{y}-\lambda(2\ 000x_i+10y-m)$。

效用最大化的一阶条件为：

$$\frac{\partial L}{\partial x_i}=2\ 000-2\ 000\lambda=0$$

$$\frac{\partial L}{\partial y}=\frac{1\ 000}{\sqrt{y}}-10\lambda=0$$

$$\frac{\partial L}{\partial \lambda}=2\ 000x_i+10y-m=0$$

联立解得：$\lambda=1$，$y=10\ 000$。

即小镇的最优公共物品数量为 10 000。

【补充】 本题效用函数 $u_i=x_i+\sqrt{y}$ 可以写为 $u=x+v(y)$ 的模式，这属于拟线性效用函数，其边际替代率 $MRS_{xy}=\frac{MU_x}{MU_y}=\frac{1}{\frac{dv(y)}{dy}}$，可见，$MRS_{xy}$ 的值只与 y 有关，与 x 无关，表现在图中，就是不同的无差异曲线是向右平移的，如图 11-2 所示。因此，只要相对价格不变（即预算线斜率不变），则 y 的最优消费就不变，它与收入的多少无关。这就是为什么在上面的式子中，求 y 的值并不需要使用收入 m 这一变量（即 $2\ 000x_i+10y=m$）。

当然，如果函数形式是$u=v(x)+y$，则不同无差异曲线为向上平移的曲线，MRS_{xy}的值只与x有关，所以收入增加后，x的消费量不变，增加的只是y的消费量。

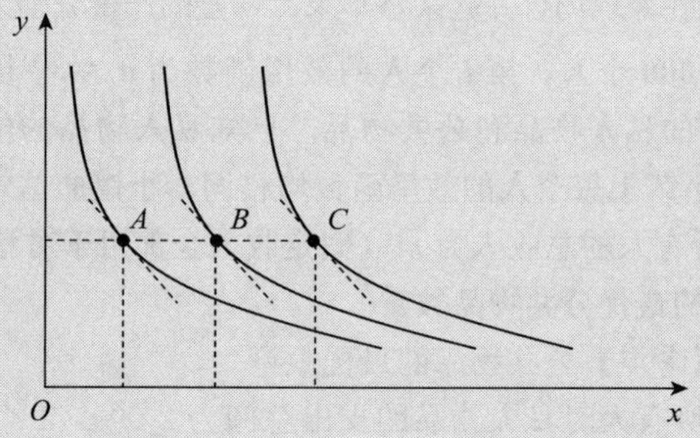

图 11-2　拟线性效用函数的无差异曲线

16. 设某企业的成本函数为$C=Q^2-40Q$。它每生产1单位产品，自己可多得12元，整个社会可再多得4元。试问：

（1）该企业的利润最大化产量是多少?

（2）整个社会的帕累托最优产量是多少?

【难度】2　　**【考点】**外部影响和资源配置失当

【答案】（1）该企业的边际成本$MC=2Q-40$，边际收益$MR=12$。

利润最大化的条件为$MR=MC$，即

$$12=2Q-40$$

解得：企业利润最大化的产量$Q=26$。

（2）社会的总边际收益$MR=12+4=16$。

利润最大化的条件为$MR=MC$，即

$$16=2Q-40$$

解得：整个社会的帕累托最优产量$Q=28$。

三、论述题

17. 图11-3是某垄断厂商的利润最大化模型。

（1）试求垄断厂商的利润最大化产量和价格。

（2）如果政府进行管制，政府制定的“效率”价格和产量应为多少?

（3）如果政府进行管制，政府制定的“公平”价格和产量应为多少?

【难度】1　　**【考点】**垄断与低效率；对垄断的公共管制

【答案】（1）如图11-4所示，垄断厂商利润最大化的价格和产量分别为P_0和Q_0。

（2）如果政府进行管制，政府制定的“效率”价格和产量应分别为P_1和Q_1。

（3）如果政府进行管制，政府制定的“公平”价格和产量应分别为P_2和Q_2。

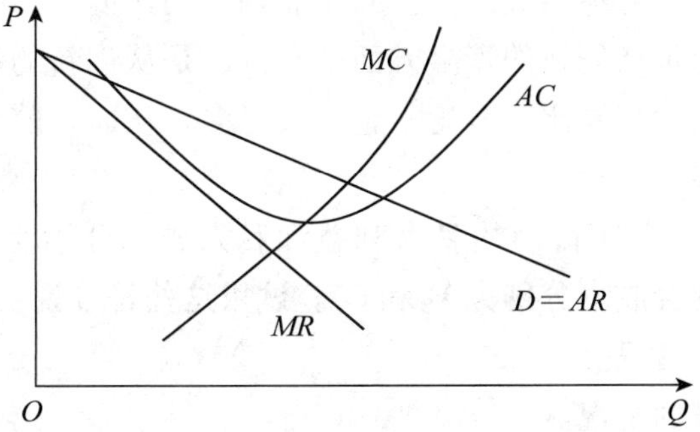

图 11-3

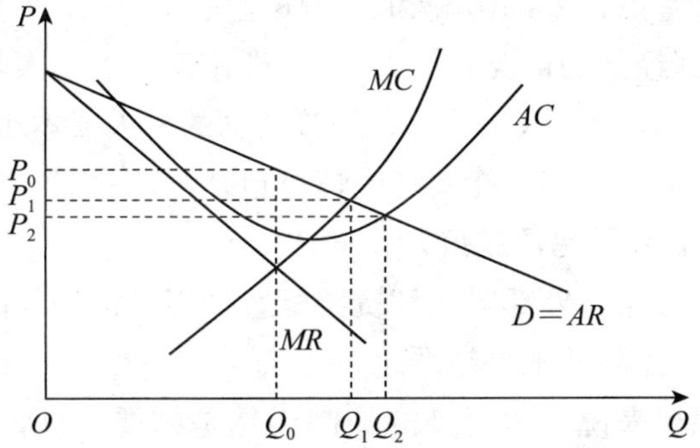

图 11-4

18. 垄断是否也有可能促进经济效率的提高?

【难度】1　　**【考点】**垄断与低效率

【答案】我们知道，从静态的角度来看，完全竞争企业是有效率的，而垄断企业则是无效率的。这里“静态”的意思是指技术不变。换句话说，我们的结论实际上是说，如果不考虑技术的变化，则完全竞争企业比垄断企业具有更高的效率。

但是，一旦引入技术进步的因素，结果就可能大不相同。一方面，相对于完全竞争企业，垄断企业的技术进步可能要更快一些；另一方面，垄断企业更快的技术进步可能在抵消其静态的低效率后还有剩余，从而使得它的综合的（同时包括静态效率和技术进步在内的）效率超过完全竞争企业。

垄断企业的技术进步可能要比完全竞争企业更快。这可以从创新的成本和收益两个方面来说明。就创新的成本而言，许多创新（特别是那些具有重要意义的创新）都需要投入巨额资金，而这种巨额资金通常很难由那些规模较小、利润也很少的完全竞争企业来提供。与此不同，大企业利用对市场的垄断力量，可获得大量的超额垄断利润。这些超额垄断利润为创新的研究和实施提供了资金保障。就创新的收益而言，尽管创新的成功可以带来巨大的收益，但这些收益却不一定能够完全被进行创新的企业得到。我们知道，在完全竞争经济中，任何企业都无法控制市场，也无法防止别的企业对其创新成果的模仿和利用。因此，即使一个完全竞争企业能够通过自己的努力进行创新，创新的好处也会很快地被众多的模仿者瓜分，进行创新的企业本身仍然可能得不偿失。但垄断企业则不同，创新的收益完全可以一家独享。由此可见，无论是从创新的资金方面来看，还是从创新的动机方面来看，垄断企业进行创新的可能性都要比完全竞争企业大得多，从而，前者基于创新的技术进步也要比后者快得多。

19. 设某个人采取某项行动的私人利益和私人成本分别为 V_p 和 C_p，该行动所产生的社会利益和社会成本分别为 V_s 和 C_s。试用这些符号说明：

（1）外部经济的情况。

（2）外部不经济的情况。

（3）帕累托最优状态不能实现的情况。

【难度】1　　**【考点】**外部影响和资源配置失当

【答案】（1）外部经济的情况是 $V_p<V_s$，即该活动的私人收益小于社会收益。

（2）外部不经济的情况是 $C_p<C_s$，即该活动的私人成本小于社会成本。

（3）造成帕累托最优状态不能实现的情况包括：$V_p<C_p<V_s$ 和 $C_p<V_p<C_s$。

20. 对污染的控制是否越严越好?

【难度】1　　**【考点】**外部影响和资源配置失当；治理外部影响的政策

【答案】对污染的控制并不是越严越好。

从人们的主观愿望来说，对污染的控制当然是越严越好，最好严到百分之百。然而，这种想法是片面的，因为它只考虑到控制污染所可能给社会带来的好处，即社会收益，而没有考虑到社会为了控制污染也需要付出一定的代价，即社会成本。

为了减少污染，通常有如下两种方法：一是直接减少那些会带来严重污染的生产本身，例如，减少其生产的产品的数量，或者干脆关闭整个工厂。二是并不直接减少生产本身，而是在生产中用新的、污染较小的原材料、机器和生产方法去取代旧的、污染较大的原材料、机器和生产方法。然而，无论采用的是哪一种方法，都免不了会损失一部分社会资源。在前一个场合，社会损失的是本来可以得到的产品；在后一个场合，社会为生产同样的产品要支付更多的费用。这些损失的资源就是控制污染的社会成本。

为了制定正确的污染政策，必须根据社会的目标，同时权衡控制污染的社会收益和社会成本这两个方面，来确定污染和污染控制的最优水平。从社会效率的角度来看，如果进一步控制污染的社会收益超过相应的社会成本，则增加对污染的控制就有利，反之，如果进一步控制污染的社会收益小于相应的社会成本，则这样做就不值得。实际上，在后一种情况下，正确的政策应当是减少而不是增加对污染的控制。只有进一步控制污染所可能带来的社会收益和相应的社会成本恰好相等时，对污染的控制才既不需要增加也不需要减少。此时，对污染的控制可以说达到了最有效率的水平，或者说，污染本身达到了最优的水平。

在经济学中，上述进一步控制污染的社会收益和社会成本分别被称为边际社会收益和边际社会成本。因此，用经济学的语言来说，污染控制的最优水平应当在其边际社会收益与边际社会成本恰好相等时达到。一般而言，当污染程度比较严重时，控制污染的边际社会收益常常很大，而相应的边际社会成本则相对较小，因而在这种情况下，就要求进一步加大对污染的控制力度。但是，随着污染控制力度的不断加大从而污染程度的不断减轻，进一步控制污染的边际社会成本将会越来越大，相应的边际社会收益则会越来越小，前者最终会超过后者，使得进一步控制污染变得无利可图。由此可见，在考虑到了成本方面的因素之后，对污染的控制并不一定是越严越好，污染水平也不一定是越低越好。特别是，如果要将污染程度降低到零，社会将为此付出非常大的成本，而得到的边际收益却非常小。

补充训练

1. (名词解释) 木马计 (南京师范大学 2017)

2. (判断题) 如果病人可以很容易地获得有关医生和医院的详细信息 (例如手术记录等)，那么消费者的境况一定会变好。(暨南大学 2013)

3. (判断题) 由于搭便车者 (free rider) 的存在，私人市场不能有效提供公共物品，而政府总是能有效地提供公共物品。(对外经贸大学 2018)

4. 当某一经济活动存在负外部性时，其 (　　)。(华东师大 2008)

A. 私人成本小于社会成本　　B. 私人成本大于社会成本

C. 私人收益小于社会成本　　D. 私人收益大于社会成本

5. 某印染企业的收益曲线为 $R=100Q-Q^2$，私人成本曲线为 $C=Q^2+4Q$，另外，每单位产品的外部成本为 16，则社会最优产量为 (　　)。(对外经贸大学 2018)

A. 20　　B. 24

C. 28　　D. 32

6. 干洗店会产生空气污染，因此，干洗行业的均衡价格 (　　)。(上海财大 2008)

A. 和产量相对于社会最优水平而言都太高了

B. 相对于社会最优水平而言太低，而其产量相对于社会最优水平而言又太高了

C. 相对于社会最优水平而言太高，而其产量相对于社会最优水平而言又太低了

D. 是最优的，但存在过度供给

7. 考虑一个出售照相机的旧货市场，该市场上的照相机分为优质和劣质两类。优质照相机所占的比例为 q，$0<q<1$。买者和卖者都是风险中立的。卖者对优质照相机和劣质照相机的估价分别为 100 美元和 50 美元。买者对优质照相机和劣质照相机的估价分别为 120 美元和 60 美元。下列哪种说法是正确的？(　　)(上海财大 2008)

A. 当市场价格为 $p=90$ 美元时，劣质照相机会被出售，优质照相机不会被出售

B. 当优质照相机的比例为 $q=\frac{1}{3}$ 时，在均衡状态下市场价格为 $p\in[50, 60]$，而且优质照相机不会被出售

C. 当优质照相机的比例为 $q=1/2$ 时，优质和劣质照相机都会被出售

D. 上述说法都不正确

8. 农场主A拥有一块土地的所有权，他雇用工人B和C在其土地上进行生产。A和B、C订有合约，根据合约，A每年分别支付给B和C一个固定工资 w。对此，经济学家Cheung认为，固定工资加土地产出提成的合约形式能更好地激励工人努力劳动，同时还有助于农场主和工人之间进行恰当的风险分担。请问Cheung所提出的合约形式期望解决以下哪种问题？（　　）（复旦大学 2007）

A. 道德风险　　B. “搭便车”问题

C. 信号甄别　　D. 逆向选择

9. 一个山村要修一条通往山外的道路，最终只有富户出资，这种现象叫做（　　）。（上海海事大学 2017）

A. 外部性　　B. 道德风险

C. 逆向选择　　D. “搭便车”

10. 在污染治理中，可交易的污染许可证（　　）。（重庆大学 2011）

A. 可以有效降低污染总量

B. 会导致企业在污染上的投机行为

C. 可以在企业间有效分配污染量

D. 会降低企业的污染治理成本

11. 次贷危机中的“次贷”是指（　　）。（中国科大 2013）

A. 美国房贷市场上的次级借款者，即贷款种类超过一种的借款者

B. 美国房贷市场上的次级借款者，即信用程度较低、还贷能力不足的借款者

C. 房屋贷款被包装、分割然后再出售的金融产品

D. 以上答案都对

12. 什么是定率税和定量税？政府是如何使用定率税和定量税管制垄断厂商的？（南京大学 2016）

13. 借助图形说明为什么政府对自然垄断的价格管制往往采用平均成本定价而不是边际成本定价。（中央财经大学 2011）

14. 假设存在正的社会外部性，那么个人最优产量和社会最优产量有何区别？为什么？从社会管理的角度来说，如何进行调整？为什么说这种调整对社会福利来讲是帕累托改进？请结合图形进行分析。（北京大学 2011）

15. 微观经济学讨论市场失灵时，通常会举公共物品供给的例子。请问：为什么通常经济学家会认为，类似国防等的公共物品不能通过市场来有效提供？如果经济学家的看法正确，那么为什么社会上会经常出现做好事、见义勇为、献血、志愿者等公共物品自愿供给现象？你如何用经济学理论来反驳经济学家？（中国人民大

学 2011)

16. 相对于私人图书而言，公共图书馆的图书损坏得更快。请利用相关知识加以解释，并提出解决方案。(西南财大 2011)

17. 画图说明负外部性对企业决策的影响。(中山大学 2015)

18. 假设一个地区有两个企业。企业 1 是上游企业，生产产品 x，生产函数为 $x=g(L_x)$，其中 L 表示劳动投入。企业 2 是下游企业，生产产品 y，其产量不仅取决于自身的劳动投入，而且取决于企业 1 的产量 x，生产函数为 $y=h(L_y, x)$，劳动力的工资为 w，产品 x、y 的价格分别为 P_x、P_y。请证明：在存在外部性的情况下，追求利润最大化的企业会出现无效率的资源配置。(中国人民大学 2017)

19. 简述市场效率的限制。(浙江大学 2006)

20. 在知道公共物品和私人物品的市场需求曲线的情况下，公共物品和私人物品的价格是怎么确定的？消费者是否认同公共物品定价方式？为什么？(南开大学 2011)

21. 运用信息不完全和信息不对称理论分析逆向选择问题。(扬州大学 2019)

22. 假设一个村庄的村长决定修建村里的道路。但他不知道村民对修建道路的估价。修建道路的成本与道路的长度 x 有关，且 $C(x)=\frac{1}{2}x^2$，每个村民的边际支付意愿为 $P(x)=1-x$。

(1) 确定所修建道路的最优长度的条件是什么？如果村民的人数为 1 000 人，那么该村庄应修建多长的道路？

(2) 假设修建道路的成本是固定的，且 $C(x)=500$，那么当村民人数为多少时才应该实施该修路工程？(上海财大 2008)

23. 在中国个人电脑端即时通信市场上，腾讯 QQ 是主要的产品。你认为腾讯是垄断者吗？你的理由是什么？(中山大学 2015)

24. 垄断会造成社会福利损失，但是为什么社会中有许多垄断现象？(中山大学 2016)

25. 城市限制新增车辆的牌照数量可以减缓城市交通拥堵吗？从经济学角度简析一下该政策。(中山大学 2017)

26. 假设市场上有 A 厂商和 B 厂商分别生产 X 和 Y 两种产品，其中 A 厂商排放污水对 B 厂商产生了外部性。已知 A 厂商和 B 厂商的成本函数分别为 $C_A=2X^2$ 和 $C_B=Y^2+2XY$，两种产品的市场都是完全竞争的，产品 X 的价格为 80，产品 Y 的价格为 60。

(1) 假定两厂商不就外部性问题进行交涉，两厂商的产量各为多少？

(2) 假定两厂商就外部性问题进行交涉，并且交易成本为零，两厂商的产量又各为多少？

(3) 在 (2) 的场合，对 A 厂商的外部不经济有法规限制和无法规限制时，两厂商如何分配利润？

(4) 假定政府为抑制外部不经济，对 A 厂商生产的每单位产品 X 征收数额为 T

的税收，两厂商若追求各自的利润最大化，政府税额应定为多少？（同济大学 2017）

27. 即使经济是完全竞争的，当存在公共物品时，为什么也不可能达到帕累托最优状态？（暨南大学 2010）

28. 为什么对公共资源允许自由进入会产生无效率的结果？（中山大学 2016）

29. 一片海域由两个捕鱼区构成：1 区和 2 区。1 区每天的捕捞量（单位为吨）为 $Q_1=600X_1-2X_1^2$，2 区每天的捕捞量为 $Q_2=300X_2-X_2^2$，其中 X_1 和 X_2 分别表示在 1 区和 2 区捕鱼的船的数量。现有 300 条船取得了政府的捕鱼许可，每条船都是完全相同的，在海上运营的总成本为每天不变的 10 000 元。假定在市场上，鱼以每吨 100 元的恒定价格出售。请问：

（1）如果船可以去任何它们想去的区域，政府不加限制，每个区域将有多少条船捕鱼？每条船捕鱼的净收益是多少？

（2）如果政府能够限制船的捕鱼区域，每个区域应当配置多少条船？每条船捕鱼的净收益是多少？

（3）当前政府授权捕鱼的船只数量是最优的吗？请计算说明。（中山大学 2011）

30. 假定在某水域的龙虾可自由捕捉，从而是公共资源。对龙虾的需求是 $D_1=0.401-0.006\ 4F$，这里，F 代表每年的龙虾捕捉量。捕捉龙虾的成本为每百万磅龙虾的美元成本，每百万磅捕捉的边际社会成本为 $MC_s=-5.645+0.650\ 9F$，而渔民捕捉的边际私人成本为 $MC_p=-0.357+0.057\ 3F$。

（1）试求社会有效率的捕捉量和实际捕捉量。

（2）试求渔民自由进入捕虾的社会成本。

（3）若龙虾名声提高，需求变为 $D_2=0.50-0.006\ 4F$，这时社会有效率的捕捉量和实际捕捉量以及渔民自由捕捉的社会成本有何变化？（用草图表示以上状况。）（复旦大学 2017）

31. 在店主和店员的委托—代理问题中，R 是商店的收益，e 是店员的努力。由于收益不仅取决于店员的努力，还取决于市场情况等，因此 R 是 e 的随机函数，$R=4e+\eta$，其中 η 是均值为 0 的随机扰动项。再假设店员的负效用函数为 $C=e^2$，店员接受该工作的机会成本为 1，店主采用的报酬计算公式为 $S=A+B\times R$，试确定 A 和 B 的水平，以使这种报酬制度成为一种有效的激励。（苏州大学 2011）

参考答案

1. **【难度】** 1　　**【考点】** 委托—代理问题

【答案】 由于代理人的利益与委托人的利益并不一致，因此，对委托人来说的一个重要问题就是：如何确保代理人按照委托人的利益最大化行事？解决这一问题的一种方法就是木马计。这是指委托人把自己的利益“植入”代理人的利益中，或“搭载”到代理人的利益上，这样，当代理人为自己的利益采取行动时，他同时也在为委托人的利益服务。

2.【难度】1　　　【考点】逆向选择和道德风险

【答案】正确。医疗市场上存在信息不对称，病人对有关医生和医院的信息的掌握情况远不如医生，所以会导致逆向选择，水平高的医生不得不退出市场或更少参与看病，这最终会损害消费者的利益。如果能够消除信息不对称，则会消除逆向选择问题，使得消费者的境况变好。另外，消除信息不对称也会使得医生不敢随意为了利润而开药或者安排检查，这也会使消费者的境况变好。

【提示】本题考的是信息不对称，跟医院的垄断没有关系。或许垄断的确会造成消费者福利损失，但这个问题并不是消除信息不对称能解决的（针对垄断的福利损失，对策是政府管制或者消除垄断，而不是消除信息不对称）。信息对称之后，可能会产生病人都流向最好的医院，导致“原本就在最好的医院就医的病人面临更大的竞争，其境况变差”，但这部分境况变差的人是少数，他们的境况变差是以社会上其他消费者的境况变好为前提的，算社会“总账”的话，消费者的境况是因信息不对称被消除而变好的。

3.【难度】1　　　【考点】公共物品的特征

【答案】错误。在公共物品的提供上，人们总是希望由别人来提供，而自己坐享其成。如果想有效地提供公共物品，就必须由政府给予补助或者由政府提供。但是，在现实生活中，由于政府提供公共物品可能不需要私人支付费用，因此个人有动机夸大自己对公共物品的需求，从而使政府提供的公共物品过量，造成资源浪费，所以政府也并非总是能有效地提供公共物品。

4.【难度】1　　　【考点】外部影响和资源配置失当

【答案】A。负外部性又被称为外部不经济，指私人成本小于社会成本。

5.【难度】2　　　【考点】外部影响和资源配置失当

【答案】A。该企业的边际收益为 $MR=100-2Q$，社会成本曲线为 $C=Q^2+4Q+16Q=Q^2+20Q$，社会的边际成本为 $MC_s=2Q+20$。令 $MR=MC_s$ 得：$100-2Q=2Q+20$，解得社会最优产量 $Q=20$。

6.【难度】2　　　【考点】外部影响和资源配置失当

【答案】B。干洗店产生空气污染，说明企业存在外部不经济即负的外部效应。外部不经济没有考虑该生产除私人成本以外的其他社会成本，导致私人成本小于社会成本。企业利润最大化的条件是边际私人收益等于边际私人成本，社会最优条件是边际社会收益等于边际社会成本，由于私人成本小于社会成本，因此企业最优产量相对于社会最优水平而言太高，价格相对于社会最优水平而言太低。

7.【难度】3　　　【考点】信息的不完全和不对称

【答案】B。由于无法判断所购买的照相机是优质的还是劣质的，买者愿意支付的价格 $p=120q+60(1-q)$，q 代表优质照相机的比例。当优质照相机的比例为 $q=1/3$ 时，买者愿意支付的价格 $p=120\times1/3+60\times2/3=80$（美元）。

在这个价格下，由于卖者对优质照相机的估价为 100 美元，他们不愿出售优质照相机，而由于卖者对劣质照相机的估价为 50 美元，低于 80 美元，所以卖者在这个价格下愿意出售劣质照相机，所以只有劣质照相机被出售。但是，买者推断他将得到的是劣质照相机，所以他就不再愿意为旧照相机支付 80 美元，而只会按劣质照相机定价，即出价 60 美元及以下。

结果，旧照相机市场的均衡价格一定是在 50 美元和 60 美元之间的某个价格，对于这个范围内的价格来说，市场上只有劣质照相机被出售，优质照相机不会被出售，选项 B 正确。

当优质照相机的比例为 $q=1/2$ 时，买者愿意支付的价格 $p=120\times1/2+60\times1/2=90$（美元）。在这个价格下，由于卖者对优质照相机的估价为 100 美元，他们不愿出售优质照相机，而由于卖者对劣质照相机的估价为 50 美元，低于 90 美元，所以卖者在这个价格下愿意出售劣质照相机，所以只有劣质照相机被出售。但是，买者推断他将得到的是劣质照相机，所以他就不再愿意为旧照相机支付 90 美元，而只会按劣质照相机定价，即出价 60 美元及以下。

结果，旧照相机市场的均衡价格一定是在 50 美元和 60 美元之间的某个价格，对于这个范围内的价格来说，市场上只有劣质照相机被出售，优质照相机不会被出售，选项 C 错误。

当市场价格为 $p=90$（美元）时，卖者不会出售优质照相机，只会出售劣质照相机，从而买者只会接受 60 美元的价格，因此市场上不会产生交易，即优质照相机和劣质照相机都不会被出售，选项 A 错误。

8.**【难度】** 2　　**【考点】** 逆向选择和道德风险；委托—代理问题

【答案】 A。农业生产的一个特性是，农场主监督工人生产过程中的劳动投入非常困难。如果以固定工资形式雇用工人，工人很可能在生产过程中不努力劳动，因为无论他投入多少劳动，他得到的报酬都一样多，并且他还不会被农场主发觉他不努力劳动。因此，这就产生了道德风险（即道德危险），因为农场主无法监督工人生产中的行为。

如果采用固定工资加土地产出提成的合约形式，那么工人的收入就与他的劳动付出相关了。工人投入劳动多一点，产出多一点，提成也就多一点。因此，工人会更努力劳动。

因此，固定工资加土地产出提成的合约形式期望解决固定工资所导致的道德风险问题。

9.**【难度】** 2　　**【考点】** 公共物品与市场失灵

【答案】 D。由于公共物品既没有排他性又没有竞用性，所以能够从公共物品中获益的人可以避开为公共物品付出费用，这被称为“搭便车”。在公共物品的提供上，人们总是希望由别人来提供，而自己坐享其成。村里修路不存在信息不对称，因此也就不存在逆向选择或道德风险问题。富户出资修路，当然也会导致穷户受益，但这不属于外部性。外部性与“搭便车”的一个区别在于，在外部性的情况下，受到外部性影响的人并未消费提供者生产的物品，但在“搭便车”的情况下，“搭便车者”消费了。例如养蜂场对苹果园有正外部性，但苹果园并未消费蜂蜜；而在本题中，穷户会消费道路。

10. **【难度】**2　　**【考点】**治理外部影响的政策

【答案】C。可交易的污染许可证不一定能降低污染总量。例如企业A拥有污染许可证但A无污染物需要排放，企业B需要排放污染物但没有许可证，如果不允许交易，则A和B可能都不排放污染物，污染量为0，但如果允许交易，则B会排放污染物，导致总污染量增加。

可交易的污染许可证只是使得企业间有效分配污染量。B既然购买污染许可证，必然是排污有利于生产，B通过支付许可证费用，对自己的生产的外部不经济进行补偿，使得产量达到社会最优。一味禁止B排污会导致企业生产停滞，经济发展放缓。

11. **【难度】**2　　**【考点】**逆向选择和道德风险

【答案】B。次贷危机是由2006年美国住房贷款引起的市场金融危机。起因是，美国房产市场膨胀，银行放松了放贷标准，允许信用程度较低、还贷能力不足的借款者利用贷款购房，但房价突然大幅下跌，这些购房者发现需要偿还的房贷比房屋的现值还要高，于是违约，从而引起了一连串的市场金融危机。

12. **【难度】**2　　**【考点】**对垄断的公共管制

【答案】定量税又称定额税，是指在一段时间内政府对厂商征收的一个固定数量的税。采用征收定量税的手段，政府可以在不改变垄断厂商生产量和价格的情况下，将该厂商的垄断利润完全征收上来。

如图11－5所示，在未征收定量税的情况下，按照$MR=SMC$的原则，垄断厂商的均衡产量为Q_0，均衡价格为P_0，厂商获得了相当于矩形P_0ABE_0（即阴影部分）面积的超额利润，假设利润额为π。如果政府征收额度为π的定量税，则厂商的SAC曲线向上平移到SAC'，SMC曲线却不变，因此均衡产量和均衡价格也都不变，仍旧分别为Q_0和P_0，但厂商的超额利润都作为税收交给政府了，厂商的利润为0。

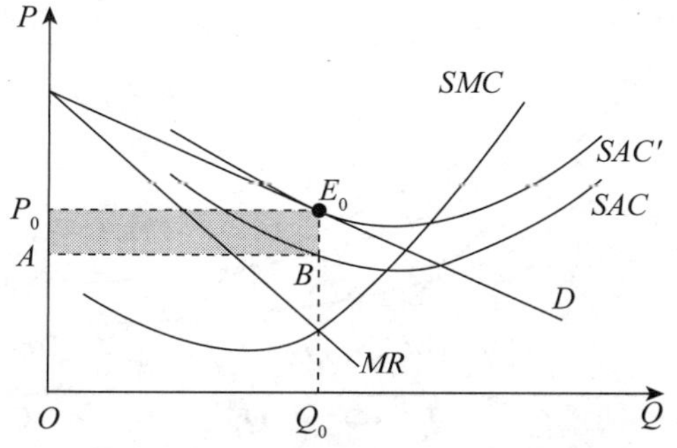

图11－5　政府征收定量税对垄断厂商的管制

定率税也称单位税，是指针对每一单位的产品或者单位价格所征收的税。定率税一般分为两种：一是从量税，即根据产品的数量对每一单位产品所征收的一定量的税；二是从价税，即根据产品的价格按一定百分比所征收的税。

如图 11－6 所示，在未征收定率税的情况下，按照 $MR=SMC$ 的原则，垄断厂商的均衡产量为 Q_0，均衡价格为 P_0，厂商获得了相当于矩形 P_0ABE_0（浅灰色阴影部分）面积的超额利润。如果政府征收定率税，则厂商的 SMC 曲线和 SAC 曲线都会向上移动，假设分别移动到 SMC' 和 SAC'，此时均衡产量为 Q_1，均衡价格为 P_1，价格上升使得厂商将一部分税收转嫁给消费者，转嫁的幅度由供给弹性和需求弹性决定。此时均衡价格上升，均衡产量下降，厂商可能会承受亏损，也可能会继续赚取超额利润。图中厂商是遭受亏损的，亏损额为图中深灰色阴影部分的面积，但只要 $AR>AVC$，即 $P_1>AVC$，厂商就依旧会停留在该行业内，而如果 $AR<AVC$，则厂商会退出该行业。

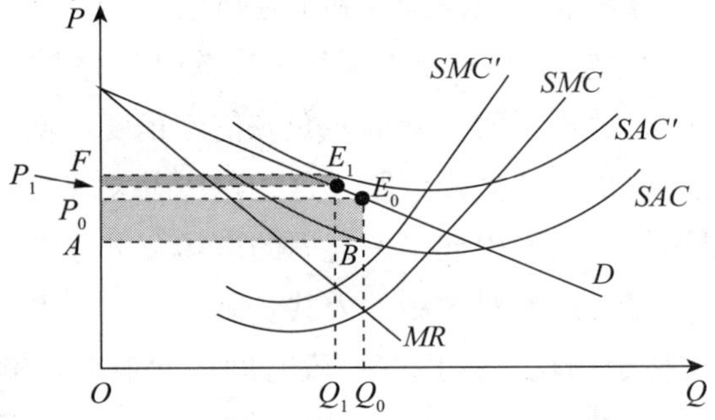

图 11－6　政府征收定率税对垄断厂商的管制

13.【**难度**】2　　【**考点**】对垄断的公共管制

【**答案**】(1) 垄断常常导致资源配置缺乏效率。此外，垄断利润通常也被看成是不公平的，这就使得有必要对垄断进行政府干预。政府对垄断的干预是多种多样的，不过政府对自然垄断的价格管制往往采用平均成本定价而不是边际成本定价。

(2) 自然垄断的特点是平均成本曲线不断下降，参见图 11－7。由于平均成本曲线 AC 一直下降，故边际成本曲线 MC 总位于其下方。在不存在政府管制时，垄

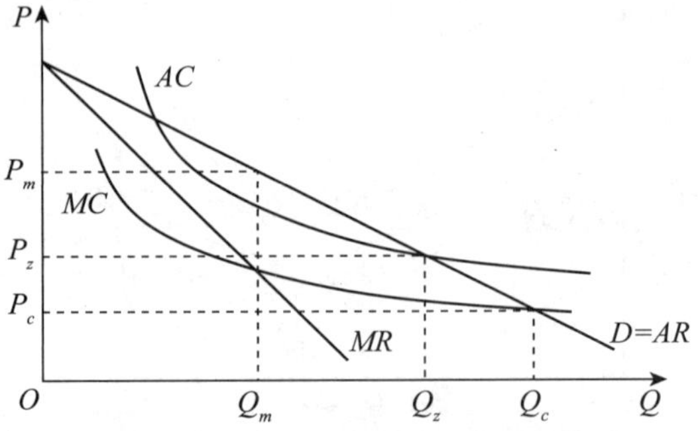

图 11－7　对自然垄断的政府管制

断厂商的产量和价格分别为 Q_m 和 P_m。当存在政府管制时，如果按照边际成本定价的话，则把价格定为 P_c，此时产量为 Q_c，达到帕累托效率。值得注意的是，在自然垄断场合，在帕累托最优价格 P_c 和最优产量 Q_c 上，垄断厂商的平均收益小于平均成本，从而出现亏损。因此，在这种情况下，政府必须补贴垄断厂商的亏损。而如果按照平均成本定价的话，则把价格定为 P_z，此时垄断厂商获得零经济利润，在这种情况下，政府不必补贴垄断厂商，而厂商可以获得正常利润。所以政府对自然垄断的价格管制往往采用平均成本定价而不是边际成本定价。

14.**【难度】**2　　**【考点】**外部影响和资源配置失当；治理外部影响的政策

【答案】正的社会外部性是指某一生产者的生产行为使他人或社会受益而又没有向他人或社会收取费用。正外部性会导致资源的低效率配置，即导致市场失灵，具体来说就是将会导致个人最优产量小于社会最优产量，即达不到帕累托最优水平。

如图 11-8（a）所示，MC 为生产者的边际成本曲线，MR_p 为其边际私人收益曲线，MR_s 为其边际社会收益曲线，它们与 MC 分别交于 E_0 点和 E_1 点。生产者根据 $MR_p=MC$ 的原则来确定产量，在 E_0 点达到局部均衡，对应产量是 Q_0；而对于社会而言，应该根据 $MR_s=MC$ 的原则来确定产量，最优均衡点是 E_1 点，对应产量是 Q_1。显然，个人最优产量 Q_0 小于社会最优产量 Q_1。

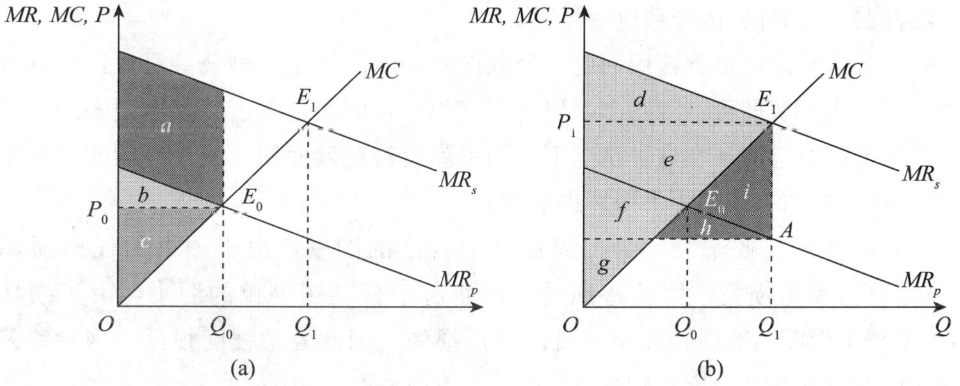

图 11-8　生产的外部经济情况下的资源配置

从社会管理的角度来说，应该给予个人补贴，使得个人产量增加。

如图 11-8（a）所示，补贴前，产量为 Q_0，消费者剩余$=b$，生产者剩余$=c$，社会因正外部性而获得的收益$=a$。社会净福利$=a+b+c$，即图中三个阴影部分的面积之和。

如图 11-8（b）所示，补贴后，产量为 Q_1，价格为 P_1，其中，消费者支付 AQ_1 部分，社会补贴支付 AE_1 部分，此时，消费者剩余$=f+h$，生产者剩余$=e+f+g$，社会因正外部性而获得的收益$=d+e+i$，社会补贴$=e+f+h+i$。社会净福利$=(f+h)+(e+f+g)+(d+e+i)-(e+f+h+i)=f+e+g+d$，即图中浅灰色阴影部分的面积。

补贴后，没有哪个人的福利减少，但消费者和生产者的福利都增加了，因此属于帕累托改进。

15.【难度】1　　【考点】公共物品与市场失灵

【答案】(1) 公共物品本身的特性决定了市场不能有效地提供它。公共物品的消费不具备排他性和竞用性，不具备排他性使得每个消费者都希望做"搭便车者"；不具备竞用性，即任何一个消费者消费一单位公共物品的机会成本总为零，消费者会尽量少支付给生产者以换取消费公共物品的权利。如果所有消费者均这样行事，则消费者支付的数量就不足以弥补公共物品的生产成本，其结果便是低于最优数量的产出，甚至没有产出。因此类似国防等的公共物品不能通过市场来有效提供。

(2) 社会上之所以会经常出现做好事、见义勇为、献血、志愿者等公共物品自愿供给现象，是因为不同消费者的个人偏好不同。由于效用只是一种心理感知，因此，不仅经济利益可以增加一个人的效用，精神收获也可以增加一个人的效用。对部分人而言，通过自愿供给公共物品，他们会获得很高的效用，并且认为这一效用大于提供公共物品的成本，因此乐意提供。

【提示】本题第(2)问其实已经不是经济学的研究范畴，读者了解一下即可。

16.【难度】2　　【考点】公共资源；逆向选择和道德风险

【答案】有两种原因导致这一结果。

(1) 公共资源被过度使用问题。公共图书馆的图书是一种公共资源，不具有排他性，即不用付费即可借阅图书，但具有竞用性，即某人在借阅某本图书的时候其他人就不能同时借阅，在这种情况下，图书就会被过度使用，出现所谓的"公地的悲剧"，即公共图书馆的图书损坏得更快。

(2) 读者的"败德"行为。读者对于自己的图书，由于图书的任何损坏均100%由自己承担损失，因此特别爱护；而对于公共图书馆的图书，由于损坏后(至少是较小程度的磨损)无须由自己承担损失，因此爱护程度很低，这导致公共图书馆的图书损坏的速度特别快。

对这一问题的解决方案可以从以上两种原因入手。第一，通过图书收费借阅的方式提高边际私人成本，使得边际私人成本等于边际社会成本，从而可以让私人最优借阅量与社会最优借阅量相等。第二，对图书的损坏程度作出鉴定，对于明显不爱护图书的读者，按照图书损坏程度索取赔偿金，提高读者所承担的图书损坏的损失，从而可以缓解读者不爱护图书的"败德"行为。

17.【难度】2　　【考点】外部影响和资源配置失当

【答案】负外部性是指一方的行动使另一方付出成本，而行动方并不对另一方的成本提供补偿。

当存在负外部性时，$MSC=MC+MEC$，MC 表示企业的边际成本，MEC 表示企业行动给其他人造成的成本，MSC 表示两种成本的总和，也就是社会总边际成本。如图 11－9 所示，由于企业会按照自己的边际成本 MC 和边际收益 MR 决定均衡产量，假设产品价格固定为 P_1，则有 $MR=P_1$，所以企业按照 $P_1=MC$ 决定的均衡产量为 Q_1。但从社会的角度看，该企业生产的产出太多了。社会需要的均衡产量应当是 $P_1=MSC$ 时的产量，即 Q_2。

可见负外部性使得企业的产量大于社会最优产量。

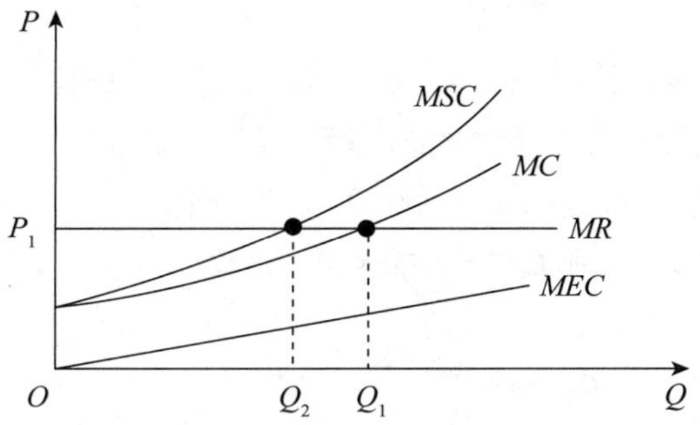

图 11－9　负外部性对企业决策的影响

18.【**难度**】3　　【**考点**】外部影响和资源配置失当

【**答案**】(1) 企业 1 和企业 2 分开决策的情况。

对于企业 1 而言：$\pi_1=P_1g(L_x)-wL_x$。

企业 1 利润最大化的一阶条件为：

$$\partial\pi_1/\partial L_x=P_1g'(L_x)-w=0 \qquad ①$$

对于企业 2 而言：$\pi_2=P_2h(L_y,\ x)-wL_y$。

企业 2 利润最大化的一阶条件为：

$$\partial\pi_2/\partial L_y=P_2\frac{\partial h}{\partial L_y}-w=0 \qquad ②$$

式①和式②对 L_x、L_y 求解即为企业 1 和企业 2 分开决策的资源配置。

(2) 企业 1 和企业 2 作为一个利益整体进行决策的情况。

此时 $\pi=P_1g(L_x)+P_2h(L_y,\ x)-wL_x-wL_y$。

整体利润最大化的一阶条件为：

$$\partial\pi/\partial L_x=P_1g'(L_x)+P_2\frac{\partial h}{\partial x}g'(L_x)-w=0 \qquad ③$$

$$\partial\pi/\partial L_y=P_2\frac{\partial h}{\partial L_y}-w=0 \qquad ④$$

式③和式④对 L_x、L_y 求解即为整体利润最大化的资源配置。

(3) 对比式①、式②和式③、式④两个方程组可知，式②和式④完全相同，因此，两个方程组的解的区别在于式①和式③。

式①和式③可分别整理为：

$$g'(L_x)=w/P_1 \tag{①'}$$

$$g'(L_x)=w/P_1-\frac{P_2}{P_1}\frac{\partial h}{\partial x}g'(L_x) \tag{③'}$$

Ⅰ. 若存在正外部性，那么 $\partial h/\partial x>0$，从而：

$$w/P_1>w/P_1-\frac{P_2}{P_1}\frac{\partial h}{\partial x}g'(L_x)$$

根据边际报酬递减规律可知，$g'(L_x)$ 随 L_x 增大而递减，因此由式①′解得的 L_x（有效率的资源配置）会小于由式③′解得的 L_x，因此，在存在正外部性的情况下，追求利润最大化的企业会出现无效率的资源配置。

Ⅱ. 若存在负外部性，那么 $\partial h/\partial x<0$，从而：

$$w/P_1<w/P_1-\frac{P_2}{P_1}\frac{\partial h}{\partial x}g'(L_x)$$

根据边际报酬递减规律可知，由式①′解得的 L_x（有效率的资源配置）会大于由式③′解得的 L_x，因此，在存在负外部性的情况下，追求利润最大化的企业也会出现无效率的资源配置。

19. **【难度】** 2　　**【考点】** 市场失灵

【答案】（1）市场效率主要指市场配置资源的效率。资源配置效率是指对现有资源进行合理配置而取得的效益。西方经济学中通常以帕累托最优来衡量资源配置的效率。如果经济处于这样一种资源配置状态，即这时没有一个人可以在不使其他人福利受到损害的条件下使自身的福利水平提高，则称此时的资源配置是有效的，或者说经济达到了帕累托最优状态。在完全竞争下，市场能够充分有效地配置资源。

（2）由于垄断、外部影响、公共物品及信息不对称等因素，市场效率会受到限制。

1）垄断产生的原因主要来自生产的物质技术条件、人为因素和自然条件。自由的市场经济不可避免地会产生垄断。垄断行业缺乏效率，垄断厂商的产量低于社会最优产量，其市场价格高于成本。同时，垄断行业中的技术停滞、寻租等现象会造成更大的社会成本。但是，垄断对于一些行业来说可能比过度竞争更有益，例如，大多数自然垄断行业就不适合厂商竞争。

2）外部影响的存在会造成一个严重的后果：市场对资源的配置缺乏效率。在存在外部影响的条件下，潜在的帕累托改进并不能实现，原因主要有以下几种：存在巨大的交易费用；很难避免“搭便车”现象；势力的不对称性。

3）具有非排他性的公共物品常有供给不足的现象。对于具有非排他性的公共物品，私人多不愿意提供或充分提供，因此，其产量常低于社会福利最大化的产量，从而影响经济效率。可以排他的公共物品常有利用不足的现象：并不是所有公共物品都不能排他，有些公共物品是可以排他的，即准公共物品。一种可以排他的公共物品如果只供付费的人享用，则常会使利用率偏低，造成浪费而影响效率。

4）信息不对称指市场上的某些参与者拥有但另一些参与者不拥有某信息；或

指一方掌握的信息多一些，另一方掌握的信息少一些。信息不对称会导致资源配置失当，降低市场效率，并且还会引起道德风险和逆向选择问题。

此外，不完善市场、经济波动、收入分配不公等也会导致市场的低效率。

20.【难度】2　　【考点】公共物品的最优数量

【答案】私人物品是那些在普通市场上常见的物品，具有两个特点：(1) 排他性，即只有对商品支付价格的人才能够使用；(2) 竞用性，即如果某人已经使用了某个商品，则其他人就不能再同时使用该商品。公共物品指供整个社会共同享用的物品，具有不同于私人物品的两大显著特点：消费或使用上的非排他性和非竞用性。这些性质决定了公共物品和私人物品在定价方式上的不同。

私人物品的市场需求曲线是由个人需求曲线在水平（即数量）方向相加得到的，表示的是整个市场在各个价格水平下愿意且能够购买的数量，而供给曲线则是市场在各个价格水平下愿意向整个市场提供的数量，私人物品的定价方式就是在市场供给曲线与市场需求曲线相交的地方确定价格，此时的价格是每个消费者愿意单独支付的价格，而数量则是所有消费者愿意消费的数量。如图 11－10 所示。

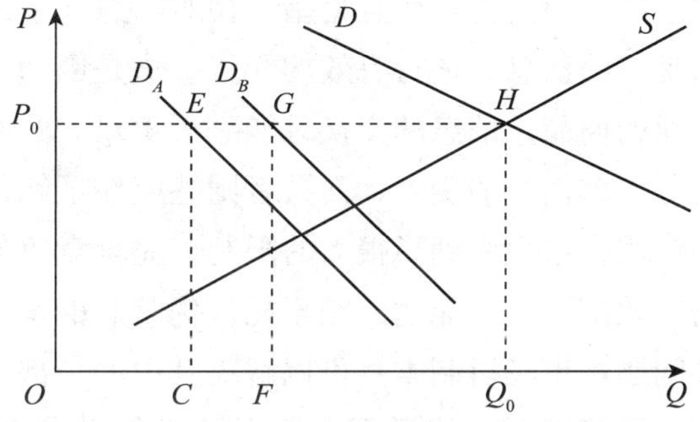

图 11－10　私人物品的市场需求曲线

公共物品的市场需求曲线是所有消费者的需求曲线纵向（即价格方向）相加得到的，而由于公共物品是政府投资提供的，所以政府在公共物品上的投资量就是该物品的价格。同样，公共物品的供给曲线与需求曲线的交点所决定的价格就是最优价格，显然此时的公共物品的价格应该等于所有消费者愿意支付的价格之和。如图 11－11 所示。

消费者是不满意这种定价方式的。首先，单个消费者通常并不很清楚自己对公共物品的需求价格，更不用说去准确地陈述他对公共物品的需求与价格的关系。其次，即使单个消费者了解自己对公共物品的偏好程度，他也不会如实地说出来。为了少支付或不支付价格，消费者会低报或隐瞒自己对公共物品的偏好。消费者在享用公共物品时都想当“搭便车者”，不支付成本就得到利益。由于单个消费者对公共物品的需求曲线不会自动显示出来，所以我们无法将它们加总得到公共物品的市场需求曲线进而确定公共物品的最优数量，事实上如果按照这种方式定价，市场本身提供的公共物品通常将低于最优数量，因此这种定价方法失灵。

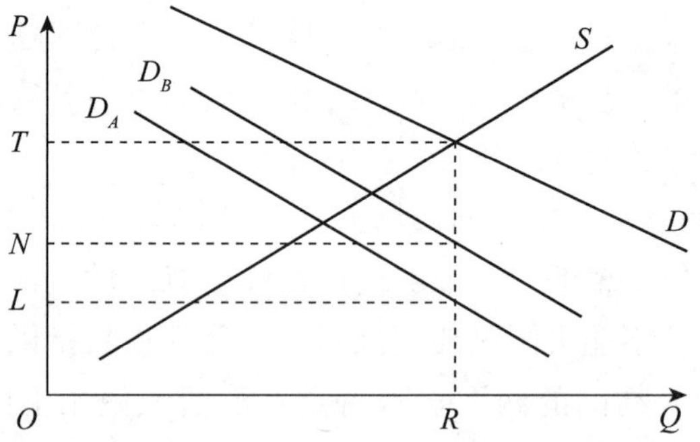

图 11-11　公共物品的市场需求曲线

21.【难度】2　　【考点】信息的不完全和不对称；逆向选择和道德风险

【答案】信息不完全指市场的供求双方对于所交换的商品不具有充分的信息。在现实经济中，信息常常是不完全的，称为不完全信息。信息不完全不仅是指那种绝对意义上的不完全，即由于认识能力的限制，人们不可能知道在任何时候、任何地方发生的或将要发生的任何情况，而且是指“相对”意义上的不完全，即市场经济本身不能够生产出足够的信息并进行有效的配置。这是因为，作为一种有价值的资源，信息不同于普通的商品；信息的交换只能靠买卖双方的并不十分可靠的相互信赖，卖者让买者充分了解信息的用处，而买者则答应在了解信息的用处之后即购买它。这样，市场的作用在这里受到了很大的限制。完全竞争的市场机制在很多场合下不能导致资源的有效配置，不能达到帕累托最优状态的情形，即市场失灵。信息不完全带来了许多问题，市场机制本身可以解决其中的一部分；但是在很多情况下，市场的价格机制并不能够解决或者至少是不能够有效地解决不完全信息问题，从而导致市场失灵。

信息不对称指市场上的某些参与者拥有但另一些参与者不拥有某信息；或指一方掌握的信息多一些，另一方掌握的信息少一些。信息不对称会导致资源配置失当，降低市场效率，引起逆向选择。逆向选择是指在买卖双方信息不对称的情况下，差的商品总是将好的商品驱逐出市场；或者说拥有信息优势的一方，在交易中总是趋向于做出尽可能地有利于自己而不利于别人的选择。逆向选择容易出现的场合主要包括二手车市场、保险市场、信贷市场和劳动市场。

比如在二手车市场上，假定有若干辆质量不同的二手车要卖。二手车车主知道自己要卖的车的质量，质量好的索价高些，质量差的索价低些。但买主不知道每辆二手车的质量情况。在这种情况下，买主只能按好的二手车和差的二手车索价的加权平均价格来购买。这样，质量好的二手车会退出市场，而质量差的二手车会留在市场上。一旦发生这样的情况，质量差的二手车比例增大，买主就会进一步降低出价，使质量稍好的二手车也退出市场，如此循环下去，二手车市场就会逐渐萎缩甚至完全消失。

由此可见，逆向选择的存在使得市场价格不能真实地反映市场供求关系，导致市场资源配置的低效率。

22.**【难度】**3　　**【考点】**公共物品的最优数量

【答案】（1）如果公共物品按可变数量提供，则提供帕累托有效的公共物品量的必要条件为：边际支付意愿之和等于公共物品的边际成本。所以确定所修建道路的最优长度的条件是所有村民的边际支付意愿之和等于公共物品的边际成本。

在村民为 1 000 人时，最优的道路长度为 $1\,000(1-x)=MC(x)=x$，求解可得$x=1\,000/1\,001$。

（2）在提供公共物品的成本固定的情形下，是否提供公共物品取决于人们的支付意愿和公共物品的总成本。在道路修建成本固定的条件下，当村民的边际支付意愿之和大于或等于公共物品的总成本时，修建道路是合意的。

设村民人数为 n 时修建道路，则应满足 $n(1-x)\geqslant C(x)=500$，求解可得 $n\geqslant 500/(1-x)$，所以当村民人数在 $500/(1-x)$及以上时应修建道路。

23.**【难度】**1　　**【考点】**垄断与低效率

【答案】绝对的垄断厂商一般是不存在的，但市场中会存在很多市场份额虽然不是 100%但却足够大的厂商，这些厂商可被视为具有垄断地位的厂商，即垄断者。《中华人民共和国反垄断法》明确界定，“一个经营者在相关市场的市场份额达到二分之一”，“可以推定经营者具有市场支配地位”，即属于垄断者。腾讯在个人电脑端即时通信市场上的市场份额远远超过 50%，自然属于垄断者。

个人电脑端即时通信市场跟其他很多互联网市场一样，都具有典型的自然垄断性质。自然垄断是指某一市场的规模经济效应非常明显，以至一个企业为整个市场提供产品或服务的成本，比两个或更多企业都提供产品和服务的成本要低很多。互联网产品、水、电、煤气等都属于典型的自然垄断市场。由于市场本身的自然垄断属性，这个市场在自由竞争之后的必然结果是其中某一个企业获得垄断地位，其他企业只能占据边缘市场。例如阿里旺旺只能占据淘宝购物时的即时通信市场，百度 Hi 只能占据百度内部员工的即时通信市场。

垄断者必然有垄断价格。虽然 QQ 是免费使用的，但这并不意味着 QQ 不属于垄断者。QQ 的收费模式是由互联网市场的特征决定的。为了占据市场份额，必然要免费提供最基本的服务，然后针对其中部分用户收费，例如 QQ 的各种会员；再利用庞大的用户基数推广衍生服务，例如腾讯游戏。甚至，腾讯在推广第三方公司的游戏时，平台提成会高达游戏营收的 90%，这一价格远远高于腾讯平台的边际成本。2014 年，腾讯总营收达 789.32 亿元，同比增长 31%，净利润达 238.1 亿元，同比增长 54%。显然，腾讯公司每年飞速增长的利润，是因为垄断地位而产生的。如果没有垄断地位，甚至只是一个完全竞争厂商，腾讯的利润即使不是 0，也不会这么快速且持续地增长。

【提示】 微信虽然是QQ的竞争者，但这不能证明腾讯不是垄断者。原因有二：(1) 微信也是腾讯的产品，它最多只能证明QQ不是垄断者，而不能证明腾讯不是垄断者。(2) 本题的题干是“中国个人电脑端即时通信市场”，微信主要运用于移动端即时通信市场，而QQ主要运用于个人电脑端即时通信市场，因此微信不属于中国个人电脑端即时通信市场的竞争者。

MSN于2014年10月31日退出中国（本题对应考试的答题时间是2014年12月28日），最多只存在于其他国家的个人电脑端即时通信市场，因此也不属于本题题干市场的竞争者。事实上，就算MSN还没退出，也不影响QQ的垄断地位，因为MSN退出的直接原因就是市场份额太小。

24. **【难度】** 1　　**【考点】** 垄断与低效率

【答案】 虽然垄断会造成社会福利损失，但垄断却是不能杜绝的，原因有以下几个：

(1) 部分行业具有自然垄断特征，例如水、电、煤气的供应厂商，或者很多互联网行业，都是如此，这种行业的特点是固定成本很高、边际成本极低，随着产量的增加，其平均成本是不断下降的。这种自然垄断行业只要有一个企业就可以满足市场上所有消费者的需求，而如果有多个企业提供产品或服务，则会因为高额的固定成本而导致社会资源的浪费，反而是低效率的。例如自来水供应，如果有多个企业供应自来水，则需要在每一个小区和每一户里都安装多套自来水管，高额的固定成本造成资源的浪费，而大量的管道也会给居民带来不必要的麻烦。所以自然垄断行业是必须存在垄断的。

(2) 为了鼓励企业创新，必须保护知识产权，而这种保护就有可能在知识产权保护期形成垄断。例如，假设某厂商研发了一种全新的手机套生产技术，可以使得手机套的生产成本减半而手机套的功能却更好，虽然其他厂商都有动机使用这一技术，但如果该厂商不提供授权，在法律的保护下，其他厂商就无法使用。这就会使得研发出这一技术的厂商在一定时期内拥有垄断的力量，因为它拥有核心资源——新技术。

(3) 部分行业为关系国计民生的关键行业，由政府授权垄断。

(4) 部分行业的必备生产资源是稀缺的，而占有这一资源的企业就具有垄断的力量。

综上，垄断有其形成的必然因素，虽然垄断会造成社会福利损失，但垄断却是不能杜绝的。

25. **【难度】** 1　　**【考点】** 治理外部影响的政策

【答案】 由于牌照与汽车是互补品，限制牌照数量使得牌照的均衡数量减少，从而汽车的需求减少，表现为需求曲线左移。在供给曲线不变的前提下，需求曲线左移使得汽车均衡数量减少，均衡价格下降。汽车均衡数量下降会在一定程度上缓解城市交通拥堵。

汽车的消费有比较明显的外部不经济，它造成大气污染和城市交通拥堵，但开车者并没有承受这一后果。因此需要政府加以限制，限制牌照数量从而间接限制汽车数量是可操作的政策之一。但限制牌照数量对交通拥堵的缓解效果并不明显，因为限牌虽然减少了城市汽车数量，但它只是减少了拥车数量，并没有减少用车成本。而交通拥堵的直接原因是用车数量超过了城市负荷。而且，限牌使得人们拥有汽车的成本更高，间接刺激已经拥有汽车的人对汽车的使用，既然花高价购买了汽车和牌照，不用就太可惜了。缓解交通拥堵的最直接政策是提升用车成本而不是拥车成本，例如对汽油征税，对商业区的停车场征税，等等。提升用车成本，人们会直接减少汽车的使用，对缓解城市交通拥堵的效果更直接。

26.**【难度】**2　　**【考点】**外部影响和资源配置失当；科斯定理

【答案】（1）若两厂商不就外部性问题进行交涉，则A厂商的利润函数为：

$$\pi_A=P_XX-C_A=80X-2X^2$$

利润最大化的一阶条件为：

$$\frac{\mathrm{d}\pi_A}{\mathrm{d}X}=80-4X=0$$

解得 $X=20$。

此时A厂商的利润为：$\pi_A=80X-2X^2=80\times20-2\times20^2=800$。

B厂商的利润函数为：

$$\pi_B=P_YY-C_B=60Y-Y^2-2XY=60Y-Y^2-2\times20\times Y=-Y^2+20Y$$

利润最大化的一阶条件为：

$$\frac{\mathrm{d}\pi_B}{\mathrm{d}Y}=-2Y+20=0$$

解得 $Y=10$。

此时B厂商的利润为：$\pi_B=-Y^2+20Y=100$。

（2）假定两厂商就外部性问题进行交涉，而且交易成本为零，则两厂商追求共同利润最大化，利润之和为：

$$\pi=\pi_A+\pi_B=80X-2X^2+60Y-Y^2-2XY$$

共同利润最大化的一阶条件为：

$$\frac{\partial\pi}{\partial X}=80-4X-2Y=0$$

$$\frac{\partial\pi}{\partial Y}=60-2X-2Y=0$$

联立求解可得A厂商、B厂商的均衡产量分别为：

$X=10$，$Y=20$

共同利润 $\pi=\pi_A+\pi_B=80\times10-2\times10^2+60\times20-20^2-2\times10\times20=1\ 000$

（3）对 A 厂商的外部不经济无法规限制时，A 厂商和 B 厂商都至少要达到无交涉情况下的最大利润分配，即 $\pi_A\geqslant800$，$\pi_B\geqslant100$。

如果有法规限制 A 厂商的外部性，则 B 厂商可以要求 A 厂商将产量限制在 $X=10$ 上，此时有：

$$\pi_A=80\times10-2\times10^2=600$$

$$\pi_B=60Y-Y^2-2\times10\times Y=-Y^2+40Y$$

按照（2）的计算方式可解得，利润最大化时 $Y=20$，$\pi_B=400$。

$\pi_A+\pi_B=600+400=1\ 000$，恰好与共同利润 π 相同。

所以，对 A 厂商的外部不经济有法规限制时，利润分配方式为：

$$\pi_A=600,\ \pi_B=400$$

（4）征税后，A 厂商的利润函数变为 $\pi_A=P_XX-TX-C_A=80X-TX-2X^2$，利润最大化的一阶条件为：

$$\frac{\partial\pi_A}{\partial X}=80-T-4X=0$$

政府抑制外部不经济的目的是让 $X=10$，将它代入上式可得：

$$80-T-4\times10=0$$

解得：$T=40$。

27.**【难度】**1　　**【考点】**公共物品与市场失灵

【答案】（1）帕累托最优状态是用于判断市场机制运行效率的一般标准。帕累托最优状态是指，在既定的资源配置状态下，任意改变都不可能使至少一个人的境况变好而又不使任何其他人的境况变坏，即不存在帕累托改进。

（2）公共物品与私人物品相对应，是供集体共同消费的物品，指既不具有排他性也不具有竞用性的物品。因此，公共物品具有两个特性：

①非排他性。非排他性是指某人在消费某一物品时，不能排除其他人消费这一物品（不论他们是否付费），或者排除的成本很高。

②非竞用性。非竞用性是指某物品被提供出来以后，增加一个消费者不会减少任何一个人对该物品的消费数量和质量，其他人消费该物品的额外成本为零，换句话说，增加消费者的边际成本为零。

（3）对于公共物品而言，市场机制作用不大或难以发挥作用。因为公共物品由于失去了竞用性和排他性，增加消费并不会导致成本的增加，消费者对其支付的价格往往是不完全的，甚至根本无须付费。在此种情况下，市场机制对公共物品的调节作用就是有限的，甚至是无效的。

由于公共物品不具备消费的竞用性，任何一个消费者消费一单位公共物品的机会成本都为零。这意味着，没有哪个消费者要为他所消费的公共物品去与其他任何人竞争。因此，市场不再是竞争的。如果消费者认识到他自己消费的机会成本为零，他就会尽量少支付给生产者以换取消费公共物品的权利。如果所有消费者均这样行事，则消费者们支付的数量将不足以弥补公共物品的生产成本。结果便是低于最优数量的产出，甚至是零产出。

由于公共物品的消费存在“搭便车”问题，很难通过竞争的市场机制解决公共物品的有效生产问题，市场也不可能达到帕累托最优状态。

28.**【难度】**1　　**【考点】**公共资源

【答案】公共资源具有竞用性但没有排他性。如公共草场里的草，当一个人放牧时，留给其他人放牧的草就减少了，这属于公共资源的竞用性。但任何消费者都无法阻止其他人也去放牧，这属于公共资源的非排他性。

如果不允许自由进入，则相当于人为增加了排他性，这就使得公共资源既有竞用性又有排他性，和普通的私人物品没有区别了。但如果允许自由进入，则会出现这样的结果：任何一个消费者在消费公共资源时，从中获得的边际私人收益和边际社会收益不同。任何一个消费者在增加放牧数量的时候，都会导致其他消费者放牧收益的减少，但他不用承担这一损失。也就是说，在消费公共资源时，边际社会收益等于边际私人收益减去其他人的损失，所以边际社会收益小于边际私人收益。可是每个个人都只以边际私人收益等于边际私人成本来确定最优消费量，这样就会导致均衡点上的消费量过高，给整个社会带来无效率的后果。

29.**【难度】**2　　**【考点】**公共资源

【答案】(1) 如果船可以去任何它们想去的区域捕鱼，政府不加限制，则这会使得船在两区的平均捕捞量相等。因为如果某区的平均捕捞量小于另一区，就会有船离开该区而到另一区捕鱼，直至两区的平均捕捞量相等。因此，可以得到以下方程，其中 AP_1、AP_2 分别表示 1 区和 2 区每条船的平均捕捞量：

$$\begin{cases} AP_1=AP_2 \\ X_1+X_2=300 \\ AP_1=\dfrac{Q_1}{X_1}=600-2X_1 \\ AP_2=\dfrac{Q_2}{X_2}=300-X_2 \end{cases}$$

解得：$X_1=200$，$X_2=100$。

代入捕捞量的方程，解得：

$$Q_1=600\times200-2\times200^2=40\ 000$$

$$Q_2=300\times100-100^2=20\ 000$$

总的捕捞量为 $Q_1+Q_2=60\ 000$（吨），在每吨 100 元的价格下，总价值为

6 000 000元。

每条船捕鱼的净收益为 $\pi=\frac{6\ 000\ 000}{300}-10\ 000=10\ 000$（元）。

（2）1区、2区捕鱼的总收益分别为：

$$TR_1=100\times(600X_1-2X_1^2)=60\ 000X_1-200X_1^2$$

$$TR_2=100\times(300X_2-X_2^2)=30\ 000X_2-100X_2^2$$

对应的各区捕鱼的边际收益分别为：

$$MR_1=60\ 000-400X_1$$

$$MR_2=30\ 000-200X_2$$

由题意可知，增加一条船的边际成本为 $MC_1=MC_2=10\ 000$。

利润最大化的条件是 $MR=MC$，因此可得：

$$60\ 000-400X_1=10\ 000$$

$$30\ 000-200X_2=10\ 000$$

解得：$X_1=125$，$X_2=100$。

1区和2区每条船的净收益分别为：

$$\pi_1=\frac{60\ 000X_1-200X_1^2}{X_1}-10\ 000=\frac{60\ 000\times125-200\times125^2}{125}-10\ 000=25\ 000$$

$$\pi_2=\frac{30\ 000X_2-100X_2^2}{X_2}-10\ 000=\frac{30\ 000\times100-100\times100^2}{100}-10\ 000=10\ 000$$

（3）根据上述分析可以看出，当前政府授权捕鱼的船只数量不是最优的，最优数量为225条船。

30.**【难度】**3　　**【考点】**公共资源

【答案】如图11-12所示，横轴表示龙虾捕捉量 F，纵轴表示捕捉百万磅龙虾的边际成本 MC。

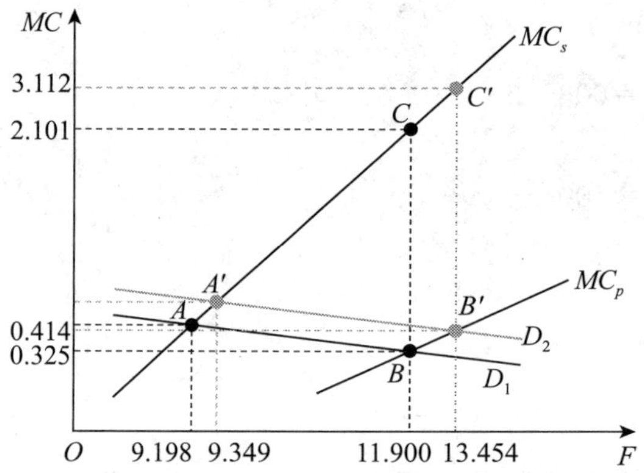

图11-12　龙虾捕捉量及社会成本

（1）社会有效率的捕捉量由需求曲线（D_1）与边际社会成本曲线（MC_s）的交点决定，即：

$$0.401-0.006\,4F=-5.645+0.650\,9F$$

解得：$F_s \approx 9.198$（百万磅）。

实际捕捉量由需求曲线（D_1）和边际私人成本曲线（MC_p）的交点决定，即：

$$0.401-0.006\,4F=-0.357+0.057\,3F$$

解得：$F_p \approx 11.900$（百万磅）。

（2）渔民自由进入捕虾的社会成本指自由进入造成捕捉量超过社会有效水平而造成的损失（会使龙虾总数下降）。实际捕捉量是 11.900，这时的边际社会成本为：

$$MC_s=-5.645+0.650\,9\times 11.900\approx 2.101(\text{美元})$$

边际私人成本为：

$$MC_p=-0.357+0.057\,3\times 11.900\approx 0.325(\text{美元})$$

如图 11－12 所示，社会成本为$\triangle ABC$ 的面积，即：

$$\text{社会成本 } S=(11.900-9.198)\times(2.101-0.325)/2=2.399\,376(\text{百万美元})$$

（3）龙虾需求曲线变为 $D_2=0.50-0.006\,4F$，这时社会有效率的捕捉量由需求曲线（D_2）与边际社会成本曲线（MC_s）的交点决定：

$$0.50-0.006\,4F=-5.645+0.650\,9F$$

解得：$F'_s \approx 9.349$（百万磅）。

实际捕捉量由需求曲线（D_2）和边际私人成本曲线（MC_p）的交点决定：

$$0.50-0.006\,4F=-0.357+0.057\,3F$$

解得：$F'_p \approx 13.454$（百万磅）。

在实际捕捉量为 13.454 百万磅时，边际社会成本为：

$$MC'_s=-5.645+0.650\,9\times 13.454\approx 3.112(\text{美元})$$

而边际私人成本为：

$$MC'_p=-0.357+0.057\,3\times 13.454\approx 0.414(\text{美元})$$

如图 11－12 所示，社会成本为$\triangle A'B'C'$的面积，即：

$$\text{社会成本 } S'=(13.454-9.349)\times(3.112-0.414)/2=5.537\,645(\text{百万美元})$$

可见，对龙虾的社会需求增加以后，社会有效率的捕捉量增量为：

$$F'_s-F_s=9.349-9.198=0.151(\text{百万磅})$$

实际捕捉量增量为：

$$F'_p - F_p = 13.454 - 11.900 = 1.554\text{(百万磅)}$$

社会成本增量为：

$$S' - S = 5.537\ 645 - 2.399\ 376 = 3.138\ 269\text{(百万美元)}$$

31. **【难度】**3　　**【考点】**委托—代理问题

【答案】店主采用的报酬计算公式为：

$$S = A + BR = A + B(4e + \eta)$$

店主的利润为：

$$\pi = (4e + \eta) - [A + B(4e + \eta)]$$

店主给出的最低报酬条件是：

$$A + B(4e + \eta) = e^2 + 1 \qquad ①$$

此时，店主利润为：

$$\pi = 4e + \eta - (e^2 + 1)$$

店主的期望利润为：

$$E(\pi) = 4e - e^2 - 1$$

$$\frac{\mathrm{d}E(\pi)}{\mathrm{d}e} = 4 - 2e = 0$$

解得：

$$e = 2 \qquad ②$$

且此时 $\frac{\mathrm{d}^2E(\pi)}{\mathrm{d}e^2} = -2 < 0$，所以 $e = 2$ 时，店主的期望利润实现了最大化。

店员的净效用为：

$$U(e) = A + B(4e + \eta) - e^2$$

店员的期望净效用为：

$$E(U(e)) = A + 4Be - e^2$$

$$\frac{\mathrm{d}E(U(e))}{\mathrm{d}e} = 4B - 2e = 0$$

解得：

$$e = 2B \qquad ③$$

且此时 $\frac{\mathrm{d}^2E(U(e))}{\mathrm{d}e^2} = -2 < 0$，所以，当 $e = 2B$ 时，店员的净效用实现了最大化。

联立式②、式③得，$B=1$。

联立式①、式②、式③，且令 $\eta=0$，解得：$A=-3$。

所以，店主的最优激励报酬的计算公式为 $W=-3+R$。

附　录

知识点列表

被直接考查越多的知识点，习题（课后习题＋补充习题）覆盖得越密，读者可据此把握对各知识点的复习时间的分配。

被直接考查较少的知识点里也有很多重点，例如边际效用递减规律，虽然直接考它的考题不多，但它是很多其他知识点的理论基础。对于这一类基础性知识点，只需要理解其基本含义或者规律，使得理解更深层知识点没有背景性障碍即可。

章节	知识点	课后习题	补充习题
第一章	西方经济学的研究对象		1、2、3
	经济模型以及静态分析、比较静态分析和动态分析		5、6
	理性人假定		4
第二章	微观经济学概述	18	1
	需求	1、3、4	2、10
	供给	2、4	11
	供求均衡	4、5	3、6、9、10
	需求的价格弹性	6、7、8、11、12、13、14、15、16	5、10、12、13
	需求的价格弹性与收益的关系	14、17	14、15、16
	供给的价格弹性	9	
	需求的交叉价格弹性	14	7
	需求的收入弹性	10、11、13	4、7
	供求原理的运用		8、9、17

续表

章节	知识点	课后习题	补充习题
第三章	边际效用递减规律		29
	需求曲线	4、15、16、17	
	消费者剩余	9、18	
	偏好的假定		2、19
	无差异曲线		1、5、6、13、18、31
	边际替代率	6、13	4
	消费者均衡	1、2、3、7、8、9、10、11、13、14	3、7、12、13、15、17、20、21、23、24、25、28、29、31
	价格和收入变化对消费者均衡的影响	13	11、14、15、16、30
	替代效应和收入效应	12、17	8、9、26、28
	不确定性	5	10、22、27
第四章	生产函数	1、16	2
	总产量、平均产量和边际产量的概念	2、8、10	10
	边际报酬递减规律	2、3、11、12	3、5、9、11、12
	总产量、平均产量和边际产量的相互关系	8、15	13、14
	短期生产的三个阶段	10、13	6、8
	等产量曲线	4、9、14	2、15
	边际技术替代率	4、6	7、15
	规模报酬	3、4、5、6、7、11、12	1、3、4、5、9、12、13
第五章	成本和利润的基本概念		1、2、7
	生产者均衡	10、11、15、16、20	3、4、5、18、19
	扩展线	10	6、20
	短期成本的基本概念	1、2、5、6、7、8、9、12、14、17	7、8、9
	短期成本变动的决定因素	4、13、14	10、11、21
	短期产量曲线与短期成本曲线之间的关系	1、13	12、13、22、23
	长期成本	3、4、18、19、20	14、15、21、24
	规模经济与外在经济		14、16、25
	干中学	19	17

续表

章节	知识点	课后习题	补充习题
第六章	完全竞争市场的条件	2	1、11
	完全竞争厂商的需求曲线与收益曲线	1	
	完全竞争厂商的短期均衡	3、5、6、7、8、11、14、15	2、3、4、12、13、14、15、16、17
	完全竞争厂商的短期供给曲线	4、5、16	5、14、16
	生产者剩余	8	6
	完全竞争行业的短期供给曲线	14	14
	完全竞争厂商的长期均衡	9、11、13、17	7、15、17、18、19、20、21
	完全竞争行业的长期供给曲线	10、12	8、22
	完全竞争市场的福利	14、15、18	9、10、23、24
第七章	垄断厂商的需求曲线和收益曲线	1	1、13、21
	垄断厂商的短期均衡	3、4、5、6、8、9、14	2、3、9、10、11、12、13、14、21、22、23、24、25、26、28
	垄断厂商的供给曲线		2
	垄断厂商的长期均衡	2	2
	价格歧视	7	2、4、8、19、20、25、26
	垄断竞争厂商的需求曲线	10	
	垄断竞争厂商的均衡	10、11	5
	寡头市场的特征	16	6、27、28
	古诺模型	12、15、17	12、15、16、17、28
	伯特兰模型		7、16、18
	斯塔克伯格模型	13	12、17
	价格领导模型		18、29
	斯威齐模型	16、18	
	不同市场结构的经济效益比较	9、15	30
第八章	生产要素理论概述	1	1、9
	完全竞争厂商使用要素的原则	3、5	4、13、14、15
	完全竞争厂商的要素需求曲线	2、4	10、16
	完全竞争行业的要素需求曲线	2	
	要素供给概述	9、10	6、13
	劳动供给曲线及工资的决定	6、7、11	2、3、8
	土地供给曲线及地租	12、14	

续表

章节	知识点	课后习题	补充习题
第八章	租金、准租金和经济租金	8、18	5、11
	资本的供给曲线和利息的决定	13、19	12
	洛伦兹曲线和基尼系数	20	7
	西方经济学分配论存在的问题	15	
第九章	局部均衡和一般均衡	1、10、11	8
	瓦尔拉斯的拍卖者假定	2	
	实证经济学和规范经济学	3	1
	帕累托最优	4	7、13
	交换的帕累托最优条件	14	2、8、9、10、11、12、13、15、16
	生产的帕累托最优条件	9、15	14、15、16
	生产可能性曲线	7、12、13、16、17、18、19、20	15、16
	生产和交换的帕累托最优条件	5	4、15、16
	完全竞争和帕累托最优状态	6	3
	社会福利函数	19、20	5、7
	阿罗的不可能性定理	8	6、7
第十章	博弈论的基本概念及纳什均衡	1、4、5、6、16、17	1、2、7、8、9、10、11、12、13、14、15、16、17
	二人同时博弈的一般理论	2、3	
	混合策略均衡	7、8、9、10、12、18、19	3、4、14、16、17
	完全信息动态博弈与纳什均衡的精炼	11、13、14、15、20、21	5、6、8、13、18
第十一章	市场失灵		19
	垄断与低效率	1、7、17、18	23、24
	对垄断的公共管制	17	12、13
	外部影响和资源配置失当	2、14、16、19、20	4、5、6、14、17、18、26
	治理外部影响的政策	20	10、14、25
	科斯定理		26
	公共物品的特征		3
	公共物品的最优数量	8、10、11、12、15	20、22

续表

章节	知识点	课后习题	补充习题
第十一章	公共物品与市场失灵	3	9、15、27
	公共资源	4、9	16、28、29、30
	信息的不完全和不对称	6、13	7、21
	逆向选择和道德风险		2、8、11、16、21
	委托—代理问题	5	1、8、31

图书在版编目（CIP）数据

高鸿业《西方经济学》（微观部分·第八版）学习指导书/王海滨主编．--北京：中国人民大学出版社，2021.12

21世纪经济学系列教材

ISBN 978-7-300-29788-0

Ⅰ.①高… Ⅱ.①王… Ⅲ.①西方经济学-高等学校-教学参考资料 ②微观经济学-高等学校-教学参考资料 Ⅳ.①F091.3 ②F016

中国版本图书馆CIP数据核字（2021）第168723号

21世纪经济学系列教材

高鸿业《西方经济学》（微观部分·第八版）学习指导书

主　编　王海滨

Gaohongye Xifang Jingjixue (Weiguan Bufen · Di-ba Ban) Xuexi Zhidaoshu

出版发行	中国人民大学出版社		
社　　址	北京中关村大街31号	**邮政编码**	100080
电　　话	010－62511242（总编室）		010－62511770（质管部）
	010－82501766（邮购部）		010－62514148（门市部）
	010－62515195（发行公司）		010－62515275（盗版举报）
网　　址	http://www.crup.com.cn		
经　　销	新华书店		
印　　刷	天津鑫丰华印务有限公司		
开　　本	787mm×1092mm　1/16	**版　　次**	2021年12月第1版
印　　张	22.75　插页1	**印　　次**	2025年3月第4次印刷
字　　数	472 000	**定　　价**	56.00元

教学支持说明

1. 教辅资源获取方式

为秉承中国人民大学出版社对教材类产品一贯的教学支持，我们将向采纳本书作为教材的教师免费提供丰富的教辅资源。您可直接到中国人民大学出版社官网的教师服务中心注册下载——http://www.crup.com.cn/Teacher。

如遇到注册、搜索等技术问题，可咨询网页右下角在线 QQ 客服，周一到周五工作时间有专人负责处理。

注册成为我社教师会员后，您可长期根据您所属的课程类别申请纸质样书、电子样书和教辅资源，自行完成免费下载。您也可登录我社官网的"教师服务中心"，我们经常举办赠送纸质样书、赠送电子样书、线上直播、资源下载、全国各专业培训及会议信息共享等网上教材进校园活动，期待您的积极参与！

2. 高校教师可加入下述学科教师 QQ 交流群，获取更多教学服务

经济类教师交流群：809471792

财政金融教师交流群：766895628

国际贸易教师交流群：162921240

税收教师交流群：119667851

3. 购书联系方式

网上书店咨询电话：010－82501766

邮购咨询电话：010－62515351

团购咨询电话：010－62513136

中国人民大学出版社经济分社

地址：北京市海淀区中关村大街甲 59 号文化大厦 1506 室　100872

电话：010－62513572　010－62515803

传真：010－62514775

E-mail：jjfs@crup.com.cn